Gütersloher Taschenbücher / Siebenstern 500

Ökumenischer Taschenbuchkommentar
zum Neuen Testament
Band 3/1
Herausgegeben von
Erich Gräßer und Karl Kertelge

Gerhard Schneider

Das Evangelium nach Lukas

Kapitel 1-10

Gütersloher Verlagshaus
Gerd Mohn

Echter Verlag

Originalausgabe

CIP-Kurztitelaufnahme der Deutschen Bibliothek

Ökumenischer Taschenbuchkommentar zum Neuen Testament /
hrsg. von Erich Gräßer u. Karl Kertelge. – Orig.-Ausg. –
Gütersloh: Gütersloher Verlagshaus Mohn; Würzburg: Echter-Verlag.
 (Gütersloher Taschenbücher Siebenstern; ...)

NE: Gräßer, Erich [Hrsg.]

Bd. 3. → Schneider, Gerhard: Das Evangelium nach Lukas

Schneider, Gerhard:
Das Evangelium nach Lukas. / Gerhard Schneider. – Orig.-Ausg. –
Gütersloh: Gütersloher Verlagshaus Mohn; Würzburg: Echter-Verlag.
 (Ökumenischer Taschenbuchkommentar zum Neuen Testament; Bd. 3)

1. Kapitel 1–10. – 2. Aufl. – 1984
 (Gütersloher Taschenbücher Siebenstern; 500)
ISBN 3-579-04830-9

NE: GT

ISBN 3-579-04830-9

2., durchgesehene und ergänzte Auflage 1984
© Gütersloher Verlagshaus Gerd Mohn, Gütersloh und
Echter-Verlag, Würzburg 1977
Gesamtherstellung: Clausen & Bosse, Leck
Umschlaggestaltung: Dieter Rehder, Aachen
Printed in Germany

Vorwort der Herausgeber

Das Taschenbuch als literarisches Hilfsmittel hat im heutigen Wissenschaftsbetrieb längst seinen festen Platz. Mit dem vorliegenden Band, der eine neue Kommentarreihe zum Neuen Testament eröffnet, soll erstmalig auch für diesen wichtigen Zweig exegetischer Arbeit das Taschenbuch zur Veröffentlichung und Verbreitung genutzt werden. Wir hoffen, daß wir damit einer wachsenden Nachfrage von Studenten, Lehrern, Pfarrern und interessierten Laien entgegenkommen, die sich über den heutigen Stand wissenschaftlicher Exegese des Neuen Testamentes in zuverlässiger Weise und in faßlicher und leicht zugänglicher Form informieren wollen. Bisher hatten Studenten, Lehrer und Pfarrer eigentlich nur zu wählen zwischen einem großen Kommentarwerk mit sehr detaillierten Ausführungen, das kostspielig war, und einer allgemeinverständlichen Auslegung mit zu knappen Textanalysen, die dafür dann preiswerter war. In diesem neuen Kommentarwerk wird angestrebt, die modernen exegetischen Erkenntnisse zu den einzelnen Schriften des Neuen Testamentes auf der Grundlage historisch-kritischer Auslegung so zur Darstellung zu bringen, daß das Zuviel und das Zuwenig gleicherweise vermieden werden.

Eine alte Tradition ist auch insofern durchbrochen, als die Mitarbeiter nicht mehr nur aus *einem* konfessionellen Lager kommen. Zu diesem Kommentarwerk haben sich Exegeten evangelischen und katholischen Bekenntnisses zusammengefunden, weil sie überzeugt sind, daß es neben dem Glauben an den gemeinsamen Herrn der Kirche vor allem die Heilige Schrift ist, die sie verbindet. Allzulange hat die Bibel des Alten und Neuen Testamentes eher zur konfessionellen Abgrenzung und Selbstbestätigung herhalten müssen, als daß sie als verbindendes Element zwischen den Kirchen, christlichen Gruppen und theologischen Schulen empfunden wurde. Natürlich dürfen auch die konfessionell gebundenen Auslegungstraditionen in der heutigen Exegese nicht übersehen und überspielt werden. Vielmehr gilt es, die aus der Kirchengeschichte bekannten Kontroversfragen hinsichtlich der Auslegung der Heiligen Schrift heute neu zu bedenken und – vielleicht – in einer entspannteren, gelasseneren und daher sachlicheren Form einer exegetisch verantwortbaren Lösung näherzubringen. Zu besonders relevanten Texten oder Schriften sollen diese Fragen daher in kurzen Erklärungen oder in Exkursen dargestellt und diskutiert werden. Dabei geht es darum, nicht den Schrifttext und die Lehrtradition gegeneinander auszuspielen, sondern die Probleme der Lehrtradition im Lichte der Schrifttexte zu erhellen und im exegetischen Gehorsam gegenüber der Schrift Verstehensschwierigkeiten, die sich oft aus einer zu starren Handhabung der Lehrtradition ergeben, zu überwinden. Hierdurch besonders, aber grundsätzlich auch schon durch die methodisch sachgerechte Auslegung der neutestamentlichen Schriften hoffen wir, einen Dienst für die Verständigung von Christen verschiedener Bekenntnisse untereinander und für das allen Christen aufgegebene Werk ökumenischer Vermittlung und Einheitsfindung leisten zu können.

Die Herausgeber

Inhalt

Vorwort der Herausgeber 5

Vorwort des Verfassers 11

LITERATUR 13

1. Textausgaben 13
2. Allgemeinere Literatur 13
3. Kommentare zum Lk und zur Apg 15
4. Literatur zum lukanischen Werk 16
5. Abkürzungen 20

EINFÜHRUNG 23

1. Literarische Gestalt und Aufbau des Lk 25
2. Die Quellen und ihre Verarbeitung 26
3. Die theologische Absicht des Evangelisten . . . 29
4. Lukas als Schriftsteller und Theologe 29
5. Die Verfasserfrage 32
6. Leserkreis und Datierung des Lk 33

KOMMENTAR 35

Vorwort des Evangelisten: 1,1–4 37

Geburt und Kindheit Jesu, des Sohnes Gottes:
1,5–2,52 42

Der Täufer. Taufe und Versuchung Jesu: 3,1–4,13 . . 80

I. Der galiläische Anfang: 4,14–44 103

II. Jesu Wirken im Judenland: 5,1–19,27 120

   A. Jesu Wirken unter dem Volk auf der Wanderung
   durch das ganze Land: 5,1–9,50 120
     1. Von der Berufung der ersten Jünger bis zur Wahl
       der zwölf Apostel: 5,1–6,19 121
     2. Die fundamentale Unterweisung der Jünger
       (»Feldrede«): 6,20–49 149
     3. Die beginnende Scheidung in Israel: 7,1–50 . . . 164
     4. Jesus wirbt um das Volk im Wort und in
       Machttaten: 8,1–56 179
     5. Jesu Offenbarung vor dem Jüngerkreis: 9,1–50 . 199

   B. Jesu Weg nach Jerusalem (»Reisebericht«): 9,51–19,27   225
     1. Jüngerschaft und Mission: 9,51–13,21 228
     2. Die Rettung des Verlorenen: 13,22–17,10 . . . 304
     3. Jüngerschaft und Enderwartung: 17,11–19,27 . . 350

III. Jesus in Jerusalem, sein Leiden und seine
    Verherrlichung: 19,28–24,53 383

   A. Das Wirken Jesu in Jerusalem: 19,28–21,38 . . 384
   B. Leiden und Sterben Jesu: 22,1–23,56 434
   C. Der Ostertag: 24,1–53 490

Stellenregister 508

VERZEICHNIS DER EXKURSE

1. Das Vorwort als theologisches Programm 40
2. Die jungfräuliche Empfängnis und Geburt Jesu . . 52
3. Der Census des Quirinius und das Jahr der Geburt Jesu   68
4. Die »Kindheitsgeschichten« 76
5. Johannes der Täufer 89
6. Die lukanische Christologie 95
7. Der heilige Geist 111

8. Petrus im dritten Evangelium 127
9. Umkehr und Sündenvergebung 137
10. Die zwölf Apostel 146
11. Die »Feldrede« 162
12. Reise-Motiv und »Reise-Bericht« 226
13. Jesus-Nachfolge und Jüngerschaft 233
14. Nächstenliebe 250
15. Das Gebet 262
16. Besitz und Besitzverzicht 342
17. Eschatologie und Parusieerwartung 358
18. Jerusalem 389
19. Israel in der Heilsgeschichte 424
20. Die Leidensgeschichte 435
21. Die Bedeutung des Todes Jesu 447
22. Pilatus und der »Prozeß Jesu« 478
23. Verheißung und Schrifterfüllung 503
24. Auferweckung und Himmelfahrt Jesu 506

Literatur-Nachträge zur 2. Auflage

Zum Literatur-Verzeichnis (S. 13–20) 254
Zu einzelnen Abschnitten aus Lk 1–24 510

Vorwort des Verfassers

Die Theologie des dritten Evangelisten ist bis heute umstritten. Besonders ihre Voraussetzungen werden seit mehr als zwei Jahrzehnten heftig diskutiert. Die Kontroverse um die Bewertung des lukanischen Werkes hält an. Dadurch, daß ich an dieser Auseinandersetzung nicht unbeteiligt war, wurde mir der Entschluß erleichtert, für die neue ökumenische Kommentarreihe das Lukasevangelium zu bearbeiten. Das Manuskript wurde im Sommer 1976 abgeschlossen.
Zur Anlage des Kommentars seien einige Hinweise gestattet. Die Übersetzung knüpft an die »Einheitsübersetzung« des Neuen Testaments der deutschsprachigen katholischen Bistümer (Stuttgart 1972) an, ist aber weniger frei als jene, besonders an den Stellen, wo der Sinn des Textes erst in der kommentierenden Argumentation erkannt werden kann. Die Literaturangaben bevorzugen – im Hinblick auf den intendierten Leserkreis – deutschsprachige Autoren, nennen aber auch andere wichtige Arbeiten, die den Benutzer des Kommentars weiter informieren können. Kommentare werden bei der Literatur zu den Einzelabschnitten nicht notiert. Griechische Vokabeln sind (in Umschrift) angegeben, wo es um Begründungen geht, die dem Leser transparent sein sollten. Die Benutzung einer Evangeliensynopse ist zwar nicht unerläßlich, wird aber dringend empfohlen. Wenn der Stil des Kommentars nicht selten lexikalische Knappheit erreicht, muß ich um Nachsicht bitten. Der Raum, der zur Verfügung stand, ließ größere Ausführlichkeit nicht zu. Doch muß sich Kürze nicht nur nachteilig bemerkbar machen.
Zu danken habe ich den Herausgebern für ihre Hinweise, meinem Assistenten Dr. Walter Radl für eine kritische Durchsicht des Manuskripts und Frau Marlies Heinzel für die Herstellung des Typoskripts.

Bochum, den 1. September 1976 *Gerhard Schneider*

Vorwort zur zweiten Auflage

In den sieben Jahren seit dem ersten Erscheinen dieses Kommentars zum dritten Evangelium ist die Diskussion um das lukanische Werk lebhaft weitergegangen, wie die Literatur-Nachträge bezeugen, die den beiden Teilbänden der 2. Auflage beigegeben sind. Die Frage nach der Existenz einer lukanischen Sonderquelle der Passionsgeschichte – um nur ein Beispiel herauszugreifen – wird weiterhin erörtert und unterschiedlich beantwortet. Von den neueren Kommentatoren neigen J. Ernst und E. Schweizer eher einer positiven Antwort zu, während J. A. Fitzmyer betont skeptisch bleibt.
Für diese 2. Auflage sah ich mich zu keiner grundlegenden Änderung veranlaßt. Fachkollegen und Studenten, Religionslehrer und Pfarrer haben den Taschenbuch-Kommentar bemerkenswert freundlich aufgenommen. So blieb es bei der Beseitigung von Druckfehlern und anderen Versehen. Dem Verlag danke ich dafür, daß er die Literatur-Nachträge ermöglichte.

Bochum, im Januar 1984   *Gerhard Schneider*

Literatur

1. Textausgaben

Die Heilige Schrift des Alten und Neuen Testaments [Zürcher Bibel von 1931], 2. Ausgabe Zürich 1954.
Kautzsch, Emil (Hg.): Die Apokryphen und Pseudepigraphen des Alten Testaments, 2 Bde., Tübingen 1900.
Kümmel, Werner Georg (Hg.): Jüdische Schriften aus hellenistisch-römischer Zeit, 5 Bde. in verschiedenen Lieferungen, Gütersloh 1973 ff.
Lohse, Eduard (Hg.): Die Texte aus Qumran. Hebräisch und deutsch, Darmstadt 1964 (^{2}1971).
Goldschmidt, Levi (Übersetzer): Der Babylonische Talmud, 12 Bde., Berlin ^{2}1964–1967.
Aland, Kurt (Hg.): Synopsis quattuor Evangeliorum, Stuttgart 1964 (^{9}1976).
Nestle/Aland (Hg.): Novum Testamentum Graece, Stuttgart ^{25}1963.
Aland/Black u. a. (Hg.): The Greek New Testament, Stuttgart 1966 (^{3}1975).
Hennecke/Schneemelcher (Hg.): Neutestamentliche Apokryphen in deutscher Übersetzung, 2 Bde., Tübingen 1959. 1964.

2. Allgemeinere Literatur

Bauer, Walter: Griechisch-deutsches Wörterbuch zu den Schriften des Neuen Testaments und der übrigen urchristlichen Literatur, Berlin ^{5}1958, Neudruck 1963.
Baumbach, Günther: Das Verständnis des Bösen in den synoptischen Evangelien, Berlin 1963.
Billerbeck, Paul [Strack/Billerbeck]: Kommentar zum Neuen Testament aus Talmud und Midrasch, 4 Bde., München ^{2}1956.
Blass/Debrunner: Grammatik des neutestamentlichen Griechisch, bearbeitet von F. Rehkopf, Göttingen ^{14}1976.
Bornkamm, Günther: Jesus von Nazareth (1956), Stuttgart ^{9}1971.
Braun, Herbert: Qumran und das Neue Testament, 2 Bde., Tübingen 1966.
Bultmann, Rudolf: Die Geschichte der synoptischen Tradition, Göttingen ^{5}1961; dazu Ergänzungsheft von Theißen / Vielhauer, Göttingen 1971.
Dibelius, Martin: Die Formgeschichte des Evangeliums, Tübingen ^{4}1961.

Dupont, Jacques: Les Béatitudes, 3 Bde., Paris (I².II) 1969. (III) 1973.
Gräßer, Erich: Das Problem der Parusieverzögerung in den synoptischen Evangelien und in der Apostelgeschichte, Berlin ²1960.
Haenchen, Ernst: Der Weg Jesu. Eine Erklärung des Markus-Evangeliums und der kanonischen Parallelen, Berlin 1966.
Hahn, Ferdinand: Christologische Hoheitstitel. Ihre Geschichte im frühen Christentum (1963), Göttingen ³1966.
Hirsch, Emanuel: Frühgeschichte des Evangeliums, 2 Bde., Tübingen 1941 (Bd. I: ²1951).
Hoffmann, Paul: Studien zur Theologie der Logienquelle, Münster 1972.
Jeremias, Joachim: Die Gleichnisse Jesu, Göttingen ⁷1965.
– Neutestamentliche Theologie I. Die Verkündigung Jesu, Gütersloh 1971.
Jülicher, Adolf: Die Gleichnisreden Jesu, 2 Bde., Tübingen 1910 (Neudruck Darmstadt 1963).
Kertelge, Karl: Die Wunder Jesu im Markusevangelium, München 1970.
Kümmel, Werner Georg: Einleitung in das Neue Testament, Heidelberg ⁶1973 (= 17. Aufl. des Werkes von Feine/Behm).
Kuhn, Heinz-Wolfgang: Ältere Sammlungen im Markusevangelium, Göttingen 1971.
Lührmann, Dieter: Die Redaktion der Logienquelle, Neukirchen 1969.
Roloff, Jürgen: Das Kerygma und der irdische Jesus, Göttingen 1970.
Schmid, Josef: Matthäus und Lukas. Eine Untersuchung des Verhältnisses ihrer Evangelien, Freiburg 1930. [Mt und Lk]
(Wikenhauser, Alfred/)Schmid, Josef: Einleitung in das Neue Testament, Freiburg (⁶)1973.
Schrage, Wolfgang: Das Verhältnis des Thomas-Evangeliums zur synoptischen Tradition, Berlin 1964.
Schürmann, Heinz: Traditionsgeschichtliche Untersuchungen zu den synoptischen Evangelien, Düsseldorf 1968. [TrU]
– Ursprung und Gestalt. Erörterungen und Besinnungen zum Neuen Testament, Düsseldorf 1970. [UG]
Schulz, Siegfried: Die Stunde der Botschaft. Einführung in die Theologie der vier Evangelisten, Hamburg und Zürich ²1970.
– Q. Die Spruchquelle der Evangelisten, Zürich 1972.
Streeter, Burnett H.: The Four Gospels. A Study of Origins, London ⁴1930, Neudruck 1964.
Tödt, Heinz Eduard: Der Menschensohn in der synoptischen Überlieferung, Gütersloh (1959) ²1963.
Vögtle, Anton: Das Evangelium und die Evangelien, Düsseldorf 1971. [EE]
Weiser, Alfons: Die Knechtsgleichnisse der synoptischen Evangelien, München 1971.

3. Kommentare zum Lk und zur Apg
(zitiert mit Verfassername und dem Zusatz Lk bzw. Apg)

Conzelmann, Hans: Die Apostelgeschichte (Handbuch zum NT 7²), Tübingen 1963.
Creed, John M.: The Gospel According to St. Luke, London 1930, Neudruck 1965.
Dausch, Petrus: Die drei älteren Evangelien (Bonner NT II), Bonn ⁴1932 [Lk: 423–567].
Grundmann, Walter: Das Evangelium nach Lukas (Theol. Handkommentar zum NT III), Berlin (1961) ⁶1971.
Haenchen, Ernst: Die Apostelgeschichte (Krit.-exeget. Kommentar über das NT III¹⁴), Göttingen ⁵1965.
Hauck, Friedrich: Das Evangelium des Lukas (Theol. Handkommentar zum NT III), Leipzig 1934.
Klostermann, Erich: Das Lukasevangelium (Handbuch zum NT 5), Tübingen ²1929.
Lagrange, Marie-Joseph: Évangile selon Saint Luc (Études Bibliques), Paris ⁷1948.
Plummer, Alfred: A Critical and Exegetical Commentary on the Gospel According to S. Luke (International Critical Commentary), Edinburgh ⁵1922, Neudruck 1960.
Pölzl, Franz X./Theodor Innitzer: Kommentar zum Evangelium des heiligen Lukas mit Ausschluß der Leidensgeschichte, Graz und Wien ³1922.
Rengstorf, Karl Heinrich: Das Evangelium nach Lukas (Das NT Deutsch 3), Göttingen ¹⁰1965.
Rienecker, Fritz: Das Evangelium des Lukas (Wuppertaler Studienbibel), Wuppertal (1959) ⁵1974.
Schlatter, Adolf: Das Evangelium des Lukas aus seinen Quellen erklärt, Stuttgart (1931) ²1960.
Schmid, Josef: Das Evangelium nach Lukas (Regensburger NT 3), Regensburg ⁴1960 (= ³1955).
Schürmann, Heinz: Das Lukasevangelium. Erster Teil: Kommentar zu Kap. 1,1–9,50 (Herders Theol. Kommentar zum NT III/1), Freiburg 1969.
Staab, Karl: Das Evangelium nach Markus und Lukas (Echter-Bibel), Würzburg 1956.
Stählin, Gustav: Die Apostelgeschichte (Das NT Deutsch 5¹⁰), Göttingen 1962.
Stöger, Alois: Das Evangelium nach Lukas, 2 Bde. (Geistliche Schriftlesung 3/1.2), Düsseldorf 1964. 1966.
Weiß, Bernhard: Die Evangelien des Markus und Lukas (Krit.-exeget. Kommentar über das NT I/2⁹), Göttingen 1901 [Lk: 250–694].
Weiß, Johannes/Wilhelm Bousset: Die drei älteren Evangelien (Die Schriften des NT I³), Göttingen 1917 (⁴1929) [Lk: 392–518].
Wellhausen, Julius: Das Evangelium Lucae, Berlin 1904.

Wikenhauser, Alfred: Die Apostelgeschichte (Regensburger NT 5), Regensburg ⁴1961.
Zahn, Theodor: Das Evangelium des Lucas (Kommentar zum NT III), Leipzig / Erlangen ³,⁴1920.

4. Literatur zum lukanischen Werk
(soweit nicht auf engere Abschnitte bezogen)

Antoniadis, Sophie: L'Évangile de Luc. Esquisse de grammaire et de style, Paris 1930.
Baer, Heinrich v.: Der Heilige Geist in den Lukasschriften, Stuttgart 1926.
Bartsch, Hans-Werner: Wachet aber zu jeder Zeit! Entwurf einer Auslegung des Lukas-Evangeliums, Hamburg-Bergstedt 1963.
Baumbach, Günther: Gott und die Welt in der Theologie des Lukas: BiLi 45 (1972) 241–255.
Bornhäuser, Karl: Studien zum Sondergut des Lukas, Gütersloh 1934.
Bouwman, Gilbert: Das dritte Evangelium. Einübung in die formgeschichtliche Methode, Düsseldorf 1968.
Braumann, Georg: Das Mittel der Zeit. Erwägungen zur Theologie des Lukasevangeliums: ZNW 54 (1963) 117–145.
- (Hg.): Das Lukas-Evangelium. Die redaktions- und kompositionsgeschichtliche Forschung, Darmstadt 1974.
Brun, Lyder: Zur Kompositionstechnik des Lukas-Evangeliums: Symbolae Osloenses 9 (1930) 38–50.
Cadbury, Henry J.: The Style and Literary Method of Luke, Cambridge 1920, Neudruck 1969.
Conzelmann, Hans: Zur Lukasanalyse: ZThK 49 (1952) 16–33 (auch in: Braumann: Lukas-Evangelium).
- Geschichte, Geschichtsbild und Geschichtsdarstellung bei Lukas: ThLZ 85 (1960) 241–250.
- Die Mitte der Zeit. Studien zur Theologie des Lukas, Tübingen (1954) ⁵1964 (= ⁴1962).
- Der geschichtliche Ort der lukanischen Schriften im Urchristentum (engl. Fassung 1966), in: Braumann: Lukas-Evangelium 236–260.
Degenhardt, Hans-Joachim: Lukas, Evangelist der Armen. Besitz und Besitzverzicht in den lukanischen Schriften. Eine traditions- und redaktionsgeschichtliche Untersuchung, Stuttgart o. J. (1965).
Delling, Gerhard: »... als er uns die Schrift aufschloß«. Zur lukanischen Terminologie der Auslegung des Alten Testaments, in: Das Wort und die Wörter (FS f. G. Friedrich), Stuttgart 1973, 75–84.
Demke, Christoph: Zur Einführung in das Lukas-Evangelium: Die Zeichen der Zeit 24 (1970) 332–336.
Dietrich, Wolfgang: Das Petrusbild der lukanischen Schriften, Stuttgart 1972.

Dornseiff, Franz: Lukas der Schriftsteller. Mit einem Anhang: Josephus und Tacitus: ZNW 35 (1936) 129–155.

Dupont, Jacques: Die individuelle Eschatologie im Lukas-Evangelium und in der Apostelgeschichte, in: Orientierung an Jesus (FS f. J. Schmid), Freiburg 1973, 37–47.

Ellis, E. Earle: Die Funktion der Eschatologie im Lukasevangelium: ZThK 66 (1969) 387–402 (auch in: Braumann: Lukas-Evangelium).

Erdmann, Gottfried: Die Vorgeschichten des Lukas- und Matthäusevangeliums und Vergils vierte Ekloge, Göttingen 1932.

Ernst, Josef: Schriftauslegung und Auferstehungsglaube bei Lukas, in: *ders. (Hg.)*: Schriftauslegung, Paderborn 1972, 177–192.

Feine, Paul: Eine vorkanonische Überlieferung des Lukas in Evangelium und Apostelgeschichte, Gotha 1891.

Flender, Helmut: Heil und Geschichte in der Theologie des Lukas, München 1965.
- Die Kirche in den Lukas-Schriften als Frage an ihre heutige Gestalt (erstmals 1966), in: Braumann: Lukas-Evangelium 261–286.
- Das Verständnis der Welt bei Paulus, Markus und Lukas: KuD 14 (1968) 1–27.

Geiger, Ruthild: Gesprächspartner Jesu im Lukas-Evangelium, in: Biblische Randbemerkungen (FS f. R. Schnackenburg), Würzburg 1974, 150–156.

George, Augustin: Jésus fils de Dieu dans l'évangile selon Saint Luc: RB 72 (1965) 185–209.
- Les sens de la mort de Jésus pour Luc: RB 80 (1973) 186–217.

Glöckner, Richard: Die Verkündigung des Heils beim Evangelisten Lukas, Mainz o. J. (1976).

Glombitza, Otto: Die Titel *didáskalos* und *epistátēs* für Jesus bei Lukas: ZNW 49 (1958) 275–278.

Haenchen, Ernst: Historie und Verkündigung bei Markus und Lukas, in: Die Bibel und wir. Gesammelte Aufsätze II, Tübingen 1968, 156–181 (auch in: Braumann: Lukas-Evangelium).

Harnack, Adolf: Lukas der Arzt, Leipzig 1906.

Hegermann, Harald: Zur Theologie des Lukas, in: »... und fragten nach Jesus« (FS f. E. Barnikol), Berlin 1964, 27–34.

Holtz, Traugott: Untersuchungen über die alttestamentlichen Zitate bei Lukas, Berlin 1968.

Jaschke, Helmut: »lalein« bei Lukas. Ein Beitrag zur lukanischen Theologie: BZ 15 (1971) 109–114.

Jeremias, Joachim: Perikopen-Umstellungen bei Lukas? (erstm. 1957/58), in: Abba. Studien zur neutestamentlichen Theologie und Zeitgeschichte, Göttingen 1966, 93–97.

Keck/Martyn (Hg.): Studies in Luke-Acts, London 1968 (erstmals 1966).

Klein, Günter: Die zwölf Apostel. Ursprung und Gehalt einer Idee, Göttingen 1961.

Klein, Hans: Zur Frage nach dem Abfassungsort der Lukasschriften: EvTh 32 (1972) 467–477.

Koch, Heinrich: Die Abfassungszeit des lukanischen Geschichtswerkes. Eine historisch-kritische und exegetische Untersuchung, Leipzig 1911.

Koch, Robert: Die Wertung des Besitzes im Lukasevangelium: Bib 38 (1957) 151–169.

Kümmel, Werner Georg: Lukas in der Anklage der heutigen Theologie: ZNW 63 (1972) 149–165 (auch in: Braumann: Lukas-Evangelium).

Löning, Karl: Lukas – Theologe der von Gott geführten Heilsgeschichte (Lk, Apg), in: Schreiner/Dautzenberg (Hg.): Gestalt und Anspruch des Neuen Testaments, Würzburg 1969, 200–228.

Lohfink, Gerhard: Die Himmelfahrt Jesu. Untersuchungen zu den Himmelfahrts- und Erhöhungstexten bei Lukas, München 1971.

– Die Sammlung Israels. Eine Untersuchung zur lukanischen Ekklesiologie, München 1975.

Lohse, Eduard: Lukas als Theologe der Heilsgeschichte: EvTh 14 (1954) 256–276 (auch in: Braumann: Lukas-Evangelium).

– Missionarisches Handeln Jesu nach dem Evangelium des Lukas: ThZ 10 (1954) 1–13.

Luck, Ulrich: Kerygma, Tradition und Geschichte Jesu bei Lukas: ZThK 57(1960) 51–66 (auch in: Braumann: Lukas-Evangelium).

März, Claus-Peter: Das Wort Gottes bei Lukas, Leipzig 1974.

Mánek, Jindřich: Geschichte und Gericht in der Theologie des Lukas: Kairos 13 (1971) 243–251.

Merk, Otto: Das Reich Gottes in den lukanischen Schriften, in: Jesus und Paulus (FS f. W. G. Kümmel), Göttingen 1975, 201–220.

Miyoshi, Michi: Der Anfang des Reiseberichts Lk 9,51–10,24. Eine redaktionsgeschichtliche Untersuchung, Rom 1974.

Morgenthaler, Robert: Die lukanische Geschichtsschreibung als Zeugnis. Gestalt und Gehalt der Kunst des Lukas, 2 Bde., Zürich 1949.

Ott, Wilhelm: Gebet und Heil. Die Bedeutung der Gebetsparänese in der lukanischen Theologie, München 1965.

Perry, Alfred Morris: The Sources of Luke's Passion-Narrative, Chicago 1920.

Pesch, Rudolf: Der reiche Fischfang Lk 5,1–11/Jo 21,1–14. Wundergeschichte – Berufungserzählung – Erscheinungsbericht, Düsseldorf 1969.

Plümacher, Eckhard: Lukas als hellenistischer Schriftsteller. Studien zur Apostelgeschichte, Göttingen 1972.

Radl, Walter: Paulus und Jesus im lukanischen Doppelwerk. Untersuchungen zu Parallelmotiven im Lukasevangelium und in der Apostelgeschichte, Bern und Frankfurt 1975.

Rehkopf, Friedrich: Die lukanische Sonderquelle. Ihr Umfang und Sprachgebrauch, Tübingen 1959.

Rese, Martin: Alttestamentliche Motive in der Christologie des Lukas, Gütersloh 1969.

Robinson, William C. jr.: Der Weg des Herrn. Studien zur Geschichte und Eschatologie im Lukas-Evangelium. Ein Gespräch mit Hans Conzelmann, Hamburg-Bergstedt 1964.

Sahlin, Harald: Der Messias und das Gottesvolk. Studien zur protolukanischen Theologie, Uppsala 1945.
Schille, Gottfried: Bemerkungen zur Formgeschichte des Evangeliums III. Das Evangelium als Missionsbuch: NTS 5 (1958/59) 1–11.
Schmidt, Karl Ludwig: Der geschichtliche Wert des lukanischen Aufrisses der Geschichte Jesu: ThStKr 91 (1918) 277–292.
Schneider, Gerhard: Verleugnung, Verspottung und Verhör Jesu nach Lukas 22,54–71. Studien zur lukanischen Darstellung der Passion, München 1969.
- Die zwölf Apostel als »Zeugen«. Wesen, Ursprung und Funktion einer lukanischen Konzeption, in: Christuszeugnis der Kirche, hg. von Scheele/Schneider, Essen 1970, 39–65.
- Parusiegleichnisse im Lukas-Evangelium, Stuttgart 1975.
- »Der Menschensohn« in der lukanischen Christologie, in: Jesus und der Menschensohn (FS f. A. Vögtle), Freiburg 1975, 267–282.
Schniewind, Julius: Die Parallelperikopen bei Lukas und Johannes, Leipzig 1914, Neudruck Darmstadt 1970.
Schramm, Tim: Der Markus-Stoff bei Lukas. Eine literarkritische und redaktionsgeschichtliche Untersuchung, Cambridge 1971.
Schubert, Paul: The Structure and Significance of Luke 24, in: Neutestamentliche Studien für R. Bultmann, Berlin 1954, 165–186.
Schürmann, Heinz: Der Paschamahlbericht. Lk 22,(7–14.)15–18, Münster 1953 (^{2}1968).
- Der Einsetzungsbericht. Lk 22,19–20, Münster 1955 (^{2}1970).
- Jesu Abschiedsrede. Lk 22,21–38, Münster 1957.
Schütz, Frieder: Der leidende Christus. Die angefochtene Gemeinde und das Christuskerygma der lukanischen Schriften, Stuttgart 1969.
Schulz, Siegfried: Gottes Vorsehung bei Lukas: ZNW 54 (1963) 104–116.
Schweizer, Eduard: Eine hebraisierende Sonderquelle des Lukas?: ThZ 6 (1950) 161–185.
Spitta, Friedrich: Die synoptische Grundschrift in ihrer Überlieferung durch das Lukasevangelium, Leipzig 1912.
Stalder, Kurt: Die Heilsbedeutung des Todes Jesu in den lukanischen Schriften: Internationale Kirchl. Ztschr. 52 (1962) 222–242.
Staudinger, Ferdinand: »Verkündigen« im lukanischen Geschichtswerk: ThPQ 120 (1972) 211–218.
Stöger, Alois: Die Theologie des Lukasevangeliums: BiLi 46 (1973) 227–236.
Streeter, Burnett H.: Die Ur-Lukas-Hypothese: ThStKr 102 (1930) 332–340.
Talbert, Charles H.: Luke and the Gnostics. An Examination of the Lucan Purpose, Nashville/New York 1966.
- Die antidoketische Frontstellung der lukanischen Christologie (engl. Original 1968), in: Braumann: Lukas-Evangelium 354–377.
Taylor, Vincent: The Passion Narrative of St. Luke. A Critical and Historical Investigation, ed. by O. E. Evans, Cambridge 1972.
Tolbert, Malcolm: Die Hauptinteressen des Evangelisten Lukas (engl. Original 1967), in: Braumann: Lukas-Evangelium 337–353.

Vielhauer, Philipp: Zum »Paulinismus« der Apostelgeschichte (erstmals 1950/51), in: Aufsätze zum Neuen Testament, München 1965, 9–27.
Völkel, Martin: Der Anfang Jesu in Galiläa. Bemerkungen zum Gebrauch und zur Funktion Galiläas in den lukanischen Schriften: ZNW 64 (1973) 222–232.
– Zur Deutung des »Reiches Gottes« bei Lukas: ZNW 65 (1974) 57–70.
Vogel, Theodor: Zur Charakteristik des Lukas nach Sprache und Stil, Leipzig (1897)²1899.
Voss, Gerhard: Die Christologie der lukanischen Schriften in Grundzügen, Paris und Brügge 1965.
Wanke, Joachim: Beobachtungen zum Eucharistieverständnis des Lukas auf Grund der lukanischen Mahlberichte, Leipzig 1973.
Weiß, Bernhard: Die Quellen des Lukasevangeliums, Stuttgart und Berlin 1907.
Wilckens, Ulrich: Die Missionsreden der Apostelgeschichte. Form- und traditionsgeschichtliche Untersuchungen, Neukirchen ²1963 (³1974).
– Lukas und Paulus unter dem Aspekt dialektisch-theologisch beeinflußter Exegese, in: Rechtfertigung als Freiheit, Neukirchen 1974, 171–202.

5. Abkürzungen

a) Biblische Bücher

AT: Gen Ex Lev Num Dtn Jos Ri Rut 1/2 Sam 1/2 Kön 1/2 Chr Esr Neh Tob Jdt Est 1/2 Makk – Ijob Ps Spr Koh Hld Weish Sir – Jes Jer Klgl Bar Ez Dan Hos Joel Am Obd Jon Mich Nah Hab Zef Hag Sach Mal

NT: Mt Mk Lk Joh Apg – Röm 1/2 Kor Gal Eph Phil Kol 1/2 Thess 1/2 Tim Tit Phlm Hebr – Jak 1/2 Petr 1/2/3 Joh Jud – Apk (Offb)

b) Außerbiblisches

Abot	Mischna, Traktat Abot
ApkEl	Elija-Apokalypse
AssMos	Assumptio Mosis
syrBar	Baruch-Apokalypse (syrisch)
CD	Damaskusschrift
4Esr	4. Esrabuch
EvThom	Thomasevangelium (koptisch)
Gen rabba	Genesis rabba (Midrasch zu Gen)
äthHen	Henoch-Apokalypse (äthiopisch)
Joma	Mischna, Traktat Joma
Jub	Jubiläenbuch
3/4 Makk	3./4. Makkabäerbuch
MartJes	Martyrium des Jesaja

Pesachim	Mischna, Traktat Pesachim
PsSal	Psalmen Salomos
1QH	Loblieder (aus Qumran)
1QM	Kriegsrolle
1QS	Gemeinderegel
1QSa	Gemeinschaftsregel
4QTest	Testimonien
bSchabbat	Babylonischer Talmud, Traktat Schabbat
Sib	Sibyllinische Bücher
Tamid	Mischna, Traktat Tamid
TestAbr	Testament Abrahams
TestXII	Testamente der 12 Patriarchen: z. B. Dan(s), Iss(achars), Jud(as), Lev(is), Seb(ulons)
TosMeg	Tosefta, Traktat Megilla

c) Zeitschriften und Lexika

Bib	Biblica
BiKi	Bibel und Kirche
BiLe	Bibel und Leben
BiLi	Bibel und Liturgie
BJRL	Bulletin of the John Rylands Library
BSt	Biblische Studien
BZ	Biblische Zeitschrift
Cath	Catholica (Münster i. W.)
CBQ	The Catholic Biblical Quarterly
EKK	Evangelisch-Katholischer Kommentar zum NT
ET	The Expository Times
EThL	Ephemerides Theologicae Lovanienses
EvTh	Evangelische Theologie
GuL	Geist und Leben
HThR	The Harvard Theological Review
IThQ	The Irish Theological Quarterly
JBL	Journal of Biblical Literature
JSJ	Journal for the Study of Judaism
JThS	The Journal of Theological Studies
Jud	Judaica
KuD	Kerygma und Dogma
LingBibl	Linguistica Biblica
LJ	Liturgisches Jahrbuch
LThK	Lexikon für Theologie und Kirche, 2. Aufl.
MThZ	Münchener Theologische Zeitschrift
NRTh	Nouvelle Revue Théologique
NT	Novum Testamentum
NTS	New Testament Studies
RAC	Reallexikon für Antike und Christentum

RB	Revue Biblique
RdQ	Revue de Qumrān
RGG	Die Religion in Geschichte und Gegenwart, 3. Aufl.
RSR	Recherches de science religieuse
RTL	Revue Théologique de Louvain
SEÅ	Svensk Exegetisk Årsbok
StTh	Studia Theologica
ThBl	Theologische Blätter
ThGl	Theologie und Glaube
ThLZ	Theologische Literaturzeitung
ThPQ	Theologisch-praktische Quartalschrift
ThQ	Theologische Quartalschrift
ThStKr	Theologische Studien und Kritiken
ThWAT	Theologisches Wörterbuch zum AT
ThWNT	Theologisches Wörterbuch zum NT
ThZ	Theologische Zeitschrift
TThZ	Trierer Theologische Zeitschrift
ZKTh	Zeitschrift für Katholische Theologie
ZNW	Zeitschrift für die neutestamentliche Wissenschaft
ZRGG	Zeitschrift für Religions- und Geistesgeschichte
ZSTh	Zeitschrift für systematische Theologie
ZThK	Zeitschrift für Theologie und Kirche

d) Sonstiges

atl	alttestamentlich
f.	und folgende(r) Seite (Vers)
joh	johanneisch
lk	lukanisch
LXX	Septuaginta
mk	markinisch
mt	matthäisch
ntl	neutestamentlich
par	parallel zu
Q	Logienquelle
V(V)	Vers(e)

Einführung

1. Literarische Gestalt und Aufbau des Lk

Die literarische Gestalt des dritten Evangeliums muß an dem Werk selbst abgelesen werden. Es beginnt mit einem *Vorwort* (1,1–4). Darauf folgt eine zweifach gegliederte *Vorgeschichte* des Wirkens Jesu, deren erster Abschnitt die sog. Kindheitsgeschichte (1,5–2,52) enthält. Es folgen in einem zweiten Abschnitt 3,1–4,13 die Erzählungen vom Auftreten des Täufers Johannes, von der Taufe und der Versuchung Jesu. Mit 4,14 setzt der kurze, für Lukas aber wichtige *Galiläa*-Teil ein, der den Anfang des Wirkens Jesu skizziert (4,14–44). Der umfangreichste Teil des Werkes liegt in 5,1–19,27 vor, wo der Evangelist die Tätigkeit Jesu im *Judenland* (vgl. 4,44) darstellt. Dieses große Stück läßt sich – sieht man einmal von quellenkritischen Gesichtspunkten ab – nur aufgrund einiger Neuansätze in Unterabschnitte gliedern. 6,12 leitet die Berufung der Zwölf (und die »Feldrede«) ein. Mit 9,51 beginnt der »Reisebericht«, in dem vielleicht die redaktionelle Bemerkung 13,31–33 eine Markierung bedeutet und der mit Jesu Gleichnis von den anvertrauten Geldern (19,11–27) zu Ende geht. Zielpunkt der Darstellung ist Jesu »Hinaufnahme« (vgl. 9,51) in *Jerusalem*; sie kommt 19,28–24,53 zur Sprache. Am Beginn dieses Teiles wirkt Jesus als Lehrer im Tempel. Mit 22,1 beginnt die eigentliche Leidensgeschichte, und 24,1–53 werden die Ostergeschichten erzählt, die sich insgesamt am Ostertag ereignen und mit der Himmelfahrt Jesu enden.

Fraglos verdankt Lukas die Grundgestalt seines Werkes, seine fast »biographische« Darstellung der überkommenen Jesusüberlieferung, dem von ihm benutzten Markusevangelium. Dieses diente ihm nicht nur als Quelle, sondern auch als Leitfaden der Komposition. Der Weg Jesu von Galiläa aus, der in Jerusalem endet, war durch das älteste Evangelium vorgegeben. Daß dem Galiläa-Abschnitt eine »Kindheitsgeschichte« vorgeschaltet ist, unterscheidet das dritte Evangelium ebenso von Mk wie die Tatsache, daß am Schluß der Darstellung Begegnungen des Auferstandenen mit dem Jüngerkreis berichtet werden. Der Befund, daß die »Reise« Jesu gegenüber der Mk-Darstellung ungewöhnlich breit angelegt erscheint, geht ebenso wie die bereits genannten Differenzen auf die weiteren Quellen des Evangelisten zurück. Soweit wir sehen können, hat Lukas allerdings die »Nähte« oder Übergänge von einer Quelle zur anderen in der Regel so geschickt redigiert, daß die Grenze zwischen zwei Quellen nur selten auch als Markierung der Darstellung oder als Gliederungseinschnitt empfunden wird.

2. Die Quellen und ihre Verarbeitung

Als Quellen hat der Evangelist das Markusevangelium, die sog. Logienquelle und wahrscheinlich eine Quelle mit den Kindheitsgeschichten benutzt. Das ist aus dem Vergleich mit den beiden anderen synoptischen Evangelien zu erschließen. Für das »Sondergut« des dritten Evangeliums, soweit es nicht der »Kindheitsgeschichte« angehört, kommen verschiedene schriftliche Quellen – weniger wahrscheinlich eine einzige durchlaufende Quellenschrift – und mündliche Traditionen in Frage. Man sollte also nicht vom Sondergut wie von einer homogenen Quelle reden.

Das Evangelium nach *Markus* bildet die Quelle für folgende Abschnitte des Lk:

(3,1)4,31–6,19	vgl. Mk (1,2) 1,21–3,19
8,4–9,50	4,1–25; 3,31–35;
	4,35–6,44; 8,27–9,40
18,15–24,10	10,13–16,8

Insgesamt hat Lukas etwa 350 von 661 Mk-Versen übernommen. Am auffallendsten ist, daß er einen ganzen Mk-Abschnitt, nämlich Mk 6,45–8,26 wegläßt. Im übrigen erklärt sich die Weglassung von Mk-Stoff durchweg aus drei Motiven des Evangelisten. Mit Rücksicht auf seine Leser läßt er Auseinandersetzungen Jesu über Fragen der jüdischen Religion weg, weil diese nicht mehr akut oder wenigstens für Heidenchristen nicht aktuell waren (Reinheitsfrage, Mk 7,1–23; Ehescheidungsfrage, Mk 10,1–12). Er streicht ferner Angaben, die, besonders auch in christologischer Hinsicht, anstößig erscheinen konnten (Mk 3,20f.; 6,45–52 [wegen V. 52]; 7,24–30; 11,12–14.20–25). In anderen Fällen vermeidet Lukas durch die Streichung des Mk-Stoffes eine Doppelung der Berichte: Mk 1,16–20 (dafür Lk 5,1–11); 3,22–27 (dafür Lk 11,14–23); 4,30–32 (dafür Lk 13,18–21); 6,1–6a (dafür Lk 4,16–30); 6,17–29 (dafür Lk 3,19f.); 8,11–13 (dafür Lk 11,29–32); 9,42–47 (dafür Lk 17,1f.); 9,49 (dafür Lk 14,34f.); 10,35–45 (dafür Lk 22,24–27); 12,28–34 (dafür Lk 10,25–28). Daß Lukas das älteste Evangelium als Grundriß auch seiner eigenen Komposition verwendete, geht daraus hervor, daß er den gesamten übrigen Stoff – soweit nicht, wie für die Kindheitsgeschichten (1,5–2,52) und für die Ostererzählungen (24,13–53), der Platz von der Sache her vorgeschrieben war – auf zwei »Einschaltungen« in den Mk-Aufriß verteilte: Lk 6,20–8,3 (d. h. hinter Mk 3,19) sowie 9,51–18,14 (d. h. hinter Mk 9,40).

Die *Logienquelle*, deren Gestalt und Umfang sich aus den Stoffen rekonstruieren läßt, die Mt und Lk gemeinsam bezeugen und die nicht aus Mk stammen, ist eine weitere Quelle des dritten Evangeliums. Die beiden Evangelisten Matthäus und Lukas haben ihre Werke nicht gegenseitig benutzt, und es ist auch nicht der eine von dem anderen abhängig. Beide haben also für den über Mk hinausgehenden gemeinsamen Stoff eine besondere Quelle gehabt. Wenn diese Quelle – in der Forschung kurz Q genannt – auch als eine wachsende Größe vorgestellt werden kann, die vor allem Rede-Stoff der Jesustradition enthielt, muß man sie doch als eine schriftliche Quelle ansehen. Vielleicht allerdings haben die Evangelisten Matthäus und Lukas diese Quelle nicht in völlig gleicher Fassung gelesen. Von den rund 1150 Versen des Lk stammen etwa 235 aus der Logienquelle. Der Q-Stoff des Lk verteilt sich hauptsächlich auf die beiden »Einschaltungen« in den Mk-Rahmen, also auf Lk 6,20–8,3 und 9,51– 18,14. In beiden »Einschaltungen« steht zusammen mit Q-Stoff allerdings auch Sondergut. Es zeigt sich, daß dessen Hauptanteil jeweils auf das Q-Material folgt und somit vom Evangelisten gewissermaßen als »Nachtrag« zum Q-Stoff verstanden wurde (z. B. 7,11–8,3; 13,10–18,14). Die in der angelsächsischen Forschung (z. B. von B. H. Streeter und V. Taylor) vertretene Proto-Lukas-Hypothese (ähnlich J. Jeremias und F. Rehkopf) denkt an eine protolukanische Quelle (im Sinne einer Evangelienschrift), die nach Bekanntwerden des Mk von Lukas zum heutigen Evangelium erweitert worden sei. Diese Theorie läßt sich aber nicht nur in Einzelanalysen widerlegen (Kümmel: Einleitung, 102–104). Sie ist auch mit der Tatsache unvereinbar, daß Mk den Leitfaden der Gesamtdarstellung des Lukas bildet. Neben den Q-Stoffen der in den Mk-Rahmen eingeschalteten Abschnitte begegnen solche nur an Stellen, für die von der Sache her ein anderer Platz angezeigt erschien: Lk 3,7–9.16f. (Predigt des Täufers); 4,1–13 (Jesu Versuchung); 19,12–27 (Gleichnis von den Minen [vor dem Betreten Jerusalems; vgl. 19,11]).

Mit Sicherheit haben dem dritten Evangelisten – über Mk und Q hinaus – *Sonderquellen* zur Verfügung gestanden. Das Sondergut macht immerhin fast die Hälfte des Evangeliums aus (rund 550 von 1150 Versen). Viele Sonderverse des Lk sind »redaktionell«, d. h. sie stammen vom Evangelisten selbst. Den Hauptteil des Sondergutes muß man Quellen zuschreiben. Teilweise kann das Sondergut übrigens Q-Stoff darstellen, den Matthäus übergangen hat. Im folgenden sollen diejenigen Sonderquellen genannt werden, von denen man am ehesten annehmen darf, daß sie schon als zusammenhängende Stükke – eher schriftlich als mündlich überliefert – dem Lukas vorlagen. An erster Stelle ist hier eine Quelle mit *Kindheitsgeschichten* zu erwägen. Zwar beweist der Stilbruch zwischen dem Vorwort (1,1–

4), das in gutem Griechisch gehalten ist, und dem Folgenden (1,5–2,52), das semitisierenden Stil aufweist, noch nicht, daß Lukas eine hebraisierende oder gar aramäisch bzw. hebräisch gehaltene Quelle verwendete; denn Lukas imitierte nachweislich den biblischen Stil der Septuaginta. Doch führen bestimmte formale und sachliche Überlegungen zu dem Resultat, daß Lukas wohl einen Zyklus von Einzelgeschichten der judenchristlich-hellenistischen Gemeinden vorfand und – das muß allerdings festgehalten werden – stark bearbeitete. Hätte Lukas die Erzählungen aus mündlicher Überlieferung erhalten, wären sie wohl »homogener« ausgefallen (vgl. etwa 2,1–20 sowie 2,41–52 mit 1,26–38). Die ausführliche Zeitangabe in 3,1 f. wird übrigens von manchen Forschern als Indiz dafür gewertet, daß Lukas die Kapitel 1–2 erst nachträglich dem schon vollendeten Evangelium vorgeschaltet habe (Schürmann: Lk 141). Doch setzt bereits das Proömium (1,1–4) die Kindheitserzählungen voraus (siehe zu 1,3).

Da die lukanische *Passionsdarstellung* charakteristisch von der Mk-Vorlage abweicht, ist auch hier eine Sonderquelle vertreten (A. M. Perry, V. Taylor, J. Jeremias, F. Rehkopf) oder vermutet (H. Schürmann, G. Schneider) worden. Immerhin gibt es in der Leidensgeschichte Sonder-Perikopen, die kaum außerhalb einer Passionserzählung tradiert worden sein können (z. B. 22,35–38.63–65; 23,6–16.27–31.39–43). Doch konnte neuerdings für Lk 23 gezeigt werden, daß Mk die einzige durchgehende Vorlage bildet (G. Schneider: Die Passion Jesu nach den drei älteren Evangelien, München 1973, 32–35.90–143).

Das Sondergut des Lk geht nicht auf einen einzigen Quellenzusammenhang (etwa im Sinne des »Protolukas«; vgl. auch A. Schlatter, K. H. Rengstorf, W. Grundmann) zurück, sondern auf verschiedene und verschiedenartige Einzelquellen, darunter gewiß auch bloß mündliche. Die Verteilung des Sondergutes zeigt den Befund, daß es überwiegend in den beiden »Einschaltungen« begegnet, wo es zusammen mit dem Q-Stoff vorkommt. Außerhalb der Abschnitte 6,20–8,3 und 9,51–18,14 ist der Platz der Sonder-Perikopen im Mk-Rahmen jeweils sachlich angezeigt gewesen: Kindheitsgeschichten (1,5–2,52); Täuferstoff und Stammbaum Jesu (Kap. 3); Nazaret (4,16–30); Berufung des Petrus (5,1–11); Zachäus (19,1–10); Sondergut der Passionsgeschichte (Kap. 22–23); Ostergeschichten (24,12–53).

3. Die theologische Absicht des Evangelisten

Einzigartig ist, daß Lukas in einem Vorwort über sein Vorhaben Auskunft erteilt (1,1-4). Ohne die Einzelauslegung vorwegzunehmen, kann gesagt werden, daß Lukas auf (»viele«) Erzählungen der Jesusüberlieferung zurückblickt, hinter denen wieder die Augenzeugen und Erst-Verkündiger stehen (1,1f.). Lukas will den Vorgängern gegenüber ein neues Werk schaffen, damit sich der Adressat Theophilos »von der Zuverlässigkeit der Dinge« überzeugen kann, die er in der christlichen Lehre bisher vernommen hatte (1,3f.). Lukas will demzufolge vor allem die Zuverlässigkeit der christlichen Lehrtradition erweisen. Am Ende des ersten Jahrhunderts war das wohl notwendig aus zwei Gründen. Der Abstand von der Jesusgeschichte war inzwischen so groß geworden, daß man auf diese bewußt zurückblickte und sich ihrer versichern wollte. Zugleich begannen sich offensichtlich Irrlehren auszubreiten, die der apostolischen Tradition zuwiderliefen. Aus beiden Gründen mußte Lukas sich also der Vergangenheit, des »Anfangs« versichern. Er ging »allem von Anfang an sorgfältig nach«. Er wollte es »der Reihe nach« aufzeichnen. Wahrscheinlich liegt in diesen beiden Vorhaben und ihrer Durchführung das Unterscheidend-Neue gegenüber den Vorgängern. Lukas wollte das apostolische Christuszeugnis vollständig und in gewisser Weise auch endgültig-maßgeblich niederschreiben (vgl. Apg 1,1f.; 10,39; 20,20.27). So wandte er sich gegen die beginnende pseudochristliche »Geheimtradition«, auf die sich Neuerer berufen wollten. Natürlich konnte es dieser theologisch-praktischen Absicht des Evangelisten nur entsprechen, wenn er auf das Evangelium noch die Apg folgen ließ. Denn diese stellt die Kontinuität der paulinisch-heidenchristlichen Gemeinden in der Gegenwart des Lukas und ihrer Verkündigung zum »apostolischen« Zeitalter und somit zu Jesus selbst her. Doch geht aus dem Vorwort nicht hervor, daß der Evangelist von Anfang an auch schon an eine »Fortsetzung« seiner Evangelienschrift dachte.

4. Lukas als Schriftsteller und Theologe

Der Verfasser des dritten Evangeliums, den wir der Einfachheit halber »Lukas« nennen, ohne damit seine Persönlichkeit näher historisch zu bestimmen (siehe dazu jedoch unter 5), hat sein schriftstellerisches Können in den Dienst seiner theologisch-praktischen Absicht gestellt. Seine Schriftstellerkunst ist keine literarische Liebhaberei. Freilich gibt schon das Vorwort zu erkennen, daß er auch literarische Ambitionen verfolgt.

Über die Weise, in der Lukas seine Quellen verwendete, ist bereits kurz gesprochen worden. Im ganzen stellt Lukas die Quellen »blockweise« hintereinander, was schematisch demonstriert werden kann:

Lk 1,5–2,52	Kindheitsgeschichten (Sondergut)
3,1–6,19	Mk-Stoff
6,20–8,3	Q-Stoff und Sondergut (»kleine Einschaltung«)
8,4–9,50	Mk-Stoff (ohne Mk 6,45–8,26)
9,51–18,14	Q-Stoff und Sondergut (»große Einschaltung«)
18,15–24,10(11)	Mk-Stoff
24,12–53	Sondergut

Diese blockartige Zusammenstellung schließt jedoch nicht aus, daß einzelne Abschnitte der Blöcke aus jeweils anderen Quellenzusammenhängen stammen (z. B. 19,1–10.11–27 innerhalb des Zusammenhangs Mk 10,46–52/11, 1–11), daß innerhalb der Quellenzusammenhänge Umstellungen erfolgten (z. B. 6,12–16.17–19 par Mk 3,13–19.7–12) und daß zur Vermeidung von Dubletten kleinere Einheiten der jeweiligen Quelle ausgelassen wurden. Beachtet man dieses Verfahren, so zeigt sich, daß die Absichtserklärung, die Materialien der Jesusgeschichte »in guter Reihenfolge« zu bieten (1,3), nicht schon besagt, daß der Verfasser in biographisch-historischer Hinsicht bessere Information bieten würde als das älteste Evangelium, das ihm den Leitfaden bietet (vgl. etwa die Stellung der Nazaretperikope 4,16–30).

Neben dem stilistisch hochstehenden Satz des Vorwortes (1,1–4) zeigen auch andere Beobachtungen, daß Lukas ein besseres Griechisch schreiben kann und will als etwa der Verfasser des Mk. Er verbessert die Vorlagen nicht nur nach Wortschatz und Satzbau, sondern vermeidet auch weitgehend semitische und lateinische Vokabeln (Schmid: Einleitung, 264f.).

Aufschlußreich ist ferner, daß Lukas den »biblischen« Stil der Septuaginta nachahmt. Mit solcher Imitation – sie begegnet vor allem in den Kindheitsgeschichten, aber auch in Missionsreden der Apg – will Lukas nicht nur biblisches Kolorit erreichen, sondern auch die jeweiligen Anfänge, den Jesu und den des apostolischen Wortes, mit der maßgeblichen Autorität des Biblischen vorstellen (vgl. Plümacher 138). »Semitismen« des dritten Evangeliums sind also nicht –

wie die Aramaismen des Mk – ohne weiteres Anzeichen für zugrunde liegende semitische Quellen.
Durch Vor- und Rückverweise werden nicht nur größere Komplexe verklammert. Es wird auch das Interesse des Lesers am Fortgang der Geschichte geweckt. Lk 3,1–9 wird durch 1,80 vorbereitet. Umgekehrt weist 4,14 auf 4,1 zurück, desgleichen 4,16 auf 2,51. 19,47 bereitet 22,53 vor. 4,13 läßt sich als Ankündigung verstehen, die erst mit 22,3 eintrifft. Trotz solcher Verknüpfungen ist das dritte Evangelium keine Biographie. Die anekdotische Geschichtsschreibung bzw. der dramatische Episodenstil der biblischen Geschichtsbücher und der hellenistischen Geschichtsschreiber (Duris, Kleitarch; auch Livius und Curtius Rufus) herrscht vor.
Dem theologischen Ziel der Vergewisserung des Lesers entspricht es, daß Lukas die Geschichte Jesu mit der Weltgeschichte in Verbindung bringt (2,1 f.; 3,1 f.). Diese Geschichte Jesu »ist nicht in einem Winkel geschehen« (Apg 26,26). Daß die Geschichte der apostolischen Verkündigung in einem zweiten Buch dem Evangelium angefügt wurde, entspricht zwar dem Ziel solcher Vergewisserung, muß aber nicht von Anfang an Vorhaben des Evangelisten gewesen sein. Das dritte Evangelium verweist an keiner Stelle ausdrücklich auf eine solche »Fortsetzung«.
Lukas will ferner die Geschichte Jesu als Epoche der Heilsgeschichte verstanden wissen. Die Heilsgeschichte vollzieht sich in Epochen. Am Anfang steht die Zeit Israels und der Propheten. Als Erfüllung stellt sich die Zeit Jesu und der Kirche dar. Ob dabei Jesu Wirken als »Mitte der Zeit« verstanden ist (so Conzelmann), ist angesichts Lk 16,16 zweifelhaft. Trotzdem hebt Lukas die Zeit der Kirche von der Jesu ab. Die Periodisierung der Geschichte, die Vorstellung von der sich in Epochen erfüllenden Heilsgeschichte dient dem Aufweis, daß – trotz der Verzögerung der Parusie – das verheißene Ende gewiß kommen wird. Das Zurücktreten der eschatologischen Naherwartung bei Lukas berechtigt jedoch noch nicht dazu, von einer »Enteschatologisierung« der Verkündigung (Vielhauer) zu reden. Die Zeit der Kirche ist durchaus auch nach Lukas »Endzeit« (Apg 2,17). Die eschatologische Verwirklichung »*aller* Dinge« steht freilich noch aus (Apg 3,21). Ohne Zweifel ist das »eschatologische Problem«, das Nicht-Eintreffen der Endvollendung bis zur Zeit des Evangelisten, eine Grundvoraussetzung der spezifisch lukanischen Theologie. Wie sich das im einzelnen darstellt, werden die theologischen Exkurse im Rahmen der folgenden Auslegung zu zeigen versuchen.
Hier sei schon darauf verwiesen, daß mit der entschärften Parusieer-

wartung folgende Akzente zusammenhängen: die Mahnung zur Stetsbereitschaft und zum beständigen Gebet, zu Standhaftigkeit und Besitzverzicht. Das Christusbild des Lukas vermeidet Notizen, die möglicherweise Anstoß bieten könnten (z. B. fehlen: Mk 3,20f.; 13,32; 15,34; vgl. Lk 4,38 mit Mk 1,30; Lk 6,8 mit Mk 3,2). Zugleich aber stellt er Jesus als den Heiland der Sünder vor, der »gekommen ist, das Verlorene zu retten« (19,10). Nicht bloß der (isoliert gesehene) Tod Jesu rettet die sündige Menschheit, sondern Jesu Wirken an den Menschen hat als solches soteriologische Funktion. Im Zusammenhang damit treten Aussagen über den Sühnecharakter des Todes Jesu zurück (Mk 10, 45 fehlt; vgl. jedoch Lk 22,19f.; Apg 20,28).

5. Die Verfasserfrage

Das dritte Evangelium läßt aus sich nicht erkennen, wer der Verfasser ist. Durch die Widmung an Theophilos (Lk 1,1–4; Apg 1,1), durch den Rückverweis auf das Evangelium in Apg 1,1, nach Stil- und Wortschatzvergleichen steht jedoch fest, daß Lk/Apg von einem und demselben Autor stammt. Seine heidenchristliche Herkunft läßt sich wahrscheinlich schon an der Weise ablesen, wie er den jüdischen Hintergrund des Evangeliums ignoriert und die Auseinandersetzung über jüdische Themen weitgehend übergeht (z. B. Mk 7,1–23; 10,2–10). Mag man dies noch aus der Rücksicht auf seine (nicht-jüdischen) Adressaten erklären, für seine eigene nicht-jüdische Herkunft sprechen ferner, daß er keine selbständige Kenntnis der palästinensischen Geographie besitzt und semitische Ausdrücke durchweg vermeidet. (Eine Ausnahme bildet lediglich das – auch im heidenchristlichen Raum – liturgisch bekannte »Amen«; vgl. Cadbury: Style and Literary Method, 156f.) Andererseits läßt die Vertrautheit des Evangelisten mit der griechischen Bibel an einen Heiden denken, der schon lange als »Gottesfürchtiger« der Synagoge nahestand (vgl. F. Siegert: Gottesfürchtige und Sympathisanten: JSJ 4[1973], 109–164).
Eine relative Datierung des Doppelwerkes ergibt sich aus der Benutzung des Mk (entstanden um 70 n. Chr.). So verweist das Werk selber auf einen gebildeten Heidenchristen aus der Zeit nach der Zerstörung Jerusalems. Die altkirchliche Überlieferung will mehr wissen. Es handle sich um Lukas, einen Arzt, der zeitweise Begleiter des Apostels Paulus gewesen sei (Kanon Muratori [Übersetzung bei Hennecke/Schneemelcher I, 19]; Irenäus [Gegen die Häresien III 1,1]). Zusätzlich sagt Eusebius (Kirchengeschichte III 4,6), daß die-

ser Lukas aus Antiochia stamme (so auch Hieronymus [De vir. inl. VII]). Die Zuweisung des Doppelwerkes an den Arzt Lukas kann mit Kol 4,14 (vgl. Phlm 24; 2 Tim 4,11) zusammenhängen und zusätzlich aus den »Wir«-Berichten der Apg erschlossen sein (vgl. R. Pesch: ZKTh 97 [1975], 64–66). Kol 4,14 unterscheidet »Lukas, den geliebten Arzt«, ausdrücklich von den Mitarbeitern des Paulus aus der Beschneidung (4,10f.). Daß ein gewisser Lukas Begleiter des Paulus gewesen ist, scheint also historisch verbürgt zu sein. Den Stoff für eine eventuell von ihm verfaßte Evangelienschrift könnte er jedoch nicht von Paulus empfangen haben. Die sog. »Wir«-Passagen der Apg können auf diesen Lukas als Augenzeugen letztlich zurückgehen (etwa in Gestalt eines Itinerars), nicht jedoch in der heutigen Gestalt von einem solchen Begleiter des Paulus stammen. Die seit dem 2. Jh. bezeugte Zuweisung des Doppelwerkes an Lukas – so auch die Überschrift »nach Lukas« – kann dann die Erinnerung an diesen historischen Lukas festhalten. Er ist jedoch nicht der (spätere) Verfasser von Lk/Apg (gegen Harnack: Lukas der Arzt). Er kommt allenfalls als Tradent von Notizen über die Paulusreisen in Frage. Wenn der Verfasser des Doppelwerkes kein Vertreter der spezifisch paulinischen Theologie ist (kurz belegt bei Kümmel: Einleitung, 118), so spricht das – entgegen dem Urteil vieler heutiger Kritiker – nicht gegen einen Reisebegleiter des Paulus als Autor von Lk/Apg. Denn ein Begleiter des Paulus muß nicht auch selbst, zumal zu einem späteren Zeitpunkt, dessen Theologie reproduziert haben. Erst die Tatsache, daß der Verfasser des Doppelwerkes auch über die Wirksamkeit des Paulus in wesentlichen Punkten falsch unterrichtet ist (dazu Kümmel: Einleitung, 147f.), zeigt, daß er schwerlich Begleiter des Apostels war. Die ältere Tradition kann allerdings, auch ohne daß der historische Lukas hinter den Reisenotizen der Apg stünde, dem Bestreben zu verdanken sein, alle kanonischen Evangelien mit dem Namen und der Autorität eines »Apostels« zu verbinden (vgl. besonders Origenes: Mt-Kommentar I, bei Eusebius: Kirchengeschichte VI 25,6).

6. Leserkreis und Datierung des Lk

Daß der Verfasser des dritten Evangeliums – wir nennen ihn fortan wieder »Lukas« – für Heidenchristen schrieb, kann angesichts der Vermeidung spezifisch jüdischer Religionsfragen innerhalb des Evangeliums nicht zweifelhaft sein. Können diese Leser der Situation nach näher erkannt werden?

Die Widmung an eine hochgestellte Persönlichkeit nimmt dem Werk nicht seinen prinzipiell »kirchlichen« Charakter. Das Werk sollte ja, nicht zuletzt auch durch die Widmung, weiterverbreitet werden. Lukas schreibt, wie wir sahen, nach der Tempelzerstörung (vgl. auch den Kommentar zu 19,41-44; 21,20-24). Die Kirche hat schon Verfolgungen erlebt. Sie blickt bereits auf den Tod des Petrus und des Paulus (unter Kaiser Nero) zurück. Andererseits hofft der Verfasser, daß die Kirche künftig vom römischen Staat und ihren Behörden als loyale Religion geduldet wird. Solches wäre nach den neunziger Jahren, nach den Verfolgungen unter Domitian (vgl. den Tenor der Apk), kaum mehr angezeigt gewesen. Wir dürften somit – was die Datierung des Doppelwerkes angeht – in die Zeit zwischen dem Ende der siebziger und dem Anfang der neunziger Jahre n. Chr. kommen. Freilich ist das Werk mehr als eine Apologie. Die apologetischen Züge, die teilweise zugleich nach außen werben, lassen dennoch nicht den grundsätzlich »(inner-)kirchlichen« Charakter des lukanischen Werkes in den Hintergrund treten. Einer Abfassung des Lk etwa zwischen 80 und 90 n. Chr. entspricht, daß der Verfasser von Lk/Apg noch nicht auf die Sammlung der Paulusbriefe zurückblickt. Wenn er diese nicht heranzieht oder zitiert, ist das nicht ein bewußtes Ignorieren (gegen G. Klein: Die zwölf Apostel, 191). Eine Sammlung von Paulusbriefen ist frühestens um die Jahrhundertwende denkbar.

Auf der anderen Seite ist zu beachten, daß Lukas sein Werk gegen die Gefahr »apokrypher«, wohl gnostisierender Lehrer schreibt, um seinerseits die apostolische Jesusüberlieferung vollständig und maßgeblich zu dokumentieren (vgl. Lk 1,1-4; Apg 1,1; 20,24-35).

Da »Lukas« im Bereich der paulinischen Gemeinden lebte, werden seine Schriften in Kleinasien oder Griechenland, vielleicht aber auch in Antiochia geschrieben sein. Die Vorstellung, Lukas habe die Apg als Verteidigungsschrift für den Prozeß des Paulus in Rom abgefaßt (also anfangs der sechziger Jahre), ist heute fast allgemein aufgegeben. Sie sah in Apg vor allem eine Paulusbiographie und schloß aus der Tatsache, daß der Tod des »Helden« nicht berichtet wurde, das Werk sei vor dessen Tod und vor Abschluß des römischen Prozesses geschrieben worden.

Kommentar

Vorwort des Evangelisten: 1,1–4

1 Da schon viele es unternommen haben, eine Darstellung der Begebenheiten zu verfassen, die unter uns zum Abschluß gelangt sind, 2 so wie sie uns die überliefert haben, die von Anfang an Augenzeugen (waren) und Diener des Wortes geworden sind, 3 beschloß auch ich – von vorn an bin ich allem genau nachgegangen –, es für dich, edler Theophilos, in der rechten Reihenfolge aufzuschreiben, 4 damit du die Zuverlässigkeit der Worte erkennst, in denen du unterwiesen worden bist.

Literatur: A. Wikenhauser: Die Apostelgeschichte und ihr Geschichtswert, Münster 1921, 133–142. – *Lohse*: Lukas als Theologe der Heilsgeschichte. – *J. B. Bauer*: Polloi Luk 1,1: NT 4 (1960), 263–266. – *H. Schürmann*: Evangelienschrift und kirchliche Unterweisung. Die repräsentative Funktion der Schrift nach Lk 1,1–4 (erstmals 1962), in: TrU 251–271 (auch in: Braumann: Lukas-Evangelium). – *G. Klein*: Lukas 1,1–4 als theologisches Programm, in: Zeit und Geschichte (FS f. R. Bultmann), Tübingen 1964, 193–216 (auch in: Braumann: Lukas-Evangelium). – *A. Vögtle*: Was hatte die Widmung des lukanischen Doppelwerks an Theophilos zu bedeuten? (erstmals 1969), in: EE 31–42. – *Kümmel*: Einleitung, 97–100, 146. – *M. Völkel*: Exegetische Erwägungen zum Verständnis des Begriffs *kathexēs* im lukanischen Prolog: NTS 20 (1973/74), 289–299. – *J. Kürzinger*: Lk 1,3: ... akribōs kathexēs soi grapsai: BZ 18 (1974), 249–255. – *F. Mußner*: Kathexēs im Lukasprolog, in: Jesus und Paulus (FS f. W. G. Kümmel), Göttingen 1975, 253–255. – *G. Schneider*: Zur Bedeutung von *kathexēs* im lukanischen Doppelwerk: ZNW 68 (1977), 128–131.

Das Vorwort (Proömium) stellt einen einzigen, stilistisch herausragenden griechischen Satz dar und bezeugt den Anspruch des Werkes auf literarische Qualität. Der Satz hat folgende Struktur. V 3 stellt den Hauptsatz dar und spricht vom Vorhaben des Autors. V 4 drückt die Absicht aus, die der Evangelist mit seinem Werk verfolgt. VV 1 f. sprechen von Voraussetzungen des Unternehmens, näherhin von den Vorläufern des Evangelisten (V 1) und deren Vorgängern, nämlich den »Augenzeugen von Anfang an« (V 2).

1 Lukas blickt, als er zu schreiben beginnt, bereits auf »viele« zurück, »die es unternommen hatten, eine *diēgēsis* zusammenzustellen«. Sie haben jeweils einen »Bericht«, eine »Erzählung« abgefaßt. Der Gegenstand dieser Erzählungen wird verhüllend angegeben. Es geht um »Ereignisse, die unter uns zum Abschluß gelangt sind« bzw. »zur Erfüllung gekommen sind«. Nicht einfach die geschichtliche Abgeschlossenheit ist gemeint. Es klingt bereits der heilsgeschichtliche Erfüllungsgedanke an. Ohne eine genaue chronologische Abgrenzung der gemeinten Ereignisse geben zu wollen, kann man sagen, daß – auch dem Leser erkennbar – das »Christusgeschehen« gemeint ist. Die den Satz einleitende Konjunktion *epeidēper* hat wohl nicht nur temporalen Sinn, sondern steht zugleich kausal (»weil«). Sie nimmt auf eine bekannte Tatsache Bezug. Daß »viele« eine »Jesus-Erzählung« verfaßt hätten, ist konventionell gesagt (Bauer) und besagt nicht viel über die Anzahl der dem Lukas bereits vorliegenden Darstellungen. Was wir literarkritisch durch synoptischen Vergleich an Quellen ausmachen können, ist durchaus mit »viele« (V 1) in Einklang zu bringen (Mk, Q, Sonderquellen). Es ist unwahrscheinlich, daß Lukas mehr Quellen kannte, als er benutzte (vgl. V 3). Die Vorgänger und ihre Werke sind nicht nur Voraussetzung, sondern Grund für das Unternehmen des Lukas. Daß er sie verwerfen würde, kann nicht zutreffen, da er sie benutzt. Möglicherweise ist es ihre »Vielzahl«, die er überwinden möchte. Sobald man V 3 mit in die Erörterung einbezieht, wird deutlich, wie sehr dem Evangelisten an der Vollständigkeit der Jesusüberlieferung gelegen ist. Die Vollständigkeit des Lk hatte natürlich stoffmäßig keine seiner Quellen erreicht. Doch Lukas ist außerdem noch »von vorn an allem genau nachgegangen«. Er hat die Auskünfte der Quellen überprüft oder wenigstens weitere Informationen eingeholt.

2 Bezog sich V 1 auf die Vorläufer des Schriftstellers Lukas, so ist nun von deren Vorgängern bzw. Tradenten die Rede. Lukas selbst stellt ihnen gegenüber schon eine dritte Stufe dar. Die »Augenzeugen von Anfang an« sind zugleich bzw. von einem bestimmten Zeitpunkt an »Diener des Wortes« gewesen. Lukas bezieht sich damit auf die Apostel, und zwar in jenem spezifischen Sinn des Apostolats der Zwölf (Klein), die seit Pfingsten Verkündiger der Jesusbotschaft sind (Apg 1,21f.). Sie sind »von Anfang an«, d. h. vom Beginn des Wirkens Jesu an, Augenzeugen gewesen. V 2 enthält wesentlich die Aussage, daß die Erzählungen der »Vielen« die Ereignisse nach der Norm der apostolischen Überlieferung enthielten (siehe *kathōs* »so wie«).

3 Mit den eigenen Nachforschungen will nun der Autor die Voraussetzungen und damit auch die Ergebnisse seiner Vorläufer überbieten. Er ging – von sich aus, d. h. über allgemein zugängliche Quellen hinaus – *allem* nach. Er tat es *von vorn an* sowie *genau*. Diese drei Qualitäten scheinen also das Spezifikum der lukanischen Vorarbeit und auch des Werkes selbst zu sein. Das Werk erhielt durch Niederschrift »in der rechten Reihenfolge« einen zusätzlichen Wert. Die Vollständigkeit der erreichbaren Nachrichten, die Einbeziehung auch der ersten Anfänge der Jesusgeschichte (Kindheitsgeschichten) und die Genauigkeit des Prüfens stehen im Dienste der lukanischen Zielsetzung, »Zuverlässigkeit« erkennen zu lassen (V 4). Mit *kathexēs* (der Reihe nach) ist die Weise der Darstellung gemeint, näherhin das für das rechte Verständnis der Ereignisse Konstitutive, der kontinuierliche Bezug auf das logische Ganze (Völkel). Es geht nicht um die zutreffende chronologische Ereignisabfolge (vgl. die Stellung der Nazaret-Perikope 4,16-30) oder eine wohlgeordnete Darbietung. Schon eher kann man *kathexēs* auf die Periodisierung der Jesusgeschichte durch Lukas beziehen (vgl. Exkurs 23). Weniger zutreffend dürfte sein, daß sich das Adverb auf die lückenlose Vollständigkeit der Quellenausschöpfung (Mußner) bezieht. Denn Lukas hat seine Quellen nachweislich nicht vollständig aufgegriffen. Die Kindheitsgeschichten Jesu beanspruchten, wie auch Mt zeigt, gegen Ende des ersten Jahrhunderts besondere Aufmerksamkeit. Lukas bezog sie in sein Werk ein. Daß er jedoch auch schon den Fortgang der Jesusgeschichte in der apostolischen Zeit in seinen Plan einbezogen hätte (so etwa Schmid: Lk 29; Grundmann: Lk 43; Kümmel; Klein), ist wohl nicht ganz gesichert. Die zur Erfüllung gekommenen Ereignisse sind von den Aposteln als Augenzeugen tradiert (VV 1 f.) und umfassen die Zeit bis zur Himmelfahrt Jesu (Apg 1,22); sachlich bezeugten diese Zeugen die Auferstehung Jesu. Daß die Ereignisse »unter uns« (den Verfasser des Lk einbeziehend) vollendet wurden, besagt nicht, daß sie teilweise *erst* zur Zeit des Lukas stattfanden. Denn *hēmin* (V 1) ist das heilsgeschichtliche »uns« der Erfüllungszeit, während *hēmin* in V2 das »uns« der Zeitgenossen des Evangelisten meint.
Die Widmung an Theophilos ist nicht sinnbildlich (etwa: an jeden Gläubigen als »Gottesfreund«) zu verstehen. Das Buch ist einer hochgestellten Persönlichkeit zugeeignet (worauf »edler« hinweist). Es soll dem Empfänger Gewißheit über die empfangene christliche

Lehre vermitteln. Dabei bleibt offen, ob Theophilos schon Christ ist. Daß er für die Verbreitung des Werkes zu sorgen, also gewissermaßen als Verleger zu fungieren gehabt hätte (so Hauck: Lk 17), geht aus der Widmung nicht hervor (Vögtle). Trotzdem wird Lukas faktisch mit der Verbreitung durch den Empfänger gerechnet und also keine Privatschrift intendiert haben. Das geht aus dem Gesamtcharakter des Evangeliums als einer »glaubenbegründenden und -rechtfertigenden Verkündigungsschrift« (Vögtle) hervor.

4 Dem Ziel der Vergewisserung des Lesers entspricht eine innerkirchliche Bestimmung des Buches. Diese schließt nicht aus, daß Lukas nebenher auch nach außen hin Werbung und Apologetik beabsichtigte. Theophilos soll – das ist das eigentliche Ziel des lukanischen Werkes – aus der besonderen Weise der lukanischen Darstellung die Zuverlässigkeit der »Worte« erkennen, die ihm als Lehre bisher schon zugänglich waren. Der Plural *logoi* wird hier gewählt sein, weil Lukas an verschiedene und wohl auch verschiedenartige Lehr-Worte dachte. Nicht auszuschließen ist, daß er dabei auch jene Polloi-Berichte im Sinne hatte, die er in V 1 erwähnte. In anderen Fällen gebraucht der Evangelist für das (einheitlich gedachte?) kirchliche Lehrwort den Singular *logos* (Conzelmann: Mitte der Zeit, 209). Die Zuverlässigkeit ist hier nicht der persönlichen Heilsgewißheit gleichzusetzen (gegen Klein). Vielmehr handelt es sich um die Verläßlichkeit der apostolischen Überlieferung, wie sie in den Lehr-Worten zum Ausdruck kam und nun durch das lukanische Werk endgültig gesichert werden soll. Die Sicherheit soll der Leser »erkennen« und auf diesem Weg Gewißheit erlangen. In diesem Sinn will Lukas der Glaubensbegründung, soweit solche möglich ist, dienen.

Exkurs (1): Das Vorwort als theologisches Programm

Es ist wohl nicht zu hochgegriffen, im Vorwort das theologische Programm des Evangelisten ausgesprochen zu finden. Die literarische Ambition des Schriftstellers steht im Dienst seiner theologischen Absicht, Gewißheit zu vermitteln und zu werben. Der Evangelist greift auf die Darstellungen seiner Vorgänger zurück und benutzt sie als Quellen der apostolischen Verkündigung. Er zielt aber über diese Vorlagen in mehrfacher Hinsicht hinaus. Von sich aus geht er den Dingen nach und bekundet insofern, daß er »Historiker« ist. Dabei ist er um Vollständigkeit bemüht, und seine Anstrengung wird – wie das vielfältige Sondergut und die Kindheitsgeschichten bezeugen – von Erfolg gekrönt. Er will die Gegenstände in der rechten Ordnung präsentieren. Nach allem, was wir über seine Quellenverarbeitung ausmachen kön-

nen, hat er die Ereignisabfolge der Vorlagen im ganzen bewahrt (Mk, Q).
Daß sich der Anspruch des *kathexēs* auch – und vor allem (Klein) – auf die
Fortsetzung der Jesusgeschichte in einem zweiten Band bezogen hätte, kann
nicht gesichert werden. Die rechte Ordnung und Abfolge hat eher mit der
heilsgeschichtlichen Periodisierung zu tun. Diese gibt nicht nur zu erkennen,
wie planvoll *Gott* die Ereignisse fügte. Sie läßt auch *Gewißheit* möglich
werden, wenn man einmal die lukanische Auffassung von Verheißung und
Erfüllung in Betracht zieht (siehe dazu Exkurs 23). Teilweise erfüllte Verheißungen
geben die Gewißheit weiterer Erfüllungen und endgültiger Vollendung der Heilsgeschichte.

Die Dedikation des Werkes an Theophilos dient wenigstens indirekt der
Verbreitung des Werkes. Theophilos, aller Wahrscheinlichkeit nach eine
historische Persönlichkeit, steht stellvertretend für die Christen der betreffenden
Zeit (Schürmann: Lk 17). Sie sollen und dürfen zur kirchlichen
Unterweisung Zutrauen haben in einer Zeit, da das apostolische Kerygma
verfälscht zu werden droht. Der Anspruch des Evangelisten, die Verkündigung
der Apostel in einer quasi-kanonischen Schrift niederzulegen, ist nicht
zu verkennen.

Geburt und Kindheit Jesu, des Sohnes Gottes: 1,5–2,52

Der Zyklus von Erzählungen über die Herkunft Jesu aus Gott, den die beiden ersten Kapitel des Lk bieten, ist mit dem Terminus »Kindheitsgeschichte« unzulänglich beschrieben, weil er nicht biographisch, sondern homologetisch orientiert ist. Es geht darum, die göttliche Herkunft Jesu erzählend ins Wort zu heben und damit dem Christusgläubigen das göttliche Wesen des Sohnes Gottes (1,35; 2,49) nahezubringen. Auch die Bezeichnung »Vorgeschichte« dürfte die Tragweite, die der Evangelist diesen Erzählungen zuschrieb, nicht hinreichend zum Ausdruck bringen. Von einem »Präludium« zu sprechen (Schürmann: Lk 18), empfiehlt sich nicht, weil damit keine genaue gattungsmäßige Bestimmung verbunden ist. Freilich muß unterschieden werden zwischen der Gattungsbestimmung einer isolierten Kindheitsgeschichte und der Funktion dieser Geschichte innerhalb einer Evangelienschrift (siehe Exkurs 4).

Literatur: H. *Zimmermann*: Evangelium des Lukas Kap. 1 und 2: ThStKr 76 (1903), 247–290. – D. *Völter*: Die evangelischen Erzählungen von der Geburt und Kindheit Jesu, Straßburg 1911. – K. *Bornhäuser*: Die Geburts- und Kindheitsgeschichte Jesu, Gütersloh 1930. – *Bultmann*: Geschichte der syn. Tradition, 316–328. – M. *Dibelius*: Jungfrauensohn und Krippenkind (erstmals 1932), in: Botschaft und Geschichte I, Tübingen 1953, 1–78. – *Erdmann*: Die Vorgeschichten. – *Sahlin*: Messias, 63–342. – P. *Gaechter*: Maria im Erdenleben, Innsbruck 1953 (³1955). – R. *Laurentin*: Struktur und Theologie der lukanischen Kindheitsgeschichte (franz. Original 1957), Stuttgart 1967. – P. *Winter*: Lukanische Miszellen: ZNW 49 (1958), 65–77. – E. *Brunner-Traut*: Die Geburtsgeschichte der Evangelien im Lichte ägyptologischer Forschungen: ZRGG 12 (1960), 97–111. – E. *Krafft*: Die Vorgeschichten des Lukas. Eine Frage nach ihrer sachgemäßen Interpretation, in: Zeit und Geschichte (FS f. R. Bultmann), Tübingen 1964, 217–223. – P. S. *Minear*: Die Funktion der Kindheitsgeschichten im Werk des Lukas (engl. Original 1966), in: Braumann: Lukas-Evangelium, 204–235. – K. H. *Schelkle*: Die Kindheitsgeschichte Jesu, in: Wort und Schrift, Düsseldorf 1966, 59–75. – H. *Schürmann*: Aufbau, Eigenart und Geschichtswert der Vorgeschichte Lk 1–2 (erstmals 1966), in: TrU 198–208. – W. *Knörzer*: Wir haben seinen Stern gesehen, Stuttgart 1967. – *W. B. Tatum*: Die Zeit Israels: Lukas 1–2 und die theologische Intention der lukanischen Schriften (engl. Original 1967), in: Braumann: Lukas-Evangelium, 317–336. – *J. Riedl*: Die Vorgeschichte Jesu, Stuttgart o. J. (1968). – *W. Wink*: John the Baptist in the Gospel Tradition, Cambridge 1968, 58–86 [zu Lk 1–2]. – *A. Vögtle*: Offene Fragen zur lukanischen Geburts- und Kindheitsgeschichte (erstmals 1970), in: EE 43–56. – *W. Dignath*: Die lukanische Vorgeschichte, Gütersloh 1971. – *Glöckner*: Verkündigung des Heils, 68–124.

Die Verheißung der Geburt des Täufers: 1,5–25

5 Zur Zeit des Herodes, des Königs von Judäa, lebte ein Priester namens Zacharias, der zur Priesterklasse des Abija gehörte. Seine Frau stammte aus dem Geschlecht Aarons und hieß Elisabet. 6 Beide waren gerecht vor Gott und lebten in allem untadelig nach den Geboten und Vorschriften des Herrn. 7 Sie hatten keine Kinder, denn Elisabet war unfruchtbar, und beide waren schon in vorgerücktem Alter.
8 Als seine Priesterklasse wieder einmal an der Reihe war und als er beim Gottesdienst mitwirken mußte, 9 wurde, wie nach der Priesterordnung üblich, das Los geworfen, und Zacharias fiel die Aufgabe zu, im Tempel des Herrn das Rauchopfer darzubringen. 10 Zur Stunde des Rauchopfers stand die ganze Volksmenge draußen und betete. 11 Da erschien dem Zacharias ein Engel des Herrn; er stand auf der rechten Seite des Rauchopferaltars. 12 Als Zacharias ihn sah, erschrak er und bekam Angst. 13 Der Engel aber sagte ihm: Fürchte dich nicht, Zacharias! Dein Gebet ist erhört. Deine Frau Elisabet wird dir einen Sohn gebären; dem sollst du den Namen Johannes geben. 14 Du wirst voll Freude und Jubel sein, und auch viele andere werden sich über seine Geburt freuen. 15 Denn er wird groß sein vor dem Herrn. Wein und starke Getränke wird er nicht trinken, und schon im Mutterleib wird er vom heiligen Geist erfüllt sein. 16 Viele Israeliten wird er zum Herrn, ihrem Gott, bekehren. 17 Er wird mit dem Geist und der Kraft des Elija dem Herrn vorausgehen, um die Väter mit den Kindern zu versöhnen und die Ungehorsamen zur Gerechtigkeit zu führen und so das Volk für den Herrn bereit zu machen. 18 Zacharias sagte zu dem Engel: Woran soll ich erkennen, daß das wahr ist? Ich bin ein alter Mann, und auch meine Frau ist in vorgerücktem Alter. 19 Der Engel erwiderte ihm: Ich bin Gabriel, der vor Gott steht, und ich bin

gesandt, zu dir zu reden und dir diese freudige Botschaft zu bringen. 20 Doch siehe, weil du meinen Worten nicht geglaubt hast, die, wenn die Zeit dafür da ist, in Erfüllung gehen werden, sollst du stumm sein und nicht mehr reden können, bis zu dem Tag, an dem all das eintrifft. 21 Inzwischen wartete das Volk auf Zacharias und wunderte sich, daß er so lang im Tempel blieb. 22 Als er dann herauskam, konnte er nicht mit ihnen sprechen. Da merkten sie, daß er im Tempel eine Erscheinung gehabt hatte. Er gab ihnen nur Zeichen mit der Hand und blieb stumm. 23 Als die Tage seines Dienstes im Tempel zu Ende waren, kehrte er nach Hause zurück.
24 Bald darauf wurde seine Frau Elisabet schwanger und lebte fünf Monate lang zurückgezogen. Sie sagte: 25 So hat der Herr mir geholfen. Er hat an mich gedacht und mich vor den Augen der Menschen von meiner Schmach befreit.

Literatur: P. *Benoit:* L'enfance de Jean-Baptiste selon Luc I: NTS 3 (1956/57), 169–194. – A. *George:* Le parallèle entre Jean-Baptiste et Jésus en Lc 1–2, in: Mélanges Bibliques (FS f. B. Rigaux), Gembloux 1970, 147–171.

Die Erzählung stellt insofern eine geschlossene Einheit dar, als nach der Disposition (VV 5–7) die Begebenheit der Engelserscheinung berichtet wird (VV 8–22), die mit der Heimkehr des Priesters Zacharias (V 23) ausklingt. Freilich weist die Erzählung über sich selbst hinaus und verlangt, daß das Eintreffen der Ankündigungen (VV 13.20) ebenfalls berichtet wird. Die Geschichte von der Geburt des Täufers (1,57–66) bildet somit eine erzählerische Einheit mit 1,5–25. Die VV 1,24f. gehören sachlich zum »Erfüllungs«-Teil der Täufererzählung, sind aber ans Ende der »Ankündigung« angeschlossen, weil unmittelbar darauf die Verheißung der Geburt des Messias erzählt wird (1,26–38), der dann die Begegnung der beiden Mütter (1,39–56) folgt. Der Verklammerung der Täufererzählung mit der Jesuserzählung dient auch die Angabe von den fünf Monaten der Verborgenheit (V 24). Nach dieser Zeit wurde die Schwangerschaft der »Unfruchtbaren« bekannt (VV 36.39f.).
Erzählungen über die wunderbare Geburt heilsgeschichtlich bedeutsamer Personen sind im AT bezeugt: Gen 17f.; Ri 13; 1 Sam 1f. Da nun die beiden Täufergeschichten Lk 1,5–25.57–66 nicht auf die »parallel« erzählte Jesus-Geschichte verweisen, umgekehrt jedoch die Jesuserzählung die Täufergeschichten »überbietet« und also auf diese Bezug nimmt, ist nicht auszuschließen, daß die Täufererzählungen ursprünglich einmal selbständig überliefert worden sind. Das

kann in Kreisen der Täuferjünger, wird jedoch eher in christlichen Gemeinden geschehen sein.

5–7 Am Anfang steht die Zeitangabe, daß die Ereignisse zur Regierungszeit Herodes' des Großen (37–4 v. Chr.) geschahen. Wenn dieser als König von Judäa eigens bezeichnet wird, geht diese Erläuterung wohl auf Lukas zurück, der auch sonst »Judäa« schreibt, wenn er das gesamte Judenland meint (4,44; 6,17; 23,5). Die Bemerkung gibt außerpalästinischen Zeitgenossen eine Auskunft. Zacharias wird sehr deutlich als Priester bezeichnet. Selbst seine Frau stammte aus dem (priesterlichen) Geschlecht Aarons. Die moralische und kultische Tadellosigkeit des Paares wird herausgestellt. Im Kontrast dazu steht, daß es kinderlos ist. Die Kinderlosigkeit, in den Augen der Mitmenschen eine Schmach (V 25), traf hier gerade fromme Menschen. Elisabet ist unfruchtbar. Das hohe Alter der beiden macht in den Augen des Erzählers das folgende Wunder noch »größer«.

8–20 Von den 24 Priesterklassen (vgl. Billerbeck II, 55–68) mußte jede zweimal im Jahr eine Woche Tempeldienst leisten. Die einzelnen Obliegenheiten wurden dann innerhalb der Diensttuenden ausgelost. Bei der großen Zahl von Priestern war es ein besonderes Ereignis, wenn einem die Aufgabe zufiel, das Räucheropfer darzubringen (vgl. Joma 2,4; Tamid 5,2). Das Rauchopfer wurde bei Tagesanbruch und am Nachmittag dargebracht (ThWAT I, 1005 f. [H. F. Fuhs]). Die Erzählung denkt wohl an das Opfer am Nachmittag, bei dem sich das Volk im Vorhof des Tempels drängte und auf den anschließenden Segen des Priesters wartete. Der Engel, der dem Zacharias während der Opferhandlung erschien, steht auf der rechten, der glückverheißenden Seite. Das Erschrecken des Priesters wird durch die Rede des Engels beantwortet. Das »Fürchte dich nicht!« ist nahezu formelhaft. Der Engel bringt frohe Kunde von Gott. Zacharias hatte offensichtlich stets – nicht etwa speziell beim eben dargebrachten Opfer – um einen Sohn gebetet. Dieses Gebet hat Gott erhört. Der Sohn, den Elisabet empfangen wird, soll den Namen Johannes erhalten. Der Name ist also von Gott im voraus festgelegt (so auch bei Ismael Gen 16,11; Isaak 17,19; Immanuel Jes 7,14; Josia 1 Kön 13,2). Freude und Jubel sind nicht nur (verständlicherweise) dem Vater verheißen; sie sollen auch »viele andere« erfassen. Das Kind wird nicht nur bei seiner Geburt (1,58), sondern vor allem bei seinem Auftreten als Prophet (VV 15 f.) vielen (eschatologische) Freude bringen. »Groß vor dem Herrn« wird Johannes sein. Das wird zweifach erläutert. Er wird sich nicht an Wein berauschen, vielmehr vom heiligen Geist Gottes erfüllt sein. Er wird ein Prophet sein vom Mutterleib an, so daß es keiner eigenen Berufung zum Propheten bedarf. V 16 nennt den Erfolg des künftigen Wirkens: Israel wird sich zu einem großen Teil bekehren. Geist und Kraft des Elija sind Johannes zu eigen. Mal 3,1 wurde ein Vorläufer *Gottes* verheißen. Ebenso wird Johannes nicht als Vorläufer Jesu, sondern *Gottes* gesehen (V 17a), – ein Hinweis auf den vielleicht absichtlich vom Erzähler gewahrten vorchristlichen »Standort« der Engelsworte. Bereitung für den »Herrn« (Gott) geschieht im Volk, wenn sich die Generationen versöhnen und Gerechtigkeit verwirklicht wird (V 17b). Freilich wird *Lukas* bei dem »Herrn« an Jesus denken, dem Johannes vorausgeht.

Zacharias fordert vom Engel ein »Zeichen«. Er will sogleich erkennen, daß die Worte des Engels sich erfüllen werden (V 18). Dieser nennt zunächst seinen Namen: »Gabriel«. Er ist einer von den »Thronengeln« (vgl. Dan 9,21). Die Botschaft kommt – will er sagen – direkt von Gott und bedarf keiner Bestätigung durch ein Zeichen (V 19). Zur Strafe für seinen Unglauben soll Zacharias stumm bleiben bis zur Geburt des Sohnes (V 20).

21–23 Das vor dem Tempel wartende Volk bemerkte die eingetretene Verzögerung. Zacharias kam endlich aus dem Heiligtum heraus (auf die Stufen der Vorhalle). Er vermochte den Segen über das Volk nicht zu sprechen (Num 6,24–26; Tamid 7,2). Man schließt, daß er eine Erscheinung hatte. Erst am Ende der Dienstwoche kann Zacharias nach Hause zurückkehren. Der Wohnort (außerhalb Jerusalems) wird nicht genannt.

24f. Die Schwangerschaft der Elisabet trat bald ein. Die »Verheißung« Gottes beginnt sogleich, in Erfüllung zu gehen (vgl. 1 Sam 1,19f.). Die vorläufige Zurückgezogenheit der Frau sollte man nicht psychologisch erklären wollen. Auf der einen Seite soll die Schwangerschaft der »Unfruchtbaren« für Maria als Zeichen dienen (1,36). Andererseits scheint Lukas auf die in der Verborgenheit anhebende Erlösungstat Gottes abzuheben, die erst zu gegebener Zeit offenkundig werden und Lobpreis hervorrufen soll (vgl. die Stummheit des Zacharias, die 1,64.67–79 durch das »Benedictus« abgelöst wird; dazu Schürmann: Lk 37). Elisabet spricht, als sie ihre Schwangerschaft feststellt, einen Lobpreis Gottes aus (V 25). Ihm schreibt sie das Wunder zu (vgl. auf seiten Marias das »Magnificat« 1,46–55).

Kinderlosigkeit wurde nach Gen 16,4.11; 29,32; 30,1; 1 Sam 1,5–7 als schmachvoll angesehen.

Die Verheißung der Geburt Jesu: 1,26–38

26 Im sechsten Monat wurde der Engel Gabriel von Gott in die Stadt Nazaret in Galiläa 27 zu einer Jungfrau gesandt. Sie war mit einem Mann namens Josef verlobt, der aus dem Haus David stammte, und der Name der Jungfrau war Maria. 28 Der Engel trat bei ihr ein und sagte: Sei gegrüßt, du Begnadete, der Herr ist mit dir! 29 Sie wurde aufgrund der Anrede verwirrt und überlegte, was dieser Gruß zu bedeuten habe. 30 Da sagte der Engel zu ihr: Fürchte dich nicht, Maria; denn du hast vor Gott Gnade gefunden. 31 Siehe, du wirst ein Kind bekommen, *einen Sohn* wirst du *gebären; dem sollst du den Namen* Jesus *geben* (Jes 7,14). 32 Er wird groß sein und Sohn des Höchsten genannt werden. Gott, der Herr, wird ihm den Thron seines Vaters David geben. 33 Er wird über das Haus Jakob in Ewigkeit herrschen, und seine Herrschaft wird kein Ende haben. 34 Maria aber sagte zu dem Engel: Wie soll das geschehen, da ich mit keinem Mann zusammenlebe? 35 Der Engel antwortete ihr: Heiliger Geist wird über dich kommen, und Kraft des Höchsten wird dich überschatten. Deshalb wird auch das Kind heilig und Sohn Gottes genannt werden. 36 Und siehe, auch Elisabet, deine Verwandte, hat noch in ihrem Alter einen Sohn empfangen; sie ist jetzt schon im sechsten Monat und galt doch als unfruchtbar. 37 Denn *für Gott ist nichts unmöglich* (Gen 18,14). 38 Da sagte Maria: Siehe, ich bin die Magd des Herrn; mit mir geschehe, was du gesagt hast. Danach verließ sie der Engel.

Literatur: A. Harnack: Zu Lc 1,34.35: ZNW 2 (1901), 53–57. – *O. Bardenhewer*: Mariä Verkündigung, Freiburg 1905. – *A. Steinmann*: Die jungfräuliche Geburt des Herrn, Münster 1916. – *E. Norden*: Die Geburt des Kindes. Geschichte einer religiösen Idee (1924), Neudruck Darmstadt 1958. – *v. Baer*: Der Heilige Geist, 48–54. – *D. Haugg*: Das erste biblische Marienwort, Stuttgart 1938. – *Sahlin*: Messias, 104–136. – *B. Brinkmann*: Die Jungfrauengeburt und das Lukasevangelium: Bib 34 (1953), 327–332. – *G. Delling*: parthenos, in: ThWNT V (1954), 824–835. – *J. Gewieß*: Die Marienfrage Lk 1,34: BZ 5 (1961), 221–254. – *H. v. Campenhausen*: Die Jungfrauengeburt in der Theologie der alten Kirche, Heidelberg 1962. – *A. Strobel*: Der Gruß an Maria (Lc 1,28): ZNW 53 (1962), 86–110. – *Voss*: Christologie, 62–83. – *H.*

Quecke: Zur Auslegungsgeschichte von Lk 1,34: Bib 47 (1966), 113f. – *H. J. Brosch/J. Hasenfuß (Hg.)*: Jungfrauengeburt gestern und heute, Essen 1969. – *P. Gaechter*: Der Verkündigungsbericht Lk 1,26–38: ZKTh 91 (1969), 322–363, 567–586. – *H. Räisänen*: Die Mutter Jesu im Neuen Testament, Helsinki 1969. – *Ch. Burger*: Jesus als Davidssohn, Göttingen 1970, 132–135. – *G. Lattke*: Lukas 1 und die Jungfrauengeburt, in: Zum Thema Jungfrauengeburt, Stuttgart 1970, 61–89. – *G. Schneider*: Lk 1,34. 35 als redaktionelle Einheit: BZ 15 (1971), 255–259. – *Ders.*: Jesu geistgewirkte Empfängnis (Lk 1,34f.): ThPQ 119 (1971), 105–116. – *H. Schürmann*: Die geistgewirkte Lebensentstehung Jesu, in: Einheit in der Vielfalt (FS f. H. Aufderbeck), Leipzig 1974, 156–169.

Diese zweite Verkündigungsgeschichte des Lk ist in wichtigen Zügen nicht nur formgeschichtlich von entsprechenden atl Erzählungen, sondern auch von der vorausgehenden Zachariasgeschichte abhängig. Das geht noch nicht aus der zeitlichen Verknüpfung (»Im sechsten Monat« [VV 26.36] wird vom Evangelisten stammen) oder der Identität des Engels hervor, auch nicht aus der Reaktion der Angeredeten und der Beschwichtigung durch den Engel. Vielmehr gehen folgende Züge direkt auf 1,5–25 zurück: »Er wird groß sein« überbietet das dem Johannes zugedachte »groß vor dem Herrn« (1,15). Das Kind Marias wird nicht nur vom Mutterschoß an mit heiligem Geist erfüllt sein (vgl. 1,15); es wird diesem geradezu seine Existenz verdanken. Maria fordert keine Zeichen wie Zacharias (1,18.20), sondern glaubt. Doch wird ihr als Zeichen die Schwangerschaft Elisabets genannt.

Die Erzählung von der Verkündigung an Maria erscheint als Einfügung in den Zusammenhang der Geschichte von Verheißung und Geburt des Johannes. Sie scheint zuvor selbständig existiert zu haben. Denn die Fortsetzung, die sie im heutigen Zusammenhang findet, ist die sog. Weihnachtsgeschichte, die wiederum von einer vorausgehenden Verkündigungsgeschichte nichts weiß (vgl. 2,18). Die Verkündigung an Maria bedurfte, anders als 1,5–23, keiner Fortsetzung, weil sie Empfängnis und Geburt Jesu im Lichte der Immanuel-Weissagung Jes 7,14 verstand. Sie verdankt dem Hintergrund dieses prophetischen Textes (in der LXX-Fassung!) geradezu ihre sprachliche Form und ihren Charakter. Sie stammt aus dem griechisch-sprechenden Judenchristentum. Ob erst Lukas diese Erzählung an die entsprechende Täufer-Vorgeschichte angepaßt und angereiht hat, ist nicht sicher. Auf jeden Fall wird auch schon die ursprüngliche Erzählung – in Anlehnung an Jes 7,14 – die Empfängnis Jesu durch die *Jungfrau* Maria berichtet haben. Das gilt auch, wenn – wie es wahrscheinlich ist – erst Lukas die VV 34f. einschaltete, um den Gedanken der jungfräulichen Empfängnis Jesu zu verdeutlichen, und wenn die VV 36f. erst sekundär die Verbindung zur Johannes-Geschichte herstellen. Die zugrunde liegende Verkündigungserzählung enthielt somit selbst ohne 1,34f. schon den Gedanken der jungfräulichen Empfängnis (gegen Dibelius), wenn auch nicht in der heutigen (lukanischen) Präzisierung. Damit ist zugleich einsichtig, daß die Verkündigung an Maria nicht erstmals von Lukas erzählt wurde (gegen Erdmann, Burger). Sie wird vielmehr etwa im Umfang von 1,26-33.38 von griechisch-sprechenden Judenchristen formuliert worden sein. Damit ist auch deutlich, daß sie nicht ältere Familienüberlieferung berichtend wiedergibt, sondern eine den Christusglauben (»Sohn Gottes«, »Sohn Davids«) bekennende Geschichte ist.

26f. Die Zeitangabe verknüpft (sekundär) mit der vorausgehenden Erzählung. Der bekannte Heimatort Jesu wird dem Leser als »Stadt in Galiläa« vorgestellt. Der Engel kommt zu einer Jungfrau (*parthenos*). Damit ist schon das tragende Stichwort der Erzählung (in Anlehnung an Jes 7,14) gefallen (zweimal in V 27). Die Jungfrau heißt Maria und ist mit Josef verlobt. Sie ist noch nicht »heimgeführt« und lebt noch nicht mit Josef zusammen; doch gilt sie nach altjüdischem Recht bereits als dessen Ehefrau. Nur von Josef ist die davidische Abstammung behauptet. Dem entspricht die selbstverständlich gemachte Voraussetzung, daß auch der Sohn Marias Davidssohn ist (V 32b). Da indessen die Erwähnung Josefs in V 27 und die der Vaterschaft Davids in V 32b erst aus 2,4 gewonnen sein kann, muß die ursprüngliche Erzählung Josef nicht erwähnt haben. Es kann sogar sein, daß zunächst Maria als von David stammend bezeichnet wurde. In diesem Fall würde V 32b schon der ältesten Erzählung angehören.

28-30 Der Gruß des Engels ist ungewöhnlich, insofern Maria als »Begnadete« (*kecharitōmenē*), mit Gottes Huld und Wohlgefallen Ausgezeichnete (Vulgata: gratia plena; Luther: holdselige), angeredet wird. Auf die ungewöhnliche Anrede folgt der Segensspruch: »Der Herr ist mit dir« (vgl. Ri 6,12). Ausdrücklich wird gesagt, daß Maria über die *Anrede* verwirrt war (nicht etwa über das Auftreten des Engels). Der Engel erläutert gewissermaßen die Anrede: Furcht ist unberechtigt, »denn« Maria hat bei Gott Gnade gefunden. Gnade (*charis*) ist das Grundwort, das auch in *kecharitōmenē* enthalten ist.

31-33 Damit ist der göttliche Grund für die Erwählung Marias zur Mutter des messianischen Herrschers genannt. Sie wird – entsprechend der Verheißung Jes 7,14 – »schwanger werden und einen Sohn gebären«. Sie soll ihm den Namen Jesus (nicht: Immanuel) geben. Nicht nur die Begnadigung der Mutter geht der Mutterschaft voraus, sondern auch die Person des Sohnes ist im voraus von Gott »mit Beschlag belegt«, geheiligt. Seine Größe besteht darin, »Sohn des Höchsten« genannt zu werden (und zu sein). Er wird den Thron Davids einnehmen, was heißt, daß er im Sinne von 2 Sam 7,8–16 (Natan-Weissagung) der davidische Messias sein wird, dessen Herrschaft über Israel (»Haus Jakob«) nicht endet. Die Ankündigung des Engels ist also von der »davidischen« Messiaserwartung geprägt. Trotzdem zeigt die Verkündigung der ewigen Herrschaft Jesu, daß jene Verheißung transzendiert ist, die einen ewigen Bestand des davidischen *Königshauses* zusagte (2 Sam 7,16). Auch wird die Gottessohnschaft Jesu nicht mehr im Sinne einer Adoption verstanden (vgl. VV 34f.). Anzumerken bleibt, daß der Text (und sein lukanischer Kontext) nicht über eine vorzeitige Existenz (Präexistenz) dieses Gottessohnes nachdenkt. Neuerdings ist eine »Parallele« zu 1,32f. 35 aus der 4. Höhle von Qumran veröffentlicht worden (4Q 243), deren Tragweite schwer zu beurteilen ist; denn ihre Deutung ist nicht gesichert (vgl. J. Fitzmyer: NTS 20 [1973/74], 391–394; M. Hengel: Der Sohn Gottes, Tübingen 1975, 71–73). Sie enthält den Satz: »Sohn Gottes wird man ihn nennen, und Sohn des Höchsten nennt man ihn.«

34f. Die Frage an den Engel ist zunächst ein Stilmittel des Lukas, die Jungfräulichkeit der Mutter zu verdeutlichen (Gewieß). Doch auch die darauf gegebene Antwort ist vom Evangelisten sprachlich geformt, obgleich er damit eine Tradition des Bekenntnisses wiedergibt, die auch Mt 1,18.20 zum Vorschein kommt. Maria fragt den Engel nach dem *Wie* der angekündigten Mutterschaft, weil sie – zu diesem Zeitpunkt und in der nächsten Zeit – »keinen Mann erkennt«. Damit ist auf den ehelichen Verkehr Bezug genommen und gesagt, daß er – wenigstens zur Zeit – noch nicht erfolgt ist. Wenn man in der christlichen Tradition einen Entschluß zu lebenslänglicher Jungfräulichkeit unterstellte, so hat man damit wohl den zeitgenössischen Denkhorizont falsch eingeschätzt, zumal Maria verlobt war. Freilich kann die Frage Marias auch überraschen, weil der Engel über den Zeitpunkt der Empfängnis nichts sagte. Hier sollte allerdings von historisierender und die Psyche Marias interpretierender Fragestellung abgesehen werden. Der *Erzähler* geht davon aus, daß – wie im Fall der Johannes-Erzählung (1,24) – eine unmittelbar bevorstehende Empfängnis gemeint war. Die Antwort des Engels geht entsprechend darauf hin, eine wunderbare Empfängnis und Geburt zu begründen, wenngleich die Zielrichtung der Antwort weniger eine Vaterlosigkeit intendiert, als positiv auf die göttliche Ursächlichkeit der Empfängnis und auf die Gottessohnschaft des Kindes abhebt. »Heiliger Geist« wird auf Maria kommen und »Kraft des Höchsten« sie überschatten. Die beiden Sätze von V 35a interpretieren sich gegenseitig. Gottes Schöpferkraft – so wurde der Geist Gottes vor allem im hellenistischen Judentum verstanden – wird im Schoß der Jungfrau die Schwangerschaft bewirken. Der Nachsatz V 35b ist dabei das Ziel. Weil Gottes Geist das Kind schuf, wird es »heilig« (sein und) genannt werden und in einem Sinn »Sohn Gottes« sein, den man fast »seinshaft« nennen darf. Die vom Glauben bekannte Gottessohnschaft wird vom Ursprung Jesu aus erklärt und begründet. Sie wird nicht »funktional« oder »adoptianisch« verstanden.

36f. Daß die Frage Marias nicht als Zweifel verstanden ist, bekundet das vom Engel gebotene überprüfbare Zeichen für die Zuverlässigkeit der Verkündigung: Die hochbetagte und »unfruchtbare« Verwandte Elisabet ist schon im sechsten Monat schwanger. Mit diesem Hinweis wird nicht nur an V 24 angeknüpft, sondern auch schon 1,39–56 vorbereitet: Maria wird ihre Verwandte besuchen. Was Maria dort erfährt, kann mit dem Satz aus der Sara-Erzählung (Gen 18,14) ausgedrückt werden: Für Gottes Schöpfermacht ist kein »Ding« unmöglich; Gottes »Wort« (*rhēma* kann, vom hebr. *dabar* her verstanden, Wort und Sache bedeuten) bleibt nicht »kraftlos«, »wirkungslos«.

38 Die Antwort der Jungfrau drückt Unterwerfung unter den Willen Gottes aus (»Magd« bzw. »Sklavin«). Nach der Ansicht des Erzählers ist mit dem Gehorsamswort zugleich das Wort Gottes an Maria wirksam geworden. D. h. er denkt, daß die Empfängnis in diesem Augenblick erfolgte. Der Engel verläßt Maria. Das wird eigens gesagt. V 38c läßt nicht nur die Szene ausklingen, sondern entspricht dem Anfang von V 28. Der Engel erschien also Maria nicht – wie dem Zacharias – unvermittelt, sondern trat – entsprechend der Abrahamsgeschichte Gen 18,1–16 – bei Maria als Besucher ein.
Im Sinne des Evangelisten dient die Erzählung nicht nur der Überbietung des Täufers durch den Messias Jesus, sondern auch der Vorbereitung der Erzählung von der Geburt Jesu (2,1–20), die die Erfüllung der Ankündigung berichtet. Doch hat die Perikope auch noch innerhalb des Lk ihre Eigenaussage. Sie gründet den Ursprung

Jesu ganz in Gott und zeigt damit, daß seine Gottessohnschaft nicht erst seit irgendeinem Zeitpunkt seines Lebens datiert (etwaige Berufung, Taufe), sondern vielmehr von Anfang an sein Wesen ausmacht.

Exkurs (2): Die jungfräuliche Empfängnis und Geburt Jesu

Literatur siehe zu 1,26–38.

Die religionsgeschichtliche Schule wollte den christlichen Glauben an die jungfräuliche Empfängnis Jesu aus antik-heidnischen Vorstellungen, insbesondere aus der ägyptischen Auffassung von der göttlichen Zeugung des Königs (Norden, Brunner-Traut), herleiten. Jedoch läßt sich zeigen, daß die christologische Aussage des NT andere Wurzeln hat. Sie ist zwar innerhalb des NT nur Mt 1,18–23 und in der lukanischen Verkündigungsgeschichte ausdrücklich bezeugt (nicht schon Mk 6,3a; entsprechende Lesarten von Joh 1,13 sind sekundär). Doch kann man sie nicht als Randerscheinung des christlichen Glaubens abtun.
Bedenkt man, daß im Vordergrund der Aussage die vom heiligen Geist gewirkte Zeugung bzw. Geburt Jesu steht, so wird man zunächst an Ps 2,7 erinnert, wo Gott dem messianischen König sagt: »Mein Sohn bist du, heute habe ich dich gezeugt!« Die göttliche »Zeugung« macht Jesus zum Messias und Sohn Gottes. In einer ntl Aussage wird der Psalmvers auf die Auferweckung Jesu bezogen (Apg 13,33). Eine sekundäre Textüberlieferung sieht das »heute« in der Taufe Jesu gekommen (Lk 3,22 D it). Die Qumrangemeinde besaß das Theologumenon von der göttlichen Zeugung des Messias (1QSa 2,11f.) im Anschluß an Ps 2,7. Dennoch wird man sagen müssen, daß gerade die entscheidende Aussage von der Zeugung durch Gottes Geist in Qumran nicht vorliegt.
Diese spezifische Aussage der vorsynoptischen Überlieferung kann im palästinischen Judentum nicht belegt werden. Aus dem NT kann man eine »hellenistische« Analogie wie Gal 4,29 (vgl. Röm 4,17.19; Joh 1,13; 3,6) heranziehen. Die entscheidende Frage jedoch wird lauten: Wie kam es dazu, daß man Empfängnis und Geburt Jesu mit dem Wirken des heiligen Geistes in Zusammenhang brachte? Die Antwort wird wohl von der Taufoffenbarung ausgehen müssen, die Jesus als den Sohn Gottes prädiziert, und zwar in dem Augenblick, als der Geist Gottes auf ihn herabkommt (Mk 1,10f.). Wie diese Offenbarung in Beziehung zu Ps 2,7 steht, so wird dabei zugleich der Geistbesitz Jesu zu seiner Gottessohnschaft in Beziehung gesetzt (vgl. Röm 1,3f.; Lk 1,35).
Nach der oben (zu 1,26–38) vorgetragenen Hypothese gab es bereits vorlukanisch eine Verkündigungsgeschichte, die Jesu Geburt durch die Jungfrau Maria ankündigte, allerdings ohne Jesu Empfängnis mit dem heiligen Geist in Verbindung zu bringen (Lk 1,26–33). Dibelius hielt die ausgeführte Erzählung gegenüber dem eigentlichen (knapp aussagenden) Christologumenon

für sekundär. Wenn man wegen der unzulässigen Voraussetzung Dibelius', es handle sich um eine legendäre Bildung, dieses Urteil nicht teilt, so wird man in dieser Erzählung eine Überlieferung sehen dürfen, die ebenso alt sein kann wie das kurze Christologumenon. Allerdings gehört diese Erzählung, die weitgehend auf Jes 7,14 LXX fußt, ins griechisch sprechende Judenchristentum. Eine ihrer Wurzeln liegt eben in der Schriftstelle Jes 7,14, die in der LXX auf eine Jungfrau im engeren Sinn wenigstens bezogen werden *konnte*. Die Erzählung steht aber auch in einer Beziehung zu atl Verkündigungsgeschichten. Was hier jeweils als Wunder der Allmacht Gottes angekündigt wird, findet seine unvergleichliche Überbietung, wenn das Kind aus einer Jungfrau geboren wird. Dieses Kind ist der Messias, die entscheidende Gestalt der von Gott geführten Heilsgeschichte. Also steht die Verkündigungsgeschichte auch diesbezüglich in einer biblischen Tradition. Lukas wird dann von sich aus – in Analogie zu 1,15 – die Ursächlichkeit des Geistes Gottes in dieses Stück eingefügt haben, von der er aus der Tradition wußte. Jesus ist nicht nur vom Geist *erfüllt* wie Johannes (1,15), sondern er verdankt seine *Existenz* diesem Gottesgeist (1,35).

Die Frage religionsgeschichtlicher Analogien spielt nicht in dem Sinn eine Rolle, daß diese als eigentliche Wurzeln in Frage kämen. Dennoch sollten sie nicht außer Betracht bleiben, weil sich in ihnen zeigt, daß die hellenistischen Judenchristen mit ihrer christologischen Aussage bei den Heiden, die sie für Christus gewinnen wollten oder gewonnen hatten, Anklang und Verständnis finden konnten.

Die ägyptischen Vorstellungen von der Zeugung durch den göttlichen Geist können schon auf die Übersetzung des hebräischen *ʿalmāh* (junge Frau) durch *parthenos* in der LXX eingewirkt haben (ThWAT I, 877[M. Tsevat]). In diesem Zusammenhang ist darauf zu verweisen, daß gerade Philo von Alexandria die Vorstellung bezeugt, bestimmte Gestalten der Heilsgeschichte, die nach der Schrift eindeutig einen menschlichen Vater hatten, seien auf dem Wege jungfräulicher Empfängnis durch ein Wunder Gottes ins Leben getreten (De cherubim §§ 40–52). Wenn Philo auch in allegorischer Weise die jungfräulichen Frauengestalten auf Tugenden bezieht, so liegt dennoch die genannte Vorstellung zugrunde. Man kann angesichts dessen nicht sagen, diese Vorstellung sei dem Judentum fremd. Sie ist im hellenistischen Judentum bezeugt. Daß eine solche Aussage über Christus dem Hellenisten verständlich – wenn auch vom Christusglauben her gesehen: mißverständlich – sein konnte, bezeugt im 2. Jh. Justin, wenn er den Juden Tryphon im Zusammenhang mit der jungfräulichen Empfängnis Jesu auf den Perseusmythos verweisen läßt (Dialog 67,2; 70,5). Die möglichen Wurzeln und Vorstellungshintergründe weisen somit auf das hellenistische Judenchristentum als den Entstehungsort der christologischen Aussage.

Der Besuch Marias bei Elisabet: 1,39–56

39 In diesen Tagen machte sich Maria auf den Weg und eilte in eine Stadt in den Bergen Judäas. 40 Sie ging in das Haus des Zacharias und begrüßte Elisabet. 41 Als Elisabet den Gruß Marias hörte, bewegte sich das Kind in ihrem Leib. Da wurde Elisabet von heiligem Geist erfüllt 42 und rief mit lauter Stimme: Gesegnet bist du vor allen Frauen, und gesegnet ist die Frucht deines Leibes. 43 Wer bin ich, daß die Mutter meines Herrn zu mir kommt? 44 Siehe, in dem Augenblick, als ich deinen Gruß hörte, bewegte sich vor Freude das Kind in meinem Leib. 45 Selig, die geglaubt hat, daß sich erfüllt, was der Herr ihr sagen ließ.

46 Da sagte Maria:
Meine Seele preist die Größe des Herrn,
47 und mein Geist jubelt über Gott, meinen Retter.
48 Denn auf die Niedrigkeit seiner Magd hat er geschaut.
Siehe, von nun an preisen mich selig alle Geschlechter!
49 Denn der Mächtige hat Großes an mir getan,
und sein Name ist heilig,
50 und sein Erbarmen (waltet) von Geschlecht zu Geschlecht
über alle, die ihn fürchten.
51 Er vollbringt mit seinem Arm machtvolle Taten:
er zerstreut, die im Herzen voll Hochmut sind;
52 er stürzt die Mächtigen vom Thron
und erhöht die Niedrigen.
53 Die Hungernden beschenkt er mit seinen Gaben,
und die Reichen läßt er leer ausgehen.
54 Er nimmt sich seines Knechtes Israel an
und denkt an sein Erbarmen,
55 wie er unsern Vätern verheißen hat,
Abraham und seinen Nachkommen auf ewig.
56 Maria blieb etwa drei Monate bei ihr; dann kehrte sie nach Hause zurück.

Literatur: A. Harnack: Das Magnificat der Elisabeth, in: Sitzungsber. der Kgl. Preuß. Akademie der Wissensch. zu Berlin 27 (1900), 538–556. – *H. A. Köstlin*: Das Magnificat Lc 1,46–55, Lobgesang der Maria oder der Elisabeth?: ZNW 3 (1902), 142–145. – *F. Zorell*: Das Magnificat, ein Kunstwerk hebräischer oder aramäischer Poesie?: ZKTh 29 (1905), 754–758. – *H. Gunkel*: Die Lieder in der Kindheitsgeschichte Jesu bei Lukas, in: Festgabe für A.

von Harnack, Tübingen 1921, 43- 60. - *V. Hamp*: Der alttestamentliche Hintergrund des Magnificat: BiKi 8 H.2 (1953), 17-23. - *P. Winter*: Magnificat and Benedictus - Maccabaean Psalms?: BJRL 37 (1954), 328-347. - *R. Schnackenburg*: Das Magnificat, seine Spiritualität und Theologie (erstmals 1965), in: Schriften zum Neuen Testament, München 1971, 201- 219. - *F. Mußner*: Lk 1,48f.; 11,27f. und die Anfänge der Marienverehrung in der Urkirche: Cath 21 (1967), 287-294. - *R. C. Tannehill*: The Magnificat as Poem: JBL 93 (1974), 263-275.

Der gesamte Abschnitt setzt die beiden vorausgehenden Erzählungen voraus, kann also erst entworfen worden sein, nachdem die Verkündigung an Maria in die Täufergeschichte (1,5-23.57-66[80]) eingefügt worden war. Der Weg Marias zu Elisabet ist durch den Hinweis des Engels motiviert (V 36). Zacharias und Elisabet sind dem Leser durch 1,5-23 bekannt. Nach 1,24.36 ist Elisabet schwanger. Sie erkennt, daß Maria den Messias empfangen hat (vgl. 1,26-38). Beide Frauen, die Mutter des künftigen Propheten sowie die des »Herrn« (V 43), sprechen einen Lobpreis. Elisabet preist Maria als die der göttlichen Verheißung Glaubende (VV 42-45); Maria spricht das hymnische Magnificat als individuelles eschatologisches Danklied (VV 46-55). Dieser Hymnus ist literarisch einheitlich konzipiert (Tannehill) und nimmt - wenigstens im heutigen Kontext - auf die Verkündigungsgeschichte Bezug (vgl. V 48 mit 1,38). Nicht auszuschließen ist, daß das Magnificat erst sekundär in die »Heimsuchungs«-Erzählung eingefügt wurde. Der Schlußvers 56 - dem einleitenden V 39 entsprechend - beschließt den Erzählzusammenhang. Das Lied (VV 46-55) muß nicht immer Höhepunkt der Erzählung gewesen sein; sie wäre auch ohne das ausgeführte Danklied denkbar. Dann würde die ursprüngliche Erzählung den Glauben Marias rühmen, der nicht Zeichen verlangte, wohl aber mit einem Zeichen belohnt wurde, das die Zuverlässigkeit der göttlichen Verheißung bestätigte. Diese Erzählung hätte in V 45, dem Makarismus über Maria, ihre Mitte gehabt.

Das Magnificat ist hauptsächlich unter zwei Aspekten in der Forschung dieses Jahrhunderts diskutiert worden. Es wurde - z. T. unter Hinweis auf die Lesarten altlateinischer Übersetzungen (zu V 46a) - die These erörtert, das Lied sei ursprünglich von Elisabet gesprochen (Völter, Harnack). Schon die äußeren Kriterien der handschriftlichen Bezeugung lassen diese Ansicht als unbegründet erscheinen (Gunkel, Dibelius). In jüngerer Zeit fragte man nach einer möglichen semitischen Vorlage. Winter hielt das Lied - wie auch das »Benedictus« - für einen makkabäischen Psalm, näherhin für ein messianisch gestimmtes Danklied nach gewonnener Schlacht.

Doch wird man es eher einem mit der LXX vertrauten hellenistischen Judenchristen zuschreiben dürfen, dem ersten Erzähler der Rahmen-Geschichte, oder gar dem Evangelisten Lukas, der ein Meister der LXX-Imitation gewesen ist.

Die Gattung des Magnificat ist weder von Gunkel (»eschatologischer Hymnus«) noch von Schmid (»individuelles Danklied in Form eines Hymnus«) ausreichend beschrieben worden. Eschatologischer Charakter (besonders ab V 51) und individueller Dank (VV 46–50) sind aufeinander bezogen (Schürmann: Lk 79). Unsere Übersetzung gibt die Aorist-Formen des zweiten Teiles präsentisch wieder; sie sprechen in einer proleptischen Weise vom Heilswirken Gottes bzw. vom Handeln Gottes überhaupt, das für die eschatologische Zukunft erhofft wird.

39–41 Maria zögert nicht, das vom Engel angebotene Zeichen wahrzunehmen. Sie macht sich eilends auf zu ihrer Verwandten, die im Gebirge Judäas in einer »Stadt« wohnt (das ist mit *polis Iouda* gemeint). Dem primären Zweck des Besuches scheint ein anderer untergeordnet zu sein. Da Maria fast bis zur Niederkunft der Elisabet blieb (V 56), denkt der Erzähler vielleicht daran, daß sie nahezu die volle Erfüllung der Verheißung erlebte. An ein Zur-Hand-Gehen Marias dürfte kaum gedacht sein, da sonst gerade eine Hilfe bei der Wöchnerin Erwähnung fände. Bei der Begrüßung durch Maria »hüpfte (vor Freude, V 44) das Kind im Schoß« Elisabets. Das geisterfüllte Kind (1,15) nimmt den Messias prophetisch wahr und verweist auf ihn. Es tut also, was Aufgabe des Vorläufers ist, schon vor der Geburt (3,16 par Mk). Die beiden Gestalten des Vorläufers und des Messias werden letztlich durch die Erzählung von der Begegnung der Mütter in ihrer Relation dargestellt. Elisabet ihrerseits wird vom Geist erfüllt und kann die Bewegung des Kindes deuten.

42–45 Die vom heiligen Geist kommende Deutung erkennt nicht nur Marias Schwangerschaft, sondern vor allem die Messianität des Kindes. Elisabet ruft laut ihr prophetisches Wissen aus, dabei – in Anlehnung an Jdt 13,18f. – ein lobpreisendes Bekenntnis ablegend. Maria ist »die am meisten Gesegnete« (semitisierender Superlativ) unter allen Frauen, und zwar um ihres Sohnes willen. Das Kind ist für Elisabet ihr »Herr«, so daß Maria als »Mutter meines Herrn« bezeichnet wird. Daß Maria Elisabet besucht, bedeutet für diese eine ungeahnte Auszeichnung. »Woher geschieht mir das ...?« läßt indessen auch den Leser fragen, woher es kam, daß Maria sich auf den

Weg machte. Elisabet teilt der Besucherin mit, woher sie um Marias
Kind weiß. V 45 bildet nun den (vorläufigen) Höhepunkt der Erzählung: Maria wird seliggepriesen um ihres Glaubens willen. Sie hat
der göttlichen Verheißung Glauben geschenkt (*para kyriou* bezieht
sich auf Gott als den Verheißenden). Damit ist Maria als Vorbild des
Glaubens, ja als Vorgängerin aller wahrhaft Glaubenden, dem ungläubigen Zacharias gegenübergestellt (vgl. 1,18.20). Man sollte
nicht fragen, woher Elisabet vom Verhalten Marias bei der Verkündigung durch den Engel Kenntnis hatte. Der *Leser* soll vergleichen,
Maria würdigen und gleich ihr glauben.

46–50 Die Berechtigung, das Lied Marias in zwei Strophen zu gliedern, ist nicht nur gattungsmäßig, sondern auch vom Metrum und
der Thematik her zu begründen (Schürmann, Tannehill). Am Ende
der Strophe steht z. B. jeweils das Thema vom Erbarmen Gottes. V
48b ist eine Art Parenthese, durch »Siehe!« auch formal vom übrigen
unterschieden. Alle Einzelaussagen über Gottes Handeln sind von
zwei »Denn« abhängig (VV 48a.49a). So treten die beiden ersten
Zeilen als Thema-Satz hervor: Lobpreis Gottes wegen seiner an
Maria eingeleiteten eschatologischen Rettertat (»Gott, mein Retter
[Heiland]«). Zahlreiche hymnische Wendungen des AT klingen an.
Am stärksten scheint das Lied der Hanna (1 Sam 2,1–10) eingewirkt
zu haben. Die »Niedrigkeit«, die Gott gnädig ansah, ist die der
»Magd« gegenüber dem »Mächtigen« (V 49) und im Vergleich zu
den »Mächtigen« (V 52). Die kommenden Geschlechter werden
Maria wegen der Gottestat an ihr seligpreisen. Hier liegt die bibli-
sche Begründung der Marienverehrung vor, wie sie schon für die
Zeit des Lukas bezeugt ist. Maria ist auch hier im Blick auf ihren
Glauben gesehen. Die Gottestat an Maria, die den Messias hervorbringt, erweist Gottes »Heiligkeit« und sein »Erbarmen von Geschlecht zu Geschlecht«. Dieses Erbarmen wird (im folgenden) viel-
fältig beschrieben und damit gepriesen.

51–55 Der hymnische Bekenntnisstil soll ohne Zweifel den Leser zu
gleichem Dank ermuntern. Gerade V 50b (»die ihn fürchten«) war ja
eine indirekte Ermunterung zur Partizipation. Gottes gewaltige
Hand wirkt strafend gegen die Hochmütigen. Sie entthront die
Machthaber. Das ist die eine Seite des »Erbarmens«. Die Niedrigen
werden erhöht. Chiastisch wird in V 53 angeschlossen: Hungernde
werden von Gott beschenkt, Reiche müssen leer ausgehen (vgl. 1
Sam 2,5a). Die Prädikate in der Aoristform können Künftiges als
Vergangenheit beschreiben (Gunkel, Schürmann). Die Erfüllung der

Eschata hat mit dem Handeln an Maria begonnen. Die beiden Schlußverse sprechen von Gottes Erbarmen gegenüber Israel, seinem »Knecht« (Jes 41,8–10). Damit löst Gott seine Zusage an Abraham und seine Nachkommen ein. Die Schlußwendung »auf ewig« bezieht sich auf das erbarmende Handeln Gottes an Israel (vgl. V 50a: »sein Erbarmen von Geschlecht zu Geschlecht«).

56 Die Zeitangabe blickt auf V 36 zurück und läßt Maria, die in 1,57–80 nicht vorkommt, »vom Schauplatz abtreten«. Sie bleibt also bis kurz vor der Geburt des Johannes bei Elisabet (vgl. V 57). Daß sie das 1,57–66 Geschilderte noch miterlebt hätte (Schürmann: Lk 80), ist nicht vorausgesetzt. Wenn es heißt: »sie kehrte in *ihr* Haus zurück« (vgl. hingegen 1,40), so ist darauf hingewiesen, daß Maria noch nicht von Josef »heimgeführt« worden ist.

Die Geburt des Täufers: 1,57–80

57 Für Elisabet kam die Zeit der Niederkunft, und sie gebar einen Sohn. 58 Ihre Nachbarn und Verwandten hörten, daß ihr der Herr großes Erbarmen erwiesen hatte, und sie freuten sich mit ihr. 59 Am achten Tag kamen sie zur Beschneidung des Knaben und wollten ihm den Namen seines Vaters Zacharias geben. 60 Seine Mutter aber widersprach ihnen und sagte: Nein, er soll Johannes heißen. 61 Sie antworteten ihr: Es gibt doch niemand in deiner Verwandtschaft, der so heißt. 62 Da fragten sie seinen Vater durch Zeichen, welchen Namen das Kind haben sollte. 63 Er verlangte ein Schreibtäfelchen und schrieb darauf: Sein Name ist Johannes. Und alle staunten. 64 Im gleichen Augenblick öffnete sich sein Mund, und er konnte wieder sprechen, er redete und pries Gott. 65 Und über alle, die in jener Gegend wohnten, kam Furcht, und im ganzen Bergland von Judäa sprach man von all diesen Ereignissen. 66 Alle, die davon hörten, waren beeindruckt und sagten: Was wird wohl aus diesem Kind werden? Denn der Herr war mit ihm.
67 Sein Vater Zacharias wurde vom heiligen Geist erfüllt und begann, prophetisch zu reden:
    68 Gepriesen sei der Herr, der Gott Israels!
    Denn er hat sein Volk besucht und ihm Erlösung geschaffen;
    69 er hat uns einen starken Retter erweckt

im Hause seines Knechtes David.
70 So hatte er verheißen von alters her
durch den Mund seiner heiligen Propheten.
71 Er hat uns errettet vor unseren Feinden
und aus der Hand aller, die uns hassen;
72 er hat Erbarmen unsern Vätern erwiesen
und an seinen heiligen Bund gedacht,
73 an den Eid, den er unserm Vater Abraham geschworen hat;
er hat uns geschenkt, 74 daß wir, aus Feindeshand befreit, ihm furchtlos dienen
75 in Heiligkeit und Gerechtigkeit
vor seinem Angesicht all unsere Tage.

76 Und du, Kind, wirst Prophet des Höchsten heißen;
denn du wirst dem Herrn vorausgehen und ihm die Wege bereiten.
77 Du wirst sein Volk mit der Erfahrung des Heils beschenken
in der Vergebung der Sünden.
78 Durch die barmherzige Liebe unseres Gottes
wird uns besuchen das aufstrahlende Licht aus der Höhe,
79 um allen zu leuchten, die in Finsternis sitzen und im Schatten des Todes,
und unsere Schritte zu lenken auf den Weg des Friedens.
80 Der Knabe wuchs heran und sein Geist wurde stark. Er lebte in der Wüste bis zu dem Tag, an dem er offen vor Israel auftrat.

Literatur: Ph. *Vielhauer*: Das Benedictus des Zacharias (erstmals 1952), in: Aufsätze zum Neuen Testament, München 1965, 28–46. – *Benoit*: L'enfance [siehe zu 1,5–25]. – J. *Gnilka*: Der Hymnus des Zacharias: BZ 6 (1962), 215–238. – A. *Vanhoye*: Structure du »Benedictus«: NTS 12(1965/66), 382–389. – *Wink*: John the Baptist, 65–82. – *George*: Le parallèle [siehe zu 1,5–25].

Mit 1,57–80 wird die ältere Täufererzählung aufgegriffen, wiederum ohne Bezugnahme auf die Jesuserzählung. So wie die Verheißung der Geburt des Johannes und Jesu in einem »Diptychon« nebeneinander erzählt wurde, geschieht das nun mit den Geburtserzählungen (vgl. 2,1–20 Geburt Jesu; 2,21–40 Beschneidung Jesu und Darstellung im Tempel). 1,57–66 bildet den Abschluß der mit 1,5–25 einsetzenden Erzählung. Das Lied des Zacharias, das »Benedictus« (1,67–79), gehörte ursprünglich wohl nicht zu diesem Komplex. Wenn es in sich einheitlich wäre (so Erdmann, Schmid, Benoit), würden die

Schlußverse (76–79) zeigen, daß das Lied zu der Johanneserzählung hinzugedichtet wurde. Dabei könnte durchaus der erste Teil (68–75) auf älteres Material zurückgreifen. Wahrscheinlich jedoch sind die Teile 1,68–75 und 1,76–79 keine ursprüngliche Einheit (Gunkel, Vielhauer, Gnilka). Der abschließende V 80 ist nicht notwendiger Bestandteil der Johannesgeschichte. Er stellt vielmehr – innerhalb des Evangeliums – die Verbindung zu späteren Täufertexten her (vgl. besonders 3,2f.).

Über den Charakter und die Herkunft des »Benedictus« werden unterschiedliche Meinungen vertreten. Einige Forscher sahen in ihm einen Hymnus aus Kreisen der Täuferjünger (Dibelius, Vielhauer), andere erkennen eine christliche Dichtung in bezug auf Johannes (Benoit) oder vorwiegend im Blick auf Jesus (Wink). Winter hielt die VV 68–75 für ein Kampflied aus der makkabäischen Bewegung. Gnilka meinte, einen messianischen Psalm (VV 68–75) nachweisen zu können, der mit einem judenchristlichen Geburtslied über den Täufer (VV 76–79) verbunden wurde. Nach Benoit sind die VV 76f., nach Gnilka ist nur V 70 lukanischer Einschub. Auch im Fall des »Benedictus« ist die Annahme semitischer Übersetzungsvorlagen nicht zwingend (Benoit).

57f. Die Geburt des Kindes durch Elisabet bringt die Engelsbotschaft an Zacharias (1,13 a) zur Erfüllung. Erst die VV 59–64 berichten von der durch den Engel befohlenen Namengebung (vgl. 1,13 b). Zunächst wird die Freude des Kreises der Nachbarn und Verwandten erwähnt. Sie scheint sich (nur) auf die Tatsache zu beziehen, daß die für unfruchtbar gehaltene alte Frau (durch Gottes Erbarmen) wider Erwarten einen Sohn bekam (vgl. 1,25). Erst im folgenden wird die besondere Bedeutung des Kindes erkannt.

59–64 Das Kind wird am achten Tag beschnitten (vgl. Lev 12,3). Die Festgäste möchten ihm den Namen seines Vaters geben. Das scheint nicht besonders motiviert zu sein, auch nicht durch die Sitte. Der Zug der Erzählung hebt aber plastisch die Besonderheit der gottverfügten Namengebung hervor. Zunächst nennt die Mutter den verordneten Namen Johannes. Er wird genausowenig wie der Jesu (1,31) volksetymologisch erklärt oder ausgedeutet. Woher Elisabet den dem Vater genannten Namen weiß, sollte nicht als Problem empfunden werden. Der stumme Vater des Kindes nennt auf dem Schreibtäfelchen diesen Namen. Warum das Verwunderung erregt, ist wohl aus der Situation zu erklären, daß man den Vater erst herbeiholte und sich über die Gleichheit der genannten Namen wunderte. Vielleicht aber setzt *eneneuon* (»sie gaben ein Zeichen«) voraus, daß Zacharias zugleich taub war und deshalb die Namensnennung durch Elisabet nicht hören konnte. Zu der Erstaunlichkeit der Namengebung kommt nun noch, daß der Vater des Kindes wieder reden kann (und sogleich Gott preist). Damit geht 1,20 in Erfüllung.

65 f. Wiederum wird die Reaktion derer, die von den wunderbaren Vorgängen erfahren, erwähnt. Diesmal erweitert sich der Kreis auf das ganze judäische Bergland, und der Lobpreis wird in bezug auf das Kind gesprochen. Dazu kommt die erwartungsvolle Frage über die Zukunft dieses Kindes. Daß die »Hand Gottes« mit dem Kind war, hatten die Zeugen erkannt. Daher erwarten sie eine besondere »Zukunft« des Johannes.

67–75 Schon V 64 redete von einem Lobpreis des Zacharias. Nun jedoch wird ein Lied desselben wörtlich geboten. Es ist nicht als Eulogie, sondern als Prophetie – vom heiligen Geist bewirkt – bezeichnet (V 67). Zacharias kann das Ereignis von Gott her deuten (1,68–75), zugleich die Zukunft seines Sohnes (prophetischer Wegbereiter) ansagen (1,76–79). Der erste Teil des Liedes beginnt mit *eulogētos* (Benedictus, »Gepriesen«) und stellt einen einzigen Satz dar. Gott wird um seiner letzten großen Gnadentat willen gepriesen. V 68b nennt näherhin die gnädige Heimsuchung seines Bundesvolkes sowie seine Erlösungstat, V 69 (wohl als Konkretion) die »Aufrichtung eines Horns des Heils« im Davidshaus. Letzteres bezieht sich (vgl. Ps 18,3; 132,17; 1 Sam 2,10; Ez 29,21) auf den davidischen Messias (Schürmann: Lk 86, Anm. 33). Der Psalm blickt schon auf Jesus als Messias zurück, tut das aber auch im Kontext situationsgemäß. Denn Zacharias redet als Prophet. Er ordnet die Geburt seines Sohnes dem Werk des Messias zu. V 70 kann – vgl. den Anklang an Apg 3,21 – lukanische Glosse sein, zumal er den Erfüllungsgedanken zum Ausdruck bringt. Die Erlösungstat (V 68) bedeutet »Errettung vor unseren Feinden« (V 72) und Treue zum Eid für Abraham (V 73; vgl. 1,55). Die Rettungstat ermöglicht einen »furchtlosen« Gottesdienst »in Heiligkeit und Gerechtigkeit« (VV 74f., vgl. Jos 24,14). Wahrer Gottesdienst ist also das Gott gemäße Leben. Obwohl die Einzelbilder für die Rettungstat an Befreiung von äußeren Feinden denken lassen, handelt es sich nicht um ein kriegerisches Danklied. Es ist jedoch nicht auszuschließen, daß – wenn das Lied vorlukanisch-christlich ist – zunächst an Befreiung von äußeren Feinden Israels (Römer) gedacht war (vgl. Schürmann: Lk 87f.). Doch steht in den Psalmen die politische Not nicht selten »als Realbild für alle Not« (Schürmann: Lk 87). Das Ideal der messianischen Zeit wird ganz »innerweltlich« gesehen, als nie endender Friede (vgl. Sach 9,9 f.) in Gerechtigkeit (vgl. Jes 29,19–24). Will man die Herkunft eines solchen Liedes bestimmen, so liegt von den Aussagen her kein Grund vor, es nicht jüdischen Kreisen zuzuschreiben, die, wie etwa die Makkabäer, akute messianische Erwartungen hegten. Dennoch kann eine christliche Entstehung in früher Zeit vermutet werden, obwohl es schwer ist, die »Feinde« des Liedes im übertragenen Sinn zu deuten. Immerhin läßt die Vergangenheitsaussage über den Messias (V 69) eher an christlichen Ursprung denken. Und auch das vordringliche schlicht-religiöse Interesse am ungestörten Gottesdienst (V 75) – nicht an der Vernichtung der Feinde – spricht eher für die Entstehung in der frühesten (palästinischen?) Christenheit.

76–79 Zunächst wird über das neugeborene Kind eine prophetische Aussage gemacht. Es wird Prophet sein und vor dem Herrn hergehen. Erst im Zusammenhang mit dem weiteren Evangelium wird deutlich, daß Johannes Vorläufer *Jesu* ist. »Der Herr« ist nach dem engeren Kontext selbstverständlich Gott selbst (vgl. Mal 3,1; Jes 40,3), dem der Prophet den Weg bereiten wird. Die Wegbereitung erfolgt durch Vermittlung von Heilserfahrung (wörtlich: »Kenntnis vom Heil«) an das Gottesvolk. Diese wiederum besteht in der Sündenvergebung. Das ist nach Lukas so zu verstehen, daß Gott nunmehr die endzeitliche Sündenvergebung schenkt. Johannes verkündete die »Bußtaufe« (Apg 10,38; 13,24), die die Sündenvergebung durch Christus in Aussicht stellte. Grund der Sündenvergebung ist Gottes mitleidsvolles Erbarmen. Dieses wird aufleuchten mit dem »Aufgang aus der Höhe« (V 78 b). Letzterer Ausdruck ist auf den Messias zu beziehen (Gnilka 227–232); denn im Judentum konnte sein Kommen mit dem Aufgang eines Gestirns verglichen werden (Num 24,17; Jes 9,2; 60, 1–3; CD 7,18 f.; 1QM 11,6 f.; 4QTest 12 f.; TestJud 24,1; TestLev 18,3). V 79 entspricht mit der Zielangabe des friedlichen Lebens dem Ende der ersten »Strophe« (V 74 f.). Vielleicht steht Jes 9,2.6 f. im Hintergrund (Messias als Licht und Friedensbringer).

80 Nach Analogie von 1 Sam 2,26 (vgl. Lk 2,40.52 von Jesus) wird vom Heranwachsen des Johannes berichtet. Der vom Mutterschoß an Geistbegabte (1,15) erstarkte »dem Geist nach« oder »durch den Geist«. Wenn der heilige Geist als Ursache des Erstarkens gemeint wäre, stünde hier wohl »heiliger« dabei. Der zweite Versteil, von

Lukas als Überleitung formuliert, besagt nicht, daß bereits das Kind in der Wüste lebte, sondern verweist auf 3,2: Ehe Johannes vor Israel auftrat, »war er in der Wüste«. Daß er gar als Kind der Qumrangemeinde übergeben worden wäre, ist völlig unwahrscheinlich, da diese im entschiedenen Gegensatz zur Jerusalemer Priesterschaft stand.

Die Geburt Jesu: 2,1–20

1 In jenen Tagen erließ Kaiser Augustus den Befehl, alle Bewohner des Reiches in Steuerlisten einzutragen. 2 Diese Eintragung war die erste und geschah, als Quirinius Statthalter von Syrien war. 3 Da begab sich jeder in seine Stadt, um sich eintragen zu lassen.
4 So ging auch Josef von der Stadt Nazaret in Galiläa hinauf nach Judäa in die Stadt Davids, die Bethlehem heißt, weil er aus dem Haus und dem Geschlecht Davids war, 5 um sich mit Maria, seiner Braut, die ein Kind erwartete, eintragen zu lassen. 6 Als sie dort waren, erfüllten sich die Tage ihrer Niederkunft, 7 und sie gebar ihren Sohn, den Erstgeborenen, wickelte ihn in Windeln und legte ihn in eine Krippe, weil in der Herberge kein Platz für sie war.
8 In dieser Gegend lagerten Hirten auf freiem Feld und hielten Nachtwache bei ihrer Herde. 9 Da trat der Engel des Herrn zu ihnen, und der Glanz des Herrn umstrahlte sie; und es befiel sie große Furcht. 10 Der Engel aber sprach zu ihnen: Fürchtet euch nicht, denn seht, ich verkünde euch große Freude, die dem ganzen Volk zuteil werden soll: 11 Heute ist euch der Retter geboren in der Stadt Davids; er ist der Christus, der Herr. 12 Und dies soll euch als Zeichen dienen: Ihr werdet ein Kind finden, das in Windeln gewickelt in einer Krippe liegt. 13 Und plötzlich war bei dem Engel eine große himmlische Schar; sie lobte Gott und sprach:
14 Verherrlicht ist Gott in der Höhe,
und auf der Erde ist Friede bei den Menschen seines Wohlgefallens.
15 Als die Engel von ihnen fort in den Himmel zurückgekehrt waren, sagten die Hirten zueinander: Kommt, wir gehen nach Bethlehem, um dieses Ereignis zu sehen, das uns der Herr kundgetan hat. 16 So eilten sie hin und fanden Maria und Josef und das Kind, das in einer Krippe lag. 17 Als sie es

sahen, berichteten sie, was ihnen über dieses Kind gesagt worden war. 18 Und alle, die es hörten, staunten über die Worte der Hirten. 19 Maria aber bewahrte diese Geschehnisse und erwog sie in ihrem Herzen. 20 Die Hirten kehrten zurück, rühmten und lobten Gott für alles, was sie gehört und gesehen hatten, so wie es ihnen gesagt worden war.

Literatur: H. Gressmann: Das Weihnachtsevangelium auf Ursprung und Geschichte untersucht, Göttingen 1914. – *J. Jeremias*: poimēn, in: ThWNT VI (1959), 484–501; bes. 489f. – *K. H. Rengstorf*: Die Weihnachtserzählung des Evangelisten Lukas, in: Stat crux dum volvitur orbis (FS f. H. Lilje), Berlin 1959, 15–30. – *Hahn*: Hoheitstitel, 268–273. – *W. C. van Unnik*: Die rechte Bedeutung des Wortes treffen, Lukas II 19 (erstmals 1964), in: Sparsa collecta I, Leiden 1973, 72–91. – *H. Schürmann*: »Sie gebar ihren erstgeborenen Sohn ...« Lk 2,1 –20 als Beispiel homologetischer Geschichtsschreibung (erstmals 1966), in: UG 217– 221. – *L. Legrand*: L'évangile aux bergers: RB 75 (1968), 161–187. – *C. Westermann*: Alttestamentliche Elemente in Lukas 2,1–20, in: Tradition und Glaube (FS f. K. G. Kuhn), Göttingen 1971, 317–327. – *M. Hengel: phatnē*, in: ThWNT IX(1973), 51–57. – *W. Schmithals*: Die Weihnachtsgeschichte Lukas 2,1–20, in: Festschrift für E. Fuchs, Tübingen 1973, 281–297.

Zur Quiriniusfrage (V 2): E. Schürer: Geschichte des jüdischen Volkes im Zeitalter Jesu Christi I (Leipzig 1901), Neudruck Hildesheim 1970, 508–543. – *J. Sickenberger*: Zur Quiriniusfrage: BZ 16(1924), 215 f. – *W. Lodder*: Die Schätzung des Quirinius bei Flavius Josephus, Leipzig 1930. – *F. X. Steinmetzer*: Census, in: RAC II (1954), 969–972. – *H. Braunert*: Der römische Provinzialzensus und der Schätzungsbericht des Lukas-Evangeliums: Historia 6 (1957), 192–214. – *H. U. Instinsky*: Das Jahr der Geburt Christi, München 1957. – *E. Stauffer*: Jesus. Gestalt und Geschichte, Bern 1957, 26–34. – *Ders.*: Die Dauer des Census Augusti, in: Studien zum Neuen Testament und zur Patristik (FS f. E. Klostermann), Berlin 1961, 9–34. – *E. Bammel*: Quirinius, in: RGG V (1961), 739. – *J. Reuss*: Quirinius, in: LThK VIII(1963), 947. – *W. Trilling*: Fragen zur Geschichtlichkeit Jesu, Düsseldorf ³1969, 72–74. – *H. R. Moehring*: The Census in Luke as an Apologetic Device, in: Studies in the New Testament and Early Christian Literature (FS f. A. P. Wikgren), Leiden 1972, 144–160.

Zum Lobgesang der Engel (V 14): J. Jeremias: Anthrōpoi eudokias (Lc 2,14): ZNW 28 (1929), 13–20. – *C.-H. Hunzinger*: Ein weiterer Beleg zu Lc 2,14 *anthrōpoi eudokias*: ZNW 49(1958), 129f. – *R. Deichgräber*: Lc 2,14: *Anthrōpoi eudokias*: ZNW 51 (1960), 132. – *D. Flusser*: Sanktus und Gloria, in: Abraham unser Vater (FS f. O. Michel), Leiden 1963, 129–152. – *G. Schwarz*: Der Lobgesang der Engel (Lukas 2,14). Emendation und Rückübersetzung: BZ 15(1971), 260–264.

Die der Perikope 2,1–20 zugrunde liegende Erzählung ist unabhängig von der Johannes-Erzählung des Kapitels 1 und von der Verkündigungsgeschichte 1,26–38 entstanden. Man muß indessen fragen, ob sie in sich einheitlich ist. Nicht nur die Nachricht über die Schätzung des Quirinius, die erklärt, wie Josef und Maria von Nazaret nach Bethlehem kamen (2,1–5), wird sekundär sein, weil sie den Zusammenhang mit Kap. 1 herstellt. Auch der nüchterne Bericht über die Geburt des Kindes (VV 6f.) muß nicht zur primären Geschichte gehört haben. Auf jeden Fall ist 2,8–20 eine im ganzen einheitliche Erzählung von der Offenbarung der Messiasgeburt an die Hirten.

Die Traditionsgeschichte von 2,1–20 ist jedoch nicht für die Struktur der heutigen Perikope entscheidend. Es sind deutlich drei Abschnitte zu erkennen. VV 1–7 berichten ohne jede »übernatürliche« Außerordentlichkeit, wie es zur Geburt des Kindes in Bethlehem kam. VV 8–14 bieten eine neue Szene, nämlich die Verkündigung des Engels an die wachenden Hirten. Was V 12 als Erkennungszeichen nennt, das in Windeln gewickelte Kind in der Krippe, nimmt im heutigen Erzählzusammenhang auf den Geburtsbericht in V 7 Bezug. Von der Auffindung des angegebenen Zeichens (V 16) berichtet dann der dritte Abschnitt (VV 15–20). Die Gesamterzählung wird von der Hervorhebung des Kindes in der Krippe als Erkennungszeichen beherrscht (VV 7.12.16). Zudem korrespondieren die Schlußwendungen der drei Abschnitte: V 7 nennt das Ereignis der Geburt Jesu, V 14 formuliert den hymnischen Lobpreis der Engel angesichts der Messiasgeburt, und V 20 berichtet vom Lobpreis derer, die die Offenbarung empfingen und das bestätigende Zeichen fanden.

Beachtet man den Grundtenor der Weihnachtsgeschichte, so ist – bereits ehe in den VV 1–5 nachträglich der römische Kaiser ins Spiel gebracht wurde – »das Wickelkind in der Krippe« mehr als ein bloßes Erkennungszeichen. Es steht im Kontrast zu der verbreiteten zeitgenössischen Erwartung eines machtvoll-kriegerischen davidischen Messias und korrigiert diese. Daß die Offenbarung gerade an die Hirten ergeht, hängt mit dem Davidmotiv und dem damit verknüpften Hirtenmilieu zusammen. Es ist kaum (mit dem Rabbinentum) an Hirten als notorische Räuber und Betrüger (Jeremias in: ThWNT VI, 487) gedacht, so daß Jesus als der Heiland der Sünder dargestellt würde. Auf der anderen Seite sind die Hirten aber auch nicht dergestalt idealisiert, daß im Anschluß an die hellenistische Bukolik das Hirtenleben verherrlicht würde und die Hirten hier die neue paradiesische Welt repräsentierten (vgl. Bultmann: Geschichte der syn. Tradition, 325). Auch die Theorie, es handle sich um eine nach Art der Osirislegende gebildete Findelkindgeschichte (Gressmann), scheitert am tatsächlichen Charakter des Textes.

1-3 Die Steuerveranlagung im ganzen römischen Imperium wird als Anlaß dafür angeführt, daß Maria als Begleiterin Josefs nach Bethlehem ging (VV 4f.). Das ist aber kaum der einzige Sinn dieser Notiz. Zugleich erhält nämlich das Geschehen der Geburt Jesu, das nun erzählt wird, einen bedeutsamen, man möchte sagen: weltgeschichtlichen Rahmen. Die Steuerveranlagung wird in Syrien unter dem Statthalter (*hēgemōn*) Quirinius durchgeführt. Daß zu solchen Eintragungen jeder in seinen Herkunftsort hätte gehen müssen, ist historisch nicht verbürgt. Von einer allgemeinen Aufzeichnung unter Augustus wissen die zeitgenössischen Quellen nichts. (Zur Datierung des Census unter der Statthalterschaft des Quirinius siehe Exkurs 3.) Für die heutige Gesamterzählung ist wichtig, daß der Erlaß des Kaisers Augustus den Anlaß zu der Messiasgeburt *in Bethlehem* bietet und daß mit ihm auch das »Zeichen« eine besondere Note erhält (V 7). Der Kontrast zwischen dem Weltherrscher Augustus und dem in Niedrigkeit geborenen wahren Retter und Herrn (V 11) der Menschen wird erkennbar.

4-7 Josef begibt sich als Davidsnachkomme (vgl. 1,27) in die Stadt, aus der der Stammvater kam. Wenn erläuternd »Bethlehem« eingefügt ist, zeigt dies, daß für Leser außerhalb Palästinas erzählt wird. Das besagt, zumal wenn die VV 1-5 von Lukas stammen sollten, nichts über eine außerpalästinische Herkunft der Hirtengeschichte 2,8-20. Josef nahm seine – nunmehr heimgeführte – Braut mit. Ein Motiv wird dafür nicht genannt. Die Schwangerschaft läßt offenbar die Reise zu; es ist – vgl. »als sie dort waren« (V 6) – an einen längeren Aufenthalt in Bethlehem vor der Niederkunft gedacht. Um so erstaunlicher ist, daß trotz längeren Aufenthalts der Eltern das Kind in einen Futtertrog gelegt werden muß, weil in der (einzigen) »Herberge« der Stadt kein Platz war. Diese Unausgeglichenheit kann für die Annahme ins Feld geführt werden, daß V 7 erst zu der Grunderzählung 2,8-20 hinzugewachsen ist. Auf jeden Fall wird die Geburt des Kindes ohne Einzelheiten und ohne wunderbare Züge berichtet. Nur was als Zeichen dienen soll, wird erwähnt. »Wickelkind« bestimmt dabei das Alter, »Krippe« den Ort zur Auffindung des Messiaskindes. Lediglich die Tatsache, daß das Kind der »Erstgeborene« Marias ist, wird erwähnt – jedoch nicht im Hinblick auf etwaige weitere Kinder, sondern wegen der besonderen Gottzugehörigkeit des ersten Sohnes (vgl. 2,23).

8–14 In der Umgebung von Bethlehem lagern Hirten mit ihrer Herde und halten zur Nachtzeit Wache, als der Offenbarung bringende Engel Gottes zu ihnen tritt. Die Lichtherrlichkeit Gottes fällt auf sie, und sie geraten in Furcht. Die Hirten, die Davidsstadt, der Futtertrog mit dem Kind – das sind Motive, die insgesamt an die »davidische« Geschichte erinnern und im Dienste einer Erzählung von der Geburt des »davidischen« Messias stehen; vgl. 1 Sam 16f. und die Verheißung Mich 5,2. Im heutigen Zusammenhang deutet der Engel das in V 7 berichtete Geschehen von Gott her. Er verkündet eine Freudenbotschaft, die ganz Israel gilt: In der Stadt Davids ist der Retter geboren worden, der Messias, der Herr. Dabei können die Titel »Retter« und »Herr« sekundäre Einfügungen (des Hellenisten Lukas?) sein. Die Hirten sollen das Messiaskind finden. Doch nicht nur dazu wird das Zeichen gegeben. Es hat wohl auch »sinnbildlich«-inhaltliche Bedeutung. Die Kleinheit und Unscheinbarkeit – wie im Falle des Stammvaters David (vgl. 1 Sam 16,1–13) – weist den Erwählten aus. Die Botschaft des Deuteengels wird anschließend von einer großen Schar von Engeln (wie im Chor des antiken Dramas) hymnisch unterstrichen. Der Chor der Engel preist nicht nur Gott, sondern gibt eine weitere, vertiefte Deutung der Geburt des Kindes. Das »Gloria« ist zweizeilig. Der Parallelismus zeigt folgende Entsprechungen: Herrlichkeit / Friede – in der Höhe/ auf der Erde – für (bzw. bei) Gott / bei den Menschen. Der griechische Satz hat keine verbalen Prädikate. Er ist nicht als Wunsch (»Ehre sei Gott!«) zu verstehen, sondern als Aussage (gegen Westermann 325 f., Anm. 17). In der Geburt Jesu verherrlicht sich Gott, und damit ereignet sich Heil (Friede im Sinne des biblischen *schalom*) bei den Menschen. Der (vielleicht sekundär angefügte) Genitiv »des Wohlgefallens« (*eudokias*) ist, wie neuerdings durch entsprechende Texte aus Qumran (1QH 4,32 f.; 11,9) gesichert werden konnte, auf *Gottes* Wohlgefallen, Gottes Huld zu beziehen, nicht aber – wie das »bonae voluntatis« der Vulgata nahelegt – auf den »guten Willen« der Menschen. Der Genitiv *eudokias* bringt den Gedanken der göttlichen Gnadenwahl zum Ausdruck. Daß keine partikularistische Auffassung zugrunde liegt, zeigt V 10 (»dem ganzen Volk«).

15–20 Die Engelschar kehrt in den Himmel zurück, war also im Vorangehenden als irdisch-gegenwärtig gedacht. Die Hirten entschließen sich, der Intention der Engelsbotschaft entsprechend nach Bethlehem zu gehen und das Zeichen wahrzunehmen. Sie finden das Kind in der Krippe und seine Eltern. Sie berichten – auch (oder vor allem) den Eltern –, was der Engel offenbart hatte. Alle staunen darüber. Es ist (in der ursprünglich selbständig überlieferten Erzählung) nicht vorausgesetzt, daß Maria und Josef bereits durch die Ankündigung Gabriels um die Messianität des von der Jungfrau empfangenen Kindes wissen. V 19 gibt nicht die Quelle an, aus der Lukas die Weihnachtsgeschichte kennt. Vielmehr ist der Vers – wahrscheinlich vom Evangelisten gebildet (vgl. 1,66; 2,51; ferner 8,15) – paränetisch gemeint. Wie Maria soll der Leser die Geschehnisse gläubig meditieren und so »die richtige Bedeutung treffen« (vgl. van Unnik 79–86, zu *symballō*). Der Schlußvers hat letztlich die Funktion, den Leser zum Lobpreis Gottes zu bewegen. Gottes Offenbarung verdient Glauben; denn das Zeichen ließ sich im Hören und Sehen »verifizieren«. Jesus ist der Retter, der Christus, der Herr. Mit seiner Geburt verwirklicht Gott das eschatologische Heil (»Frieden«) unter den Menschen, und zwar gerade – im Unterschied zu dem Unterfangen des Kaisers (vgl. die Inschrift von Priene aus dem Jahre 9 v. Chr. bei Leipoldt/Grundmann [Hg.]: Umwelt des Urchristentums II, Berlin ³1972, Nr. 130; dazu H. Preisker: Neutestamentliche Zeitgeschichte, Berlin 1937, 197, und Schelkle: Kindheitsgeschichte, 73 f.) – durch das »machtlose« Kind in der Krippe.

Exkurs (3): Der Census des Quirinius und das Jahr der Geburt Jesu

Literatur siehe zu 2,1–20.

Sowohl Mt 2,1 als auch Lk 1,5 setzen voraus, daß Jesus zur Regierungszeit Herodes' des Großen (37–4 v. Chr.) geboren ist. Das genaue Jahr läßt sich nicht mit Sicherheit ermitteln. Die Angabe von Lk 3,23 läßt sich für das exakte Geburtsjahr nicht veranschlagen, weil diese Stelle ausdrücklich vom »ungefähren« Alter Jesu bei seinem Auftreten spricht. Nach Lk 2,1 f. fand im Jahr der Geburt Jesu eine von Augustus (31 v. – 14 n. Chr.) vorgeschriebene Steuerveranlagung (Census) statt, die für Syrien vom Statthalter Quirinius (Q.) durchgeführt wurde. Nun ist von den zeitgenössischen Quellen kein allgemeiner *Reichs*-Census unter Augustus bezeugt. Außerdem scheint Lukas den späteren Census des Q. irrtümlich in das Geburtsjahr Jesu zu verlegen. Nach Fl. Josephus (Ant. XVII § 355; XVIII §§ 1–5 u. ö.) nahm Publius Sulpicius Q. als Statthalter der Provinz Syrien (nach Absetzung des Herodessohnes Archelaos) im Zusammenhang mit der Übernahme Judäas in unmittelbare römische Verwaltung im Jahre 6/7 n. Chr. einen Census in Judäa vor. Dieses Unternehmen löste übrigens den Aufstand des Galiläers Judas aus (Apg 5,37). Es ist zu vermuten, daß Lukas um diesen (bekannten) Census wußte, weil er Lk 2,2 von einem »ersten« Census spricht. Jedoch kann man historisch verantwortlich mit dem Namen Q. nicht zwei Schätzungen verbinden (Instinsky 41 f.). Da Q. in den Jahren 9–4 v. Chr. nicht

Statthalter in Syrien war – wir kennen die beiden Statthalter dieser Jahre namentlich –, ist nicht auszuschließen, daß Lukas einen früheren judäischen Census (vgl. Tertullian: Adv. Marcionem IV 19) mit dem Namen des Q. verbindet. Schwerlich darf man, allein Lk 2,2 folgend, (mit Stauffer) vermuten, daß Q. in außerordentlicher Vollmacht (als »Orientchef«) unter dem syrischen Statthalter Sentius Saturninus (9–6 v. Chr.) die Schätzung durchführte. Die Vorstellung des Lukas von einer *universalen* Schätzung kann unter dem Eindruck einer solchen Maßnahme in den Jahren 74/75 n. Chr. aufgekommen sein (Bammel).

Beschneidung Jesu und Darstellung im Tempel: 2,21–40

21 Als acht Tage vorüber waren und das Kind beschnitten werden mußte, gab man ihm den Namen Jesus, den der Engel genannt hatte, noch ehe es im Schoß seiner Mutter empfangen wurde.
22 Dann kam der Tag ihrer vom Gesetz des Mose vorgeschriebenen Reinigung. Sie brachten das Kind nach Jerusalem hinauf, um es dem Herrn darzustellen,   23 wie im Gesetz des Herrn geschrieben steht: *Jede männliche Erstgeburt soll dem Herrn geweiht sein* (Ex 13,2.12).   24 Auch wollten sie ihr Opfer darbringen, wie es das Gesetz des Herrn vorschrieb: *ein Paar Turteltauben oder zwei junge Tauben* (Lev 12,8).
25 Und siehe, in Jerusalem lebte damals ein Mann namens Simeon. Er war gerecht und fromm. Er erwartete die Rettung Israels, und der heilige Geist war auf ihm.   26 Vom heiligen Geist war ihm geoffenbart worden, er werde den Tod nicht schauen, ehe er den Messias des Herrn gesehen habe.   27 Jetzt führte ihn der heilige Geist in den Tempel. Und als die Eltern Jesus hereinbrachten, um zu tun, was der Brauch des Gesetzes verlangte,   28 nahm Simeon das Kind in seine Arme und pries Gott mit den Worten:

    29 Nun läßt du, Herr, deinen Knecht,
    wie du gesagt hast, in Frieden scheiden.
    30 Denn meine Augen haben dein Heil gesehen,
    31 das du vor allen Völkern bereitet hast:
    32 ein Licht, das die Heiden erleuchtet,
    und Herrlichkeit für dein Volk Israel.

33 Sein Vater und seine Mutter staunten über die Worte, die über Jesus gesagt wurden.   34 Und Simeon segnete sie und sagte zu Maria, der Mutter Jesu: Siehe, dieser ist dazu be-

stimmt, daß viele in Israel durch ihn zu Fall kommen und viele durch ihn aufgerichtet werden; er wird ein Zeichen sein, dem widersprochen wird. – 35 Auch dir selbst wird ein Schwert durch die Seele dringen. – So sollen die Gedanken vieler Menschen offenbar werden.
36 Damals lebte eine Prophetin namens Hanna, eine Tochter Penuels, aus dem Stamm Ascher. Sie war schon hochbetagt. Als Jungfrau hatte sie geheiratet und sieben Jahre in der Ehe gelebt; 37 seitdem war sie Witwe und nun vierundachtzig Jahre alt. Sie hielt sich ständig im Tempel auf und diente Gott Tag und Nacht mit Fasten und Beten. 38 In dieser Stunde nun trat sie hinzu, pries Gott und sprach über das Kind zu allen, die auf die Erlösung Jerusalems warteten.
39 Als seine Eltern alles getan hatten, was das Gesetz des Herrn vorschreibt, kehrten sie nach Galiläa in ihre Stadt Nazaret zurück. 40 Das Kind wuchs und wurde kräftig; Gott erfüllte es mit Weisheit, und seine Gnade ruhte auf ihm.

Literatur: Billerbeck II, 119–141. – *J. Schildenberger*: Die Darstellung im Tempel: Bened. Monatsschrift 17 (1935), 45–49. – *H. Schürmann*: »Es wurde ihm der Name Jesus gegeben ...« (Lk 2,21) (erstmals 1966) in: UG 222–226. – *J. Winandy*: La prophétie de Syméon (Lc II, 34–35): RB 72 (1965), 321–351.

Der vorliegende Abschnitt ist nicht ganz einheitlich. Der einleitende V 21 über die Beschneidung Jesu kann auch als Abschluß der Weihnachtsgeschichte verstanden werden (Schürmann: Lk 119). Er bildet eine Analogie zu 1,59 in der Johanneserzählung. Dort veranlassen Beschneidung und Namengebung die folgende Erzählung, die die heilsgeschichtliche Bedeutung des Neugeborenen ankündigt bzw. hervorhebt (1,59–79). Deshalb gehört V 21 eher als Einleitung zu der Erzählung von der Darstellung im Tempel. Diese Jesuserzählung bietet nun eine entsprechende, die Bedeutung des Jesuskindes hervorhebende Geschichte, die ebenfalls in prophetischen Worten gipfelt. Sie setzt die »Weihnachtsgeschichte« ursprünglich nicht voraus, wohl indessen die Erzählung von der Johannesgeburt, die sie überbietet. Nicht auszuschließen ist, daß die »Darstellungsgeschichte« in einem früheren Stadium isoliert überliefert wurde, etwa im Umfang von 2,6–7.22–38. Wie am Ende der Johanneserzählung (1,80) steht auch am Ende unserer Perikope eine überleitende Bemerkung über das Heranwachsen des Kindes (V 40). Im Unterschied zu Johannes heißt es von Jesus, daß er »mit Weisheit erfüllt« wurde. Das ist wohl im Blick auf die folgende Erzählung vom zwölfjährigen Jesus im

Tempel (vgl. 2,47.52) gesagt. Das Corpus unserer Perikope von der Darstellung im Tempel umfaßt somit die VV 22–38 mit den prophetischen Hinweisen des Simeon und der Hanna. Diese kommen bestätigend zu der »apokalyptischen« Kunde der Engel hinzu. Sie betonen die Heilands- und Erlöserfunktion Jesu (vgl. VV 30.38). V 39 verknüpft sekundär mit der galiläischen Heimat Jesu, während die ursprüngliche Erzählung über den Wohnort der heiligen Familie nicht reflektierte, diesen vielleicht sogar in der Nähe von Jerusalem sah.

21 Eher selbstverständlich als betont wird von der Beschneidung Jesu am achten Tag berichtet. Der Ton liegt auf der Namengebung, die der Anordnung des Engels entspricht (1,31). Der Vers ist also redaktionell und setzt die Verkündigungsgeschichte voraus.

22–24 Dem Erzähler ist offensichtlich an der getreuen Gesetzeserfüllung durch die Eltern Jesu gelegen (VV 21.22.23.24.27.39). Trotzdem ist er – als Hellenist – nicht genau über die Gesetzesvorschriften orientiert. Er denkt an eine »Reinigung« nicht nur der Wöchnerin (*autōn* in V 22; siehe dagegen Lev 12,2–8). Wahrscheinlich gebraucht Lukas den Terminus »Reinigung« zugleich für das Opfer und die Darstellung des Kindes (vgl. VV 22b.27b). Für eine »Darstellung« des Erstgeborenen im Tempel (V 22: *parastēsai*) gab es keine Gesetzesvorschrift. Dennoch liegt auf ihr der eigentliche Nachdruck, wobei die prophetischen Hinweise des Simeon und der Hanna den Zielpunkt der Erzählung bilden.

25–32 Simeon wird als »gerechter und frommer« Mann vorgestellt, der auf den »Trost Israels«, d. h. auf das messianische Heil, wartete. Er ist geistbegabt, hat prophetisches Wissen. Er lebt insofern in messianischer Naherwartung, als er durch eine Offenbarung des Gottesgeistes weiß, daß er »den Messias des Herrn« noch sehen werde. Der Geist veranlaßt, daß er im Tempel ist, als Maria und Josef das Jesuskind hereinbringen. Da nimmt er das Kind in die Arme und spricht einen prophetischen Lobpreis (*eulogēsen*; vgl. 1,64.67f. von Zacharias). Dieser redet Gott als »Herrscher« (*despotēs*) an und preist ihn wegen des in Jesus verwirklichten Heils (*sotērion*). Entsprechend sieht Simeon sich selbst als einen »Knecht« Gottes. Der Sinn des »Nunc dimittis« ist wohl: »Nun *kannst* du sterben lassen«. Simeon hat den Messias gesehen und kann deswegen »in Frieden« sterben. Der Messias, näherhin schon seine Geburt bzw. seine Gegenwart, bedeutet »Frieden/Heil/Rettung« (vgl. 2,14). Die Aussage ist nicht – wie Eph 2,14–16 – an den Tod Jesu geknüpft. Insofern liegt hier eine Inkarnations-Soteriologie vor. Gott hat in Jesus sein Verheißungswort erfüllt. Simeon hat mit eigenen Augen jenes Heil geschaut, das Gott »vor dem Angesicht aller Völker bereitet hat« (vgl. Jes 40,5; 52,10). Im Anschluß an deutero-jesajanische Aussagen über den Gottesknecht (Jes 42,6; 49,6) wird Jesus als »Licht zur Offenbarung an die Heidenvölker« und als »Herrlichkeit« für Israel bezeichnet. Der Lobpreis sieht solche Aussagen der atl Prophetie als in Jesus erfüllte Weissagung an. Jesus wird als Licht auch den Heiden leuchten, aber dieses Licht nimmt als Herrlichkeit des Gottesvolkes Israel seinen Ausgang von diesem Volk (vgl. 3,6; Apg 28,28).

33–35 Ähnlich wie 2,18 staunen die Eltern Jesu über die Worte, die Jesu Messianität aussprechen. Daß die Eltern schon durch den Verkündigungsengel (vgl. 1,31 –35) oder die Hirten (vgl. 2,10–12.14.17) davon wissen, ist (ursprünglich) nicht vorausgesetzt. Die Weissagung des Simeon wird in einem Wort an Maria fortgeführt, nachdem dieser auch über Josef und Maria eine Eulogie gesprochen hat. Der Messias Jesus wird in Israel eine Scheidung herbeiführen. Viele in Israel werden durch ihn »aufgerichtet werden«, doch auch viele – darauf liegt hier der Nachdruck – »kommen zu Fall«. Man wird ihm »widersprechen«. Damit ist die weitgehende Ablehnung Jesu in Israel vorausgesagt. Sie wird in einem parenthetischen Bildwort an die Mutter des Messias (»Schwert durch die Seele«) als auch und gerade für sie schmerzlich bezeichnet. Der abschließende und zum Hauptgedanken zurücklenkende Schlußsatz spricht vom Zweck dessen, daß Gott Jesus zum »Widerspruchszeichen« einsetzte. Die wahren Gedanken der Menschen (ihrer »Herzen«) sollen so offenkundig werden. Lukas denkt an den Widerspruch, den Jesus in seinem Volk fand. Er war durch die »Verstockung des Herzens« verursacht (Apg 28,27) und führte dazu, daß das »Heil« auch zu den Heiden ging (Apg 28,28).

36–38 Die hochbetagte Prophetin Hanna wird gleichfalls als »fromm« vorgestellt. Sie hatte nach siebenjähriger Ehe im Witwenstand gelebt. Die Angabe »84 Jahre« bezieht sich wohl nicht auf die Dauer der Witwenschaft, sondern eher auf das Lebensalter. Der beständige Aufenthalt im Tempel, ihr Fasten und Beten, sind als Charakteristika ihrer Frömmigkeit genannt. Auch bei ihr ist daran gedacht, daß sie auf einen Wink des Geistes gerade zu der Zeit in den Tempel kam, als Jesus dorthin gebracht wurde. Ihre Prophetie ist, obgleich nicht wörtlich wiedergegeben, als Bestätigung der Simeon-Worte verstanden. Das doppelte Zeugnis des Geistes über Jesus gibt Gewißheit. Es ist wohl daran gedacht, daß sie »über Jesus« und seine Erlöserfunktion zu allen Tempelbesuchern redete. Der Leser soll sich die Worte der Hanna entsprechend denen des Simeon vorstellen, nämlich daß sie von der Erfüllung der »Erlösererwartung« in Jesus sprach.

39f. Die Rückkehr nach Nazaret wird erwähnt, seitdem man die »Darstellungsgeschichte« in den Kranz der übrigen Kindheitserzählungen einfügte. Vielleicht hat Lukas selbst den V 39 in Entsprechung zu 2,4 gebildet. V 40 ist nach Analogie von 1,80 formuliert und hat seine verknüpfende Funktion erst im Zusammenhang eines größeren und über die Einzelerzählung hinausweisenden Zusammenhangs. Die »Weisheit« des Kindes sollte schon beim Tempelbesuch des Zwölfjährigen offenkundig werden.

Der zwölfjährige Jesus im Tempel: 2,41–52

41 Seine Eltern reisten jedes Jahr zum Passafest nach Jerusalem. 42 Als Jesus zwölf Jahre alt geworden war, zogen sie hinauf, wie es dem Festbrauch entsprach. 43 Nachdem die Festtage zu Ende waren, machten sie sich auf den Heimweg. Der junge Jesus aber blieb in Jerusalem, ohne daß seine Eltern es merkten. 44 Sie meinten, er sei irgendwo in der Pilgergruppe, und reisten eine Tagesstrecke weit; dann suchten sie ihn bei den Verwandten und Bekannten. 45 Als sie ihn nicht fanden, kehrten sie nach Jerusalem zurück und suchten ihn dort.
46 Nach drei Tagen fanden sie ihn im Tempel, wie er mitten unter den Lehrern saß, ihnen zuhörte und Fragen stellte. 47 Alle, die ihn hörten, staunten über sein Verständnis und seine Antworten. 48 Als seine Eltern ihn sahen, gerieten sie außer sich, und seine Mutter sagte zu ihm: Kind, warum hast du uns das angetan? Dein Vater und ich suchen dich voller Angst. 49 Da sagte er zu ihnen: Wie konntet ihr mich suchen? Wußtet ihr nicht, daß ich in dem sein muß, was meines Vaters ist? 50 Doch sie verstanden nicht, was er damit meinte. 51 Dann kehrte er mit ihnen nach Nazaret zurück und war ihnen gehorsam.
Seine Mutter bewahrte alle Begebenheiten in ihrem Her-

zen. **52 Jesus aber wuchs heran, und seine Weisheit nahm zu:** *Gott und die Menschen hatten Gefallen an ihm* (1 Sam 2,26).

Literatur: Billerbeck II, 141–153. – *R. Laurentin:* Jésus au Temple, Paris 1966. – *R. Pesch:* »Kind, warum hast du so an uns getan?« (Lk 2,48): BZ 12 (1968), 245–248. – *F.-J. Steinmetz:* Jesu erste Wallfahrt nach Jerusalem: GuL 46 (1973), 60–64. – *G. Schmahl:* Lk 2,41–52 und die Kindheitserzählung des Thomas 19,1–5: BiLe 15 (1974), 249–258.

Die Perikope scheint, abgesehen von den Schlußversen 51 b.52, eine erzählerische Einheit zu bilden. Zusammen mit V 40 läßt V 52 erkennen, daß der heutige Kontext besonders an der erstaunlichen »Weisheit« des Kindes als einer von Gott geschenkten, aber wachsenden Gabe interessiert ist. Daß Jesus direkt als die sich offenbarende göttliche Weisheit (vgl. Sir 24,1: »inmitten des Volkes«) verstanden sei (so Laurentin: Jésus, 138–141), trifft nicht zu. Obgleich die Kindheitsgeschichten sonst keine Aktivität und erst recht kein außerordentliches Tun des Kindes berichten, steht hier das Verhalten des Zwölfjährigen, insbesondere sein erstes Wort, im Vordergrund. Im Gesamtzusammenhang der Evangelienschrift stellt die Perikope den bedeutsamen Abschluß der Kindheitsgeschichten und zugleich ein wichtiges Verbindungsstück zum Folgenden dar. Obgleich sich das Kind der besonderen Gottessohnschaft bereits bewußt ist (V 49), die von ihm Gehorsam gegenüber Gott verlangt, unterliegt es dennoch menschlichem Wachsen und besitzt fortschreitende Weisheit (V 52); es ordnet sich auch »unverständigen« (V 50) Eltern unter (V 51). Lukas versteht den Tempel zu Jerusalem als Ort der Lehre Jesu (19,47; 20,1). Als solcher tritt er bereits in der Kindheitserzählung hervor. Hierher gehört Jesus eigentlich.

41–45 Die jährliche Jerusalemwallfahrt der »Eltern« Jesu – so wird hier unbefangen formuliert – zum Osterfest wird einleitend wohl als Zeichen ihrer Gesetzestreue (Ex 23,14–17; Dtn 16,16f.; Billerbeck II, 141f.) und Frömmigkeit erwähnt. Sobald Jesus zwölf Jahre alt ist, begleitet er die Eltern nach Jerusalem. Es ist nicht sicher, ob das als besondere Frömmigkeit angesehen ist; denn eine frühzeitige Gewöhnung des Knaben an Gesetzesvorschriften war den Eltern angeraten. Nach den Festtagen begeben sich die Eltern auf den Heimweg, ohne zu wissen, daß der Sohn nicht bei der Reisegesellschaft ist. Nach dem ersten Tagesmarsch suchen sie ihn vergeblich bei den Weggenossen. Da sie ihn nicht finden, kehren sie nach Jerusalem zurück, um nach ihm zu suchen.

46–51a »Nach drei Tagen« finden die Eltern Jesus im Tempel. Es kann gemeint sein: drei Tage, nachdem das Kind vermißt wurde. Möglich ist aber auch: am dritten Tag des Suchens in Jerusalem. Die Eltern finden Jesus mitten unter den Gesetzeslehrern sitzend, wohl in einer der Hallen des äußeren Vorhofes. Man denkt kaum an einen »zu Füßen« der Lehrer (so Apg 22,3) als Schüler sitzenden Jesus, sondern eher an einen Gleichrangigen. Daß Jesus den Lehrern zuhört und ihnen Fragen stellt, entspricht dem rabbinischen Lehrbetrieb, kann indessen ebenfalls an eine Diskussion unter Fachgenossen denken lassen. In V 47 wechselt das Subjekt (von den Eltern Jesu in den VV 46.48) zu den Lehrern und vielleicht auch den Zuschauern der Diskussion. Möglicherweise ist der Vers spätere Einfügung, die das »Verständnis« des Kindes hervorhebt. Der Vers setzt voraus – nicht ganz mit V 46 harmonierend –, daß auch Jesus befragt wurde, vielleicht auch, daß er von sich aus besonders verständig redete. Darüber sind die Anwesenden »außer sich« vor Staunen. Die Erzählung will nicht Kritik an den rabbinischen (pharisäischen) Gesetzeslehrern üben oder sie durch ein Kind blamiert sein lassen, sondern Jesu Weisheit hervorkehren. Die Eltern Jesu sind bestürzt, als sie den Sohn so vorfinden. Nichts deutet darauf hin, daß sie zuvor die »Besonderheit« ihres (messianischen) Kindes erfahren hätten. So ist die vorwurfsvolle Frage der Mutter zu verstehen, die dennoch formelhaft gebraucht wird und nicht psychologisierend ausgelegt werden sollte (Pesch). Die Mutter redet Jesus mit »Kind« an; dem entspricht: »dein Vater und ich«. Die Auffassung vom Kind seiner Eltern, das ihnen Gehorsam schuldet, soll durch Jesus ent-täuscht werden. Darum folgt nun die ebenfalls vorwurfsvolle Gegenfrage Jesu. Die Eltern wußten nicht, konnten nicht wissen, aber erfahren es nun: Jesus ist der Sohn Gottes und ist als solcher Gott Gehorsam schuldig. Er gehört als Sohn Gottes in das Haus Gottes. Wer die Erzählung psychologisch lesen und deuten wollte, geriete in unlösbare Probleme. Wer sie homologetisch versteht, als zur Sprache gebrachtes Bekenntnis zum Gottessohn Jesus, als Antwort auf das Christuskerygma, der versteht, daß hier die Gottessohnschaft schon des Kindes Jesus gläubig bekannt und wesentlich im Sinne des Sohnesgehorsams ausgelegt wird. Mehr als auf den Titel »Sohn Gottes« ist auf dessen Gehorsam abgehoben. Daß die Eltern Jesu das erste Jesuswort, diese im Tempel ausgesprochene Selbstoffenbarung des Sohnes, »nicht verstanden«, deutet auch dem Leser an, wie sehr er hier einem Geheimnis gegenübersteht. Das folgende Evangelium wird ihn mehr von Jesu Wesen verstehen lassen, insbesondere auch Jesu Weg nach Jerusalem und durch das Leiden hindurch zeigen.

Daß sich Jesus dennoch in Nazaret seinen Eltern »unterordnete«, gehört ebenfalls zu seinem Geheimnis. Wahrscheinlich will V 51a zugleich zeigen, daß Jesu Verhalten bei der Jerusalemwallfahrt nicht »Ungehorsam« war.

51b–52 Die erste Schlußbemerkung über die Mutter Jesu, die alle Begebenheiten bzw. Worte (also auch das zunächst unverstandene Wort des V 49) im Herzen bewahrte (vgl. 2,19), soll den Leser einladen, es ebenso zu machen. Die Bemerkung bezieht sich ebenso auf die übrigen bedenkenswerten Ereignisse, die 2,22–51a erzählt wurden. V 52 entspricht dem V 40. Die Weisheit Jesu nahm weiter zu. Gottes Gnade ruhte auf ihm. Auch bei den Menschen seiner Umgebung fand Jesus »Gnade« bzw. »Gunst«. Das ist in Anlehnung an 1 Sam 2,21.26 (über den jungen Samuel) formuliert. Die abschließende Bemerkung überbrückt gewissermaßen den Zeitraum bis zur Taufe und zum Auftreten Jesu in der Öffentlichkeit (3,21.23), über den keine Nachrichten vorhanden sind. Der Leser hat aber bereits erkannt, daß die Begebenheiten der Kindheit Jesu vom Auftreten des Erwachsenen Entscheidendes erwarten lassen. Zu der apokalyptischen Botschaft der Engel (2,1–20) und den prophetischen Worten über Jesus (2,21–40) tritt in 2,41–51a das eigene Offenbarungswort Jesu.

Exkurs (4): Die »Kindheitsgeschichten«

Literatur siehe vor 1,5–25.

Die *Traditionsgeschichte* von Lk 1,5–2,52 läßt sich nur noch in Umrissen skizzieren, denn literarkritische Entscheidungen führen bei den Einzeltexten nur zu hypothetischen Urteilen. Als ursprünglich isoliert überlieferte Einzelgeschichten wird man ansehen müssen: die Täufergeschichte 1,5–25.57–66(67–79), die weihnachtliche Hirtengeschichte 2,(6–7)8–20 und die Erzählung vom zwölfjährigen Jesus im Tempel 2,41–51a. Weniger sicher ist, ob auch folgende Stücke für sich allein tradiert wurden: eine frühe Erzählung von der Engelsverkündigung an Maria 1,26–33.38, der Lobgesang Marias 1,46–47.49–55, der erste Teil des Benedictus 1,68–75, eine frühe, noch nicht mit der Johannes-Erzählung parallelisierte Erzählung von der prophetischen Deutung der Geburt bzw. der Person Jesu 2,(6–7a)21–39. (Die hier gebotenen Stellenangaben beziehen sich nicht auf den heutigen Text, sondern – ohne näherhin nach redaktionellen Änderungen zu fragen – auf eine hinter diesem Textstück liegende Vorform). Mit der Johannes-Erzählung wurden früh entsprechende Jesusgeschichten in überbietendem Parallelismus verbunden, so daß nun von beiden Gestalten die Ankündigung der Geburt, die Geburt selbst und eine prophetische Deutung erzählt wird. Dabei ist der Besuch Marias bei Elisabet erstmalig erzählt worden: 1,39–45(46–56). 1,26–38 wurde ebenso wie 2,(6)21–40, falls diese Texte schon zuvor existierten, an die Täufergeschichte angepaßt. Die Erzählung vom zwölfjährigen Jesus ist vielleicht erst danach an die ineinander verwobenen Täufer- und Jesus-Erzählungen angeschlossen worden.

Fragt man nach der *Gattung* der Erzählungen, so wird man für die frühe Johannesgeschichte noch am ehesten die Bezeichnung Legende verwenden dürfen. Diese Erzählung ist nach Art von atl Verkündigungs- und Geburtsgeschichten geformt (vgl. Gen 17f.21; Ri 13; 1 Sam 1f.). Die Jesusgeschichten 2,8–20 und 2,41–51a sind jedoch keine Legenden (gegen Dibelius), sondern stehen im Dienste des Christus-Bekenntnisses. Sie sind »homologetische« Geschichten. Die Weihnachtsgeschichte wird (vgl. das »Hirtenmilieu«) im Lichte der biblischen David-Überlieferung erzählt. Sie entstammt judenchristlichen Kreisen, während die Erzählung vom Tempelbesuch heidenchristlich sein kann. Eine Zuweisung an eine palästinische Gemeinde scheint bei den Täufergeschichten und der Hirtenerzählung am ehesten gerechtfertigt. Sollte die Ankündigung der Geburt Jesu isoliert erzählt worden sein, so wäre diese Erzählung auf dem Boden einer griechischsprechenden judenchristlichen Gemeinde entstanden. Daß eine hebräische oder aramäische Erzählung auch nur einer der Einzelgeschichten zugrunde liegen würde (so mit unterschiedlichen Akzenten: Sahlin, Laurentin, Winter), läßt sich nicht nachweisen. Die Sammlung der Einzelgeschichten und ihre Kombination erfolgte im hellenistischen Christentum, vollzog sich aber wohl schon vor Abfassung des dritten Evangeliums. Fragt man nach der Gattung des Erzählungskranzes insgesamt, so muß man sinnvollerweise zuerst fragen, ob dieser unabhängig von der Evangelienschrift jemals existiert hat. Ist das nicht der Fall, so ist nach seiner Funktion innerhalb der Evangelienschrift zu fragen. Letztere Frage ist bereits kurz erörtert worden. Positiv läßt sich sagen, daß man (pluralisch) von »Kindheitsgeschichten« sprechen sollte, weil deren Absicht – im einzelnen wie insgesamt – vornehmlich homologetisch (vgl. Schürmann: Aufbau) ist, nicht jedoch biographisch. Die Verknüpfung mit dem späteren Wirken Jesu und des Täufers erfolgt weitgehend durch redaktionelle Klammern (vgl. 1,76f. 80; 2,51f.). Wenn aber diese kompositorische Verknüpfung mit der Geschichte relativ schwach ist und wenn ferner schon die auf Jesus bezogenen Einzelerzählungen homologetisch orientiert waren, so ist die Möglichkeit einer für sich überlieferten Einheit der sieben Einzelgeschichten nicht von der Hand zu weisen.

Die Kindheitsgeschichten als Midrasch zu bezeichnen (so Laurentin, zurückhaltender Schelkle), ist nicht ratsam, weil unter Midrasch eine dem Judentum eigentümliche aktualisierende Schriftauslegung verstanden wird. Die Kindheitsgeschichten insgesamt erzählen hingegen Geschichte im Licht der Schrift und verstehen die berichteten Ereignisse als eschatologische Erfüllung. Sie stehen der jüdischen Haggada näher als dem Midrasch.

Was den sog. »Geschichtswert« der Erzählungen angeht, den *historischen*

Quellenwert ihrer Einzelnachrichten, unterschied sich die protestantische Exegese mit einer pessimistischeren Beurteilung lange von einer zuversichtlicheren katholischen Auskunft. Schmid (Lk 90) zählte allein elf Übereinstimmungen zwischen der lk und der mt Kindheitserzählung auf, die deswegen bedeutsam sein können, weil diese beiden Evangelisten für ihre »Kindheitsgeschichten« nicht die gleichen Quellen benutzten und auch voneinander unabhängig sind. Die Geburt Jesu (noch) zur Regierungszeit Herodes' d. Gr. und der ohnehin bekannte Heimatort Nazaret werden übereinstimmend bezeugt. Das gleiche gilt von der geistgewirkten Empfängnis und Geburt Jesu. Letztere Aussage wird von beiden Evangelisten dem christologischen Bekenntnis der hellenistischen Gemeinden verdankt. Die »uneigentliche« Vaterschaft Josefs hängt mit diesem Bekenntnis zusammen. Ob Bethlehem als die Geburtsstadt Jesu wirklich geschichtlichem Wissen entspringt oder eher der davidischen Messianologie, ist nicht sicher zu entscheiden. Die Tatsache, daß uns Belege für jüdische Erwartungen oder Postulate einer Messiasgeburt in Bethlehem fehlen, sichert allerdings noch nicht die Historizität der Geburt Jesu in Bethlehem. Die Weise, wie Bethlehem und die Heimat Nazaret verbunden werden (Mt 2,22 f.: erstmalige Aufnahme eines neuen Wohnsitzes in N.; Lk 2,4 f.: Reise zur Eintragung in B.), zeigt, daß die Übereinstimmung der Evangelisten nicht in einem genaueren historischen Wissen begründet ist. Die Angabe, daß die Geburt Jesu unter Augustus erfolgte, läßt einen weiten Spielraum offen. Die Schätzung des Quirinius ist schwer datierbar und unterliegt (für die Zeit des Herodes) Bedenken. Der theologische Charakter der in Lk 1-2 gebotenen Jesuserzählungen, die wirkliche Tragweite der Bemerkungen 2,19.51 b, die Entstehung gerade der Verkündigungserzählung im hellenistischen Judenchristentum sowie die relativ schwache Bezeugung des christologischen Satzes von der geistgewirkten Empfängnis und Geburt Jesu im NT machen es schwer, wenn nicht untragbar, diese wesentlichen Aussagen der Kindheitsgeschichten auf eine – zunächst streng gehütete, aber verschwiegene – Familientradition oder ein Geheimnis Marias zurückzuführen.

Welche *theologische Tragweite* hat Lk 1-2 für das Werk des Evangelisten? Die Darstellungsweise der überbietenden Parallelität läßt den heilsgeschichtlich bedeutsamen Täufer als Vorläufer gegenüber Jesus zurücktreten. Die Weise der Schriftverwendung geschieht indirekt (im Unterschied zu den mt »Erfüllungszitaten«), aber doch so, daß die erzählten Begebenheiten als eschatologische Erfüllung kenntlich werden. 1,26-38 steht im Lichte von Jes 7,14. 2,1-20 erinnert an Mich 5,2 (4,8). »Apokalyptische« Züge (Engel, Aufstrahlen der Herrlichkeit Gottes, Erneuerung der Prophetie) stehen wohl ebenso im Dienste jener Ansage, daß die Ereignisse den Beginn der Vollendungszeit bedeuten. Daß die Erzählung und ihre Gestalten (etwa Maria) kollektiv-typologisch zu deuten seien (Laurentin: Maria als Repräsentantin Israels), legt der Text kaum hinreichend nahe.

Die Kindheitsgeschichten insgesamt lassen den Leser des dritten Evangeliums erkennen, daß der Ursprung Jesu, des Christus, in Gott liegt. Er ist Gottes Sohn (1,32.35; vgl. 3,23.38). Das sagt vor allem die bedeutsam am

Ende stehende Tempelgeschichte (2,49). Und zwar ist Jesus »Sohn Gottes« in einer seinshaften Weise von Anfang an. Der Grund dafür, daß er nicht nur ein Geistbegabter ist wie Johannes, sondern dem Gottesgeist seine Existenz verdankt, liegt in seiner geistgewirkten Empfängnis (1,35). Eine adoptianische Christologie, die Jesus erst mit der Taufe (vgl. 3,22) zum Messias werden ließe, ist also für Lukas nicht akzeptabel. Die ältere davidische Christologie (1,32) ist mit einer stärker titular sich artikulierenden hellenistisch-christlichen verbunden. Die Titel »Großer« (1,32), »Retter« (2,11 vgl. 1,69–77; 2,30) und »Herr« (1,43.76; 2,11) sind keineswegs formelhaft verwendet. Die *sotēr*-Christologie erhält bei Lukas (vgl. 19,9f) eine gerade auf die Rettung der Verachteten und der Sünder bezogene Ausrichtung.

Nebenmotive sind die Frömmigkeit der Eltern des Johannes und der Eltern Jesu, ferner der alten Leute Simeon und Hanna, eine ganz im jüdischen Verständnis gehaltene »Tempelfrömmigkeit« (vgl. R. Schnackenburg in: LThK IX, 1358f.). Ihr entspricht in Apg 2,46; 3,1; 5,12 das Verhalten der Urgemeinde. Innerhalb dieser noch ganz vom atl Gesetz bestimmten Welt geht das Licht der »Gnade« (*charis*) auf, und zwar nicht im Tempel, sondern bei Maria in Nazaret (vgl. 1,28.30). Maria wird als Urbild des Glaubenden gezeichnet, der ganz dem Verheißungswort Gottes vertraut, sich ihm unterwirft und das christologische Geschehen bedenkt (1,38.45; 2,19.51).

Der Täufer
Taufe und Versuchung Jesu: 3,1–4,13

Johannes der Täufer: 3,1–20

1 Es war im fünfzehnten Jahr der Regierung des Kaisers Tiberius; Pontius Pilatus war Statthalter von Judäa, Herodes Tetrarch von Galiläa, sein Bruder Philippus Tetrarch der Landschaft Ituräa und Trachonitis, Lysanias Tetrarch von Abilene; 2 Hohepriester waren Hannas und Kajafas. Da erging der Ruf Gottes an Johannes, des Zacharias Sohn, der in der Wüste lebte. 3 Und er zog in die ganze Umgebung des Jordans und verkündete dort eine Taufe der Umkehr zur Vergebung der Sünden. 4 So erfüllte sich, was im Buch der Reden des Propheten Jesaja geschrieben steht:
Eine Stimme ruft in der Wüste:
Bereitet dem Herrn den Weg!
Ebnet ihm die Straßen!
5 Jede Schlucht soll aufgefüllt
und jeder Berg und Hügel abgetragen werden.
Was krumm ist, soll gerade werden,
was uneben ist, soll zum ebenen Weg werden.
6 Und alle Welt wird das Heil Gottes schauen (Jes 40,3–5).
7 Das Volk zog in Scharen zu ihm hinaus, um sich von ihm taufen zu lassen. Da sagte er zu ihnen: Ihr Schlangenbrut, wer hat euch denn gelehrt, daß ihr dem kommenden Gericht entrinnen könnt? 8 Bringt Früchte hervor, die eure Umkehr zeigen, und fangt nicht an zu sagen: Wir haben ja Abraham zum Vater! Denn ich sage euch: Aus diesen Steinen kann Gott dem Abraham Kinder erwecken. 9 Schon ist die Axt an die Wurzel der Bäume gelegt. Jeder Baum, der keine guten Früchte hervorbringt, wird umgehauen und ins Feuer geworfen.

10 Da fragten ihn die Leute: Was sollen wir also tun? 11 Er antwortete ihnen: Wer zwei Gewänder hat, der gebe eins da-

von dem, der keins hat, und wer zu essen hat, der mache es ebenso. 12 Es kamen sogar Zöllner zu ihm, um sich taufen zu lassen, und fragten: Meister, was sollen wir tun? 13 Er sagte zu ihnen: Fordert nicht mehr, als für euch festgesetzt ist. 14 Auch Soldaten fragten ihn: Was sollen denn wir tun? Und er sagte zu ihnen: Mißhandelt niemand, erpreßt niemand, und begnügt euch mit eurem Sold!
15 Das Volk war voll Erwartung, und alle überlegten im stillen, ob Johannes nicht vielleicht selbst der Messias sei. 16 Doch Johannes gab ihnen allen zur Antwort: Ich taufe euch nur mit Wasser. Es kommt aber einer, der stärker ist als ich, und ich bin es nicht wert, ihm die Schuhriemen zu lösen. Er wird euch mit heiligem Geist und mit Feuer taufen. 17 Schon hält er die Schaufel in der Hand, um seine Tenne zu säubern und den Weizen in seine Scheune zu bringen; die Spreu aber wird er in nie erlöschendem Feuer verbrennen. 18 Mit solchen und vielen anderen Mahnungen verkündigte er dem Volk die Botschaft.
19 Johannes tadelte auch den Tetrarchen Herodes wegen der Heirat mit Herodias, der Frau seines Bruders, und wegen all der anderen Schandtaten, die er verübt hatte. 20 Deshalb fügte Herodes zu allem noch dies hinzu, daß er den Johannes ins Gefängnis werfen ließ.

Literatur: M. *Dibelius*: Die urchristliche Überlieferung von Johannes dem Täufer, Göttingen 1911. – *Bornhäuser*: Studien, 1–19. – H. *Sahlin*: Die Früchte der Umkehr. Die ethische Verkündigung Johannes des Täufers nach Lk 3,10–14, Lund 1948. – *Ders.*: Studien zum dritten Kapitel des Lukasevangeliums, Uppsala 1949. – *Conzelmann*: Mitte der Zeit, 12–21. – *Gräßer*: Parusieverzögerung, 179–187. – *Wilckens*: Missionsreden, 101–106. – T. *Holtz*: Die Standespredigt Johannes des Täufers, in: Ruf und Antwort (FS f. E. Fuchs), Leipzig 1964, 461–474. – W. *Wink*: John the Baptist in the Gospel Tradition, Cambridge 1968, 42–58. – *Schramm*: Markus-Stoff, 34–36. – J. *Becker*: Johannes der Täufer und Jesus, Neukirchen 1972. – *Hoffmann*: Logienquelle, 15–33. – *Schulz*: Spruchquelle, 366–378. – F. *Lang*: Erwägungen zur eschatologischen Verkündigung Johannes des Täufers, in: Jesus Christus in Historie und Theologie (FS f. H. Conzelmann), Tübingen 1975, 459–473.

Zur Taufe des Johannes: J. *Jeremias*: Der Ursprung der Johannestaufe: ZNW 28 (1929), 312–320. – W. *Michaelis*: Zum jüdischen Hintergrund der Johannestaufe: Jud 7 (1951), 81–120. – J. *Gnilka*: Die essenischen Tauchbäder und die Johannestaufe: RdQ 3(1961), 185–207. – H. *Thyen: Baptisma metanoias eis aphesin hamartiōn*, in: Zeit und Geschichte (FS f. R. Bultmann), Tübingen

1964, 97–125. – *Braun*: Qumran II, 1–29. – *R. Pesch*: Zur Initiation im Neuen Testament: LJ 21(1971), 90–107.

Zu Mk 1,2–8: R. Pesch: Anfang des Evangeliums Jesu Christi. Eine Studie zum Prolog des Markusevangeliums (Mk 1,1–15), in: Die Zeit der Kirche (FS f. H. Schlier), Freiburg 1970, 108–144. – *B. van Iersel*: Tradition und Redaktion in Mk 1,1–15: Concilium 7 (1971), 715–719. – *W. Feneberg:* Der Markusprolog, München 1974.

Der Gesamtabschnitt über den Täufer Johannes ist dreifach gegliedert. VV 1–6 berichten von der Bestallung und der Funktion des Johannes, VV 7–18 von seiner Predigt, endlich VV 19–20 von seiner Verhaftung.
Die zugrunde liegenden Quellen (Mk, Q und eine Sonderüberlieferung) sind im wesentlichen aneinandergereiht, z. T. aber ineinander verwoben. VV 1–6 beruhen auf Mk 1,2–4, teilweise wohl auch auf Q (vgl. VV 3f. mit Mt 3,3). VV 7–9 stammen aus Q (par Mt 3,7–10). VV 10–14 sind Sondergut, VV 15–18 eine Kombination aus Mk 1,7f. und Q (vgl. Mt 3,11f.). VV 19f. nehmen Mk 6,17f. vorweg, um die Verhaftung des Täufers vor dem Auftreten Jesu zu berichten. Redaktionelle Bildungen des Evangelisten sind wohl die VV 1–2.10.15.18.

Die Vorläuferfunktion des Johannes wird durch die vorab erzählte Inhaftierung unterstrichen. Zugleich entsteht damit der Eindruck einer Epoche des Täuferwirkens, die vor der Erfüllungszeit (vgl. 16,16) abgeschlossen sei. Der Nachdruck der Täuferpredigt liegt im Bericht des Lk auf der Christusverkündigung (VV 15–17).

1–3 Die Versteile 1.2a bieten eine vielfache Zeitangabe für die in V 2b berichtete »Bestallung« des Johannes. Während Mk 1,4 von der Verkündigung des Täufers in der Wüste sprach (*egeneto kēryssōn*), ohne eine Berufung oder sonstige Veranlassung zu nennen, sagt Lukas, daß das Wort Gottes an ihn erging (*egeneto*), als er sich in der Wüste befand (V 2; vgl. 1,80), daß er, dadurch veranlaßt, in das Gebiet am Jordan kam und predigte (V 3: *kēryssōn*). Der Gegenstand der Verkündigung wird von Mk und Lk übereinstimmend genannt: »eine Taufe der Umkehr zur Vergebung der Sünden«.
Die breit ausgeführte Zeitangabe des »Synchronismus« hat eher die Funktion, die palästinische Situation zu illustrieren, als daß sie den genauen Zeitpunkt des Täuferauftretens fixieren wollte. Denn trotz der sechsfachen Angabe über Regierungszeiten kann das Jahr nicht eindeutig bestimmt werden. Im wesentlichen hängt die Datierung

davon ab, ob das erste Regierungsjahr des *Tiberius* ([19. 8.]14–37 n. Chr.) vom Tag des Regierungsantritts an volle 12 Monate (also bis zum 18. 8. 15) oder aber (nach orientalischem Brauch) nur bis zum Ende des laufenden bürgerlichen Jahres – das wäre der 30. 9. 14 – gerechnet wurde. Legt man die zweite (auch von den palästinischen Juden seit der Seleukidenherrschaft übernommene) Berechnungsweise (dazu H. Dieckmann: Das fünfzehnte Jahr des Caesar Tiberius: Bib 6[1925],63–67) zugrunde, so reichte das 15. Regierungsjahr des Tiberius vom 1. 10. 27 bis zum 30. 9. 28. Wie freilich Lukas zu dieser Zeitangabe für das Auftreten des Täufers kam, ist unbekannt.

Mit dem Statthalter *Pontius Pilatus* (26–36 n. Chr.) wird eine Persönlichkeit genannt, die im Prozeß gegen Jesus eine entscheidende Rolle spielte. Nach der Absetzung des Herodessohnes Archelaos (6 n. Chr.) kam Judäa mit Samaria (bis 41 n. Chr.) unter direkte römische Verwaltung. Der sechste Statthalter dieser prokuratorischen Provinz »Judäa« war Pilatus. Die »Vierfürsten« sind die unter Roms Oberhoheit regierenden Landesherren und Nachfolger Herodes' des Großen. »Herodes« meint den Herodessohn und (galiläischen) Landesherrn Jesu (Herodes) *Antipas* (4 v.–39 n. Chr.). (Herodes) *Philippus* herrschte über die nordöstlichen Teile Palästinas (4 v.–34 n. Chr.), *Lysanias* († 37 n. Chr.) über das nordwestlich von Damaskus gelegene Abilene. Nach den politischen Herren werden (V 2) noch die Hohenpriester *Hannas und Kajafas* genannt. Nur Kajafas war (von 18–36 n. Chr.) als Hoherpriester im Amt. Sein Schwiegervater Hannas (bzw. Ananus) hatte das Amt von 6–15 n. Chr. inne, besaß jedoch auch später noch bedeutenden Einfluß.

Der Synchronismus gibt dem Ereignis des Täuferauftretens nicht nur einen feierlichen und bedeutsamen Rahmen. Er stellt das für das Wirken Jesu entscheidende Anfangsereignis in die Weltgeschichte hinein. Da Johannes schon im Mutterschoß vom heiligen Geist erfüllt war (1,15.44), will Lukas hier nicht eine eigentliche »Berufung« zum Propheten (gegen Schmid: Lk 93) berichten (vgl. 1,80), sondern den von Gott bestimmten Beginn seines prophetischen Wirkens (Schürmann: Lk 152f.). Ob das feierlich-gewichtige Einsetzen der Erzählung mit dem Synchronismus (vgl. auch die Vorstellung des Johannes als »den Sohn des Zacharias«) anzeigt, daß das lukanische Werk ursprünglich einmal (ohne Lk 1–2) mit 3,1f. begann, ist nicht wahrscheinlich. Immerhin konnte allein das Wissen des Evangelisten, daß mit dem Bericht vom Auftreten des Täufers (3,1) jene von ihm beabsichtigte neue Darstellung »über die unter uns zur Erfüllung gelangten Ereignisse« (1,1–4) recht eigentlich beginnt, den feierlichen Neuansatz mit dem Synchronismus als angebracht erscheinen lassen.

4-6 Während Mk 1,5 von den vielen Menschen erzählt, die zu Johannes an den Jordan kamen, läßt Lukas den Propheten selbst »in das ganze Um-Land des Jordans« gehen und dort predigen. Er ist eine Art Wanderprediger. Was Lukas mit der Verkündigung einer »Bußtaufe zur Sündenvergebung« meint, erläutern das Jesaja-Zitat (VV 4-6) und die wörtlich ausgeführte Täuferverkündigung (VV 7-17). Dem Wortlaut nach kann man vorläufig deuten: Die Taufe als Ausdruck der Umkehr (*metanoia*) bewirkt oder verheißt Sündenvergebung. Die Taufe des Johannes war kein Initiationsritus mit ekklesiologischer Funktion. Sie wurde einmalig und unwiederholbar als eschatologisches »Sakrament« gespendet. Sie schenkte beschnittenen Juden Umkehr und Vergebung, also Rettung vor dem kommenden Zorngericht. (In der christlichen Taufauffassung ist *Jesus* der vor dem Zorngericht rettende Richter.)
Mk 1,2f. steht das Jesaja-Zitat *vor* dem zu deutenden V 4 über das Täuferauftreten. Bei Mt und Lk wird zuerst das Auftreten berichtet, ehe das Zitat folgt. Es ist nicht auszuschließen, daß bereits Q in der letzteren Weise verfuhr und vor der Gerichtspredigt des Täufers (Lk 3,7-9 par Mt) sein Auftreten im Lichte von Jes 40,3 deutete, zumal Mt und Lk das in Mk 1,2 vorliegende Zitat über die »Sendung« des Gottesboten aus Mal 3,1 in unserem Zusammenhang übergehen. Nicht die Sendung des Johannes wird ins Licht der Schrift gestellt, sondern nur seine Haupttätigkeit im Sinne des Lukas, das Verkündigen. Die Redeweise vom Geschriebensein »im Propheten Jesaja« (Mk 1,2) verbessert Lukas: »im Buch der Reden des Propheten Jesaja« (vgl. Mt 3,3). Über Mk und Mt hinausgehend, verlängert Lk das Zitat von Jes 40,3 um die beiden folgenden Verse 40,4f. (VV 5f.). Die Bußpredigt des Johannes entspricht (V 4: *hōs*) der prophetischen Ankündigung, ist also nach Lukas Erfüllung einer Verheißung. Der Rufer in der Wüste ruft zur Wegbereitung für den »Herrn« auf. Wahrscheinlich sieht Lukas in Jesus den »Herrn«. Als Wegbereiter für ihn ist Johannes Vorläufer (1,76). Die Erweiterung des Zitats erfolgte wohl wegen der für Lukas wichtigen (2,30-32; Apg 28,28) universalen Aussage des V 6. Daß »alles Fleisch das Heil Gottes schauen wird«, ist Zielpunkt schon jener Predigt des Täufers und der damit veranlaßten Umkehrbewegung in der Gegend am Jordan. V 5 gibt der ethischen Ausrichtung der Täuferverkündigung (vgl. VV 10-14) einen gewissen Nachdruck. Die Buße des Volkes ist Vorbereitung auf das (christologisch-personal) verstandene bevor-

stehende Heil, nämlich auf das Kommen Jesu (2,30). Daß Lukas das Schriftzitat von sich aus erweiterte (Wellhausen: Lk 4), ist eher anzunehmen als eine Streichung von Jes 40,4f. durch Matthäus (anders Schürmann: Lk 161). Jedenfalls ist für das Verständnis des Lukas der Täufer nicht nur Bußprediger, sondern auch Heilsverkündiger (3,6.18).

7–9 Der aus Q stammende Abschnitt unterscheidet sich von der Mt-Fassung hauptsächlich dadurch, daß er nicht zu »vielen von den Pharisäern und Sadduzäern« gesprochen ist, sondern sich an die »Volksmenge« richtet, die zu Johannes hinauszog. Adressat der Täuferpredigt ist also nicht eine bestimmte Gruppe aus dem Volk, sondern das Volk als solches (*laos* in den redaktionellen VV 15.18; *ochloi* in den VV 7.10). Nur die später angesprochenen Zöllner (VV 12f.) und Soldaten (V 14) sind als buß-willige Volksangehörige besonders hervorgehoben. Es ist anzunehmen, daß der Dreischritt Gerichtsdrohung (7–9), ethische Unterweisung (10–14), Hinwendung zum kommenden Richter Jesu (15–17) mit der kirchlichen Predigtpraxis in der Umwelt des Lukas zusammenhängt und diese widerspiegelt (vgl. Apg 17,30–34 mit 1 Thess 1,9f.). In dieser Praxis folgte auf die Missionspredigt (vgl. den »Wanderprediger« Johannes V 3) die Unterweisung der Taufwilligen – diese kommen zu Johannes heraus – und deren Taufe. Die Täuferpredigt würde dann von Lukas als postbaptismale Belehrung verstanden, aber doch nur in einem sekundären Verständnis. Der Rahmen, in dem die Wirksamkeit des Täufers berichtet wird, ist zunächst an seiner heilsgeschichtlichen Vorläuferrolle interessiert. Deswegen ist seine Bußpredigt mit der Ankündigung des unmittelbar bevorstehenden Gerichts (V 9) nicht vom späteren (christlichen) Standpunkt aus als Naherwartung der Parusie zu deuten. Es muß vielmehr im Sinn des Lukas gefragt werden, wodurch und worin das angesagte Gericht sich inzwischen ereignet habe.

Die Scharen kamen heraus, um sich von Johannes taufen zu lassen. Erst hier erfährt man, daß Johannes selbst taufte und zur Taufe aufrief. Über die nähere Weise und die zeitgeschichtlichen Hintergründe der Johannestaufe erfahren wir nichts. In der rhetorischen Frage werden die Leute mit »Otternbrut« (Vergleichspunkt: Bösartigkeit, giftiges Wesen) angeredet und vor Heilssicherheit angesichts des kommenden Zorngerichts Gottes gewarnt. Es geht also nicht darum, durch die Gerichtsdrohung erst zur Taufübernahme zu motivieren. Vielmehr werden Taufwillige davor gewarnt, sich der Rettung aus dem kommenden Gericht zu sicher zu sein. Es geht dem

Prediger um »Früchte«, die der vollzogenen Umkehr würdig sind (V 8a). Lukas sagt »Früchte« und formuliert gegenüber Mt (Q) pluralisch, weil es ihm um ethische »gute Werke« geht (Hoffmann: Logienquelle, 17f.). Eine zweite Mahnung warnt davor, sich aufgrund der Abrahamsabstammung auf die Rettung aus dem Gericht zu verlassen. Gott braucht nicht das Volk Israel; er kann aus Steinen ein neues Eigentumsvolk schaffen (V 8b). Das Bild von der Axt, die schon »an die Wurzel der Bäume gelegt ist«, kann seiner Vorstellung nach nicht exakt bestimmt werden, möchte aber gewiß das *baldige* Gericht ansagen (V 9; vgl. V 17). Dieses wird scheiden zwischen fruchtbringenden und nutzlosen Bäumen. Es kommt bei ihm auf das der Bekehrung entsprechende sittliche Verhalten an. Es muß wohl im Sinne des Lukas auf den Ersten Jüdischen Krieg mit der Zerstörung Jerusalems bezogen werden, in dem der Teil des jüdischen Volkes, der sich Jesus verweigerte (vgl. 2,34f.), sein Strafgericht fand. Wer keine »Früchte der Umkehr« bringt, verfällt dem Vernichtungsgericht, das im Bild vom Feuer angedroht ist.

10–14 Das Sondergut-Stück zeigt zwar einige lukanische Charakteristika (z. B. die Frage »Was sollen wir tun?«; vgl. Apg 2,37; 22,10; siehe dazu auch Schlatter: Lk 213f.), ist aber doch wohl ein Traditionsstück und nicht erst vom Evangelisten entworfen. Plummer (Lk 90) und Schürmann (Lk 169) denken an ein von Matthäus übergangenes Q-Stück. Es enthält im heutigen Kontext keine »Standespredigt« mit spezifischen Forderungen, sondern nennt allgemein gültige Beispiele. Dreimal wird von Taufwilligen die Frage nach der konkreten sittlichen Verpflichtung gestellt. Vielleicht ist daran gedacht, daß die Fragenden »Besonderes« erwarteten, etwa, daß sie die Lebensweise des Täufers übernehmen sollten. Doch fordert der Täufer ganz »gewöhnliche« Taten. Den Volksscharen wird abverlangt, mit den Bedürftigen Kleidung und Nahrung zu teilen. Den Zöllnern und Soldaten wird nicht geboten, den Beruf aufzugeben. Auch diese Zöllner (und die Soldaten) sind zur Taufe bereit (V 12a). Johannes wird als Lehrer (*didaskalos*) angeredet, was er ja nach der Darstellung des Lukas durchaus ist; er bietet (sittliche) Unterweisung (*didachē*). Die Zöllner (dazu O. Michel in: ThWNT VIII, 88–106) sollen lediglich auf überhöhte und die Verordnung überschreitende Abgabenforderungen verzichten. Entsprechend sollen die Soldaten – es ist wohl an Söldner des Landesherrn Jesu, des Antipas, gedacht, zu dessen Gebiet neben Galiläa auch Peräa (am Jordan) gehörte (Schmid: Lk 99) – auf Mißhandlung und Erpressung verzichten, sich mit dem Sold begnügen. Daß es sich nicht um römische Soldaten handelt, betont (gegen Zahn: Lk 194) mit Recht Bornhäuser (Studien, 12). Der Text versteht Zöllner und Soldaten als Gruppen aus der Gesamtheit der Volksmenge. Man kann die konkreten Forderungen des Predigers auf einen »sozialen« Nenner bringen. Freilich sind sie nicht negativ. Am Anfang steht die positive Mahnung zum brüderlichen Teilen, also die Forderung der tätigen Nächstenliebe (Sahlin: Die Früchte, 54–68).

15–18 Die christologische Verkündigung des Johannes wird durch zwei redaktionelle Verse (15.18) gerahmt. Sie selbst stammt wesentlich aus der Logienquelle (16.17), enthält aber als Einschub aus Mk 1,7 den Versteil 3,16c, der schon in Q eine Entsprechung gehabt haben wird (Schulz: Spruchquelle, 368). Daß in der Q-Vorlage von 3,16d nur von einer Feuertaufe die Rede gewesen wäre und »im heiligen Geist« erst aus Mk 1,8 in Mt 3,11 und Lk 3,16 eingedrungen sei, wird von Schulz vermutet, ist aber wenig begründet. Das Wort vom »Stärkeren« und seiner die Wassertaufe überbietenden Taufe hat sowohl in Mk als auch in Q gestanden.
Im Unterschied zu 3,9 ist in 3,17 die doppelte Aktion des Scheidungsgerichts im Bild ausgeführt. Nicht nur die Vernichtung ist ausgesprochen. Die »Sammlung« der Ernte durch den kommenden Richter steht sogar betont im Vordergrund (V 17a). Das wird nun im Zusammenhang mit V 16d noch deutlicher. Der Rettung aus dem Gericht ist die »Taufe mit heiligem Geist und Feuer« zugeordnet. Die Taufe durch den kommenden Stärkeren hat den ekklesiologischen Aspekt der Sammlung. Für das Verständnis des Lukas wird an Pfingsten diese Geisttaufe vollzogen werden (Apg 1,5; vgl. 2,3: »Zungen wie von Feuer«). Darum hat Lukas wohl auch die Geist- und Feuertaufe zeitlich deutlich von dem Vernichtungsgericht abgesetzt. Als unmittelbar bevorstehend ist V 17a die Reinigung der Tenne und die Sammlung des Weizens gedacht (vgl. die Infinitive), als zukünftig, aber nicht unmittelbar bevorstehend, sieht V 17b die Verbrennung an (*katakausei*). In Q (vgl. Mt 3,12) wurden Sammlung und Verbrennung zeitlich gleichgeordnet. Wenn man diese lukanischen Änderungen an der Vorlage nicht im Sinne einer entspannten Gerichtserwartung deuten wollte, müßte bei einer intendierten Gleichzeitigkeit von Sammlung und Verbrennung das Vernichtungsgericht als innergeschichtlicher Vorgang an Israel (wie das Pfingstereignis) interpretiert werden. Es hätte sich dann wohl im Untergang Jerusalems vollzogen.
Der Einleitungsvers lenkt den Blick auf die christologische Frage, die im Abschnitt dominiert. Warum das Volk aufgrund der bisher

vorgeführten Johannes-Predigt den Täufer für den Messias gehalten haben könne oder wenigstens seine Messianität erwogen habe, ist nicht recht deutlich. Vielleicht richtet sich die Bemerkung auf zeitgenössische Erwägungen zur Zeit des Lukas (vgl. Apg 13,25b und die Täuferjünger 19,1–7). Die Erwähnung der »Überlegungen« des Volkes ist genügend begründet, wenn Lukas das Wort über den »Stärkeren« motivieren will. Erst *er* ist der Christus. Das Wort über den »Stärkeren« gilt Lukas als »Antwort« auf Fragen des Volkes (V 16a). V 16b (»Ich zwar taufe euch mit Wasser«) hat in V 16d seine logische Fortsetzung: »er wird euch mit heiligem Geist und Feuer taufen.« So ist das Wort Mk 1,8 strukturiert. In Q jedoch war das Wort über den Stärkeren schon begründend zwischen die beiden Teile des Wortes über die Taufe eingeschaltet: *Weil* Jesus der Stärkere ist, tauft er in einer »stärkeren« Weise. Sinngemäß meint das auch die Parataxe von Mk 1,7 und 1,8. In bezug auf die Frage, ob Johannes möglicherweise der Christus sei, antwortet der lukanische Kontext in dreifacher Weise. Jesus ist dreifach stärker als Johannes. Wenn Lukas »nach mir« (Mk 1,7 *opisō mou*) wegläßt, soll das verhindern, daß Jesus als Nachfolgender hinter Johannes aufgefaßt wird (vgl. die Wendung in Lk 9,23; 14,27; 21,8; siehe hingegen Apg 13,25: *met' emou*). Der Täufer ist nicht einmal zu einem niedrigen Dienst gegenüber Jesus »hinreichend« (V 16c). Zweitens ist Jesu Taufe als Geist- und Feuertaufe der Wassertaufe des Johannes überlegen (V 16b.d). Schließlich ist Jesus der Richter, durch den Gott das Scheidungsgericht vornimmt (V 17; vgl. V 9). Daß Johannes nicht würdig ist, dem kommenden Messias die Schuhriemen zu lösen, kennzeichnet sein Verhältnis zu ihm als das des absolut inferioren Sklaven.

Die Messiastaufe wird als Geist- und Feuertaufe charakterisiert. Dabei wird »Feuertaufe« das vom »historischen Johannes« dem Messias zugesprochene Proprium sein, das (vgl. Mk 1,8) später umgedeutet wurde (auf »Geisttaufe«). »Feuertaufe« meint ursprünglich das eschatologische Gericht, während »Geisttaufe« im Sinne der urkirchlichen Tauflehre die Taufe als geistmitteilend versteht (siehe Apg 19,1–7). Daß Jesus der kommende Richter ist, illustriert das Bild vom Landmann, der nach dem Dreschen mit der Schaufel die unbrauchbaren Rückstände (Häcksel) vom Weizen scheidet, den Weizen in der Scheune sammelt, den Häcksel aber im Feuer vernichtet (V 17). Daß der Richter die Schaufel bereits in der Hand hat, zeigt, wie nahe das Scheidungsgericht ist. Lukas versteht diese Aussage über die Nähe jedoch nicht im Sinne einer Naherwartung der Parusie. Er denkt wohl an die geschichtliche Scheidung in Israel. Positiv ist an die pfingstliche Geisttaufe (Apg 1,5), negativ an das geschichtliche oder spätere (End-)Gericht über Israel gedacht. Der abschließende V 18 will das Vorausgehende als Beispiel oder Skizze der Täuferverkündigung verstanden wissen. Diese ist Mahnung (*paraklēsis*) und gute Botschaft zugleich (*euaggelizō*). Daß sie schon »Evangelium« sei, will der verbale Ausdruck nicht sagen (vgl. 16, 16).

19–20 Die den Täuferabschnitt abschließenden Verse beruhen auf Mk 1,14 (Gefangennahme des Johannes vor dem Auftreten Jesu) und Mk 6,17f. (Inhaftierungsgrund). Historisch zutreffend wird sein, daß Jesu Auftreten durch die Verhaftung des Täufers veranlaßt war (Mk 1,14). Lukas verzichtet auf den markinischen Bericht über das Martyrium des Johannes (Mk 6,19–29), setzt den gewaltsamen Tod indessen voraus (vgl. Lk 9,7–9). Der Tetrarch Herodes (Antipas) wurde von Johannes wegen der nicht statthaften Ehe mit der Frau seines Bruders – Lukas verschweigt im Unterschied zu Mk 6,17 den Namen Philippus – zurechtgewiesen, der Täufer deswegen vom Kritisierten verhaftet. Die Schwägerin des Antipas, Herodias, war nicht Frau des Philippus, sondern eines anderen Sohnes Herodes' des Großen (J. Blinzler in: LThK V, 266f.). Warum Lukas den Tod des Täufers nicht berichtet, ist unsicher. Klar ist, daß er die Zeit des Täufers deutlich von der des Wirkens Jesu absetzen möchte (16,16). Er behauptet indessen nicht, daß Johannes vor dem Auftreten Jesu schon enthauptet worden sei. Wohl faßt Lukas selbst das Christuszeugnis des Täufers als bei »Vollendung seines Laufes« abgegeben auf (vgl. Apg 13,25 mit Lk 3,16). Es ist gewissermaßen dessen letztes Vermächtnis.

Exkurs (5): Johannes der Täufer

Literatur siehe zu 3,1–20.

Es kann hier nicht darum gehen, das lukanische Bild vom Täufer in den Entwicklungszusammenhang der urchristlichen (und »täuferischen«) Anschauungen genau einzuordnen. Vielmehr soll die spezifisch lukanische Vorstellung daraus erkannt werden, wie der Evangelist gegenüber seinen Textvorlagen Änderungen und Verschiebungen vorgenommen hat und wie sein Sondergut den Täufer Johannes ins Licht setzt.
Johannes ist als »Großer vor dem Herrn« und als von Mutterschoß an mit dem heiligen Geist erfüllter Prophet (1,15.76) Jesus zeitlich vorgeordnet, weil er ihm heilsgeschichtlich vorangeht (1,17). Insofern ist er »mehr als ein Prophet« (7,26–28a). Seine Bekehrungsaufgabe an Israel macht ihn zum

Bußprediger (1,16f.), der dem Herrn das Volk »zubereitet« (1,17). Schon das Kind Johannes freut sich im Mutterschoß über das Kommen des Messias (1,44). Johannes erfährt im 15. Jahr des Tiberius keine eigentliche Berufung zum Propheten (3,2), sondern erhält zum Auftrag zum Beginn seiner Verkündigung vor Israel (1,80). Der Bußprediger, dessen Mahnung zwar mit dem kommenden Gericht motiviert wird, der aber nicht eigentlich eine eschatologische Gestalt (etwa wie Mk 9,13: der wiedergekommene Elija) ist, wird zugleich als Freudenbote (3,18) dargestellt. Er »gibt Kenntnis vom Heil seinem Volk«, indem er die »Bußtaufe zur Vergebung der Sünden« verkündigt (1, 77). Die christologische Verkündigung des Johannes steht bedeutsam am Ende seiner Bekehrungspredigt (3,16f.). Sie hat offenbar das Hauptgewicht. Denn Johannes wird nur nebenher als Taufender gekennzeichnet (3,7; vgl. 3,3 im Unterschied zu Mk 1,4; 9,7 im Unterschied zu Mk 6,14). Er ist hauptsächlich Prediger, der wandernd umherzieht (3,3; anders Mk 1,4). Er wendet sich dabei nur an Juden und bildet keine Gemeinde von Nachfolgewilligen. Erst recht soll der Eindruck vermieden werden, Jesus sei ihm »nachgefolgt« (3,16; vgl. Apg 13,25). Wenn auch das Volk Johannes (zu Unrecht) für den möglichen Messias hielt (3,15), so war doch die Verhaftung des Täufers nicht durch eine solche Vermutung verursacht. Sie resultierte aus der sittlichen Zurechtweisung gegenüber Herodes Antipas (3,19f.).

Die Zeit des Johannes (vgl. 16,16) wird von der Jesu deutlich abgehoben, indem Lukas die Verhaftung des Täufers noch vor der Taufe Jesu berichtet. Deshalb entfällt auch die Erzählung über die Hinrichtung des Täufers (Mk 6,17–29), und dessen Enthauptung wird nur 9,9 im Rückblick erwähnt. Jesu Taufe ist nur im Nebensatz erwähnt, wobei der Name des Spenders (im Unterschied zu Mk 1,9) unterschlagen wird (3,21). Die Ankunft des Geistes bei der Taufe Jesu (3,22) zeigt die Differenz zwischen der alten und der neuen Zeit an (vgl. 3,16). Die Geist-Taufe, die Jesus bringt, sammelt dessen Gemeinde der »Geretteten« (3,17; Apg 1,5; 2,47). Obgleich Johannes der Größte »unter den von Frauen Geborenen« ist (7,28a), ist er doch dem Messias nicht nur zeitlich vor-, sondern auch rangmäßig untergeordnet (3,16), ja er ist jedem Angehörigen des »Gottesreichs« unterlegen (7,28b).

Die Taufe Jesu: 3,21–22

21 Es geschah aber, als alles Volk sich taufen ließ und auch Jesus getauft worden war: Während er betete, da öffnete sich der Himmel, 22 und der heilige Geist kam in leiblicher Gestalt wie eine Taube auf ihn herab, und eine Stimme aus dem Himmel sprach: *Du bist mein geliebter Sohn, an dir habe ich Gefallen gefunden* (vgl. Ps 2,7; Jes 42,1).

Literatur: H. Schlier: Die Verkündigung der Taufe Jesu nach den Evangelien (erstmals 1955), in: Besinnung auf das Neue Testament, Freiburg 1964, 212–218. – *Hahn:* Hoheitstitel, 340–346 (zu Mk 1,9–11). – *Voss:* Christologie, 83–94. – *F. Lentzen-Deis:* Die Taufe Jesu nach den Synoptikern, Frankfurt 1970 (zu Lk 3,21f.: 284–286). – *A. Vögtle:* Die sogenannte Taufperikope Mk 1,9–11, in: EKK Vorarbeiten 4 (1972), 105–139.

In den beiden Versen des Abschnitts folgt Lukas der Vorlage Mk 1,9–11. Die mit Mt gemeinsamen Unterschiede zu Mk (das Verbum für »öffnen« V 21; die nähere Kennzeichnung des »Geistes« und die Wendung, daß der Geist »auf ihn« herabkam V 22) lassen fragen, ob auch Q einen Taufbericht enthalten habe, der ebenfalls auf die lukanische Darstellung eingewirkt haben könnte. Doch reichen die Anhaltspunkte für einen solchen Q-Bericht nicht dazu aus, daß man mit einer solchen Annahme arbeiten könnte (gegen Schürmann: Lk 197, 218f.). Außerdem könnte eine solche Vorlage kaum wesentlich von Mk abgewichen sein (Vögtle 107–111). Die Unterschiede zwischen Lk und Mk erklären sich insgesamt als redaktionelle Eingriffe des Evangelisten. Daß der Mk-Bericht gattungsmäßig eine »Deute-Vision« darstelle und Lukas – weil nicht-jüdische Hellenisten diese Gattung nicht mehr verstanden hätten – die Erzählung der »Epiphanie«-Gattung annähere, behauptet Lentzen-Deis (286). Ob es eine jüdische Gattung im Sinne der angenommenen Deute-Vision wirklich gegeben hat, ist bezweifelt worden. Richtig ist aber die Beobachtung, daß Lukas die Taufszene in mehrfacher Hinsicht objektiviert. Die Himmelsöffnung wird nicht nur von *Jesus* gesehen (wie bei Mk). Der Geist kommt in leibhaftiger Gestalt, die von den Zeugen gesehen werden kann (im Unterschied zu Mk). Die Himmelsstimme redet zwar wie bei Mk Jesus an, ist aber doch nach dem Kontext als für die Anwesenden vernehmbar zu denken.

Wahrscheinlich bezieht sich V 23 (Auftreten Jesu; wörtlich: sein Anfang) auf das Taufgeschehen in 3,21f. zurück. Doch auch ohne eine solche Verbindung gehört die Genealogie 3,23b–38 unter dem Stichwort »Sohn Gottes« zur Taufszene sachlich hinzu. Hier wie in den Kindheitsgeschichten legt Lukas auf Jesu Gottessohnschaft besonderen Nachdruck.

21–22 V 21 bildet mit dem folgenden Vers einen Satz. Er ist abhängig von »Es geschah aber«. Dann wird zunächst ein Zeitpunkt skizziert: »als das gesamte Volk sich taufen ließ« und »als Jesus nach seiner Taufe betete«. Was zu diesem Zeitpunkt geschah, ist dann dreifach ausgesprochen. Es öffnete sich der Himmel (Lk gebraucht im Unterschied zu Mk den Singular). Der heilige Geist stieg auf Jesus herab; eine Stimme erging aus dem Himmel. Diese »Stimme« wird dann wörtlich als Anrede an Jesus zitiert. Der Gedankengang zielt damit deutlich auf das Gotteswort an Jesus, das seine Sohnschaft proklamiert. Jesus befindet sich unter den Empfängern der Johannestaufe. V 21 denkt an eine Taufaktion, die längere Zeit beansprucht und der sich auch Jesus unterzieht. Es wird nicht erwähnt, daß er von Galiläa an den Jordan kam (so hingegen Mk). Auch die Person des Täufers Jesu bleibt (im Unterschied zu Mk) ungenannt. Lukas nimmt Rücksicht auf das auch von Mt 3,14f. behandelte Problem, daß Jesus sich von Johannes taufen ließ und nicht umgekehrt den Johannes taufte. Nach Lk löst auch nicht die Taufe Jesu, sondern sein Gebet die epiphanischen Vorgänge aus. Gott antwortet ihm gewissermaßen. Aber er antwortet vielleicht sogar dem Volk, das sich insgesamt als bußwillig erwies. Ihm zeigt er nun seinen Sohn. Die drei Vorgänge am Himmel gehören innerlich zusammen. Die Öffnung erfolgt zu einer doppelten Aktion. Der Geist Gottes steigt herab (auf Jesus); die Gottesstimme ergeht (an Jesus). Der Geist kommt in »leiblicher« Gestalt einer Taube, also wahrnehmbar, »auf Jesus« (vgl. Apg 2,3.17). Das ist gewiß nicht als Geistmitteilung verstanden, genausowenig wie das Wort an Jesus Adoption meint. Jesus »hat« nicht nur längst den heiligen Geist, er verdankt ihm seine Existenz und seine Gottessohnschaft (1,35). Daß nicht gemeint ist, Jesus erfahre selbst erst nach der Taufe seine Gottessohnschaft (Hauck: Lk 55), geht aus 2,49 hervor. Die Szene ist also von Lukas auf eine öffentliche Präsentation und Proklamation hin angelegt. Daß Lukas »heiliger (Geist)« sagt, entspricht 1,15.35.41.67; 2,25.26; 3, 16 usw. Warum gerade die Taube den Geist verkörpert, ist bisher kaum überzeugend geklärt (Lentzen-Deis 170–183).

Die Himmelsstimme sagt aus, wer Jesus in den Augen Gottes und in seinem tiefsten Wesen ist. »Mein Sohn bist du«, sagt nach Ps 2,7 Gott zum messianischen König. Einige Handschriften haben sekundär aus dem Ps-Vers hinzugefügt: »heute habe ich dich gezeugt« (D it). Sie denken dabei (adoptianisch) an eine Einsetzung zum Messias mit der Taufe. Dies kann von Lukas nicht gemeint sein. Worin Lukas das Wohlgefallen Gottes an Jesus begründet sieht, bleibt unsicher. Soll man an das Verweilen im Tempel (2,49) oder an Jesu Taufe (3,21) denken (Gehorsam Jesu)? Oder ist auch hier an die freie Gnadenwahl Gottes (vgl. 2,14; 12,32) gedacht? Die Rede vom »geliebten Sohn« deutet auf die Gnadenwahl Gottes hin. V 23 versteht offensichtlich die Taufoffenbarung als den »Anfang« des Wirkens Jesu (*archomenos*). Lukas möchte mit den auf die Himmelsöffnung folgenden Ereignissen zeigen, daß der Anfang des Wirkens Jesu auch dem Zeitpunkt nach von Gott bestimmt wurde.

Die Vorfahren Jesu: 3,23–38

23 Jesus war ungefähr dreißig Jahre alt, als er (öffentlich zu wirken) begann. Man hielt ihn für den Sohn Josefs. Die Vorfahren Josefs waren: Eli, 24 Mattat, Levi, Melchi, Jannai, Josef, 25 Mattatja, Amos, Nahum, Hesli, Naggai, 26 Maat, Mattatja, Schimi, Josech, Joda, 27 Johanan, Resa, Serubbabel, Schealtiël, Neri, 28 Melchi, Addi, Kosam, Elmadam, Er, 29 Jesus, Eliezer, Jorim, Mattat, Levi, 30 Simeon, Juda, Josef, Jonam, Eljakim, 31 Melea, Menna, Mattata, Natan, David, 32 Isai, Obed, Boas, Salmon, Nachschon, 33 Amminadab, Admin, Arni, Hezron, Perez, Juda, 34 Jakob, Isaak, Abraham, Terach, Nahor, 35 Serug, Regu, Peleg, Eber, Schelach, 36 Kenan, Arpachschad, Sem, Noach, Lamech, 37 Metuschelach, Henoch, Jered, Mahalalel, Kenan, 38 Enosch, Set, Adam – (dessen Schöpfer war) Gott.

Literatur: V. Hartl: Zum Stammbaum Jesu nach Lukas: BZ 7(1905), 156–173, 290–302. – *G. Kuhn*: Die Geschlechtsregister Jesu bei Lukas und Matthäus nach ihrer Herkunft untersucht: ZNW 22 (1923), 206–228. – *M. Lambertz*: Die Toledoth in Mt 1,1–17 und Lc 3,23bff., in: Festschrift Franz Dornseiff, Leipzig 1953, 201–225. – *A. Vögtle*: Genealogie(n), in: LThK IV(1960), 661f. – *M. D. Johnson*: The Purpose of Biblical Genealogies, Cambridge 1969. – *Ch. Burger*: Jesus als Davidssohn, Göttingen 1970, 116–123.

Wie Mt 1,1–17 nahelegt, gehören die Ahnenlisten Jesu zum weiteren Kontext der Kindheitsgeschichten. Da aber die Genealogien des Mt und des Lk voneinander unabhängig sind und die mt Liste auf den Evangelisten zurückgeführt wird (A. Vögtle: BZ 9[1965],48f.), kann man allenfalls für den lukanischen Text nach einer möglichen Überlieferung fragen, zumal dieser Text weniger systematisch und kunstvoll strukturiert ist als Mt 1,1–17 und Lukas auf vorhandene Gliederungselemente nicht achtet. Die »Gemeinsamkeit« von Mt und Lk, in der sich die Genealogien mehr oder weniger mit den Kindheitsgeschichten berühren, stammt nicht aus der Gemeinsamkeit einer überlieferten Liste, sondern aus der Funktion biblischer Genealogien überhaupt (vgl. Gen 5,1–32; 11,10–32). Sie sollen den Richtungssinn der Geschichte auf ein Ziel hin verdeutlichen. Matthäus will den Nachweis führen, daß Jesus der verheißene Messias ist.

Die lukanische Liste stimmt mit der matthäischen nur in den Generationen von Abraham bis David einigermaßen überein. Sie geht, indem sie über Abraham bis auf Adam und seinen Schöpfer zurückreicht, über den mt Stammbaum Jesu hinaus. Eine Harmonisierung der ungleichen Listen für die Zeit von David bis zum Vater Jesu ist nicht möglich, zumal Mt mit der Gruppierung von 3mal 14 Namen schematisiert. Für Lk 3,23–31, also die Zeit von Josef bis zu David, liegt ebenfalls eine systematische Festlegung auf 6mal 7 Namen vor, wenngleich der Evangelist auf diese Anordnung keinen Wert legt (im Unterschied zu Mt 1,17). Es ist also denkbar, daß er die Liste übernommen hat. Wichtig ist für Lukas indessen das Zurückgehen bis zu *Adam und Gott.* Wahrscheinlich hat Lukas bereits eine bis auf Adam zurückgehende Liste vorgefunden (Grundmann: Lk 111; Schürmann: Lk 203); denn auch von David bis auf Adam ist die Genealogie nach Siebenergruppen gegliedert. Die Genealogie, die der Evangelist vorfand, stieg allerdings in 11mal 7 Namen von Adam bis Jesus auf. Lukas hat diese Liste umgestellt und um die Nennung Gottes erweitert, weil ihm an der Gottessohnschaft Jesu gelegen war. Daß eine Gottessohnschaft im von der Liste angezeigten Sinn von jedem Menschen ausgesagt werden könnte, stört Lukas dabei nicht. Da die Liste bei Lk nicht (wie bei Mt) jeden Stammvater zweimal nennt und auf Sätze nach dem Schema »A zeugte den B« verzichtet, muß sie die Namen im Genitiv anführen: Jesus »war der Sohn des Josef, (dieser der Sohn) des Eli ...« Am Ende steht dann bei der die Ahnen zurückverfolgenden Liste: »(Jesus war der Sohn ...) Gottes.« Es ist daher mehr als fraglich, ob Lukas – wie 1 Kor 15; Röm 5 – eine Christus-Adam-Parallele (Hauck: Lk 56f.) im Sinn hat. Schon eher darf man den Gedanken der in Christus (in seiner Geistsalbung?) beginnenden Neuen Schöpfung ins Spiel bringen. Sicher ist, daß es der (verlängerten) Genealogie (11mal 7 Generationen) auf die Abstammung Jesu von Gott ankommt. Lukas kennt aus der hellenistischen Umwelt die Vorstellung von einer physischen Abstammung der Heroen von Göttern. Doch er weiß auch – und setzt dieses biblische Wissen bei den Lesern voraus –, daß Gott der »Schöpfer« Adams ist (Apg 17,24.26.28f.). Die ursprünglich wohl Jesu davidische Messianität demonstrierende Tafel zeigt im Sinne des Evangelisten Jesu Gottessohnschaft, die 1,35 sowie 3,21f. »dem Geiste nach« erwiesen ist, nun auch »dem Fleisch nach« (vgl. die alte christologische Formel Röm 1,3f.). Doch sie deutet, weil auf Adam zurückreichend, auch die Berufung aller Menschen zum Heil an. Jesus ist nicht nur Glied seines Volkes (vgl. 3,21), sondern von Adam her mit allen Menschen verbunden.

Der Evangelist macht darauf aufmerksam, daß Josefs Vaterschaft putativen Charakter besaß (V 23: »man hielt ihn für ...«). Eine gesetzliche Vaterschaft (vgl. 1,26–38) genügt offenbar, die Davids- und Gottessohnschaft sicherzustellen (Vögtle 662). Das Alter Jesu wird – kurz nach dem Zeitpunkt von 3,1 f. – mit »ungefähr dreißig Jahre« angegeben. Das kann sich auf die Davidsgeschichte (2 Sam 5,3 f.) beziehen, wo das Alter bei der Königssalbung und beim Auftreten angegeben wird (so Schürmann: Lk 199), kann indessen auch ein volkstümlich gesehenes »Idealalter« meinen (vgl. Gen 41,46; Num 4,3; Ez 1,1). Damit erübrigen sich Versuche, von dieser Angabe aus eine nähere Bestimmung des Geburtsdatums Jesu zu erreichen.

Da die nachdavidische Linie nicht über den König Salomo (Mt 1,7), sondern über Natan (Lk 3,31) bis zu Josef geführt wird, hat man auf ein Interesse der Liste am »Propheten« Jesus schließen wollen (Johnson). Der Prophet Natan wäre als Sohn Davids angesehen worden. Doch kann diese These schwerlich überzeugen. Vertreter der Auffassung, Lukas biete von David an nicht die »dynastische« Linie (wie Mt), sondern die »wirkliche« historische Generationen- folge (Kuhn), können die Benutzung authentischen Materials nur vermuten.

Exkurs (6): Die lukanische Christologie

Literatur: Conzelmann: Mitte der Zeit, 158–192. – *O. Cullmann:* Die Chri- stologie des Neuen Testaments, Tübingen (1957) ³1963. – *Glombitza:* Die Titel. – *Tödt:* Menschensohn, bes. 88–104. – *Wilckens:* Missionsreden, 100– 178. – *Hahn:* Hoheitstitel. – *George:* Jésus fils de Dieu. – *Voss:* Christologie. – *Talbert:* Frontstellung. – *Rese:* Motive. – *Schneider:* Verleugnung, 174– 193. – *Schütz:* Christus. – *Ch. Burger:* Jesus als Davidssohn, Göttingen 1970, 107–152. – *R. Schnackenburg:* Die Christologie der Synoptiker, in: Mysterium Salutis, hg. von Feiner/Löhrer, III 1, Einsiedeln 1970, 272–308 (Lk: 296–308). – *E. Kränkl:* Jesus der Knecht Gottes. Die heilsgeschichtliche Stellung Jesu in den Reden der Apostelgeschichte, Regensburg 1972. – *P.-G. Müller: Christos archēgos.* Der religionsgeschichtliche und theologische Hintergrund einer neutestamentlichen Christusprädikation, Bern 1973. – *Schneider:* »Der Menschensohn«.

Die lukanische »Christologie« wird hier verstanden als die spezifische Weise, in der der Evangelist Jesu Heilsbedeutung, seine Hoheit und seinen Weg zum Ausdruck bringt oder beschreibt. Es ist eine engere Fragestellung intendiert als die nach der Soteriologie des Evangelisten. Auch gegenüber der Weise, wie der Evangelist Jesus in seiner Schrift vorstellt (vgl. *G. Voss*: Jesusverkündigung im Lukasevangelium, in: W. Pesch [Hg.]: Jesus in den Evangelien, Stuttgart 1970, 127–147), ist die christologische Fragestellung abzuheben, wenngleich Überschneidungen nicht zu vermeiden sind. »Kein anderer Name unter dem Himmel« als der Jesu »ist den Menschen gegeben, durch den wir gerettet werden sollen« (Apg 4,12). Zur Christologie ist nach den christologischen Hoheitsprädikaten, nach dem Verhältnis Jesu zu Gott, ferner – gerade bei Lukas – nach seiner Stellung in der Heilsgeschichte zu fragen.

Es gilt weithin als ausgemacht, daß Lukas sich »der ursprünglichen Besonderheiten von Titeln wie ›Menschensohn‹ usw. nicht mehr bewußt ist« (*Conzelmann*: Mitte der Zeit, 158). Dabei wird unterstellt, daß eine »Promiskuität« der Verwendung, höchstens eine »Vorliebe« für bestimmte Prädikate, bestehe (ebd. 159, Anm. 1). Dem wird man nicht zustimmen können. Die besondere Aufmerksamkeit, die schon der Anfang des lukanischen Werkes der Gottessohnschaft Jesu zuwendet (1,32.35; 2,49; 3,22.23b.38; 4,3.9), und die Reflexion über den dominierenden Titel *»Sohn Gottes«* in der Synedriumsszene (22,67–70) sollten schon zur Vorsicht vor Pauschalurteilen mahnen. Die Gottessohnschaft Jesu datiert nach Lukas nicht erst seit der Auferweckung Jesu oder schon seit Ewigkeit (vgl. Röm 1,3 f.), sondern seit dem ersten Augenblick seiner (menschlichen) Existenz (1,35). Sie unterliegt auch nicht (wie bei Mk) einer vorläufigen Geheimhaltung (3,21 f.). Wenn 2,49 der Sohnesgehorsam Jesu hervorgehoben wird, ist ein alter Aspekt des Gottesverhältnisses Jesu (vgl. Mk 14,36; Lk 4,3.9 par Mt) angesprochen. Lukas verbindet mit dem Titel »Sohn Gottes« den Ausgangspunkt (1,35) und das Ende (22,69 f.) des Weges Jesu: Aus der geistgewirkten Empfängnis resultiert die Sohnschaft; aus der Vorhersage über die Inthronisation zur Rechten Gottes kann sie erschlossen werden (vgl. Ps 2,7). Auf weiteren wichtigen »Stationen« des Weges Jesu leuchtet die Gottessohnschaft auf: bei der Taufe (3,21 f.), bei der Verklärung (9,35), vor dem Synedrium (22,70) und beim Kreuzestod (23,46).
Die Nähe von »Sohn Gottes« zu *»Christus«* ist neben 22,67–70 auch 4,41 (im Unterschied zu Mk) und Apg 9,20.22 ersichtlich. Doch das bedeutet keineswegs, daß Lukas die Titel einfach gegeneinander austauschen könnte. Selbst in Apg, wo der Christustitel eindeutig zahlenmäßig dominiert, wird »Sohn Gottes« als die primäre Aussage der paulinischen Verkündigung vorgestellt, die von dem Nachweis des Christus-Seins Jesu gestützt wird (Apg 9,20.22). Beim Christustitel tritt das Leiden und Leidenmüssen stark hervor (24,26.46; Apg 3,18; 17,3). Dieser Aspekt ist – wenn auch von Lukas besonders akzentuiert – schon in der ursprünglichen christologischen Verwendung des Titels vorhanden gewesen (vgl. die Passionserzählung).
»Herr« wird bei Lukas nicht erst der Erhöhte genannt, sondern bereits der »geschichtliche« Jesus in der Erzählung (z. B. 7,13.19; 10,1.41; 11,39; 12,42; 13, 15; 16,8; 17,5.6; 18,6; 19,8). Bei den *»Menschensohn«*-Worten des dritten Evangeliums hält sich der Evangelist, auch wo er solche neu bildet, an die gegebenen Formen der Jesusworte (abgesehen von Apg 7,56), verbindet aber

(6) Die lukanische Christologie

mit ihnen seine Auffassung vom Weg Jesu. Lk 19,10 zeigt, daß die Sendung des Menschensohnes im Suchen und Retten des Verlorenen besteht. Das gesamte Wirken Jesu hat soteriologische Funktion, und zwar richtet es sich besonders auf das »Verlorene« (15,1–32). Der Titel *Retter* (*sotēr*) muß in seiner bei Lukas hervortretenden Verwendung (2,11; Apg 5,31; 13,23; vgl. Lk 1,77; 2,30; 3,6; Apg 28,28) in dem genannten Sinn verstanden werden. Die *Davidssohnschaft* Jesu (1,27.32.69; 2,4.11; 18, 38f.; 20,41) wird nicht nur 1,32–35, sondern auch in der Genealogie 3,23–38 zu Jesu Gottessohnschaft in Beziehung gesetzt. Daß Jesus »Sohn Davids« ist, hängt nicht an einer physischen Abstammung, sondern ist durch den Davididen Josef als gesetzlichen Vater gegeben. Jesus wird auch als *Prophet* (7,16; 13,33; 24,19) vorgestellt, der den Dingen auf den Grund sieht, Verborgenes (7,39.44–47) und Künftiges (z. B. 9,44; 24,6) weiß. Hier wird eine alte »Propheten«-Christologie aufgegriffen und im Sinne des hellenistischen Prophetenbegriffs weitergeführt (vielleicht auch korrigiert). Es scheint, daß Lukas sehr bewußt alte Prädikationen wie »Heiliger« (4,34; Apg 3,14), »Gerechter« (23,47; Apg 3,14; 7,52), »Anführer (zum Leben)« (Apg 3,15; 5,31) und »Knecht (Gottes)« (Apg 3,13.26; 4,25.27.30) verwendet. Er greift indessen auch Prädikate auf, die im Herrscherkult seiner hellenistischen Umwelt eine Rolle spielten (neben »Retter«: »Wohltäter« [22,25; Apg 10,38], »Großer« [1, 32]).

Das Verhältnis Jesu zu Gott ist bei Lukas durch eine enge Verbundenheit, aber auch durch eine grundsätzliche Unterordnung des »Sohnes« unter den Vater gekennzeichnet (23,46). Da die Lesart, die in 3,22 von der »Zeugung« des Sohnes bei seiner Taufe spricht, sekundär ist, kann man jedoch nicht von einer »adoptianischen« Christologie sprechen. Die Unterordnung unter Gott ist schon damit gegeben, daß Lukas nicht von einer Präexistenz Christi her denkt. Auch das macht seine Christologie nicht »adoptianisch« (gegen Vielhauer: »Paulinismus«, 21). Jesus ist als Mensch (vgl. 3,38) Gott untergeordnet. Das prophetische Wissen Jesu um seinen gottverfügten Weg resultiert aus seiner engen Verbundenheit mit dem Vater, führt aber auch dazu, daß sich Jesus gehorsam diesem göttlichen Plan unterwirft (22,22a). Die Unterordnung Jesu ist nicht nur dadurch gegeben, daß Gott allein der Schöpfer ist, sondern auch damit, daß allein Gott die Engel dienen (4,10 im Unterschied zu Mk 1,13; Mk 13,27 fehlt). Gott hat Christus (nach der Taufe) zum Messias gesalbt (4,18; Apg 4,27; 10,38). Der Zeitpunkt der messianischen Machteinsetzung wird Apg 2,36 in der Auferweckung nach dem Kreuzestod gesehen; da wurde Jesus »zum Herrn und Christus gemacht«. Lukas zeigt nicht an, wie er die Position Christi nach der Taufe und nach der Auferstehung im Verhältnis zu seiner durch die geistgewirkte Empfängnis gegebenen Gottessohnschaft beurteilt. Wahrscheinlich ist auch in dieser Hinsicht die Gottessohnschaft die grundlegende Gegebenheit, während die anderen Titel stärker funktional verstanden sind. Was Jesus ist, verdankt er in jeder Hinsicht Gott (vgl. auch die bevorzugte Redeweise vom Auferwecktwerden Jesu).

Ein wichtiges Moment der lukanischen Christologie ist innerhalb der heilsgeschichtlichen Konzeption des Evangelisten die Stellung Jesu in der »Mitte der Zeit«, zwischen der Verheißungszeit Israels und der Propheten einerseits und der Zeit der Kirche andererseits (Conzelmann: Mitte der Zeit, 158, 172 u. ö.). Dabei darf nicht übersehen werden, daß Jesus und die Kirche unter dem Gedanken der Erfüllungszeit und der Reich-Gottes-Verkündigung qualitativ zusammengefaßt werden (16,16). Auch dem Schicksal der Verfolgung sind Jesus und die ihm nachfolgende Jüngergemeinde gleichermaßen unterworfen (22,35–37; 24,26; Apg 14,22). Die auf die Jesuszeit zurückblickende Darstellung des dritten Evangelisten sieht in ihr die Heilszeit, weil Jesus als solcher der Heilbringer und Retter ist (19,10) und weil seine Erlöserfunktion nicht auf den Kreuzestod konzentriert wird (siehe dazu Exkurs 21).

Die Versuchung Jesu: 4,1–13

1 Erfüllt vom heiligen Geist verließ Jesus die Jordangegend. Darauf wurde er vom Geist in der Wüste umhergetrieben 2 – vierzig Tage lang – und vom Teufel in Versuchung geführt.

Die ganze Zeit über aß er nichts; am Ende aber hatte er Hunger. 3 Da sagte der Teufel zu ihm: Wenn du Gottes Sohn bist, so befiehl diesem Stein, zu Brot zu werden. 4 Jesus antwortete ihm: Es steht geschrieben: *Nicht nur von Brot lebt der Mensch* (Dtn 8,3).
5 Da führte ihn der Teufel (auf einen Berg) hinaus und zeigte ihm in einem einzigen Augenblick alle Reiche der Erde. 6 Und er sagte zu ihm: All diese Macht und die ganze Herrlichkeit dieser Reiche will ich dir geben; denn sie sind mir überlassen, und ich gebe sie, wem ich will. 7 Wenn du mich anbetest, soll dir alles gehören. 8 Jesus antwortete ihm: Es steht geschrieben: *Du sollst den Herrn, deinen Gott, anbeten und ihm allein dienen* (Dtn 6,13).
9 Darauf führte ihn der Teufel nach Jerusalem, stellte ihn auf das Dach des Tempels und sagte zu ihm: Wenn du Gottes Sohn bist, so stürze dich von hier hinab; 10 denn es steht geschrieben: *Seine Engel bietet er auf für dich, damit sie dich behüten,* 11 *und sie werden dich auf Händen tragen, damit dein Fuß nicht an einen Stein stößt* (Ps 91,11f.). 12 Da antwortete ihm Jesus: Die Schrift sagt: *Du sollst den Herrn, deinen Gott, nicht versuchen* (Dtn 6,16).
13 Und als der Teufel mit keinem Versuch, Jesus zu verführen, zum Ziel kam, ließ er bis zu gelegener Zeit von ihm ab.

Literatur: P. Ketter: Die Versuchung Jesu nach dem Bericht der Synoptiker, Münster 1918. – *E. Lohmeyer*: Die Versuchung Jesu: ZSTh 14 (1937),

619–650. – *R. Schnackenburg*: Der Sinn der Versuchung Jesu bei den Synoptikern: ThQ 132 (1952), 297–326. – *A. Feuillet*: Le récit Lucanien de la tentation: Bib 40 (1959), 613–631. – *N. Hyldahl*: Die Versuchung auf der Zinne des Tempels: StTh 15 (1961), 113–127. – *Baumbach*: Verständnis des Bösen, 169–177. – *Voss*: Christologie, 94–97. – *B. Gerhardsson*: The Testing of God's Son, Lund 1966. – *J. Dupont*: Die Versuchungen Jesu in der Wüste (frz. Original 1968), Stuttgart 1969. – *P. Hoffmann*: Die Versuchungsgeschichte in der Logienquelle: BZ 13 (1969), 207–223. – *Schulz*: Spruchquelle, 177–190. – *P. Pokorný*: The Temptation Stories and their Intention: NTS 20 (1973/74), 115–127. – *W. Wilkens*: Die Versuchungsgeschichte Luk. 4,1–13 und die Komposition des Evangeliums: ThZ 30 (1974), 262–272.

Die Geschichte von der dreifachen Versuchung, die auch Mt 4,1–11 bietet, entstammt der Logienquelle. Umstritten ist lediglich, ob Lukas von sich aus die Versuchung auf der Tempelzinne an die dritte Stelle setzte (so Voss; Haenchen: Weg Jesu, 71 f.; Hoffmann) oder ob umgekehrt Matthäus das Ansinnen der »Satansanbetung« betont an den Schluß stellte (so Feuillet, Dupont). Wegen der für Mt bedeutsamen Korrespondenz zwischen der (letzten) Versuchung auf dem Berge und der Schlußszene Mt 28,16–20, in der Jesus als von Gott eingesetzter Weltherrscher erscheint, ist anzunehmen, daß Matthäus die Reihenfolge der Versuchungen gegenüber Q änderte, Lukas sie hingegen bewahrte (Schürmann: Lk 218 f.).
Während Mt 4,11b die Erzählung mit der Bemerkung über den Engeldienst an Jesus (i. A. an Mk 1,13) beschließt, läßt Lukas diese Notiz weg und verweist (indirekt) auf einen später erfolgenden Angriff des Teufels auf Jesus (4,13). Dabei denkt er vermutlich an den Beginn der Passion (22,3.53b). Der Anfang der Perikope (4,1 f.) folgt hauptsächlich Mk 1,12 f., wenn es auch wahrscheinlich ist, daß die Versuchungen schon in Q wenigstens mit einer einleitenden Bemerkung über Jesu Fasten und Hungrigsein eingeleitet waren. Ob diese allerdings so weit ging, daß sie auch die Taufe und die Gottessohndeklaration Jesu enthielt (Hahn: Hoheitstitel, 345, Anm. 1; Schürmann: Lk 218 f.), muß ebenso offenbleiben wie die Frage, ob Lukas in 4,1 f. (trotz der Übereinstimmungen mit Mt gegen Mk) die eventuelle Q-Einleitung aufgegriffen hat.
Im Rahmen des Lk widerlegt die Versuchungsgeschichte ein falsches Verständnis der Gottessohnschaft Jesu. Sie knüpft an 2,49; 3,22.38 an und kündigt programmatisch Jesu, des »geliebten Sohnes« (3,22), Sieg über die Macht der Finsternis an. Dieser Sieg wurde im Gehorsam zum Willen Gottes (im Wort der Schrift) endgültig in der Passion errungen. Seitdem die Versuchungsgeschichte mit der Erzählung von der Taufe Jesu verbunden wurde, erhielt diese Erzähl-

einheit über den christologischen Sinn der Teile hinaus einen paränetischen Tenor. Sie sagte dem getauften Christen, daß er dem Versucher durch Gehorsam zum in der Schrift bekundeten Willen Gottes erfolgreich zu widerstehen vermag.

1–2a Der erste Satz des Abschnitts (VV 1.2a) bildet die Exposition. Jesus »kehrte vom Jordan zurück ... voll heiligen Geistes«, heißt es wörtlich. Damit ist an die Taufszene 3,21f. angeknüpft und diese zugleich – über die bisherigen Angaben hinaus – als Begebenheit verstanden, bei der Jesus die Fülle des Geistes empfing. Vielleicht bedeutet das den lukanischen Versuch, der Taufe Jesu eine über den »Beginn« oder die Bestallung hinausgehende Eigenbedeutung zukommen zu lassen. Möglicherweise denkt der Evangelist an die Geist-Salbung des Messias Jesus (vgl. 4,18; Apg 4,27; 10,38). Denkbar ist indessen auch, daß die Notiz über die »Fülle« des Geistes die Funktion hat, den Sieg Jesu über den Teufel zu erklären. Oder soll die Bemerkung zusammen mit 4,14 einfach zu 4,18 überleiten? Wenn V 1 von der »Rückkehr Jesu vom Jordan« spricht, so ist das hier nicht wörtlich zu nehmen wie 4,14a. Jesus war – so denkt Lukas – aus Galiläa gekommen; nun begibt er sich wieder dorthin, wird aber zuvor (oder auf dem Weg) – »im Geiste«, d. h. durch den heiligen Geist – »in der Wüste (umher-)geführt«. Dieser Aufenthalt dauerte vierzig Tage. Lukas sagt zunächst, daß Jesus innerhalb dieser Zeit (und wohl während dieser ganzen Zeit) vom Teufel versucht wurde. Wenn Lk und Mt (Mk: Satan) vom »Teufel« sprechen, so folgen sie damit der Terminologie ihrer Quelle (z. B. V 13a par Mt).

2b–4 Jesus hatte »nichts gegessen in jenen Tagen« (Mt: hatte gefastet). Als »sie sich vollendeten, hungerte ihn«. Wir haben uns die folgende Szene also am Ende der 40 Tage vorzustellen. Matthäus, der in 6,16–18 ein gewisses Interesse am »Fasten« erkennen läßt, hat wohl von sich aus hier den Fachausdruck verwendet, so daß Lk die ursprüngliche (neutrale) Bemerkung bewahrt hätte (Schmid: Mt und Lk, 211). Der Teufel macht sich den Hunger Jesu zunutze und will Jesus dazu bewegen, sich aus dem Stein Brot zu schaffen. Dabei geht er von der Voraussetzung der Gottessohnschaft Jesu aus, die 3,22 proklamiert wurde, und sieht in ihr die Macht, sich selbst zu helfen. Hilft Jesus sich nicht auf die verlangte wunderbare Weise, so gilt sein Anspruch als widerlegt (vgl. die Spötter unter dem Kreuz Jesu: Mk 15,29–32 par Lk 23,35–39). Ob die Szene jemals isoliert tradiert wurde, ist zweifelhaft. Wo sie erzählt wird, verteidigt die christliche Gemeinde (näherhin: judenchristlich-schriftgelehrte Kreise) den am

Kreuz gestorbenen Messias. Oder sie wendet sich von ihrer »Kreuzestheologie« aus gegen eine (hellenistische) Christologie, die in Jesus den »göttlichen Wundertäter« sehen möchte. Die Szene polemisiert nicht gegen Erzählungen von der Speisung Tausender durch Jesus in der Wüste. Denn in ihr geht es um die Selbsthilfe des Sohnes Gottes. Jesus antwortet, indem er die Schrift und damit Gottes eigene Stellungnahme zitiert. Das Wort aus Dtn 8,3 bezieht sich auf das Manna, das anstelle des – beim 40jährigen Wüstenzug des Volkes – fehlenden Brotes durch *Gottes Wort* geschaffen wurde. Es ist ein Schrifttext, der auch im Kontext unserer Szene das Leben nicht dem zuschreibt, was sich der Mensch selbst bereitstellt, sondern – so ergänzt Mt 4,4 das Zitat – dem (lebenschaffenden) Wort Gottes (und dem Gehorsam ihm gegenüber).

5–8 Der Teufel führt in einem zweiten Ansatz Jesus »hinauf«. Wahrscheinlich liegt darin noch eine Andeutung dessen, daß in Q von der Führung auf einen hohen Berg (Mt 4,8) die Rede war. Ob Lukas die genaue Ortsbestimmung wegließ, weil der Berg für ihn Stätte des Gebets und der Gottesbegegnung, nicht aber der Versuchung ist (Conzelmann: Mitte der Zeit, 23) oder weil er weiß, daß es einen Berg mit einer Aussicht auf die »Ökumene« nicht gibt (vgl. Schürmann: Lk 210), kann nicht leicht entschieden werden. Im letzteren Fall ist an ein Emporgerissenwerden in die Lüfte gedacht. Indem Lukas *kosmos* durch *oikoumenē* ersetzt, weist er offenbar auf die unter Roms Herrschaft stehende Welt. In einem Augenblick zeigt der Teufel Jesus die Welt seiner Zeit (»alle Königreiche«). Er verheißt ihm, daß er diese »Macht« insgesamt und die »Herrlichkeit« dieser Reiche von ihm erhalten werde, falls er die gestellte Bedingung der Satansanbetung (V 7) erfüllte. Daß der Teufel eine solche Macht zur Machtübertragung besitzt, behauptet er in V 6b: »denn mir ist sie übergeben und ich gebe sie, wem ich will.« Daß mit diesem Satz Kritik am römischen Imperium geübt wird, dessen Macht als von Satan ausgeübt angesehen würde, entspricht sicher nicht der lukanischen Aussageabsicht. Auch verdient Beachtung, daß V 6b schon aus sprachlich-stilistischen Gründen nicht lukanische Erweiterung des Q-Textes darstellen wird (Schürmann: Lk 211). Deutlich ist, daß Jesus dazu versucht wird, die Weltherrschaft nicht nur zu erstreben, sondern sie durch anbetende Proskynese zu erlangen. Herrschaft erhält er laut Lk 1,32f. von »Gott dem Herrn«, und zwar in seiner Eigenschaft als dessen Sohn (vgl. Ps 2,7f.). Die Antwort Jesu besteht wieder in einem Schriftzitat, das besagt: Anbetung gebührt Gott allein (Dtn 6,13). Der Kontext des Zitats mahnt im Dtn Israel, seinen

Gott nicht zu vergessen, wenn es in den Besitz des Gelobten Landes gelangt sein wird. Es soll keinen fremden Göttern nachgehen. Der Teufel als der »Gott dieser Welt« (2 Kor 4,4) will Jesus zur Unterwerfung bringen. Jesus lehnt unter Hinweis auf Gottes Wort solche Pervertierung ab. Er wird seine Herrschaft auf andere Weise und von Gott erhalten.

9–12 Nun wird Jesus vom Teufel nach Jerusalem geführt und auf die »Zinne des Tempels« (dazu G. Schrenk in: ThWNT III, 235) gestellt. Daß der damit beginnende dritte Versuchungsgang bereits in Q diese Stelle einnahm, kann auch aus der Tatsache erschlossen werden, daß nun der Versucher sich der Argumentationsebene des Versuchten »anpaßt« und ebenfalls von der Schrift her begründet (VV 10f.). Jesus soll, falls er der Sohn Gottes ist und daher von Gott besonderen Schutz erwarten darf (nach Ps 91, 11f.), von der Tempelzinne herunterspringen. Die Antwort Jesu – mit »es ist (in der Schrift) gesagt« eingeführt – weist das Ansinnen zurück. Zitiert wird aus Dtn 6,16, wo auf die Warnung, Gott nicht zu versuchen, die Verheißung folgt, »daß es dir wohl ergehe« (6,18). Nur im Gehorsam zu Gott kann Jesus auf Gottes Schutz vertrauen; er darf aber Gottes Hilfe nicht durch eine mutwillige Aktion herausfordern und ihn damit »versuchen«, d. h. auf die Probe stellen. Ob mit dem Ansinnen des Teufels ein für die Öffentlichkeit bestimmtes Schau-Wunder gemeint ist, geht aus dem Text nicht hervor. Solches kann indessen nebenher intendiert sein. Es ist ein von Jesus selbst inszeniertes, von Gott zu gewährendes Bestätigungswunder gemeint, mit dem Jesus seine eigene Rettung erzwingen würde. Will schon der Sohn Gottes sich nicht selber helfen (VV 3f.), so soll er wenigstens seine Rettung durch Gott demonstrieren. Mit der Antwort Jesu wird eine Beziehung zu V 2 hergestellt: Jesus wurde vom Teufel versucht. Nun heißt es aus dem Munde Jesu: Du sollst Gott nicht versuchen. Die Versuchung des Sohnes Gottes gelingt deswegen nicht, weil Jesus sich nicht dazu herbeiläßt, Gott zu versuchen.

13 Damit hat der Teufel seine Versuchungsaktionen »vollendet«. Er muß von Jesus ablassen. Es beginnt zwar nicht eine »satansfreie Zeit« (gegen Conzelmann: Mitte der Zeit, 22.158). Aber die Angriffe auf Jesus sind ausgesetzt bis zur Passion (vgl. 22,3). Mit der Schlußwendung »bis zu gelegener Zeit« wird – schriftstellerisch geschickt – die Erwartung des Lesers auf das erneute Agieren Satans hingelenkt.

I. Der galiläische Anfang: 4,14–44

Eine besondere Bedeutung kommt der lukanischen Verwendung von »Galiläa« für die Gliederung des Weges Jesu zu. Der Evangelist verwendet die Landschaftsbezeichnung anders als Mk. Bei Lk fehlen die »Galiläa«-Angaben von Mk 1,9.16.28.39; 3,7; 6,21; 7,31; 9,30; 14,28. In Q scheint das Wort nicht vorgekommen zu sein. Abgesehen von den Kindheitsgeschichten, die von Nazaret als einer Stadt in Galiläa sprechen (1,26; 2,4.39), und der Erwähnung Galiläas als Gebiet des Herodes Antipas (3,1), kommt der Name 4,14 zum ersten Mal im Zusammenhang mit dem Wirken Jesu vor. 4,14 geht quellenmäßig auf Mk 1,14 zurück. Die Angabe hat bei Lukas besondere Wichtigkeit. »Anfangend von Galiläa aus« sagt der Evangelist an zwei Stellen über das Wirken Jesu (23,5; Apg 10,37; vgl. 13,31). Der Anfang in Galiläa reicht nur bis Lk 4,43. Von 4,44 an geht Jesus über Galiläa hinaus ins gesamte Judenland (23,5; Apg 10,37). Neben der Nazaret-Perikope bietet Lk 4,14–43 nur noch Begebenheiten aus Kafarnaum (4,31–43). Dabei wird (im Unterschied zu Mk 1,21) Kafarnaum ausdrücklich als »Stadt in Galiläa« bezeichnet. Seitdem ist Jesus in »Judäa«; das darf im Verständnis des Lukas nicht auf das historische Teilgebiet Palästinas bezogen werden, sondern meint das »Judenland« insgesamt. Freilich kann Lukas auch Judäa neben Galiläa (und Samaria) nennen (3,1; 5,17; Apg 9,31). Die Lesarten, die in 4,44 (statt »Judäa«) »Galiläa« bieten, sind sekundär an Mk/Mt angepaßt. 5,17 läßt die Heilung des Gelähmten (gegen Mk 2,1) nicht in Kafarnaum geschehen (vgl. Lk 9,46 im Unterschied zu Mk); vielmehr sind »aus Galiläa herbeigekommene« Leute mit anderen Zeugen dieser Tat. 6,17 fehlen (im Unterschied zu Mk 3,7f.) die Galiläer unter den Hörern Jesu. Freilich sind »von Galiläa aus« einige Frauen Jesus gefolgt (23,49.55). Wenn 24,6 von einer galiläischen Leidensweissagung Jesu spricht, dann steht das nicht im Widerspruch zu der Tatsache, daß 4,14–43 eine solche nicht wörtlich bietet.

Jesu Auftreten in Galiläa: 4,14–15

14 Jesus kehrte, von der Kraft des Geistes getrieben, nach Galiläa zurück. Und die Kunde von ihm verbreitete sich in der ganzen Gegend.   15 Er lehrte in ihren Synagogen und wurde von allen gepriesen.

Literatur: Conzelmann: Mitte der Zeit, 23–25. – *H. Schürmann*: Der »Bericht vom Anfang«. Ein Rekonstruktionsversuch auf Grund von Lk 4,14–16 (erstmals 1964), in: TrU 69–80. – *J. Delobel*: La rédaction de Lc., IV, 14–16a et le »Bericht vom Anfang«, in: F. Neirynck (Hg.): L'évangile de Luc, Gembloux 1973, 203–223. – *M. Völkel*: Der Anfang Jesu in Galiläa: ZNW 64 (1973), 222–232.

Die beiden Verse stellen eine Art Sammelbericht dar. Sie fassen das Folgende zusammen, jedoch nicht so, daß nur die unmittelbar folgende Nazaret-Perikope eingeleitet würde. Sie sind eine Art Überschrift, die die ganze galiläische Zeit des Wirkens Jesu summarisch umfaßt (Conzelmann). Die Ansicht, daß Lukas mit diesen Versen einer nicht-markinischen Vorlage folgt (Streeter: Four Gospels, 206f.; Schürmann: »Bericht vom Anfang«), ist zu schwach begründet, als daß sie Zustimmung finden könnte (Delobel). Schürmann (Lk 224f.) denkt, daß die Vorlage von Lk 4,14f. [16ff.] eine Überlieferungsvariante von Mk 1,14 (15.21–27) 28 (32–38) 39 [6,1ff.] darstellte. Jedoch ist eher lukanische Redaktion der Mk-Vorlage zu vermuten (Feine: Überlieferung, 42–44; Bultmann: Geschichte der syn. Tradition, 361; Schlatter: Lk 46f.; Schmid: Lk 106f.).

14a Die Rückkehr Jesu vom Jordan (vgl. 4,1) kommt nun – nach der bestandenen Versuchung – an ihr Ziel: Galiläa. Der Geist, der nach der Taufe über Jesus kam (3,22), erfüllt ihn und führt ihn (4,1) in seine Heimat Galiläa (vgl. auch 4,18). Gegenüber Mk 1,14a übergeht Lk die Angabe, daß Jesus nach der Verhaftung des Johannes nach Galiläa kam; 3,20 hatte die Verhaftung bereits erzählt. Mk 1,14b.15, eine summarische Bemerkung über die Evangeliumsverkündigung Jesu und ihren Inhalt, wird von Lk ebenfalls weggelassen bzw. durch die folgende Nazaret-Perikope ersetzt.

14b Daß sich von Galiläa aus der »Ruf« Jesu in der ganzen Umgebung ausbreitete, ist schon im Hinblick auf 4,23 gesagt. Die Notiz geht sachlich wohl auf Mk 1,28 zurück. Daß V 14b in Mt 9,26 eine Parallele hat (mit den Vokabeln: *phēmē, holē*), weist deswegen nicht auf eine Quelle, weil der mt Vers redaktionell ist.

15 Der logisch nicht ganz konsequent auf V 14 folgende Vers hat im Zusammenhang die Aufgabe, zu präzisieren. Ausgangspunkt für den sich ausbreitenden Ruf Jesu ist seine Lehre in den galiläischen Synagogen. Die Wirkung dieser Lehre ist, daß er von den Hörern insgesamt gepriesen wird. Die Bemerkung über die Synagogenpredigt Jesu ist Lukas wichtig. Ihr entspricht das in der Apg ständig wiederkehrende Anknüpfungsmotiv. Die Verkündigung ergeht zuerst an Israel. Mit V 15 wird die Nazaret-Perikope vorbereitet. Auch hier predigt Jesus in der Synagoge. 4,16–30 (bes. V 23) setzt voraus, daß Jesus schon eine Zeitlang in Galiläa wirkte, ehe er in Nazaret auftrat. Andererseits wird dieses Auftreten als erste Begebenheit programmatisch *erzählt*. Daher nimmt Lukas die Nazaret-Erzählung, die Mk (6,1–6a) erst später bietet, vorweg. Die Angabe über die »Lehre« Jesu »in den Synagogen« und ihre Wirkung (Lk 4,15) dürfte der Sache nach Mk 6,2 entstammen.

Die Ablehnung Jesu in seiner Heimatstadt: 4,16–30

16 So kam er auch nach Nazaret, wo er aufgewachsen war, und ging nach seiner Gewohnheit am Sabbat in die Synagoge. Als er aufstand, um (aus der Schrift) vorzulesen, 17 reichte man ihm das Buch des Propheten Jesaja. Er rollte die Buchrolle auf und fand die Stelle, wo geschrieben steht:
  18 *Der Geist des Herrn ruht auf mir;*
  denn er hat mich gesalbt.
  Er hat mich gesandt,
  um den Armen die Heilsbotschaft zu bringen,
  um den Gefangenen die Befreiung
  und den Blinden das Augenlicht zu verkünden,
  um die Mißhandelten in Freiheit zu setzen
  19 *und ein Gnadenjahr des Herrn auszurufen* (Jes 61,1f.; 58,6).
20 Dann rollte er das Buch zu, gab es dem Synagogendiener und setzte sich. Und die Augen aller in der Synagoge waren auf ihn gerichtet. 21 Da begann er und sagte zu ihnen: Heute erfüllt sich das Schriftwort in euren Ohren.
22 Seine Rede fand bei allen Beifall; sie staunten über die Worte der Gnade, die aus seinem Munde kamen, und sagten: Ist das nicht der Sohn Josefs? 23 Da entgegnete er ihnen: Sicher werdet ihr mir das Sprichwort vorhalten: Arzt, heile dich selbst! Tu auch hier in deiner Heimat Taten, die du in

Kafarnaum vollbracht hast, wie wir gehört haben! 24 Er setzte hinzu: Amen, ich sage euch: Kein Prophet wird in seiner Heimat anerkannt. 25 Wahrhaftig, das sage ich euch: In Israel gab es viele Witwen in den Tagen des Elija, als der Himmel für drei Jahre und sechs Monate verschlossen war und eine große Hungersnot über das ganze Land kam. 26 Aber zu keiner von ihnen wurde Elija gesandt, nur zu einer Witwe in Sarepta bei Sidon. 27 Und viele Aussätzige gab es in Israel zur Zeit des Propheten Elischa. Aber keiner von ihnen wurde geheilt, nur der Syrer Naaman.
28 Als die Leute in der Synagoge das hörten, gerieten sie alle in Wut. 29 Sie sprangen auf und trieben ihn zur Stadt hinaus. Dann zerrten sie ihn an den Abhang des Berges, auf dem ihre Stadt erbaut war, und wollten ihn hinabstürzen. 30 Er aber schritt mitten durch die Menge hindurch und ging weg.

Literatur: B. *Violet*: Zum rechten Verständnis der Nazareth-Perikope Lc 4,16-30: ZNW 37 (1938), 251-271. – *Bornhäuser*: Studien, 20-33. – *Conzelmann*: Mitte der Zeit, 25-32. – *Haenchen*: Historie, 158-169. – *Rese*: Motive, 143-154. – H. *Schürmann*: Zur Traditionsgeschichte der Nazareth-Perikope, in: Mélanges Bibliques (FS f. B. Rigaux), Gembloux 1970, 187-205. – W. *Eltester (Hg.)*: Jesus in Nazareth, Berlin 1972, mit den folgenden Einzelbeiträgen: E. *Gräßer*: Jesus in Nazareth (Mc 6,1-6a) (1-37); A. *Strobel*: Die Ausrufung des Jobeljahres in der Nazarethpredigt Jesu. Zur apokalyptischen Tradition Lc 4,16-30 (38-50); R. C. *Tannehill*: The Mission of Jesus according to Luke IV, 16-30 (51-75); W. *Eltester*: Israel im lukanischen Werk und die Nazarethperikope (76-147). – B. *Reicke*: Jesus in Nazareth, in: Das Wort und die Wörter (FS f. G. Friedrich), Stuttgart 1973, 47-55.

Wegen der starken Abweichungen des Abschnitts von Mk 6,1-6a und wegen des umfangreicheren Stoffes bei Lk ist umstritten, ob Lukas im ganzen einer Überlieferungsvariante der Mk-Perikope folgt oder ob er Mk 6,1-6a in umgreifender Weise redaktionell bearbeitet hat. Als dritte Möglichkeit bliebe die einer Verschmelzung von Mk und einer Überlieferungsvariante. Schürmann vertritt die These, der Evangelist habe 4,16-30 in einer Nicht/Mk-Vorlage (wahrscheinlich Q) in der vorliegenden Ganzheit bereits vorgefunden (vgl. Schmid: Mt und Lk, 85 f.), derselben Vorlage, der auch 4,14 f. zugehöre. Der Grund- bzw. Urbestand dieser Erzählung habe die VV 16.22.23 f.(28-30) enthalten. Die sekundären Erweiterungen (17-21: Lesung aus Jesaja; 25-27: Hinweis auf Elija und Elischa) gingen aber nicht erst auf Lukas zurück. Demgegenüber läßt sich die Auffassung anderer Exegeten (Bultmann: Geschichte der syn. Tradition, 30f.; Haenchen: Historie; Tannehill), es handle sich um eine Erweiterung von Mk 6,1–6a durch den Evangelisten, so hinreichend begründen, daß die Annahme einer Nebenquelle überflüssig wird.

Die Gesamtstruktur ist bei Mk und Lk wesentlich übereinstimmend (desgleichen bei Mt in Abhängigkeit von Mk): Jesus lehrt in der Synagoge seiner Heimatstadt – die Hörer bewundern ihn – sie nehmen dann Anstoß – Jesus antwortet mit dem Sprichwort vom Propheten – er wirkt in Nazaret kein Wunder. Nun soll nach der Annahme Schürmanns auch die Nicht/Mk-Vorlage diesen Grundriß gehabt haben. Das ist nicht auszuschließen. Da jedoch der über den Grundriß hinausgehende Stoff (4,17–21.25–27.28–30) sich nachweislich dem Tenor der lukanischen Theologie einfügt, ist die Wahrscheinlichkeit lukanischer Bearbeitung des Mk groß. Die folgende Auslegung wird das näher begründen.

Die Nazaret-Perikope hat im Gesamtaufriß des Lk die Funktion einer programmatischen Szene. Sie läßt nicht nur die Predigt Jesu als Erfüllung der Schrift erkennen (und nimmt damit in lukanischer Prägung das Anliegen von Mk 1,15 wahr). Die Szene weist in ihrem Schlußteil auch auf den Ausgang Jesu, seine Ablehnung durch Israel und das Heil für die Heidenwelt.

16–19 Während seiner galiläischen Lehrtätigkeit kommt Jesus nach Nazaret. Der Text liest »Nazara«, eine Form, die auch Mt 4,13 begegnet; doch genügt diese (auch textkritisch nicht gesicherte) Lesart nicht, eine Nicht/Mk-Vorlage der beiden Evangelisten zu erweisen. Lukas meint die Stadt, in der Jesus »aufgezogen wurde« (vgl. 2,51f.). Die Angabe, daß er »nach seiner Gewohnheit« am Sabbat in die Synagoge geht, erläutert den V 15 am konkreten Beispiel. Nach dem Eingangsteil des Gottesdienstes (Zum Verlauf eines Synagogengottesdienstes siehe P. Billerbeck: ZNW 55 [1964], 143–161) erhebt sich Jesus zur Lesung aus den Prophetenbüchern (Haphthare). Den vorausgehenden Gottesdienst mit der Gesetzes-Lesung (Parasche) schildert Lukas nicht, weil er zeigen will, wie sich die Prophetie an Jesus erfüllt. Zugleich wird damit angezeigt, in welcher Hinsicht das AT christologisch relevant ist. Man reicht Jesus die Buchrolle mit dem Jesaja-Text. Er schlägt eine bestimmte Stelle auf. Vielleicht ist gemeint, daß er sie durch göttliche Fügung »fand« (V 17). Das folgende Zitat ist eine Kombination aus Jes 61,1f. und 58,6d LXX. Sie reiht folgende Versteile aneinander: 61,1a.b.d; 58,6d; 61,2a. Die Auswahl (61,1c fehlt im ursprünglichen Text des Lk) zeigt, worauf das Interesse ruht. Nach Erwähnung der Verkündigung der »Befreiung« (*aphesis*) ist eingeschaltet: »um die Mißhandelten in Freiheit (*aphesis*) zu setzen« (Jes 58,6). Auf diese Befreiung lenkt Lukas insbesondere die Aufmerksamkeit. Lukas denkt an den Erlaß der Sünden (1,77; 3,3; 24,47; Apg 2,38 u. ö.). Das Zitat setzt mit der auf Jesus zu beziehenden Aussage über die Geistbegabung ein. Auch darin zeigt sich das Anliegen des Evangelisten, der das Zitat wohl selbst zusammengestellt hat (Rese: Motive, 153). Er deutet damit das Taufgeschehen als Jesu »Salbung«. Da kam der Geist auf (*epi*: 3,22; 4,18a) Jesus. Die zweite Doppelzeile des Zitats deutet die Sendung Jesu als Verkündigungsauftrag an die Armen. Die frohe Kunde für die Armen wird als vom Geist Gottes getragene und von Gott selbst veranlaßte Botschaft von der Freiheit, die Gott nun gewährt, verstanden (VV 18c.d.19): Gefangene werden frei, Blinde sehen, Mißhandelte können aufatmen, ein »Erlaßjahr« des Herrn bricht an.

20–22 Jesus rollt die Schriftrolle zusammen, gibt sie dem Diener zurück und setzt sich. Sitzend – wie es Brauch war – legt er die Prophetenstelle aus. Obgleich eine Auslegung der Prophetenlesung nicht in jedem Sabbatgottesdienst üblich war, richten sich die Augen der Gottesdienstteilnehmer gespannt auf Jesus (V 20b). Mit dieser Notiz hebt die Erzählung die Bedeutung der folgenden Jesusworte eindrücklich hervor. Jesus sagt von der zitierten Schriftstelle, sie sei »heute ... in den Ohren (der Zuhörer)« erfüllt worden (V 21). Indem die Anwesenden mit eigenen Ohren Jesu Verkündigung hören, erfüllen sich die prophetischen Verheißungen und kündigt Gott das Erlaßjahr, die Gnadenzeit der Freiheit an. Augen (V 20b) und Ohren (V 21b) der Anwesenden vernehmen es und sind »Zeugen« des sich erfüllenden Heils. Nach dem Kontext ergeht es in der Wortverkündigung Jesu, indem diese angenommen wird. Mit dem »heute« ist also vom Evangelisten nicht rückblickend nur das »historische Damals« der Jesuszeit gemeint, sondern das gegenwärtige »Heute« der Erfüllungszeit (gegen Conzelmann: Mitte der Zeit, 30f.; mit Schürmann: Lk 233). Der Erfüllungsgedanke ist gegenüber Mk 1,15 verschoben. »Erfüllt« ist nach Mk »die Zeit« (und die Gottesherrschaft steht unmittelbar bevor), nach Lk hingegen »die Schrift«. Bei Lukas ist die Erwartung der Parusie entspannt, sie ist keine gespannte Naherwartung mehr. Indessen macht die in 4,18–21 bezeugte Schrifterfüllung die Vollerfüllung der prophetischen Ankündigungen (Apg 3,20f.) gewiß. Die Zeugen der Selbstverkündigung Jesu ergreifen sämtlich für Jesus Partei, sie stimmen ihm zu (*emartyroun autō*), akzeptieren also vor allem das Gnadenjahr Gottes. Sie »staunen« über die »Worte der Gnade« (vgl. Apg 14,3; 20,32), die aus Jesu Mund kommen. Letztere Wendung macht auf die unmittelbare Zeugenschaft bei der Erfüllung (vgl. 22,71) aufmerksam und unterstreicht im vorhinein die Verantwortlichkeit der Hörer. Die das Staunen ausdrückende Frage (vgl. Mk 6,2) enthüllt zugleich das Nicht-Wissen der anwesenden Leute aus Nazaret. Sie halten Jesus für den Sohn Josefs (vgl. 3,23). Während Mk 6,2 die Weisheit Jesu und seine bisherigen Machttaten zum Anlaß der Frage machte, läßt Lukas die Frage durch die *Botschaft* Jesu motiviert sein. Zugleich entlarvt sie die Hörer. Sie kennen Jesu wahre Herkunft nicht, und sie sind auf ein Heilungswunder in ihrer Mitte aus (V 23).

23–24 Lukas berichtet zunächst nicht (wie Mk 6,3c) vom Anstoß, den die Leute an Jesus nehmen, sondern läßt Jesus selbst prophetisch die Gedanken der Landsleute aussprechen. (Sie sollten an Jesus offenbar werden, VV 28f.; vgl. 2,35.) Jesus nennt zuerst ein Sprichwort, das dazu auffordert, den eigenen Anspruch zu beweisen, und letztlich den Anspruch eines Menschen in Zweifel zieht: Wenn er Arzt ist, soll er sich selbst heilen. Ohne Sprichwort heißt das im Sinne der Nazaretaner: Jesus soll die Taten, die er dem Vernehmen nach in Kafarnaum vollbracht hat, auch »hier«, in seiner Vaterstadt, tun. Man fordert von Jesus ein Wunder. »Ihr werdet mir vorhalten« bezieht sich nicht auf eine fernere Zukunft, obgleich Wundertaten aus Kafarnaum erst 4,31–41 berichtet werden; Jesus meint eine Vorhaltung im gegenwärtigen Moment. Daß Lukas erst nachträglich 4,16–30 an die heutige Stelle gesetzt und dabei die Unausgeglichenheit eines Hinweises auf 4,31–43 (in V 23) in Kauf genommen habe (so Eltester 145), kann deswegen nicht zutreffen, weil 4,31.38 schon auf die Weglassung von Mk 1,16–20 (Berufung der Jünger) Rücksicht nimmt (Jesus tritt i. U. zu Mk allein auf) und 4,16–30 in die entstandene »Lücke« gefügt ist. Für Lukas ist wichtig, daß die Leute in Nazaret Anstoß an einem (nur) Lehrenden nehmen. Er berichtete denn auch vom bisherigen Wirken Jesu in diesem Sinn (4,15). Die Antwort Jesu auf den heimlichen Einwand der Hörer wird unmittelbar angeschlossen (V 24). Das Wort vom Propheten in der Vaterstadt wird (im Unterschied zu Mk 6,4) durch »Amen« eingeleitet; vgl. den Anfang von V 25. Denn für Lukas ist gewiß, daß der Prophet Jesus erst in Jerusalem getötet werden soll (13,33). Der Hauptgedanke ist, daß Jesus nicht akzeptiert wird, weil er die gewünschten Wunder nicht vollbringt. Deswegen ist er nicht annehmbar (*dektos* – »annehmbar« ist hingegen das Gnadenjahr, VV 19.22). Der weitere Sinn des Wortes vom Propheten wird durch VV 25–27 deutlich. Das

Wort vom Propheten in der Vaterstadt ist im EvThom 31 (und Papyrus Oxyrhynchos I 6) mit Hilfe des Arztsprichwortes zu einem Parallelismus zusammengeschlossen, allerdings in der gegenüber Lk 4,23 f. umgekehrten Reihenfolge. Da aber das Wort vom Arzt an das vom Propheten angeglichen wurde – es geht nicht mehr um Selbstheilung, sondern um Heilung des Bekanntenkreises –, wird auch die Reihenfolge dieser späteren Texte sekundär sein. Es handelt sich nicht um alte, von Lk unabhängige Tradition (vgl. Schrage: Verhältnis, 75–77).

25–27 Der Sondergut-Abschnitt wird durch die griechische Übersetzung des »Amen« von V 24 eingeleitet. Wiederum betont Jesus die Wahrheit der folgenden Aussage, die auch hier den Jesus aufgetragenen Weg anzeigt. Wenn der Evangelist sonst von sich aus nicht »Amen« schreibt, beweist das Vorkommen in V 24 noch keine Quelle. Vielmehr gibt Lukas hier dem Leser die Übersetzung des aramäischen Wortes (V 25), das in seinem Werk noch öfter begegnen wird (12,37; 18,17.29; 21,32; 23,43). Es ist zu vermuten, daß Lukas mit VV 25–27 ein Traditionsstück oder einen überlieferten Hinweis auf die Schrift aufgreift. So wird man u. a. die Heidenmission vor Judenchristen gerechtfertigt haben (Tannehill 60). Der Doppelspruch gibt dafür, daß Jesus in Nazaret kein Wunder vollbringen will, eine völlig andere Begründung als V 24. Die Sendung Jesu weist wie bei Elija und Elischa in die Fremde, über Israel hinaus. Der Kontext des Stückes deutet an, daß der Weg Jesu über Nazaret und Galiläa hinaus (4,30.44) und der seiner Zeugen über Israel weg zu den Heiden (Apg 1,8) gehen wird. Schon Elija wurde nach Sarepta bei Sidon gesandt (vgl. 1 Kön 17), und Elischa machte den Syrer Naaman vom Aussatz rein (vgl. 2 Kön 5).

28–30 Während Jesus nach Mk 6,5 f. wegen des Unglaubens der Bewohner in Nazaret »kein Wunder wirken konnte«, verläßt er nach Lk 4,28–30 die Heimat, weil man ihn lynchen will. Die Wut der Gottesdienstteilnehmer geht nicht auf die Verweigerung eines Wunders zurück, sondern bricht hervor, als Jesus seine Sendung zu den Heiden andeutet. Sie erheben sich und vertreiben ihn aus der Stadt; dann wollen sie ihn vom Berg hinabstürzen. Lukas hat wohl selbst diesen Schluß der Erzählung gebildet (zur Formulierung von V 29 vgl. 23,1: »sie erhoben sich und führten ihn«; Weiteres bei Tannehill 61). Daß Nazaret nicht auf einem Berg lag (höchstens »an« einem Berg), wußte der Evangelist nicht. Die Verfolgung von seiten der Israeliten behindert nicht nur nicht das Fortschreiten der Botschaft

Jesu, es fördert dieses sogar (vgl. Apg 13,46; 18,6; 19,9; 28,24–28). Das ist ein feststehendes Schema zum Ausdruck der lukanischen Auffassung. So führt der Weg Jesu (V 30: *eporeueto*) von Nazaret weg, zugleich entsprechend seiner Sendung und wegen der Verfolgung von seiten der Bewohner.

Exkurs (7): Der heilige Geist

Literatur: v. Baer: Der Heilige Geist. – *F. Büchsel*: Der Geist Gottes im Neuen Testament, Gütersloh 1926. – *Hauck*: Lk 55 f. – *R. Koch*: Geist und Messias, Wien 1950. – *C. K. Barrett*: The Holy Spirit and the Gospel Tradition, London ²1954. – *G. W. H. Lampe*: The Holy Spirit in the Writings of St. Luke, in: Studies in the Gospels (Essays in Memory of R. H. Lightfoot), Oxford 1955, 159–200. – *Schmid*: Lk 107–109. – *E. Käsemann*: Geist und Geistesgaben im NT, in: RGG II(1958), 1272–1279. – *E. Schweizer*: *pneuma* (im NT), in: ThWNT VI(1959), 394–449. – *Wikenhauser*: Apg 99–103. – *F. Mußner*: Pneuma (im NT), in: LThK VIII(1963), 572–576. – *J. H. E. Hull*: The Holy Spirit in the Acts of the Apostles, London 1967. – *W. Wilkens*: Wassertaufe und Geistempfang bei Lukas: ThZ 23 (1967), 26–47. – *J. Kremer*: Pfingstbericht und Pfingstgeschehen, Stuttgart 1973. – *K. Stalder*: Der Heilige Geist in der lukanischen Ekklesiologie: Una Sancta 30 (1975), 287–293.

Die Bedeutung, die Lukas dem Geist Gottes beimißt, geht schon aus der zahlenmäßigen Bezeugung im Verhältnis zu den beiden anderen synoptischen Evangelien hervor (Mk 6, Mt 12, Lk 17 Vorkommen). Lk bevorzugt den Ausdruck »heiliger Geist« (Mk 4, Mt 5, Lk 13, Apg 41 Vorkommen), der vor allem in den Paulusbriefen häufig begegnet. Doch nicht das numerische Übergewicht ist für die lukanische Geist-Theologie ausschlaggebend, sondern der qualitative Gesichtspunkt. Es zeichnen sich drei Aussagereihen ab: der Geist und Jesus – Geist und Jüngerschaft bzw. Kirche – Geist und Heilsgeschichte.
Die christologische Geistaussage im Zusammenhang mit der Taufe Jesu bietet bereits Mk 1,10. Matthäus geht darüber hinaus, wenn er 1,18.20 von der Empfängnis Jesu durch den heiligen Geist spricht. Im ganzen ist jedoch von Jesu Geistbesitz ausgesprochen selten die Rede (Mk 1,12; Mt 12,18). Jesus selbst beansprucht, durch den Geist Gottes (Mt 12,28; Lk 11,20: »Finger Gottes«) Dämonen auszutreiben. Lästerungen wider den heiligen Geist werden nicht vergeben werden (Mk 3,29; Mt 12,32 par Lk 12,10). Den Jüngern hat Jesus nach Mk 13,11 den Geist erst für die Verfolgungszeit der Zukunft verheißen. Immerhin verkündigt nach Mk 1,8 (par Mt 3,11) der Täufer die kommende Geisttaufe durch Jesus. Wenn demgegenüber Lukas den Geistbesitz der Gläubigen betont, ist er wahrscheinlich von paulinischer Tradition beeinflußt.

Die christologischen Geist-Aussagen des Lk werden 1,35 grundgelegt. Der heilige Geist ist Existenzgrund Jesu, und das Herabkommen des Geistes bei der Taufe manifestiert den dauernden Geistbesitz des »Sohnes Gottes« (3,22). Jesus ist deswegen der, der selbst mit heiligem Geist und Feuer taufen wird (3,16; Apg 1,5; 11,16). Jesus ist mit heiligem Geist erfüllt, als er den Jordan verläßt; er wird vom Geist in die Wüste geführt (4,1). Er lebt dort als »Pneumatiker«. 4,14 betont wiederum, daß Jesus in der Kraft des Geistes nach Nazaret ging, damit zur gewichtigen Selbstaussage 4,18 überleitend: »Der Geist des Herrn ist auf mir«, sagt Jesus mit Jes 61,1 und aufgrund des vorausgehenden Taufgeschehens. Die Geistsalbung (vgl. Apg 10,38) ist der Grund seiner Sendung und seiner Botschaft. »Im heiligen Geist« spricht Jesus den »Jubelruf« (10,21; im Unterschied zu Mt 11,25) als Dank für die Offenbarung an die Unmündigen.

Lukas hat die von Johannes angekündigte Geisttaufe Jesu im Pfingstereignis erfüllt gesehen (3,16; Apg 1,5; 2,4). Der himmlische Vater wird den Bittenden den heiligen Geist geben (11,13 im Unterschied zu Mt 7,11); der Geist ist das höchste »Gut«, das Gott seinen Kindern zu schenken vermag (vgl. Röm 5,5). Er ist die »Kraft aus der Höhe«, die die Jünger in der Zeit der Kirche zu stärken vermag (24,49). Apg 1,6–8 sieht im Geist, der den Aposteln verheißen ist, die letzte und entscheidende Ausrüstung für die Christuszeugen. Angesichts der »verzögerten« Weltvollendung wird der Geist als »Ausrüstung« geschenkt (nicht als »Ersatz« für die Parusie). Der Angeld-Gedanke (2 Kor 1,22; 5,5; Eph 1,14) wird in lukanischer Prägung insofern festgehalten, als der Geist eschatologische Gabe ist (Apg 2,16f). Der heilige Geist zeigt den Jüngern, wenn sie vor Gericht stehen, »was gesagt werden muß« (12,12; vgl. Apg 4,8 u. ö.). Grundlegend ist für die Geistbegabung des Christen die Taufe (Apg 2,38). Das wird auch durch Apg 8,14–17; 10,44–48 nicht prinzipiell in Frage gestellt.

Der Führung Jesu durch den Geist Gottes (vgl. 4,1.14) entspricht in Apg, daß der Weg der Mission weitgehend als vom Geist bestimmt dargestellt wird (Apg 8,29.39; 11,12; 16,7f.). In der »inspirierten« Schrift (Apg 1,16; 4,25; 28,25) hat Gott seinen Geschichtsplan festgesetzt. Deswegen »muß« sie in Erfüllung gehen (22,37; 24,44; Apg 1,16). Der Geist greift förmlich in den Gang der Heilsgeschichte ein (1,41–43.67–79; 10,21; 12,12; Apg 8,29.39; 20,23). Schon in der Zeit der Anfänge wußten geistbegabte Propheten das Geschehen heilsgeschichtlich zu verstehen und zu deuten (1,15.41.67; 2,25f. 27). Schließlich sind auch wichtige kirchliche Entscheidungen, wie die über die Heiden im »Apostaldekret«, letztlich vom Geist gewirkt (Apg 15, 28). Die Apostel sind durch den Geist von Jesus erwählt worden (Apg 1,2), und die Gemeinde-Ältesten sind vom Geist in ihr Amt eingesetzt (Apg 20,28). Daß Jesus den Geist nur verheißen hat (24,49; Apg 1,5), zeigt, wie Lukas Christologie und Ekklesiologie verbindet. Die Kirche empfing den Geist durch Jesu Vermittlung (24,49; Apg 2,33). In der Zeit der Kirche wird durch den Geist das Werk Jesu fortgeführt, und zwar sowohl in der verfaßten und missionierenden Kirche als auch in spontanen Impulsen, die auf das von Gott verfügte Ziel hinlenken.

Jesus in der Synagoge von Kafarnaum: 4,31–37

31 Jesus kam nach Kafarnaum hinab, einer Stadt in Galiläa, und lehrte die Menschen am Sabbat. 32 Sie waren bestürzt über seine Lehre, denn sein Wort erging mit (göttlicher) Vollmacht.
33 In der Synagoge saß ein Mann, der vom Geist eines unreinen Dämons besessen war. Er schrie mit lauter Stimme: 34 Jesus von Nazaret, laß ab, was haben wir mit dir zu tun? Bist du gekommen, um uns ins Verderben zu stürzen? Ich weiß, wer du bist: der Heilige Gottes. 35 Da drohte ihm Jesus: Schweig und verlaß ihn! Der Dämon aber warf den Mann mitten in der Synagoge zu Boden und verließ ihn, ohne ihn zu verletzen. 36 Da waren alle erstaunt, und einer fragte den anderen: Was ist das für eine Art zu reden? Er befiehlt den unreinen Geistern mit Vollmacht und Kraft, und sie fliehen. 37 Und sein Ruf verbreitete sich in der ganzen Gegend.

Literatur: Bultmann: Geschichte der syn. Tradition, 223 f. – *J. M. Robinson*: Das Geschichtsverständnis des Markus-Evangeliums, Zürich 1956, 42–54. – *R. Pesch*: »Eine neue Lehre aus Macht.« Eine Studie zu Mk 1,21–28, in: *J. B. Bauer (Hg.)*: Evangelienforschung, Graz 1968, 241–276. – *Kertelge*: Wunder Jesu, 50–60. – *Schramm*: Markus-Stoff, 85–91.

Lukas schließt sich von 4,31-44 ab wieder eng an Mk an (1,21-39). Er ist in dem ganzen Abschnitt, der aus Kafarnaum berichtet, von keiner Nebenquelle abhängig (Schramm 91). Für Mk 1,16-20 bietet Lk zunächst keine Entsprechung; erst 5,1-11 erzählt die Berufung der ersten Jünger. So scheint der Besuch von Kafarnaum und bei der Schwiegermutter des Simon (4,38) nicht in Begleitung der Jünger (vgl. 4,31.38 im Unterschied zu Mk 1,21.29) zu erfolgen.

31–32 Jesus geht allein von Nazaret weg nach Kafarnaum. Auch hier nimmt er seine Lehrtätigkeit in der Synagoge auf. Es ist an eine wiederholte Lehre jeweils am Sabbat gedacht (*ēn didaskōn*). Der Leser soll sie sich vorstellen wie im ersten Teil der Nazaret-Perikope. Die Reaktion der Hörer drückt sich in einem »Bestürztsein« aus (V 32a; vgl. 9,43; Apg 13,12). Den Grund dafür sieht Lukas in der Tatsache, daß Jesu Wort »in Vollmacht« erging (V 32b). Er sagt im Unterschied zu Mk nicht, daß Jesus lehrte »wie einer, der Vollmacht besitzt«, und er setzt Jesu Lehre auch nicht in Kontrast zur Lehrweise der Schriftgelehrten. Lukas will zeigen, daß schon Jesu Wortverkündigung als machtvoll erkannt wurde. Doch Machttaten treten als

Erweis der »Vollmacht« zur Lehre Jesu hinzu (V 36). Die folgende Erzählung von der Heilung des Besessenen will (im Unterschied zu Mk) als Einzelereignis bei einem der Sabbatauftritte Jesu verstanden sein.

33–35 Der Erzählung von der Besessenenheilung liegt Mk 1,23–28 zugrunde. Lukas hat die Vorlage geringfügig bearbeitet. »Sie ist im geläufigen *Stil* hellenistischer Wundergeschichten abgefaßt, wie es auch jüdischen und hellenistischen Berichten von Exorzismen entspricht« (Kertelge 51f.). Der Evangelist erläutert die Besessenheit (im Unterschied zu Mk): Der Mann »*hatte* den Geist eines unreinen *Dämons*«. Der Geist dieses Dämons hat nicht nur Wissen über das Vorhaben Jesu; er weiß auch, wer vor ihm steht. Jesus ist gekommen, die Dämonen (Plural) zu vernichten; und er ist – das ist als Grund seines Vorhabens gedacht – der »Heilige Gottes« V 34). Der Gegensatz zwischen dem unreinen Dämon und dem »Heiligen Gottes« ist wohl entscheidend für die Wahl gerade dieses Messiasprädikats (vgl. 8,28 par Mk: Sohn des höchsten Gottes). Obgleich Lukas auch hinsichtlich des messianischen Prädikats der Vorlage folgt, sieht er 1,35 einen Zusammenhang zwischen Jesu Heiligkeit und Gottessohnschaft. Beide Prädikate folgen aus der Geistzeugung Jesu. Der Dämon bittet, Jesus möge von ihm ablassen, und betont den Gegensatz zwischen der Dämonenwelt und Jesus. Die Art, wie sein Wissen um Jesu Herkunft und Wesen ausgesprochen wird, bleibt in der Schwebe zwischen Imponiergehabe und Anbiederung. Jesu mächtiges Wort (vgl. V 36b) erteilt dem Dämon Befehl, zu schweigen und den Besessenen zu verlassen (Mk 1,25: »auszufahren aus« ihm). Daß der Dämon den Mann »in die Mitte« zerrt, ehe er dem Befehl folgen muß, unterstreicht im Sinn des Lukas, daß alle es sahen. V 35 bemerkt, daß dem Mann durch den Exorzismus kein gesundheitlicher Schaden entstand (was umgekehrt Mk 1,26 vermuten läßt).

36–37 Das Staunen aller Anwesenden äußert sich in einer bewundernden Frage nach der Macht des »Wortes« Jesu, während Mk 1,27 die Leute untereinander über die »neue Lehre« streiten (*syzētein*) ließ. Lukas ist am Wort Jesu interessiert; als Befehlswort hat es die Kraft (V 36) der Dämonvertreibung (vgl. 9,1). Mk hingegen läßt die Leute staunen über die Lehre, die »neu« ist, weil sie im Unterschied zur Lehre der Pharisäer »mit Vollmacht« ergeht. Die Frage der Leute legt (im Unterschied zu Mk) Wert auf den Befehl Jesu, insofern er die »unreinen Geister« zum Verlassen der Menschen zwingt, nicht insofern sie ihm »gehorchen«. Der Ruf Jesu dringt in die ganze Umgebung. Es ist (vgl. V 31) an Galiläa gedacht.

Die Heilung der Schwiegermutter des Petrus: 4,38–39

38 Er verließ die Synagoge und ging in das Haus des Simon. Die Schwiegermutter des Simon hatte hohes Fieber, und sie baten ihn, ihr zu helfen. 39 Er ging zu ihr, beugte sich über sie und beschwor das Fieber. Da wich das Fieber von ihr; sie stand sofort auf und bewirtete sie.

Literatur: R. Pesch: Neuere Exegese – Verlust oder Gewinn?, Freiburg 1968, 143–175. – *Kertelge*: Wunder Jesu, 60–62. – *Roloff*: Kerygma, 115–117. – *Schramm*: Markus-Stoff, 88. – *L. Schenke*: Die Wundererzählungen des Markusevangeliums, Stuttgart 1974, 109–129.

Hinter der Kurzerzählung einer Krankenheilung steht als Quelle nur Mk 1,29–31. Die Bearbeitung durch Lukas ist nicht unerheblich. Im Unterschied zur Vorlage kommen die ersten Jünger Jesu – unter ihnen Simon – nicht mit Jesus in das Haus der Schwiegermutter des Simon. Sie sind nach Lukas noch gar nicht berufen. Der Kontext des dritten Evangeliums, in dem die Berufung des Simon bald berichtet wird (5,1–11), läßt vermuten, daß Lukas diesen Bericht präludieren will (Roloff 117).

38 Jesus macht sich auf und verläßt die Synagoge von Kafarnaum. Er betritt das Haus des Simon. Die Angabe, daß er sich in Begleitung befindet (»Simon und Andreas mit Jakobus und Johannes« Mk 1,29), muß Lukas weglassen. Er läßt auch weg, daß es sich um das Haus des Simon »und des Andreas« handelt. In der folgenden Berufungsgeschichte findet Andreas keine Erwähnung. Der Evangelist denkt sich indessen wahrscheinlich Simon als zu Hause anwesend. Simon steht nämlich im Mittelpunkt der Berufungserzählung 5,1–11.

Lukas betont, daß die Schwiegermutter des Simon »hohes« Fieber hatte; die Heilung wird dadurch als Wunder unterstrichen. Gegenüber Mk heißt es nicht, daß man Jesus über die Krankheit unterrichtet, sondern daß man ihn für sie »bat«. Jesus braucht über den Zustand der Kranken nicht erst unterrichtet zu werden.

39 Jesus tritt an das Krankenlager heran, richtet die Frau aber nicht erst auf, indem er sie an der Hand faßt (so Mk), sondern spricht nur ein Befehlswort. »Er drohte dem Fieber« heißt es mit dem gleichen Verbum, das den Befehl an den Dämon (V 35) beschrieb. Jesus befiehlt dem Fieber genauso wie den unreinen Geistern (V 36). Da verläßt das Fieber die Kranke. »Sofort« erhebt sich die Frau vom

Krankenlager und bewirtet die Anwesenden; es handelt sich nicht um eine allmähliche Besserung. Die Aufwartung der Frau demonstriert die Heilung. Dieser Dienst an Jesus und den Mitmenschen ist wohl schon bei Mk paradigmatisch gemeint. Er ist die der Frau eigentümliche Weise der Jesusnachfolge (8,1–3).

Die Heilung von Besessenen und Kranken: 4,40–41

40 Als die Sonne unterging, brachten die Leute alle ihre Kranken mit den verschiedensten Leiden zu ihm. Er legte jedem Kranken die Hände auf und heilte alle. 41 Von vielen fuhren auch Dämonen aus und schrien: Du bist der Sohn Gottes. Da drohte er ihnen und verbot ihnen zu reden, denn sie wußten, daß er der Messias war.

Literatur: K. Romaniuk: Wegweiser in das Neue Testament, Düsseldorf 1965, 40f. – *Schramm*: Markus-Stoff, 88f.

Dem Sammelbericht liegt Mk 1,32–34 (nebenher auch Mk 3,10–12) zugrunde. Er spricht summarisch von Krankenheilungen und Dämonenaustreibungen. Von Bestreitern der Mk-Priorität unter den Synoptikern wird Mk 1,32–34 par Mt/Lk für ihre Hypothesen beansprucht (siehe bei Kümmel: Einleitung, 21f.), weil auf den ersten Blick Mk 1,32 sowohl aus Mt 8,16 wie aus Lk 4,40 Elemente enthält (aus Mt: »als es aber Abend geworden war«; aus Lk: »als die Sonne unterging«). Doch erklärt sich der Befund besser, wenn man annimmt, Mt und Lk hätten die doppelte Zeitangabe ihrer Vorlage vermeiden wollen (Romaniuk).

40 Lukas wählt von den beiden Zeitbestimmungen des Mk die des Sonnenuntergangs, konstruiert aber – sprachlich besser – im Genitivus absolutus. Er verschiebt die Angabe über die Besessenen auf den nächsten Vers. Mk nannte zweimal sowohl Kranke als auch Besessene (1,32.34). Lukas berichtet zuerst über die Kranken (V 40), dann über Besessene (V 41). Die Leute bringen alle Kranken, die es bei ihnen gibt, zu Jesus. Daß »die ganze Stadt vor der Tür versammelt« gewesen sei (Mk 1,33), läßt Lukas nicht gelten. Jesus legt den Kranken, jedem einzelnen, die Hände auf (vgl. 13,13; Mk 5,23; 7,32) und heilt sie. Bei Lk wird deutlich, daß Jesus »alle« heilte, die man zu ihm brachte (vgl. hingegen Mk 1,34: »viele«).

41 Die Dämonenbannungen werden erst an zweiter Stelle erwähnt. Aus Mk 3,11 f. entnimmt Lukas (vgl. auch Lk 4,33 f. par Mk) den Ausruf der von Jesus vertriebenen Dämonen. Diesmal rufen sie die Gottessohnschaft Jesu aus. Sie erkennen das aber nicht im voraus, sondern an der Macht, mit der sie Jesus austrieb. Gegenüber Mk 1,34 (»er ließ die Dämonen nicht reden«) betont Lukas, daß das Verbot Jesu auf einem drohenden Befehl (*epitimōn*; vgl. 4,35.39) beruhte. Jesu Schweigegebot wird bei Mk damit begründet, daß die Dämonen »ihn kannten«. Lukas erläutert dieses Kennen: »sie wußten, daß er der Christus sei.« Gottessohnschaft und Messianität stehen in einem engen Zusammenhang und sind hier fast als identische Prädikate verwendet. Gemäß 4,33 f. gehört auch »der Heilige Gottes« in diesen Zusammenhang. Für Lukas drücken alle diese »Titel« Jesu Nähe zu Gott aus, und sie zeigen gleichzeitig Jesu heilsgeschichtliche Unterordnung unter ihn. Auch »Christus« wird von Lukas mit dem Genitiv »Gottes« versehen (9,20; 23,35).

Aufbruch aus Kafarnaum: 4,42–44

42 Bei Tagesanbruch verließ er die Stadt und ging in eine einsame Gegend. Aber die Menschenscharen suchten ihn, und als sie ihn fanden, wollten sie ihn daran hindern, sie zu verlassen. 43 Er erwiderte ihnen: Ich muß auch den anderen Städten die Botschaft vom Reich Gottes verkünden; denn dazu bin ich gesandt worden. 44 Und er predigte in den Synagogen Judäas.

Literatur: Haenchen: Weg Jesu, 92 f. – *Schramm*: Markus-Stoff, 89. – *M. Wichelhaus*: Am ersten Tage der Woche. Mk 1,35–39 und die didaktischen Absichten des Markus-Evangelisten: NT 11(1969), 45–66.

Wiederum bildet Mk (1,35–39) die alleinige Quelle für Lukas. Allerdings vermutet wiederum Schürmann neben Mk den »Bericht vom Anfang«, der in der Wendung von der Basileia-Verkündigung (V 43; vgl. Mt 4,23) durchschlage (Lk 256–259). Demgegenüber kann gezeigt werden, daß Matthäus wie Lukas eine eigene Bearbeitung der Mk-Vorlage bietet (siehe zu V 43). Die VV 42–44 beenden den mit 4,14 f. einsetzenden Galiläa-Abschnitt über den Anfang des Wirkens Jesu; mit V 44 dehnt er seine Verkündigung (als Wanderprediger) auf das ganze Judenland aus.

42 4,40f. hatte ein Geschehen skizziert, das sich seit Sonnenuntergang abspielte, offensichtlich eine Nacht der Heilungen und Dämonenaustreibungen durch Jesus. Als der Tag anbricht – Lk formuliert wieder gegen Mk mit dem Genitivus absolutus –, verläßt Jesus Kafarnaum und nimmt seinen Weg zu einem einsamen Ort bzw. einer verlassenen Gegend. Daß er dort beten wollte (Mk), sagt Lukas nicht (vgl. hingegen 5,16). Statt der bei Mk ihm nachgehenden Jünger (unter der Führung des Simon) muß Lukas andere, nämlich die Volksscharen, nach Jesus suchen und bis zu ihm gelangen lassen (vgl. Mk 1,37: »alle suchen dich«). Die Leute wollen Jesus festhalten; er soll nicht von ihnen weggehen. Sie handeln demnach anders als die Bewohner von Nazaret, aber doch so, daß man sich Jesu bemächtigen will. Das Verbum, das den »Weg« Jesu kennzeichnet (*poreuomai*), verwendet der Evangelist zweimal im gleichen V 42.

43 Jesus gibt dem Volk eine Antwort, die Treue zu seiner Sendung verrät. Eine Aufforderung (an die Jünger) zum gemeinsamen Aufbruch (Mk) unterbleibt. Jesus verweist auf das von Gott verfügte »Müssen« (*dei*), das ihm gebietet, auch anderen Städten die Botschaft zu bringen (*euaggelisasthai*). Gegenstand der Verkündigung ist die »Königsherrschaft Gottes« (*basileia tou theou*). Zu ihrer Verkündigung ist er »gesandt«. Während Mk lediglich die Verkündigung in benachbarten Ortschaften als Absicht Jesu (»dazu bin ich ausgezogen«) bezeichnet, folgt Lukas dem Gedanken der göttlichen Sendung Jesu, wie er 4,18 im Anschluß an Jes 61,1 ausgesprochen war. Jesus weiß sich »gesalbt«, zur »Verkündigung« der Botschaft »ausgesandt«. In Anlehnung an 4,18 formuliert der Evangelist den V 43. Da 4,18–21 als Äquivalent für die Eröffnungsbotschaft Jesu nach Mk 1,14f. fungierte, weiß Lukas auch den Inhalt der Botschaft Jesu im Anschluß an die übergangenen Mk-Verse anzugeben: Das Evangelium ist *Verkündigung* der »Gottesherrschaft«. Lukas bevorzugt diese Redeweise, die zugleich das Substantiv »Evangelium« wie die Ansage der »Nähe« des Gottesreiches vermeidet (8,1; 9,2.60; 16,16; Apg 20,25; 28,31; vgl. Lk 9,11; Apg 1,3; 8,12; 28,23).

44 Im Unterschied zu Mk 1,39, wo von der Ausdehnung des Wirkens Jesu (Verkündigung und Dämonenaustreibung) auf ganz Galiläa berichtet wird, hat Lukas zwei bemerkenswerte und charakteristische Nuancen gesetzt. Einmal hat er »Judäa« (im Sinne von »Judenland«, »ganz Palästina«) für Galiläa eingesetzt. Zum anderen beschränkt er auch hier (vgl. 4,15.31) Jesu Wirksamkeit auf die »Verkündigung«, die freilich als Wort- und Tatverkündigung (vgl.

4,31–41) verstanden ist. Die Lesarten, die im V 44 dennoch (mit Mk und Mt) »Galiläa« bieten, sind schon der späteren Bezeugung wegen als sekundär zu erkennen. »Judäa« lesen hingegen Papyrus 75, der Vaticanus und der Sinaiticus. Mit V 44 gibt Lukas zu erkennen, daß die Lehrtätigkeit Jesu jetzt über Galiläa hinausgeht, vielleicht auch, daß die Lehre (4,15.31), wie inzwischen deutlich wurde, »Verkündigung« im Sinne einer von Machttaten begleiteten Botschaft ist.

II. Jesu Wirken im Judenland: 5,1–19,27

Der mit 5,1 einsetzende größte Abschnitt des Lk reicht bis 19,27. Er steht zwischen dem viel kürzeren Galiläa-Abschnitt (4,14–44) und dem abschließenden Bericht über den Aufenthalt und Tod Jesu in Jerusalem (19,28–24,53). Während innerhalb von 4,14–44 Jesus als allein durch Galiläa ziehender Wanderprediger vorgestellt wurde, werden von 5,1–11 an Jünger ihn begleiten, ihm auf dem Weg folgen. Aus diesem Kreis der Nachfolgenden wählt er den engeren Kreis der zwölf Apostel aus (6,12–16). Das Volk, die Jünger und die Apostel sind das Gegenüber Jesu auf seinem Weg durch das Land der Juden. »Er zog umher, Gutes tuend und heilend« (Apg 10,38), »lehrte im ganzen Judenland« (Lk 23,5). Der große Gesamtkomplex wird durch den Entschluß Jesu, nach Jerusalem zu gehen (9,51), deutlich in zwei Teile gegliedert. Von da an befindet sich Jesus nicht mehr auf einer das ganze Land (außer Jerusalem) aufsuchenden Wanderung. Er reist entschlossen nach der Stadt seiner »Hinaufnahme«. Wir können demnach (mit Schürmann: Lk 260f.) zwei Unterabschnitte voneinander abheben: A. Jesu Wirken unter dem Volk auf der Wanderung durch das ganze Land (5,1–9,50); B. Jesu Weg nach Jerusalem (9,51–19,27).

A. Jesu Wirken unter dem Volk auf der Wanderung durch das ganze Land: 5,1–9,50

Lukas sieht im Wirken Jesu die künftige *Ordnung* der Kirche (vgl. 5,1–6,19) und deren grundlegende *Verpflichtung* (vgl. 6,20–49) begründet. Darum müssen die beiden ersten Unterabschnitte (5,1–6,19; 6,20–49) vor allem »ekklesiologisch« gelesen werden, als Wort über die Kirche und an die Kirche. Im Rahmen des lukanischen

Gesamtaufrisses jedoch ist ersichtlich, daß infolge der anfänglichen Verheißung Jesu an Simon Petrus (5,1–11) die künftige missionarische Verkündigung wider Erwarten großen Erfolg haben wird. In Israel beginnt angesichts der »Heimsuchung« des Volkes durch Gott (7,16) die vorausgesagte (2,34f.) Scheidung, da sich die Führungsschicht dem Wirken Jesu versagt (7,1–50). Dennoch wirbt er als Botschafter des »Wortes Gottes« um das Volk (8,1–56). Schließlich offenbart sich Jesus dem engeren Jüngerkreis, dem »die Geheimnisse des Reiches Gottes« zugänglich sind (9,1–50; vgl. 8,10).

1. Von der Berufung der ersten Jünger bis zur Wahl der zwölf Apostel: 5,1–6,19

Die Verheißung an Simon Petrus: 5,1–11

1 Als Jesus am See Gennesaret stand, drängte sich das Volk um ihn und wollte das Wort Gottes hören. 2 Da sah er zwei Boote am Ufer liegen. Die Fischer waren ausgestiegen und wuschen ihre Netze. 3 Jesus stieg in das Boot, das dem Simon gehörte, und bat ihn, ein kleines Stück vom Ufer wegzufahren. Dann setzte er sich und lehrte das Volk vom Boot aus.
4 Als er seine Rede beendet hatte, sagte er zu Simon: Fahr hinaus auf den See! Dort werft eure Netze zum Fang aus! 5 Simon antwortete ihm: Meister, wir haben die ganze Nacht gearbeitet und nichts gefangen. Doch weil du es sagst, will ich die Netze noch einmal auswerfen. 6 Das taten sie, und sie fingen eine so große Menge Fische, daß ihre Netze zu reißen drohten. 7 Deshalb winkten sie den Fischern im anderen Boot, sie sollten kommen und ihnen helfen. Sie kamen, und gemeinsam füllten sie beide Boote bis zum Rand, so daß sie fast untergingen.
8 Als Simon Petrus das sah, fiel er Jesus zu Füßen und sagte: Geh fort von mir, Herr, ich bin ein Sünder. 9 Denn er und alle seine Begleiter waren erstaunt und erschrocken, weil sie so viele Fische gefangen hatten; 10 ebenso ging es Jakobus und Johannes, den Söhnen des Zebedäus, die mit Simon zusammenarbeiteten. Da sagte Jesus zu Simon: Fürchte dich

nicht! Von jetzt an wirst du Menschen fangen. 11 Und sie zogen die Boote ans Land; dann verließen sie alles und folgten ihm.

Literatur: Schniewind: Parallelperikopen, 11–16. – *Bornhäuser:* Studien, 34–51. – *Conzelmann:* Mitte der Zeit, 35–37. – *H. Schürmann:* Die Verheißung an Simon Petrus (erstmals 1964), in: UG 268–273. – *K. Zillessen:* Das Schiff des Petrus und die Gefährten vom anderen Schiff: ZNW 57 (1966), 137–139. – *G. Klein:* Die Berufung des Petrus: ZNW 58 (1967), 1–44. – *Haenchen:* Historie, 169–181. – *M. Hengel:* Nachfolge und Charisma, Berlin 1968, 85–87. – *R. Pesch:* Berufung und Sendung, Nachfolge und Mission. Eine Studie zu Mk 1,16–20: ZKTh 91 (1969), 1–31. – *Ders.:* Fischfang. – *J. Delorme:* Luc V. 1–11: Analyse structurale et histoire de la rédaction: NTS 18 (1971/72), 331–350. – *Dietrich:* Petrusbild, 23–81.

Die Erzählung vom reichen Fischfang nimmt, weil sie die Berufung der ersten Jesusjünger berichtet, sachlich den Platz von Mk 1,16–20 ein. Der Evangelist hat die mk Erzählung nicht übernommen. Es läßt sich aber zeigen, daß er sie bei der Fischfangerzählung aufgriff und in eine vorgegebene Sonderüberlieferung einarbeitete. Daß Lukas hier einer Sondertradition folgt, kann man aus der sich mit 5,1–11 eng berührenden Fischfangerzählung Joh 21,1–14 erschließen. Die Berührungen zwischen Lk und Joh beruhen nicht auf literarischer Abhängigkeit, sondern können (mit Pesch) folgendermaßen erklärt werden.

Wenn man den (möglichen) Mk-Stoff aus Lk 5,1–11 ausscheidet, bleibt eine relativ einfache *Fischfangerzählung,* die 5,(1)4–9.11a umfaßt. Diese Wundergeschichte entspricht nun der johanneischen Geschichte von der Erscheinung des Auferstandenen und dem wunderbaren Fischfang (Joh 21,1–14), falls man aus dieser Bestandteile einer Erscheinungsgeschichte (21,4b.7–9.12–13) sowie redaktionelle Elemente (21,1.5.10.14) ausscheidet. Demgemäß hat es eine vorlukanische Fischfangerzählung gegeben, die als Überlieferungsvariante auch in dem vorjohanneischen Stück Joh 21,2–4a.6.11 existierte. Während nun im heutigen Text von Joh 21,1–14 diese Wundererzählung zu einem *Erscheinungsbericht* erweitert vorliegt, hat Lukas den Wunderbericht zu einer *Berufungsgeschichte* (obwohl Jesus nicht förmlich in die Nachfolge ruft) gestaltet. Dabei nahm der Evangelist Mk-Stoff zu Hilfe, vor allem Mk 1,16–20.

Nach der vorgetragenen Auffassung von der Traditionsgeschichte stammen aus Mk im wesentlichen folgende Stücke: Lk 5,1–4a.10.11b, also die den vorgegebenen Wunderbericht rahmenden Teile. In VV 1–4 geht auf Mk 2,13 und 4,1–2 zurück, daß Jesus am

See lehrt und dazu ein Boot besteigt. Die VV 10–11 »holen nach«, was Mk 1,16–20 berichtete: Über die Begegnung mit Simon hinaus wird auch das Brüderpaar Jakobus und Johannes eingeführt und das Menschenfischerwort gesprochen. Dieses auf die Mission zielende Logion ist Mk 1,17 pluralisch gehalten und an Simon und Andreas gerichtet, Lk 5,10 hingegen (singularisch) an Simon. Auch die Schlußbemerkung über die Jesusnachfolge der Jünger (V 11b) entspricht dem Mk-Bericht (Mk 1,18).

Das Wort vom Menschen-Fangen ist bei Mk ursprünglicher, während es Lukas im Sinne seines Kontextes umwandelte. Die gegenteilige Auffassung, daß die singularische Form gegenüber Mk primär sei (Klein), ist schwerlich aufrechtzuerhalten (siehe zu V 10; vgl. Pesch: Fischfang, 35–37). Auch ist es nach dem Gesagten kaum mehr möglich, mit Schürmann (Lk 273) Lk 5,1–11 im wesentlichen für »eine aufgrund von Erinnerungen ausgebaute Überlieferungsvariante von Mk 1,16–18« zu halten.

Der Gesamtsinn der Perikope ist von der Verheißung Jesu an Simon her zu erkennen (V 10). Simon Petrus ist der erstberufene künftige Missionar, und zwar aufgrund seines Glaubensgehorsams. Er soll einst Jesu eigene Verkündigung an die Menschen weitertragen, er als erster der Apostel (vgl. Apg 2,14). Der Nachdruck liegt allerdings nicht auf einem »Ruf« Jesu in die Nachfolge. Vielmehr gibt die Erfahrung mit Jesu Verheißungswort die Zuversicht, daß nach Jesu Verheißung auch die missionarische Verkündigung des »Wortes Gottes« auf unerwartete Resonanz stößt und durch das Zeugnis der Zeugen viele zur Annahme der Christusbotschaft führt.

1–3 Die einleitenden Verse sind an sich nicht nötig zur Erzählung des Fischfangwunders und der anschließenden Berufung. Doch gehört die Schilderung dessen, wie Jesus das Volk lehrt, das zu ihm drängt, für Lukas sachlich zur folgenden Petrusberufung hinzu. Sie zeigt an, zu welcher Aufgabe Simon berufen wird und wozu er »Menschenfischer« sein soll. Jesus steht am Ufer des Sees Gennesaret. Das Volk drängt zu ihm und hört »das Wort Gottes« (V 1). Damit ist eine Szene entworfen, die Mk 4,1 entspricht. Der Andrang des Volkes führt (wie Mk 4,1 f.) dazu, daß Jesus ein Boot besteigt und von dort aus weiter lehrt (VV 2 f.). Mk 4,1 f. war die Einleitung zum Gleichniskapitel Mk 4. Wo Lukas das Gleichnis vom Sämann bietet, läßt er diese Situationsangabe weg (8,4). Daß die Szene am See Gennesaret spielt, scheint Lukas der ihm vorgegebenen Fischfangerzählung entnommen zu haben. Sonst läßt er (gegenüber Mk) konkrete Ortsangaben weg (5,17.27). Der See Gennesaret liegt für Lukas irgendwo in

»Judäa« (4,44). Das Volk hört durch Jesus das »Wort Gottes« (8,11.21), das er als der Sämann ausstreut. Jesus ist damit in einem anderen Bild vorgestellt als Petrus. Simon Petrus wird wie ein Fischer »Menschen fangen«. Die missionarische Verkündigung der Kirche bringt gewissermaßen den reichen Fang bzw. die reiche Ernte ein. (Der Andrang des Volkes V 1 korrespondiert mit der Menge der gefangenen Fische V 7.) Dennoch verkündigen auch die Jünger in der Zeit der Kirche das »Wort Gottes« wie Jesus (Apg 4,31; 6,2.7; 8,14 u. ö.). So »wächst« das Wort Gottes (Apg 6,7; 12,24); es gelangt nach Samaria (8,14) und zu den Heiden (11,1).

Jesus sieht »zwei« Boote am Ufer liegen (V 2). Damit wird V 7 vorbereitet. Daß die Fischer gerade die Netze wuschen, entspricht Mk 1,19; doch kann Lukas wegen der VV 4.5.6 nicht von einem »Ausbessern« der Netze erzählen. Jesus besteigt das Boot, das dem Simon gehört, und läßt ihn ein wenig vom Land abstoßen. Als er sich niedersetzt und vom Wasser aus »die Scharen lehrt«, befindet sich auch Petrus im Boot. (Andererseits ist Jesus im gleichen Boot, als Simon auf den See hinausfährt und den Fang macht.)

4–7 Jesus beendet sein Lehrwort und wendet sich an Simon. Er soll auf den See hinausfahren, und man soll die Netze zum Fang auswerfen (V 4). Es befinden sich also noch Gehilfen des Simon an Bord (vgl. V 9). Simon macht keinen Einwand. Seine gehorsame Antwort (V 5) unterstreicht nur im ersten Teil die Vergeblichkeit der nächtlichen Fangarbeit, die erst recht am Tag keinen Fang erwarten läßt. Der einzige Grund, der Simon den Befehl des »Gebieters« (*epistatēs*; oben mit »Meister« wiedergegeben) ausführen läßt, ist dessen Verheißungswort. Die Macht des Befehlswortes Jesu hatte Simon schon erfahren (4,39). Jesus wird bei Lukas nur von Gläubigen mit *epistatēs* angeredet, während Nichtjünger *didaskalos* (Lehrer, Meister) zu ihm sagen (Glombitza: Die Titel). Der *epistatēs* ist in der Umwelt des NT der Übergeordnete, insbesondere der Beamte. Lukas bevorzugt diese Bezeichnung als zutreffende Anrede Jesu (8,24.45; 9,33.49; 17,13), während »Lehrer« sein Wesen nur unzureichend charakterisiert. Daß Jesu Befehl genügt, ein Wunder zu wirken, kommt für Lukas mit *epistatēs* zum Ausdruck (5,5; 8,24; 17,13). Simon will die Netze auswerfen; die singularische Aussage drückt die gläubige Initiative des Simon bei der gemeinsamen Ausführung des Befehls aus (V 5b). Die Ausführung des Befehls Jesu führt zu reichem Fang; die Netze drohen zu zerreißen (V 6). Man muß die Fischer, die zu dem anderen Boot gehören, heranwinken; sie kommen zu Hilfe. Selbst als man den Fang in beide Boote gehoben hat, ist er noch zu schwer. Die Größe des Wunders und damit die Macht des Wortes Jesu wird stark unterstrichen.

8–9 Die Wirkung des Wunders auf die Anwesenden wird erst in V 9 beschrieben. Wichtiger ist, wie Simon sich verhält (V 8). In der feierlichen Szene, in der Simon vor Jesus niederfällt und sich als Sünder bekennt, wird der Doppelname Simon-Petrus verwendet. 6,14 erklärt, daß Jesus den Petrusnamen verlieh (vgl. Apg 10,5.18.32; 11,13). Der Name weist auf das Amt des Simon und hat hier die Funktion, auf den Ursprung der Beauftragung durch Jesus (V 10b.c: »von jetzt an«) hinzuweisen. Es ist die erfahrene göttliche Macht, die Simon vor Jesus niederfallen läßt. Der »Sünder« steht vor dem »Herrn«. Obgleich die *Kyrios*-Anrede unbetont am Ende des Petruswortes steht, ist sie hier mehr als Höflichkeitsanrede. Das Sündersein des Simon ist hier nicht proleptisch auf sein späteres Versagen (22,54–62) bezogen, obwohl man mit bedenken sollte, daß das Wunder auf dem Höhepunkt der Erzählung als vorausweisende Real-Verheißung verstanden ist (V 10). Und in solchem Zusammenhang ist dann deutlich: Simon, dem als Sünder der große Fang gelang, wird – obwohl er versagt (22,33 f. 54–62) – der reiche Fischzug der Mission gelingen. Wenn Simon Jesus bittet, von ihm wegzugehen, so mag das (im heutigen Kontext) anzeigen, daß er sich wie ein überirdisches Wesen entfernen möchte (und nicht: er solle über das Wasser wandeln; vgl. Haenchen 174). »Staunen und Erschrekken« erfaßten nicht nur Simon, sondern auch alle Gehilfen im Boot (V 9). Noch einmal wird die Ursache des staunenden Entsetzens genannt: der unerhört große Fang. Damit ist die ursprüngliche Wundererzählung zu ihrem (gattungsgemäßen) Ende gekommen. (V 11a stand wahrscheinlich ursprünglich zwischen V 7 und V 8, so daß Simon an Land vor Jesus niederfällt.)

10–11 Schon die Anfangsworte von V 10 lassen diesen als Nachtrag bzw. Anhang erkennen. Unter die über das Wunder Staunenden werden nun die Zebedäussöhne Jakobus und Johannes (vgl. 6,14; Lukas hat sonst die umgekehrte Reihenfolge der beiden: 8,51; 9,28.54; Apg 1,13) gezählt. Sie waren Arbeitskameraden des Simon, also wohl die Besitzer des »zweiten« Bootes (V 11a). Lukas folgt hiermit Mk 1,16–19, spricht aber ebensowenig wie bei Simon von einer *Berufung* in die Nachfolge. Nicht die Aufforderung »Hinter mir her!« geht der Nachfolge voraus, sondern das Erleben der Macht des Wortes Jesu (V 11b). Daß das Wort Jesu an Simon erst jetzt folgt – nach VV 9.10a –, hängt einerseits mit der Verwendung einer anderen Quelle (Mk 1,16-20) zusammen, die erst nach V 9 zu Wort kommt. Es liegt aber teilweise auch daran, daß Lukas die Brüder Jakobus und Johannes indirekt an der Verheißung an Simon (V 10b.c) teilhaben lassen möchte. Mk 1,17-19 hat nämlich die Reihenfolge: Menschenfischerwort – Berufung der Zebedaiden.

Jesus nimmt Bezug auf das Wort und das Entsetzen des Simon, wenn er mit »Fürchte dich nicht!« beginnt. Bei Mk steht als Einleitung zum Menschenfischerwort der Ruf in die Nachfolge: Durch das »Hinterhergehen« hinter Jesus sollen die Jünger die Voraussetzung dafür erfüllen, daß er sie künftig zu Menschenfischern macht (1,17). Bei Lk ist Jesus kein »Vorbeigehender«, der zur Nachfolge ruft (Mk 1,16.17), sondern er befindet sich im Boot des Petrus und kann nicht dazu auffordern, hinter ihm herzugehen. Auch bei Lk ist das Menschenfischerwort Verheißung: Simon »wird einer sein, der Menschen fängt«. Jedoch durch das »von jetzt an« (*apo tou nyn*) wird das gegenwärtige Geschehen als Anfangsgrund und Ausgangspunkt der künftigen Funktion bezeichnet. Die Menschen werden von Simon »gefangen« (*zōgreō*), nicht »gefischt«. Es ist ein Gefangenwerden zu neuem Leben oder wenigstens im Sinne der Lebens-Rettung gemeint. Das Wort ist hier an Simon gerichtet. Er, der den großen Fang getan hat, weil er sich auf Jesu Auftrag und Verheißung verließ, erhält nun die Verheißung einer neuen, ebenso gehorsam und gläubig auszuführenden »Fangtätigkeit«. Das »Objekt« sollen dann Menschen sein. Das Wort vom »Menschenfangen« hat in der Antike keineswegs immer negativen Unterton (vgl. dazu Haenchen 175, Anm. 32). An unserer Stelle liegt der Vergleichspunkt natürlich nicht in der List des Vorgehens, sondern in der durch Jesu Wort und den Gehorsam des Simon erreichbaren wunderbaren Menge. Die Schlußbemerkung will vor allem die Jüngernachfolge der genannten drei herausstellen. Durch diesen Vers wird die ganze Perikope zur Berufungserzählung. Lukas betont, daß die Fischer »alles« verließen (Mk 1,18: »sie verließen die Netze«; vgl. 1,20). Damit wird die Totalität der neuen Lebensweise mit Jesus unterstrichen (vgl. 5,28 im Unterschied zu Mk). Alles zu verlassen, ist Voraussetzung der Jesusnachfolge (14,33). Da aber die Nachfolge der Jünger durch die Menschenfischerverheißung mit motiviert erscheint, wird der Sinn der Jesusnachfolge in der missionarischen Verkündigung gesehen (9,57-62; vgl. Hengel 87).

Exkurs (8): Petrus im dritten Evangelium

Literatur (siehe auch zu 5,1-11): *O. Cullmann:* Petrus. Jünger - Apostel - Märtyrer, Zürich (1952) ²1960. - *Ders.: Petros, Kēphas,* in: ThWNT VI (1959), 99-112. - *A. Vögtle:* Der Petrus der Verheißung und der Erfüllung. Zum Petrusbuch von O. Cullmann: MThZ 5(1954), 1-47. - *P. Gaechter:* Petrus und seine Zeit, Innsbruck 1958. - *E. Dinkler:* Petrus, Apostel, in: RGG V (1961), 247-249. - *G. Klein:* Die Verleugnung des Petrus: ZThK 58 (1961), 285-328. - *A. Vögtle:* Petrus, Apostel, in: LThK VIII (1963), 334-340. - *E. Haenchen:* Petrus-Probleme, in: Gott und Mensch, Tübingen 1965, 55-67. - *B. Rigaux:* Der Apostel Petrus in der heutigen Exegese: Concilium 3 (1967), 585-600. - *H. Conzelmann:* Geschichte des Urchristentums, Göttingen 1969, 130-135. - *R. Pesch:* Die Stellung und Bedeutung Petri in der Kirche des Neuen Testaments: Concilium 7 (1971), 240-245. - *R. Schnackenburg:* Das Petrusamt: Wort und Wahrheit 26 (1971), 206-216. - *Dietrich:* Petrusbild. - *D. Gewalt:* Das »Petrusbild« der lukanischen Schriften als Problem einer ganzheitlichen Exegese: LingBibl Heft 34 (1975), 1-22. - *Brown/Donfried/Reumann (Hg.):* Der Petrus der Bibel, Stuttgart 1976, bes. 40-53, 96-113. - *F. Mußner:* Petrus und Paulus - Pole der Einheit, Freiburg 1976. - *R. Schnackenburg:* Die Stellung des Petrus zu den anderen Aposteln: Cath 30(1976), 184-199. - *G. Schneider:* »Stärke deine Brüder!« (Lk 22,32). Die Aufgabe des Petrus nach Lukas: Cath 30(1976), 200-206. - *A. Brandenburg/H. J. Urban (Hg.):* Petrus und der Papst, Münster 1977. - *R. Pesch:* Simon-Petrus. Geschichte und geschichtliche Bedeutung des ersten Jüngers Jesu Christi, Stuttgart 1980. - *G. Schneider:* Die Apostelgeschichte, Bd. I, Freiburg 1980, 279-283. - *R. Pesch: Petros/Simōn,* in: Exegetisches Wörterbuch zum NT, hg. von H. Balz/G. Schneider, III 193-201 (Stuttgart 1982).

Die Materialien seiner Petrusdarstellung entnahm Lukas dem Mk-Evangelium und Sonderüberlieferungen. Die Logienquelle enthielt ohnehin kaum Petrusnachrichten. Im Anschluß an das älteste Evangelium erzählt Lk - wenn auch mit anderen Nuancen - die Berufung des Petrus und seine Wahl zum Apostel (5,3.10f.; 6,14), von seiner Sprecherrolle für den Zwölferkreis und dem Messiasbekenntnis (9,20.33; 18,28), ferner, daß er mit Jakobus und Johannes zum engeren Kreis der Jesusbegleiter gehörte (8,51; 9,28), und schließlich die Verleugnung des Petrus (22,34.54-62). Die besonderen Züge erhält das Petrusbild des dritten Evangeliums vor allem durch die eigene Tradition über den reichen Fischfang, das Wort Jesu über sein Gebet für den Glauben Simons und die Nachricht über die Ersterscheinung des Auferstandenen (5,4-8; 22,31f.; 24,34). Aus dem Mk-Stoff hat Lukas bezeichnenderweise einige den Petrus diskriminierende Nachrichten weggelassen. Es fehlen der Verweis Jesu an Petrus nach dessen Vorhaltung wegen der Leidensankündigung (Mk 8,32f.) und der Vorwurf an den schlafenden Petrus in Getsemani (Mk 14,37). Der Auftrag an Petrus durch den Jüngling im leeren Grab

(Mk 16,7) wird gestrichen, weil nach der Darstellung des Lukas die Jünger Jesu Jerusalem nicht verlassen, sondern dort den Auferstandenen sehen.

Bemerkenswert ist, daß der Petrusname im Mk-Stoff, der Name Simon hingegen im Sondergut dominiert. »Petrus« steht im Mk-Stoff 16mal, im Sondergut (bzw. in redaktionellen Versen) 2mal (ferner 24,12). »Simon« kommt im Sondergut (bzw. in der lukanischen Redaktion) 9mal, im Mk-Stoff jedoch nur 3mal vor. Das ist in der Apg ganz anders. Wo der Simon-Name begegnet (nur 4mal), wird er regelmäßig durch den Beinamen »Petrus« ergänzt (Apg 10,5.18.32; 11,13). Von »Petrus« ist hingegen 56mal die Rede (Apg 1–15). Sicherlich ist diese Verschiebung gegenüber dem Namensgebrauch im Evangelium nicht nur quellenbedingt. Die *Petrus*funktion des Simon, seine missionarische Aufgabe, wird eben in der Zeit der Urkirche ausgeübt. Es sei nur stichwortartig an die Schwerpunkte des Wirkens erinnert: Matthiaswahl, Pfingstpredigt, Wundertaten, Zeugnis vor Gericht, Wirken in Samaria, Bekehrung des Heiden Kornelius, Apostelkonzil.

Schon Lk 4,38 zeigt in Verbindung mit 5,1–11, daß Simon sein Vertrauen in das Wort Jesu (5,4f.) auf eine Erfahrung mit der Macht dieses Wortes stützen kann. Das Fischfangwunder bringt ihm dann die überwältigende Christuserfahrung (5,8). Auf sie gründet Jesus sein Menschenfischerwort an Petrus (5,10). Es macht ihn »von jetzt an« zum künftigen Hauptmissionar, der als der Erstberufene auch die erste Ostererfahrung haben (24,34; vgl. auch 24,12) und dann (Apg 1–2) die Initiative zum Zeugnis für den Auferstandenen ergreifen wird. Im Unterschied zu Mt 16,17–19 reflektiert Lukas nicht über die nähere Bedeutung gerade des »Felsen« Petrus, sondern sieht dessen Aufgabe in seiner Erstlingseigenschaft: Er ist der erste Jünger, dann auch rangmäßig der erste der erwählten Apostel (6,14). Er ist in der Apg der Initiator der Zeugenschaft, noch ehe der heilige Geist das Zeugnis beginnen läßt (1,15–26). Petrus ist der Erstverkündiger vor Juden am Pfingsten (Apg 2,14–40), er vermittelt (mit Johannes) den Getauften in Samaria den Geist (Apg 8,14–17). Er erzielt – von Gott selbst geführt – den Durchbruch zu den Heiden (Apg 10–11).

Dennoch ist Petrus Repräsentant der Apostel. Er spricht im Namen der Zwölf das erste Christusbekenntnis (Lk 9,20). Er vor allem redet Jesus mit *epistatēs* an (5,5; 8,45; 9,33). Für das Petrusbild der lukanischen Schriften ist es wesentlich, daß Petrus der maßgebliche »Augenzeuge und Diener des Wortes« ist (1,2), der für die nachfolgende Epoche die Sicherheit der christlichen Überlieferung verbürgt (1,4). Petrus, der Jünger und Augenzeuge »von Anfang an« (1,2), hat sich vom Geist, den der Auferstandene ausgoß, »immer neu führen lassen und in der Eröffnung von Juden- und Heidenmission den Weg des Wortes Gottes, die Geschichte der Kirche, grundgelegt« (Pesch, Simon–Petrus 147). Petrus ist es, der im Namen Jesu Christi heilt (Apg 3,6) und Tote auferweckt (9,40). Zum Petrusbild der Apg gehört das Bild des Wundertäters (3,1–10; 5,15; 9,32–34; 9,36–43), der Jesu missionarischem Auftrag (Lk 9,1f.) entspricht. Er ist der verfolgte Jünger (Apg 4,1–22; 12,1–

17), der das von seinem Herrn vorausgesagte Jüngergeschick (Lk 12,4–12; 21,12–15) in seinem Schicksal erfährt und darstellt.
Wie immer man die Vermutung beurteilen mag, daß die synoptische Tradition die Tatsache einer Ersterscheinung des Auferstandenen vor Petrus (vgl. auch 1 Kor 15,5) in das Leben Jesu »zurückdatiert« habe (Dinkler), so daß man Petrus auch zum *erstberufenen* Jünger des irdischen Jesus erklärte, – bei Lukas wird eine sachliche Korrespondenz zwischen Erstberufung und Ersterscheinung deutlich. Petrus ist der erste Jünger, der Jesus gläubig nachfolgte. Er hatte eine von Jesus selbst bestimmte Funktion, nicht nur als Missionar, sondern auch gegenüber den »Brüdern«.
Lk 22,31f. kündigt Jesus den Jüngern eine Zeit der Versuchung durch Satan an. Simon soll dann seine Brüder im Glauben stärken. Doch Jesus erteilt nicht einfach einen Befehl. Er hat für Simon gebetet, »daß sein Glaube nicht aufhöre«. Die 22,54–62 berichtete Verleugnungsgeschichte sieht denn auch den Glauben des Petrus als nicht aufgegeben an. Petrus hat feige geleugnet, Jesus »zu kennen«, nicht aber Jesus (im Sinn eines Abfalls) »verleugnet«. Die Aufgabe, seine Brüder zu stärken, ist durch das Gebet Jesu zum Rang einer Verheißung erhoben. Petrus bedarf einer Umkehr (vgl. V 32b: »Wenn du dich einst bekehrt hast«, was auf die Verleugnung anspielen dürfte). Er ist zur Stärkung der Brüder nicht von sich aus befähigt, sondern nur durch das Gebet Jesu. Die Gestalt des Petrus wird also von Lukas keineswegs »idealisiert«. Vielmehr entspricht 22,31f. der grundlegenden Berufungsszene, in der Jesus dem »Sünder« Petrus die Verheißung gibt (5,8).

Die Heilung eines Aussätzigen: 5,12–16

12 Als Jesus sich in einer der Städte aufhielt, siehe, da war ein Mann, der am ganzen Körper Aussatz hatte. Sobald er Jesus sah, warf er sich vor ihm zu Boden und bat ihn: Herr, wenn du willst, kannst du mich rein machen. 13 Da streckte Jesus die Hand aus, berührte ihn und sagte: Ich will es: Werde rein! Sofort wich der Aussatz von ihm. 14 Jesus befahl ihm: Erzähl niemand davon, sondern geh, zeig dich dem Priester und bring das Reinigungsopfer dar, wie es Mose angeordnet hat! Das soll für sie ein Beweis (deiner Heilung) sein. 15 Sein Ruf verbreitete sich immer mehr, so daß die Menschen von allen Seiten zusammenströmten. Sie alle wollten ihn hören und von ihren Krankheiten geheilt werden. 16 Doch er zog sich in die Einsamkeit zurück, um zu beten.

Literatur: F. Mußner: Die Wunder Jesu, München 1967, 34–42. – *H. Zimmermann*: Neutestamentliche Methodenlehre, Stuttgart 1967, 237–242. – *Kertelge*: Wunder Jesu, 62–75. – *R. Pesch*: Jesu ureigene Taten?, Freiburg 1970, 52–113. – *Schramm*: Markus-Stoff, 91–99.

Im Anschluß an die Nazaret-Perikope 4,16–30 war Lukas dem Leitfaden Mk 1,21–34 gefolgt und hatte das Wirken Jesu in Kafarnaum vorgeführt (4,31–41), das er mit einer Bearbeitung von Mk 1,35–39 abschloß (4,42–44). Dann brachte er 5,1–11 das Äquivalent für die zunächst übergangene Jüngerberufung Mk 1,16–20. Mit 5,12–16 nimmt er den Faden der Mk-Abfolge wieder auf, genau da, wo er ihn verlassen hatte (Mk 1,40–45). Er folgt der Darstellung des Mk – ohne eine weitere literarische Quelle zu benutzen (gegen Schramm 99–114) – bis Lk 6,11 (par Mk 3,6) bzw. bis 6,12–16.17–19 (par Mk 3,13–19.7–12). Die Fassung unserer Erzählung, die der Papyrus Egerton 2 bietet (siehe Aland: Synopsis, Nr. 42; dazu Pesch 107–113), ist von der »Redaktion« des Lukas abhängig und bietet daher keine ältere Tradition des Stückes.

Die Erzählung von der Heilung des Aussätzigen wird von Dibelius (Formgeschichte, 68) als »Novelle« angesehen, die den Wundertäter und sein Tun breit schildert. Bultmann reiht sie mit Recht allgemeiner unter die »Heilungswunder« ein (Geschichte der syn. Tradition, 227). Das Gebot an den Geheilten, sich den Priestern zu zeigen, ist die stilgemäße »Demonstration« der erfolgten Heilung (Kertelge 62f.). Die Abweichungen des Lk von Mk sind als redaktionelle Bearbeitung erklärlich. Lukas will die Heilung als Beispiel eines umfassenderen Wirkens Jesu verstanden wissen (VV 15f.). Jesu Heilungstat wird ins Typische ausgeweitet (Zimmermann). Dabei wird der Bericht auf das Wesentliche, die Heilung, konzentriert. Die Heilungstat Jesu gilt als Anzeichen der Heilszeit, die mit Christus erschienen ist (7,22f.). Zur Beurteilung des »Aussatzes« vgl. Billerbeck IV, 745–763; W. Michaelis, *lepra, lepros*, in: ThWNT IV (1942), 240; W. Leibbrand, Aussatz, in: LThK I (1957), 1115f.

12–13 Nach Mk 1,39f. kommt der Aussätzige in Galiläa auf Jesus zu. Lukas setzt nach der Berufungserzählung 5,1–11 mit einer eigenen Situationsangabe ein. Jesus befindet sich – bei seiner Wanderung – in einer Stadt des Judenlandes. *Er* kommt zu den Menschen. Der Aussätzige ist zu Beginn der Erzählung einfach da (»siehe, ein Mann, voll von Lepra«). Das »siehe« (und die folgende Anrede mit »Herr«) bietet auch Mt 8,2 (gegen Mk); vgl. ferner V 13 mit Mt 8,3. Diese Übereinstimmungen gegen Mk beweisen allein noch keine Quelle; sie können auf Einflüssen mündlicher Überlieferung beruhen. Als der Aussätzige Jesus sieht, fällt er »auf sein Angesicht« nieder (er verhält sich im Unterschied zu Mk 1,40 korrekt, berührt nicht Jesu Knie) und stellt seine Bitte. Sie lautet, abgesehen von der Anrede, wie bei Mk. Der Mann hat erfahren, daß Jesu Machttaten einzig auf seinem Willen beruhen. Jesus braucht nur zu wollen. Die Bitte ist in der Form eines Bekenntnisses geäußert. Jesus berührt den Mann mit der Hand und spricht das Machtwort; wiederum ist auf den Willen Jesu abgehoben, auf den es ankommt. Die Macht des Wortes Jesu ist vorausgesetzt. Lukas läßt das Erbarmen-Motiv (Mk 1,41a) weg. Damit ist der »Wille« des Mächtigen noch souveräner herausgestellt. Lukas meidet indessen auch sonst Angaben über Gefühlsbewegungen Jesu (z. B. gegenüber Mk 1,43; 3,5). Sogleich mit dem Wort Jesu weicht der Aussatz. Mk 1,43 wird gestrichen; Jesus droht dem Geheilten nicht und treibt ihn nicht fort.

14 Doch er gebietet ihm, über die Heilung Schweigen zu bewahren. Er soll sich dem Priester zeigen, wie es Lev 13,49; 14,1–32 vorschreibt, und das vom Gesetz gebotene Opfer bringen – »ihnen (den Priestern) zum Zeugnis«. Das entspricht ziemlich genau dem Text von Mk 1,44. Die Heilung muß vom Priester festgestellt werden, ehe der Aussätzige für »rein« erklärt wird.

15–16 Während Mk den Geheilten das Wunder »verkündigen« läßt (im Gegensatz zum Gebot Jesu), berichtet Lk, daß sich durch das Wunder die Kunde über Jesus weiter verbreitet und die Volksscharen zu ihm kommen, um ihn zu hören und von Krankheiten Heilung zu finden. V 15 greift wie V 12a auf 4,42f. zurück. Die Menge kann Jesus hindern, seinem Wanderauftrag nachzukommen (4,42f.). Doch jetzt motiviert Lukas das Weggehen Jesu (mit Mk 1,35 und gegen Mk 1,45) anders: Er zieht sich in die verlassene Gegend zurück und widmet sich dem Gebet. Von Jesu Gebet, einem beliebten lukanischen Topos, erzählen auch 3,21; 6,12; 9,18.28f., und zwar jeweils im Mk-Stoff, aber ohne Anhaltspunkt im Mk-Text (vgl. Exkurs 15).

Die Heilung eines Gelähmten: 5,17–26

17 Eines Tages, als Jesus wieder lehrte, saßen unter den Zuhörern auch Pharisäer und Gesetzeslehrer; sie waren aus allen Dörfern Galiläas und Judäas und aus Jerusalem gekommen. Da trieb ihn die Kraft des Herrn zum Heilen.
18 Und siehe, da brachten Männer einen Gelähmten auf einer Tragbahre. Sie wollten ihn ins Haus bringen und vor Jesus hinlegen. 19 Weil es ihnen aber in dem Gedränge nicht möglich war, ihn hineinzubringen, stiegen sie aufs Dach,

deckten die Ziegel ab und ließen ihn auf seiner Tragbahre in die Mitte des Raumes hinunter, genau vor Jesus hin. 20 Als er ihren Glauben sah, sagte er: Mann, deine Sünden sind dir vergeben. 21 Da dachten die Schriftgelehrten und Pharisäer: Was ist das für ein Mensch? Er lästert Gott. Wer kann Sünden vergeben außer Gott allein? 22 Jesus aber erkannte, was sie dachten, und sagte zu ihnen: Was hegt ihr für Gedanken in eurem Herzen? 23 Was ist leichter, zu sagen: Deine Sünden sind dir vergeben, oder zu sagen: Steh auf und geh umher? 24 Ihr sollt aber erkennen, daß der Menschensohn die Vollmacht hat, auf der Erde Sünden zu vergeben. Und er sprach zu dem Gelähmten: Ich sage dir: Steh auf, nimm deine Tragbahre und geh nach Hause! 25 Vor aller Augen stand der Mann sofort auf, nahm die Tragbahre, auf der er gelegen hatte, und ging heim, Gott preisend. 26 Da waren alle außer sich. Sie priesen Gott und sagten voller Furcht: Heute haben wir etwas Unglaubliches erlebt.

Literatur: Tödt: Menschensohn, 117-121. – *S. Wibbing:* Die Heilung eines Gelähmten, in: Becker/Wibbing: Wundergeschichten, Gütersloh 1965, 12-33. – *F. Kamphaus:* Von der Exegese zur Predigt, Mainz (1968) ³1971, 120-126. – *Kertelge:* Wunder Jesu, 75-82. – *Kuhn:* Ältere Sammlungen, 53-57. – *I. Maisch:* Die Heilung des Gelähmten, Stuttgart 1971. – *Schramm:* Markus-Stoff, 99-103. – *K. Kertelge:* Die Vollmacht des Menschensohnes zur Sündenvergebung, in: Orientierung an Jesus (FS f. J. Schmid), Freiburg 1973, 205-213. – *H. Zimmermann:* Jesus Christus, Stuttgart 1973, 121-135.

Die Perikope von der Heilung des Gelähmten ist bei Mk (2,1-12) kaum als Streitgespräch anzusprechen (gegen Bultmann: Geschichte der syn. Tradition, 12-14). Denn der Einwand der Schriftgelehrten dient vornehmlich der Profilierung des Anspruches Jesu, Sündenvergebungs-Vollmacht zu besitzen. Immerhin kann wegen des im Mittelpunkt der Erzählung stehenden Jesuswortes von einem Apophthegma (Geschichte, deren Pointe ein Ausspruch Jesu ist) gesprochen werden (Kertelge: Wunder Jesu, 75 f.; Kuhn 53). In ihm verteidigt die Jesusgemeinde nicht nur die Macht Jesu, sondern auch ihre eigene Vergebungsvollmacht. Lukas folgt allein der Mk-Vorlage, nicht aber (wie Schramm meint) außerdem einer traditionsgeschichtlichen »Variante der gleichen Perikope«. Die besondere Absicht des Lukas ist also aus den redaktionellen Retuschen zu erheben. Dabei zeigt sich, daß der Evangelist auf jenen Lobpreis der Gemeinde abhebt, der sich als Dank für die durch den »Menschensohn« geschenkte Sündenvergebung artikuliert.

17 Der wie 5,12 mit »Und es geschah« eingeleitete V 17 läßt gegenüber Mk Kafarnaum als Ortsbestimmung weg. Das Wirken Jesu ist längst über Galiläa hinausgegangen. Jesus hat die einsame Gegend, die er zum Beten aufgesucht hatte (V 16), verlassen und widmet sich wieder der »Lehre«. Unter den (vor ihm sitzenden) Hörern befinden sich Pharisäer und Gesetzeslehrer. Letztere sind aus Mk 2,6 übernommen. Die Pharisäer (dazu ThWNT IX [1973], 11–51 [Meyer/H. F. Weiß]) kommen bei Lukas hier erstmals vor und werden von ihm nur dadurch in gewisser Hinsicht vorgestellt, daß er sie mit den Gesetzeslehrern (*nomodidaskaloi*; V 21 mit Mk: *grammateis*) auftreten läßt. Die partielle Identität beider Gruppen kennt er aus Mk 2,16 (»die Schriftgelehrten der Pharisäer«). Die Pharisäer und Gesetzeslehrer waren (auf die Kunde von Jesus; vgl. 5,15 a) aus allen Dörfern Galiläas, Judäas und gar aus Jerusalem gekommen. Daß »eine Kraft des Herrn« Jesus trieb, seine Heilungstätigkeit aufzunehmen, ist vorweg gesagt. Das Heilungswunder ist von Gott veranlaßt, nicht von denen, die den Gelähmten herbeibringen. In der gleichen Kraft Gottes vergibt Jesus Sünden.

18–20 »Auf einer Bahre« bringen »Männer« einen »Menschen, der gelähmt war« – so verdeutlicht Lukas gegenüber Mk. Auch die Absicht der Träger, den Menschen in das Haus vor Jesus zu bringen, gibt der Evangelist an (V 18). Nach Mk decken sie das (palästinische) Lehm-Dach ab (vgl. G. Dalman: Arbeit und Sitte in Palästina VII, Gütersloh 1942, 75.87) und stoßen durch, so daß sie »das Bett« mit dem Kranken hinablassen können. Lukas modifiziert im Sinne des westlichen Haustyps: Die Leute steigen auf das Dach, decken Ziegel ab und lassen den Gelähmten »mitten vor Jesus« hinab (V 19). Damit ist ihr Vorhaben ans Ziel gekommen: der Kranke liegt vor Jesus (vgl. V 18 b). V 20 kennzeichnet ihr Handeln als »Glauben«. Diesen Glauben (grammatikalisch: den der Träger) beantwortet Jesus mit dem Wort der Vergebung an den Gelähmten (Mk: »Kind, es werden vergeben deine Sünden«; Lk: »Mensch, vergeben sind dir deine Sünden«). Der Unterschied liegt darin, daß Lukas mit der Perfekt-Form (Blaß/Debrunner §§ 97,3; 340) das Andauern der Vergebung ausdrückt. Die Anrede mit »Mensch« profiliert die Hoheit des Vergebenden. Indem Jesus dem Kranken die »Vergebung der Sünden« zuspricht, folgt er nicht nur seiner Sendung (4,18; 7,47.48.49); er verdeutlicht auch den geheimnisvollen Zusammenhang zwischen Krankheit und Sünde, ohne freilich die Sünde als Grund der Krankheit zu bezeichnen. Sündenvergebung ist das, was der Glaube (V 20) vor allem von Jesus zu erwarten hat.

21–25 Bei der folgenden Fragestellung werden die Schriftgelehrten als »Theologen« vor den Pharisäern genannt. Sie stehen vor der Frage, wer dieser Jesus ist, der beansprucht, Sünden zu vergeben. Da solches nur Gott kann, ist offensichtlich der Anspruch Jesu »gotteslästerlich«. Für das gängige theologische Urteil ist also die Sache gegen Jesu Anspruch entschieden (V 21). Allerdings hat dieses Urteil die wahre Vollmacht Jesu, seine von Gott verliehene Kraft (V 17b), nicht in Rechnung gestellt. Jesus kennt (in prophetischem Wissen; vgl. 4,23; 6,8; 9,47; 11,17) die geheimen Gedanken und Vorwürfe der Theologen und stellt ihnen seine Frage. Sie mögen entscheiden, was »leichter ist«, die Sündenvergebung auszusprechen oder dem Gelähmten zu befehlen, daß er umhergehe (V 23). Auf der Ebene des bloßen »Sagens« ist natürlich die Sündenvergebung »leichter«, weil sie keiner menschlichen Kontrolle unterliegt. Ein wirkungsloser Heilungsbefehl würde den Sprecher hingegen schnell entlarven. Jesus aber demonstriert, daß dem Sprechen der machtvolle Eingriff in die Wirklichkeit entspricht, und so tut er das »Schwerere«. Der Befehl an den Gelähmten, aufzustehen und mitsamt der Bahre nach Hause zu gehen, dieser Befehl, der unmittelbar vor aller Augen ausgeführt wird, beweist den Kritikern die Vollmacht des »Menschensohnes« (VV 24f.). Er ist kein Gotteslästerer, sondern hat die Vollmacht zur Sündenvergebung »auf der Erde« (also schon jetzt), so wie er die »Kraft der Heilung« vom Herrn besitzt (V 17b). Dieser Menschensohn, von dessen verliehener Macht schon Dan 7,13f. sprach, hat freilich auch beim Endgericht seine Funktion (12,8 par Mt): Er tritt für die ein, die sich »vor den Menschen« zu ihm bekannt haben. Lukas fügt (im Unterschied zu Mk/Mt) hinzu, daß der Geheilte die Bahre trug, »auf der er gelegen hatte«, und daß er auf dem Heimweg »Gott pries«.

26 Mk 2,12 hatte lediglich vom Lobpreis der Zeugen des Wunders berichtet, die außer sich waren. Dem schließt sich Lk an (V 26a). Zugleich bemerkt V 26b, daß die Anwesenden »mit Furcht erfüllt wurden«; sie konstatieren: »Wir haben heute Unglaubliches (*paradoxa*) gesehen.« Was im heilsgeschichtlichen »Heute« geschieht (vgl. 2,11; 4,21), ist »paradox« in dem Sinn, daß Jesus das größte Wunder tut, das Menschen erhoffen können. Er vergibt Sünden auf Erden. Das gibt der Gemeinde, die ihres »Taufstandes« eingedenk ist, Grund zum Gotteslob.

Die Berufung des Levi und das Mahl mit den Zöllnern: 5,27–32

27 Als Jesus von dort wegging, sah er einen Zöllner namens Levi an der Zollstätte sitzen und sagte zu ihm: Folge mir! 28 Und Levi stand auf, ließ alles liegen und folgte ihm. 29 Und Levi gab für Jesus in seinem Haus ein großes Festmahl. Viele Zöllner und andere Gäste saßen mit ihnen am Tisch. 30 Da sagten die Pharisäer und die Schriftgelehrten voll Unwillen zu seinen Jüngern: Warum eßt und trinkt ihr mit den Zöllnern und Sündern? 31 Jesus antwortete ihnen: Nicht die Gesunden brauchen den Arzt, sondern die Kranken. 32 Ich bin nicht gekommen, Gerechte zur Umkehr zu rufen, sondern Sünder.

Literatur: A. Schulz: Nachfolgen und Nachahmen, München 1962, 97–116. – *H. Zimmermann*: Neutestamentliche Methodenlehre, Stuttgart 1966, 90–104, 177–180. – *R. Pesch*: Levi-Matthäus (Mc 2,14/Mt 9,9; 10,3): ZNW 59 (1968), 40–56. – *S. Wibbing*: Das Zöllnergastmahl, in: Stock/Wegenast/Wibbing: Streitgespräche, Gütersloh 1968, 84–107. – *R. Pesch*: Das Zöllnergastmahl (Mk 2,15–17), in: Mélanges Bibliques (FS f. B. Rigaux), Gembloux 1970, 63–87. – *Kuhn*: Ältere Sammlungen, 58–61. – *Schramm*: Markus-Stoff, 104.

Der Evangelist hat in unserem Abschnitt die Vorlage Mk 2,13–17 bearbeitet, ohne eine andere Quelle zu benutzen. Die Änderungen gegenüber Mk gehen demnach auf die Hand und die Absicht des Lukas zurück. Während Mk 2,13 f. redaktionelle Einleitung zu dem Apophthegma 2,15–17 war (Pesch: ZNW 59 [1968], 43–45), hat Lukas die Berufung des Levi (VV 27 f.) enger mit dem Zöllnermahl (VV 29–32) verknüpft. Das kommt einmal darin zum Ausdruck, daß er aus Mk 2,13 die Lehre Jesu vor dem Volk am See wegläßt und aus Mk 2,15 das den neuen Ansatz kennzeichnende »Und es geschah« streicht. Levi wird von vornherein als Zöllner bezeichnet (V 27), der nachher seinesgleichen einlädt (V 29). (Zur Stellung der Zöllner in Palästina siehe ThWNT VIII, 94–106 [O. Michel].) Während man bei Mk den Eindruck gewinnen könnte, das Mahl finde im Hause *Jesu* statt, vermerkt Lukas ausdrücklich, daß *Levi* den großen Empfang gab, und zwar für Jesus. Damit erscheint das Festmahl im Haus des Levi als die Antwort des Gerufenen auf den Ruf Jesu, als Ausdruck der Nachfolge. Der Schlußvers des Abschnitts verklammert noch einmal die ganze Erzählung, indem er von Jesu *Ruf* an die Sünder und von der damit intendierten *Umkehr* spricht. Somit kann insgesamt der Empfang im Haus des Levi als Tat der Bekehrung angesehen werden.

27–29 Während die Heilungen des Aussätzigen (5,12–16) und des Gelähmten (5,17–26) in einer Stadt geschahen, geht Jesus nun »hinaus« (V 27). Daß er am »Meer« entlangging und die zu ihm kommende Volksmenge lehrte (Mk), ist für Lukas unwesentlich. Seine Darstellung zielt auf die Begegnung mit dem Zöllner Levi. Jesus schaut offenbar dem Zöllner bei seiner Tätigkeit zu, ehe er ihn ruft. Von seiner Berufstätigkeit hinweg wird er in die Nachfolge gerufen. Daß Levi daraufhin »alles« verließ (V 28), kennzeichnet die grundsätzliche Entscheidung des Zöllners. Er verläßt nicht nur faktisch den Ort seiner Berufsausübung, sondern gibt prinzipiell seine bisherige Existenz auf. Wenn er anschließend dennoch einen großen Empfang gibt, der vielleicht als Abschiedsmahl mit seinen Freunden aufzufassen ist, so widerspricht das der Entscheidung nicht. Daß Levi Jesus »folgte«, wird imperfektisch ausgedrückt, wohl um das Leben in der Nachfolge zu kennzeichnen. Der große Empfang, den der Zöllner nun in seinem Haus gibt (V 29), wird für Jesus veranstaltet. Geladen ist neben Jesus eine große Schar von Zöllnern und »anderen«. Sie »liegen« nach hellenistischer Sitte zu Tische. Lukas hat statt der bei Mk erwähnten »Sünder« unbestimmte »andere« zu Tischgenossen Jesu gemacht. Von seiner Voraussetzung aus sind diese nur in den Augen der Pharisäer »Sünder« (vgl. V 30). Der Evangelist, der mit seiner Erzählung auf Probleme der gegenwärtigen Jesusgemeinde eingeht, sieht in diesen »anderen« im Unterschied zu Mk *bekehrte* Sünder.

30–32 Mit V 30 setzt die aktuelle Debatte um das Verhalten der Jesusgemeinde (bei Mk: Jesu) ein. Daß die Pharisäer und deren Schriftgelehrte das Zöllnermahl »gesehen« hätten (Mk), setzt Lukas nicht voraus. Pharisäer und Schriftgelehrte – daß es pharisäische Schriftgelehrte waren, weiß Lukas aus Mk 2,16; vgl. Apg 23,9 – wenden sich mit ihrer vorwurfsvollen Frage an Jesu Jünger. Lukas will damit kaum anzeigen, daß sie sich nicht trauten, den Vorwurf an Jesus zu richten. Immerhin gibt – wie bei Mk – Jesus selbst die Antwort. Die Gemeinde sucht bei ihm Antwort auf ihre Fragen. Daß die Jesusjünger mit den Zöllnern und Sündern »essen und trinken«, kann formelhaft für die Mahlgemeinschaft stehen (vgl. Gen 26,30 bei dem »Empfang«, den Isaak gab), wird aber möglicherweise auch an den Vorwurf gegenüber Jesus erinnern (vgl. 7,34: »Siehe, ein Fresser und Säufer, Freund von Zöllnern und Sündern!«).

Die Frage der Pharisäer und Schriftkundigen ist Ausdruck ihres »Murrens«. Sie kritisieren in Jesu konkretem Handeln gegenüber Zöllnern und Sündern (vgl. 15,2; 19,7) letztlich Gott. Jesus gibt selbst die Antwort (V 31). Zuerst nennt er – als Argumentationsbasis – ein weisheitliches Wort: »Nicht haben die Gesunden (Mk hat dafür den Semitismus »die Starken«) den Arzt nötig, sondern die Kranken« (31b). Erst V 32 wendet das Sprichwort auf Jesu und der Gemeinde Situation an. Anstelle des markinischen *ēlthon* (ich bin gekommen) hat Lukas das Perfekt gesetzt: Jesu Gekommensein hat in seiner Zielsetzung *gegenwärtige* Bedeutung (vgl. Blaß/Debrunner § 340). Er ist gekommen, »Sünder« zu berufen, nicht »Gerechte«. Die »Kranken«, denen sich Jesus zuwendet, sind die »Sünder«. Wenn er sie heilen will, muß er mit ihnen Kontakt aufnehmen. Insoweit stimmt Lk mit Mk überein. Der lukanische Zusatz am Schluß des Verses (»zur Umkehr«) macht nun allerdings deutlich, daß Lukas die Mahlgemeinschaft Jesu und der Gemeinde wesentlich anders sieht als Markus. Jesus hielt mit *bekehrten* Sündern Mahl. So ist es – will der Evangelist sagen – auch in der Kirche. Nach der Darstellung des Mk hingegen sind Zöllner und Sünder als solche in Jesu Gemeinschaft aufgenommen; es handelt sich um die Paradoxie, daß gerade Sünder zum messianischen Mahl geladen werden. Bei Lukas ist dieses Paradox aufgelöst. »Der Menschensohn ist gekommen, das Verlorene zu suchen und zu retten« (19,10). So hat Jesus bei seinem Suchen auch den Zöllner Levi gefunden (vgl. die Bemerkung, daß er ihn bei der Berufsausübung »schaute« V 27); mit dem Befolgen des Rufes Jesu hat an Levi das Geheiltwerden durch den »Arzt« begonnen. Durch Jesu Besuch wird dem Zöllner – wie 19,9 dem Zachäus – »Heil« zuteil. Der Ruf Jesu ist als Einladung zur Jüngerschaft verstanden, die mit der »Umkehr« beginnt. Damit hängt zusammen, daß Lukas in unserer Perikope das auf den Ruf Jesu folgende Tun des Levi stärker hervorhebt als Mk (vgl. »er verließ alles«; »er veranstaltete einen großen Empfang«; er war »zur Umkehr« gerufen).

Exkurs (9): Umkehr und Sündenvergebung

Literatur: Behm/Würthwein: metanoeō, metanoia, in: ThWNT IV (1942), 972–1004. – *R. Schnackenburg*: Umkehr-Predigt im Neuen Testament (erstmals 1950), in: Christliche Existenz nach dem Neuen Testament I, München 1967, 35–60. – *H. Braun*: »Umkehr« in spätjüdisch-häretischer und in frühchristlicher Sicht: ZThK 50 (1953), 243–258. – *Conzelmann*: Mitte der Zeit,

90–92. – *R. Michiels*: La conception Lucanienne de la conversion: EThL 41 (1965), 42–78. – *H. Thyen*: Studien zur Sündenvergebung im Neuen Testament und seinen alttestamentlichen und jüdischen Voraussetzungen, Göttingen 1970. – *H. Leroy*: Zur Vergebung der Sünden, Stuttgart 1974, 63–81.

Bezüglich des Begriffs der Umkehr (*metanoia*) läßt sich von Mk zu Lk eine Verschiebung beobachten. Umkehr und Sündenvergebung treten bei Lukas auseinander. *Metanoia* wird nicht mehr als der umfassende Vorgang gesehen, der sich im Glauben selbst vollzieht. Insofern bemerkt Lagrange (Lk 170) zu Recht, daß Lukas mit 5,32 einen Ersatz für Mk 1,15 bietet. Die Umkehr ist bei Lukas wesentlich ein einmaliger, mit der Taufe verbundener Vorgang, der die (einmalige) Sündenvergebung bringt. Lukas gebraucht den Doppelausdruck »umkehren und sich umwenden« (*metanoein kai epistrephein*: 17,3f.; Apg 3,19; 26,20), der keineswegs als bloß rhetorisch aufgefüllte Wendung zu erklären ist. Wie Lukas ihn versteht, zeigen Lk 3,8 und Apg 26,20: Der einmaligen Umkehr (der Gesinnung) hat die entsprechende Wandlung (des Handelns) zu folgen wie die Bekehrung der Reue (siehe auch Apg 28,27). Darum werden die »Früchte« der Umkehr (pluralisch gegenüber Mt 3,8) eigens betont: »Bringet darum Früchte, die der Umkehr gemäß sind« (Lk 3,8)! Der ›lukanische‹ Paulus sagt vor König Agrippa, er habe vor Juden und Heiden verkündigt, »daß sie umkehren und sich zu Gott umwenden sollen, indem sie Werke vollbringen, die der Umkehr gemäß sind« (Apg 26,20). Die Beziehung zwischen Umkehr und Sündenvergebung (vgl. Lk 3,3; 24,47; Apg 5,31) ist so gesehen, daß die in der Taufe (Apg 2,38) erfolgende Vergebung »unter der Bedingung von Reue und Bekehrung (also vorausgehender Änderung des Wandels!)« gewährt werden kann (Conzelmann 92). Die Verschiebung zum lukanischen Umkehr-Verständnis hat ihren Grund wenigstens teilweise in der »entschärften« eschatologischen Erwartung.
Man beginnt nun, den Vorgang des Christwerdens auseinanderzulegen. Dabei wird das Tun des Menschen hervorgehoben, dem Gott durch Christus *Gelegenheit zur Umkehr* gibt (Apg 5,31) und den er »heilen« (d. h. »retten«) will (siehe Apg 28,27f.).

Die Frage nach dem Fasten: 5,33–39

33 Sie sagten zu ihm: Die Jünger des Johannes fasten oft und verrichten Gebete, ebenso die Pharisäer; deine Jünger aber essen und trinken. 34 Jesus erwiderte ihnen: Könnt ihr denn die Hochzeitsgäste fasten lassen, solange der Bräutigam bei ihnen ist? 35 Es werden aber Tage kommen, da wird ihnen der Bräutigam genommen sein; in jenen Tagen werden sie fasten.
36 Und er fügte noch ein Gleichnis hinzu: Niemand schneidet ein Stück von einem neuen Kleid ab und näht es auf ein altes

Kleid: denn das neue Kleid wäre zerschnitten, und zu dem alten Kleid würde das Stück von dem neuen nicht passen. 37 Auch füllt niemand neuen Wein in alte Schläuche. Sonst zerreißt der neue Wein die Schläuche; er läuft aus, und die Schläuche werden unbrauchbar. 38 Neuen Wein muß man in neue Schläuche füllen. 39 Und niemand, der alten Wein getrunken hat, will neuen; denn er sagt: Der alte Wein ist besser.

Literatur: K. Th. Schäfer: »... und dann werden sie fasten, an jenem Tage« (Mk 2,20 und Parallelen), in: Synoptische Studien (FS f. A. Wikenhauser), München 1953, 124–147. – *G. Braumann*: »An jenem Tag« Mk 2,20: NT 6 (1963), 264–267. – *J. Dupont*: Vin vieux, vin nouveau (Luc 5,39): CBQ 15 (1963), 286–304. – *F. G. Cremer*: Lukanisches Sondergut zum Fastenstreitgespräch. Lk 5,33–39 im Urteil der patristischen und scholastischen Exegese: TThZ 76 (1967), 129–154. – *Roloff*: Kerygma, 223–237. – *F. Hahn*: Die Bildworte vom neuen Flicken und vom jungen Wein: EvTh 31 (1971), 357–375. – *Kuhn*: Ältere Sammlungen, 61–72. – *Schramm*: Markus-Stoff, 105–111. – *B. Reicke*: Die Fastenfrage nach Luk. 5,33–39: ThZ 30 (1974), 321–328.

Der Abschnitt ist mit Ausnahme von V 39 eine lukanische Bearbeitung der Vorlage Mk 2,18–22. VV 33–35 bieten ein gegenüber Mk abgekürztes Apophthegma (Mk 2,18.19c fehlt). Darauf folgen im Anschluß an Mk die beiden Bildworte vom neuen Kleid (V 36) und vom jungen Wein (VV 37f.). Lk fügt im V 39 einen Erfahrungssatz an. Die gesamte Texteinheit erhebt die in der Fastenfrage gestellte Problematik des Verhältnisses der alten Lebensordnung zur neuen Christuszeit ins Grundsätzliche. Wie schon bei Mk antwortet der Text auf Fragen des Gemeindelebens.

33–35 Lukas berichtet nicht einleitend vom Fasten der Johannesjünger und Pharisäer, sondern läßt das Verhalten beider Gruppen in dem an Jesus gerichteten Wort zum Ausdruck kommen (V 33). Daß dieses Wort (von Ungenannten; Mt 9,14 sagt: von Jüngern) als Frage an Jesus gemeint ist (vgl. Mk), läßt der lukanische Kontext erkennen. Es wird Menschen außerhalb des Jüngerkreises Jesu in den Mund gelegt (Mk); Lukas denkt (im Anschluß an 5,30) an Pharisäer und Schriftgelehrte. Deren Feststellung will als Vorwurf an Jesus verstanden sein. Im Unterschied zu Mk wird das »häufige« Fasten im Verein mit Gebetsübungen der Johannesjünger (11,1) und Pharisäer hervorgehoben. Demgegenüber »fasten« die Jesusjünger nicht (Mk), sie »essen und trinken« (Lk). Die lukanische Formulierung erinnert an 7,34, wo Jesus der gleiche Vorwurf gemacht wird (vgl. 5,30). Man wirft den Jüngern Jesu allerdings nicht vor, daß sie im Beten hinter den genannten Gruppen zurückstehen.

Die Antwort Jesu macht eine Unterscheidung. *Jetzt* können die Jünger nicht fasten (V 34), *einst* werden sie es tun (V 35). Die Gegenfrage Jesu macht deutlich, daß die Gegner den Jesusjüngern gerne ein Fasten auferlegen möchten. Doch das geht nicht an, weil die Jesusjünger als »Söhne des Hochzeitssaales« (Semitismus), d. h. als Hochzeitsgäste (Bauer 1079), nicht fasten können. Weil der »Bräutigam« bei ihnen ist, ist Zeit der Freude. Deutlicher als Mk hebt Lukas diese Zeit der Anwesenheit des Bräutigams von der späteren Zeit der Abwesenheit ab (V 35 Ende). Mk spricht singularisch von »jenem Tag«, meint damit aber nicht den »Jüngsten Tag« (gegen Braumann). Nicht auszuschließen ist, daß mit »jenem Tag« auf ein Freitagsfasten (im Gedenken an den Todestag Jesu) angespielt wird.

36–38 Lukas hebt das doppelte Bildwort durch eine neue Einführungsbemerkung von der vorausgehenden Antwort Jesu ab, anders als Mk. Jesus sagt den Kritikern »ein Gleichnis« (*parabolē*). Das Bildwort vom neuen, ungewalkten Flicken auf dem alten Kleid (Mk) wird bei Lk dem folgenden Bildwort angeglichen. Steht dort der neue Wein dem alten gegenüber, so stellt Lukas dem alten Kleid ein »neues Kleid« entgegen. Wer ein Stück vom neuen Kleid dem alten aufsetzen will, muß das neue Kleid zerschneiden. Das Stück paßt zudem nicht zu dem alten Gewand. Die Unvereinbarkeit des Neuen mit dem Alten wird so demonstriert. Auch Stücke des Neuen können das Alte nicht mehr nützlich machen. Das Neue, das Jesus brachte, ist nicht zur Reparatur des Alten da, sondern muß das Alte wirklich ablösen (V 36). – Niemand füllt neuen, noch nicht ausgegorenen Wein in alte (brüchige) Schläuche, sagt Lukas mit Mk. Sonst zerreißt der »junge« (so Lk) Wein die Schläuche und läuft aus, während die Schläuche »zugrunde gehen« (V 37). Es ist also genauso wie im Bild von den Kleidern: Beides geht zugrunde, wenn man es zusammenbringt. V 38 gibt jedoch die positive Antwort auf die Frage nach dem Verhältnis des Neuen zum Alten: Junger Wein gehört in neue Schläuche. Ohne Bild heißt das: Die Sache Jesu verlangt eine neue Frömmigkeit. »Man muß füllen« (*blēteon*) sagt (im Unterschied zu Mk/Mt) allein Lukas. Das jüdische fromme Brauchtum ist damit für erledigt erklärt. Man »darf« es nicht übernehmen. Diese Weisung entspricht der Situation gegen Ende des ersten Jahrhunderts, in der sich Synagoge und Jesusgemeinde gegeneinander abgrenzen.

39 Die von Lukas angefügte Weinregel scheint auf den ersten Blick dem Gesagten zu widersprechen. Sie ist (deswegen?) von Markion, Irenäus, Eusebius und dem Codex Bezae weggelassen worden. Alter Wein ist besser als neuer. Mit dieser Regel macht Lukas klar, wie es kommt, daß sich viele dem Neuen gegenüber sperren (Schürmann: Lk 300). Das Alte ist ihnen (verständlicherweise!) verträglicher; man kann die negative Haltung der Kritiker Jesu verständlich finden. Die Zeitgenossen des Evangelisten sollen wissen, woran es liegt, daß sich viele Juden dem Anspruch Jesu ungläubig verweigern (vgl. Reicke 324f.).

Vom Abreißen der Ähren am Sabbat: 6,1–5

1 Als er an einem Sabbat durch die Kornfelder ging, rissen seine Jünger Ähren ab, zerrieben sie mit den Händen und aßen sie. 2 Da sagten einige Pharisäer: Warum tut ihr etwas, das am Sabbat verboten ist? 3 Jesus antwortete ihnen: Habt ihr nicht gelesen, was David getan hat, als er und seine Begleiter hungrig waren? 4 Wie er in das Haus Gottes ging und die Schaubrote nahm, die nur die Priester essen dürfen, und wie er sie aß und seinen Begleitern davon gab? 5 Und Jesus sagte zu ihnen: Herr ist über den Sabbat der Menschensohn.

Literatur: E. Lohse: Jesu Worte über den Sabbat, in: Judentum-Urchristentum-Kirche (FS f. J. Jeremias), Berlin 1960, 79–93 – *Ders.: sabbaton* usw., in: ThWNT VII (1964), 1–35. – *F. Staudinger:* Die Sabbatkonflikte bei Lukas, Diss. Graz 1964. – *K. Wegenast:* Das Ährenausraufen am Sabbat, in: Stock/Wegenast/Wibbing: Streitgespräche, Gütersloh 1968, 27–42. – *Roloff:* Kerygma, 52–62. – *Kuhn:* Ältere Sammlungen, 72–81. – *E. Neuhäusler:* Jesu Stellung zum Sabbat: BiLe 12 (1971), 1–16. – *Schramm:* Markus-Stoff, 111 f. – *A. J. Hultgren:* The Formation of the Sabbath Pericope in Mark 2,23–28: JBL 91 (1972), 38–43. – *Ch. Hinz:* Jesus und der Sabbat: KuD 19 (1973), 91–108.

Die beiden Perikopen vom »Ährenraufen« (6,1-5) und von der »Heilung der verdorrten Hand« (6,6-11) nehmen zur Sabbatfrage Stellung, beziehen sich also wie 5,33-39 auf die Stellung Jesu oder seiner Jünger zur jüdischen Forderung der Sabbatheiligung. Auch hier benutzt Lukas keine andere Vorlage als den Text von Mk 2,23-28; 3,1-6 (gegen Schramm, der für 6,1-5 eine Nebenquelle vermutet).

1 Jesus wandert am Sabbat durch ein Ährenfeld. Die in seiner Begleitung befindlichen Jünger reißen dabei Ähren ab und essen die Körner. Lukas erklärt (gegenüber Mk), daß sie die Ähren mit der Hand zerrieben, um die Körner essen zu können.

2–4 Nun treten Pharisäer auf, die den Jüngern einen Vorwurf machen. Die Begleiter Jesu tun etwas, was – nach Ansicht der frommen Kritiker – »am Sabbat nicht erlaubt ist«. Mk läßt den Vorwurf an Jesus selbst gerichtet sein, weil er das Tun der Jünger duldete. Die Pharisäer sehen offenbar im Tun der Jünger (»Erntearbeit«) einen Verstoß gegen das Gebot der Sabbatruhe. Die Antwort gibt ihnen Jesus selbst (VV 3 f.). Das betont Lukas (im Unterschied zu Mk) durch die Einführungswendung in V 3 a, weil er zeigen will, daß die Gemeinde in Kontroversfragen mit dem Judentum nicht nur auf Jesus hört, sondern sich auch von ihm verteidigt sieht. Das Beispiel aus der Schrift (vgl. 1 Sam 21,1–7) erzählt zwar von David keinen Verstoß gegen den Sabbat. Aber David und seine Begleiter haben, als sie hungerten, eine gesetzliche Vorschrift (Ex 24,5–9) ignoriert. Lukas betont dabei stärker, daß David die Verantwortung dafür übernahm: er »nahm« die Schaubrote und »gab« davon seinen Begleitern. Wer das vernommen hat, könnte einwenden: »Was David tat, darf ein anderer noch lange nicht.« Die Erzählung, der Gattung nach ein Apophthegma (siehe zu 5,17–26), zielt schon bei dem angeführten Beispiel auf die Verantwortung, die *Jesus* übernimmt. Sein Anspruch geht über den Davids weit hinaus (V 5). Lukas läßt Mk 2,27b weg (»Der Sabbat ist für den Menschen da ...«), weil er das Tun der Jünger mit der »Herrschaft« Jesu begründen will.

5 Der Menschensohn ist »Herr über den Sabbat«. So lautet die Folgerung, die Jesus selbst aus der David-Episode zieht. Er macht damit eine Antwort auf die gestellte Frage überflüssig. Jesus ist mehr als David (20,42–44). Mk 2,28 sagt, daß der Menschensohn »auch über den Sabbat« Herr ist. Das Herr-Sein wird da mit V 27b begründet. Lukas begründet nicht aus der allgemeineren Regel, sondern nur christologisch von der Vollmacht Jesu her. Der Menschensohntitel ist ohnehin eng mit dem Gedanken der Bevollmächtigung verknüpft (vgl. 5,24). Jesus als der Menschensohn erlaubt nicht nur diese oder jene Verrichtung am Sabbat; er steht als Herr über dem Sabbat.

Eine Heilung am Sabbat: 6,6–11

6 An einem anderen Sabbat ging er in die Synagoge und lehrte. Dort saß ein Mann, dessen rechte Hand verkrüppelt war. 7 Die Schriftgelehrten und Pharisäer gaben acht, ob er am Sabbat heilen werde; denn sie suchten einen Grund zur Anklage gegen ihn. 8 Er aber wußte, was sie im Sinn hatten, und sagte zu dem Mann mit der verkrüppelten Hand: Steh auf und stell dich in die Mitte! Der Mann stand auf und trat vor. 9 Dann sagte Jesus zu ihnen: Ich frage euch: Ist es erlaubt, am Sabbat Gutes statt Böses zu tun, ein Leben zu retten, statt es zugrunde gehen zu lassen? 10 Und er sah sie alle der Reihe nach an und sagte dann zu dem Mann: Streck deine Hand aus! Er tat es, und seine Hand war wieder gesund. 11 Da wurden sie von sinnloser Wut erfüllt und berieten, was sie gegen Jesus unternehmen könnten.

Literatur siehe zu 6,1–5; ferner: G. *Dautzenberg*: Sein Leben bewahren, München 1966, 154–160. – *Kertelge*: Wunder Jesu, 82–85. – *Roloff*: Kerygma, 63–66.

Quelle für das Streitgespräch ist Mk 3,1–6. Es ist ein Apophthegma (siehe zu 5,17–26), weil die Heilung »im Dienst« der Auseinandersetzung steht. Von Anfang an geht es um die Frage, ob Jesus *am Sabbat* heilen wird (Kertelge 82). Andererseits geht es gegenüber 6,1–5 nicht mehr um das Verhalten der Jünger Jesu. Jesus selbst durchbricht hier die Sabbatordnung. Der hoheitlich handelnde Jesus gibt nun kund, wodurch das Neue dem Alten (vgl. 5,36–39) gegenübersteht bzw. worin es das Alte – die Gesetzesauslegung der Pharisäer – übertrifft: in der Realisierung des *Heils*willens Gottes (vgl. Schürmann: Lk 306) durch die Liebestat gegenüber den Menschen (V 9).

6 Wieder betritt Jesus am Sabbat die Synagoge. Lukas verdeutlicht, daß Jesus dort »lehrte« (vgl. 4,16.31.44). Da befindet sich ein Mann, dessen rechte Hand »verdorrt« (*xēra*) ist; man kann an eine Atrophie, eine Verkrüppelung oder Lähmung denken. Lukas will wissen, daß es die »rechte« Hand (Arbeitshand) war.

7–9 Die Schriftgelehrten und die Pharisäer geben acht, ob Jesus am Sabbat eine Heilung vollzieht (vgl. Mk 2,24; 3,2.6: die Pharisäer). Sie wollen einen Anklagepunkt gegen Jesus haben. Auch hier geht es nach ihrer Auffassung um »verbotene Arbeit«. V 8 a hebt (im Unterschied zu Mk) hervor, daß Jesus ihr Vorhaben kennt, und läßt die Tat Jesu als bewußte »Provokation« der Gegner erscheinen. Jesus läßt den Mann mit der verkrüppelten Hand aufstehen und sich in den Mittelpunkt stellen (V 8 b). Der Mann führt den Befehl aus (V 8 c im Unterschied zu Mk). Nun stellt Jesus den Gegnern eine Frage (unterstrichen durch: »Ich frage euch«). Sie appelliert an den gesunden Menschenverstand und bedarf insofern keiner Antwort. Die Antwort ist klar, wenn auch in bezug auf die bevorstehende Tat Jesu den Gegnern unangenehm. Wendet man die Frage auf den Sabbat an, dann würden auch Pharisäer die Rettung eines Menschen aus Lebensgefahr erlauben (Billerbeck I, 623–629). Der Kranke befindet sich gewiß nicht in Lebensgefahr. Doch Jesus will sagen, daß eine gute Tat (zum Heil eines Menschen) auf jeden Fall erlaubt ist. Ihre Unterlassung würde bedeuten, daß man Böses tut. Weiterhin bedeutet eine Tat der Nächstenliebe, daß man dem wahren Sinn des Sabbatgebotes entspricht.

10–11 Jesus blickt in der Runde auf alle – nach Mk schweigen die Gegner –, als erwarte er deren Antwort. (Nach Mk schaut Jesus »mit Zorn [auf die Pharisäer], betrübt wegen der Verstockung ihres Herzens«.) Dann befiehlt er dem Kranken, seine Hand auszustrecken. Als er das tut, wird die Hand »wiederhergestellt«. Mk 3,6 läßt die Pharisäer daraufhin »hinausgehen« und sich umgehend mit den Herodesleuten zusammentun, um Jesus umzubringen. Lukas läßt hier die Anhänger des Herodes Antipas unerwähnt; er berichtet 13,31 von der Tötungsabsicht des Fürsten selbst. Im ganzen gibt Lukas die Reaktion der Gegner zurückhaltender an (V 11). Sie sind wuterfüllt und beraten, *was* sie Jesus antun können.

Die Auswahl der zwölf Apostel: 6,12–16

12 In diesen Tagen ging er hinaus auf einen Berg, um zu beten. Und er betete die ganze Nacht zu Gott.   13 Als es Tag wurde, rief er seine Jünger zu sich und wählte aus ihnen die zwölf aus, die er Apostel nannte.   14 Es waren Simon, dem er den Namen Petrus gab, und sein Bruder Andreas, dazu Jakobus und Johannes, Philippus und Bartholomäus. 15 Matthäus und Thomas, Jakobus, der (Sohn) des Alfäus, und Simon, den man den Zeloten nannte,   16 Judas, der (Sohn) des Jakobus, und Judas Iskariot, der zum Verräter wurde.

Literatur: Klein: Die zwölf Apostel, 34. – *Schramm:* Markus-Stoff, 113 f. – G. *Schmahl:* Die Berufung der Zwölf im Markusevangelium: TThZ 81 (1972), 203–213. – *Ders.:* Die Zwölf im Markusevangelium, Trier 1974, 43–67.

Mit 6,11 war ein Abschluß erreicht. Die Pharisäer und Schriftgelehrten – sie waren von 5,17 an präsent – haben beraten, wie sie gegen Jesus vorgehen könnten. Nun erzählt Lukas die Apostelwahl und schließt eine Rede an die Apostel, die Jünger und das Volk (6,17–49) an. Da der Evangelist Mk 3,7–12 (Sammelnotizen) zunächst übergeht, stoßen Gegnerschaft (6,11) und Jüngerschaft (6,12–49) kontrastierend aufeinander. Die Wahl der Zwölf (und damit ihr künftiger Auftrag über Israel hinaus, Apg 1,8) erscheint durch die Gegnerschaft der maßgeblichen jüdischen Lehrer motiviert.
Für die Erzählung von der Wahl der Zwölf war der Platz im Gesamtaufriß des Lk durch die Mk-Abfolge gegeben. Doch auch Q wird eine Apostelliste enthalten haben (vgl. Mt 10,1–4), die vor der »Bergpredigt« stand. Jedenfalls ist Lk in 6,(12–13 a)13 b–16 von der Logienquelle (und von Mk 3,13–19) abhängig (Schürmann: Lk 318 f.; Schramm).

12–13 Deutlich ist ein neuer Abschnitt markiert: »Es geschah aber in diesen Tagen« (vgl. 1,5; 2,1). Jesus geht »hinaus auf den Berg« (vgl. Mk 3,13). Lukas fügt hinzu, daß Jesus auf dem Berg beten wollte und »die ganze Nacht im Gebet zu Gott verbrachte« (V 12). Die folgende Wahl wird damit indirekt auf Gott selbst zurückbezogen (vgl. Apg 1,2 über die Erwählung »durch den heiligen Geist«). Als der Tag anbricht, ruft Jesus »seine Jünger« (par Mt 10,1; Mk: »diejenigen, die er selbst wollte«) zu sich. Aus ihrem Kreis wählt er zwölf aus (*eklexamenos*). Mk sagt: er bestimmte zwölf; Mt: er rief die zwölf Jünger herbei. Auch ein anderer Unterschied ist zu beachten. Bei Lk ist die Auswahl der Zwölf aus dem größeren Jüngerkreis berichtet; Mk meint sachlich das gleiche, nennt indessen die Aufgabe des Zwölferkreises – sie sollen zunächst »mit« Jesus sein, dann zur Verkündigung ausgesandt und zur Dämonenaustreibung bevollmächtigt werden –, während Matthäus von der Ausstattung der zwölf Jünger mit Macht über Dämonen und Krankheiten erzählt. Mt 10,2 identifiziert die »zwölf Jünger« (V 1) mit den »zwölf Aposteln«. Dagegen sagt Lk 6,13 b, daß Jesus die zwölf Erwählten »auch Apostel nannte«, ohne freilich den Zeitpunkt dieser Benennung anzugeben. Lukas ist also derjenige unter den Synoptikern, der von einer Ausstattung der Zwölf hier nichts sagt, der aber andererseits die »Erwählung« durch Jesus am deutlichsten hervorkehrt.

14–16 Die Apostelliste beginnt mit Simon; sein »Amtsname« Petrus wird angefügt und die Verleihung durch Jesus erwähnt. Auch hier ist kein Zeitpunkt kenntlich gemacht (*hon kai ōnomasen*). Kein anderer der Zwölf erhält einen Beinamen. Andreas wird (mit Mt) als Bruder des Simon an zweiter Stelle aufgeführt (gegen Mk). Jakobus und Johannes (von 5,10 her bekannt) brauchen nicht mehr als Söhne des Zebedäus vorgestellt zu werden (anders Mk/Mt). Philippus und Bartholomäus folgen (par Mk/Mt). Matthäus steht dann (mit Mk; gegen Mt) vor Thomas. Beim nächsten Paar ist nur Jakobus (Sohn) des Alfäus dreifach bezeugt, während Lukas an zweiter Stelle den »Zeloten« Simon nennt (Mk/Mt: Thaddäus). Beim letzten Paar führt Lk einen »Judas des Jakobus« auf (Mk/Mt: Simon den »Kananäer«; diesen meint Lukas, wenn er *kananaios* als nähere Bestimmung des Simon mit »Zelot« wiedergibt. Dabei denkt er an einen ehemaligen Anhänger der revolutionären Bewegung; vgl. M. Hengel: War Jesus Revolutionär?, Stuttgart 1970). Schließlich (mit Mk/Mt) folgt Judas Iskariot. Der künftige Verräter Jesu steht bei allen Synoptikern an letzter Stelle. Apg 1,13 stimmt mit Lk 6,14–16 insofern (gegen Mk/Mt) überein, als »Simon der Zelot« und »Judas des Jakobus« nicht nur genannt werden, sondern auch (abgesehen von Judas Iskariot) am Ende der Liste stehen. Die Listen nennen neben dem »Felsen«-Namen des erstgenannten Simon übereinstimmend nur bei Judas Iskariot, dem zuletzt aufgeführten, die künftige Rolle. Sie sind also kunstvoll aufgebaut und existierten wohl auch in mündlicher Tradition.

Exkurs (10): Die zwölf Apostel

Literatur (Auswahl): *E. M. Kredel*: Der Apostelbegriff in der neueren Exegese: ZKTh 78 (1956), 169–193, 257–305. – *Klein*: Die zwölf Apostel. – *W. Schmithals*: Das kirchliche Apostelamt, Göttingen 1961. – *B. Gerhardsson*: Die Boten Gottes und die Apostel Christi: SEÅ 27 (1962), 89–131. – *Haenchen*: Apg 122–130. – *J. Roloff*: Apostolat – Verkündigung – Kirche, Gütersloh 1965. – *B. Rigaux*: Die zwölf Apostel: Concilium 4 (1968), 238–242. – *Schürmann*: Lk 314–316. – *R. Schnackenburg*: Apostel vor und neben Paulus (erstmals 1970), in: Schriften zum Neuen Testament, München 1971, 338–358. – *Schneider*: Die zwölf Apostel. – *Schulz*: Stunde der Botschaft, 258–266. – *F. Hahn*: Der Apostolat im Urchristentum: KuD 20 (1974), 54–77. – *G. Schmahl*: Die Zwölf im Markusevangelium, Trier 1974. – *K. Stock*: Boten aus dem Mit-Ihm-Sein. Das Verhältnis zwischen Jesus und den Zwölf nach Markus, Rom 1975.

Kein anderer neutestamentlicher Schriftsteller hat die Idee vom Zwölferapostolat so profiliert wie Lukas. Stärker als Markus (3,14; 6,7.30), die Logienquelle (Lk 6,13 par Mt 10,2; vgl. Lk 22,30 par Mt 19,28) und Matthäus (10,2.5) bringt das lukanische Werk den Kreis der Zwölf mit dem der Apostel zur Deckung. Während Paulus mit der Urkirche die Zwölf von den Aposteln unterscheidet (1 Kor 15,5.7) und einen weiteren Apostelbegriff vertritt, unter den auch er selbst fällt (15,8 f.), versagt Lukas dem Paulus die engere Apostelbezeichnung (Apg 14,4.14 ist wohl als Ausnahme zu betrachten: »Abgesandter einer Gemeinde«). Die Einengung des Apostelbegriffs auf den Kreis der Zwölf hängt bei Lukas damit zusammen, daß er in diesen zwölf Aposteln die »Christuszeugen« der Anfangszeit sieht (1,1; Apg 1,8.21 f.26; 2,14.37). Nur wer von den Anfängen an bis zur Himmelfahrt Jesu *Augenzeuge* des Wirkens, des Sterbens und der Hinaufnahme Jesu war, kann nach dem Geistempfang an Pfingsten bekennender Zeuge der Auferstehung sein (Apg 1,21 f.).

Im Dienste dieser Konzeption von den zwölf apostolischen Zeugen stehen bereits die Apostelaussagen von Lk 6,13–16. Die erwählten Zwölf waren zuvor als Jünger Jesu Zeugen seines Wirkens. Sie sind »Augenzeugen von Anfang an« und als solche zu »Dienern des Wortes« geworden (1,2). Lukas hat den Begriff der »zwölf Apostel« nicht erst geschaffen (gegen Klein). Er hat mit Hilfe des Zeugenbegriffs den geschichtlichen Ablauf insoweit zutreffend berücksichtigt, als er den Zwölferkreis im Wirken des irdischen Jesus begründet sieht, seine apostolische Sendung aber erst mit Pfingsten einsetzen läßt. Die Augenzeugen bedurften der Sendung durch den Auferstandenen (24,47 f.; Apg 1,8) und der »Kraft aus der Höhe« (24,49; Apg 1,8; 2,14). Die geschichtliche Stunde der Konstituierung des Zwölferkreises deutet Lk 6,12–16 im Anschluß an 6,11 vermutlich weniger zutreffend an. Trotz der Bestreitung durch Klein (34–38, 202–210) und Schmithals (58–61, 251 f.) ist aber die These einer vorösterlichen Konstituierung des Zwölferkreises durchaus gerechtfertigt (Gerhardsson 99–105). Während Klein die Herkunft des ntl Apostelbegriffs für ungeklärt hält, will Schmithals ihn – zu Unrecht – aus gnostischen Voraussetzungen ableiten und eine Entstehung in Syrien nachweisen. Für die Entstehung des christlichen Apostelbegriffs ist höchstwahrscheinlich mit mehreren Entwicklungslinien zu rechnen (Hahn 56–61,75). Gegen den vorösterlichen Ursprung der Zwölfergruppe können kaum entscheidende Argumente vorgebracht werden. Die Zwölfzahl verweist auf eine Funktion am Zwölfstämmevolk und dürfte mit einer (vorösterlichen, zeitlich befristeten) Sendung an Israel (Mk 6,7; Lk 9,1–10) zusammenhängen. Zugleich ist wahrscheinlich, daß sich Jesus die Zwölf als »nachfolgetreuen Jüngerkreis« erst sicherte, nachdem nicht nur beim Volk, sondern auch im Jüngerkreis Zweifel an Gültigkeit und Erfolg seiner Botschaft aufkamen (A. Vögtle in: LThK X, 1444). Wenn Lukas die Zeit der Apostel mit dem »Apostelkonzil« zu Ende gehen läßt (Apg 15,23; 16,4), unterstreicht er die Einmaligkeit und Unwiederholbarkeit des Zwölferapostolats. In seine Funktion tritt – soweit diese weiterbesteht – vor allem Paulus, indem er »die Verordnungen« der Apostel seinen heidenchristlichen Gemeinden zur Befol-

gung überbringt (Apg 16,4). Nur für den Verräter Judas wurde ein Ersatzmann bestellt, um die Zwölfzahl wieder vollzumachen. Als Jakobus getötet wurde (Apg 12,2), hat man keinen Augenzeugen mehr in sein Apostelamt eintreten lassen.
Die Apostel werden in der vorösterlichen Zeit als Glaubende vorgestellt (5,4-6). Sie bitten jedoch um »Mehrung« ihres Glaubens (17,5). In der Versuchungszeit soll Simon Petrus die »Brüder« im Glauben stärken (22,31f.). Die Apostel fliehen angesichts der Passion Jesu nicht (im Unterschied zu Mk 14,50), sondern bleiben in Jerusalem (24,10). Die apostolischen »Zeugen«, deren Wortverkündigung in der Kirche weiterlebt, verbürgen nach Lukas die Zuverlässigkeit der kirchlichen Verkündigung (1,1-4).

Andrang des Volkes: 6,17–19

17 Jesus stieg mit ihnen den Berg hinab. In der Ebene blieb er mit einer großen Schar seiner Jünger stehen, und viel Volk aus ganz Judäa und Jerusalem und dem Küstengebiet von Tyrus und Sidon 18 strömte herbei. Sie alle wollten ihn hören und von ihren Krankheiten geheilt werden. Auch die von unreinen Geistern Geplagten wurden geheilt.
19 Alle Leute versuchten, ihn zu berühren; denn es ging eine Kraft von ihm aus, die alle heilte.

Literatur: L. E. Keck: Mark 3,7-12 and Mark's Christology: JBL 84 (1964), 341-358. – *W. Egger*: Die Verborgenheit Jesu in Mk 3,7-12: Bib 50 (1969), 466-490. – *Schramm*: Markus-Stoff, 113f.

Der im Stil eines Sammelberichts gehaltene Übergangsabschnitt entspricht dem von Lukas zunächst übergangenen Stück Mk 3,7-12, verdankt aber seine Eigenart dem Einfluß einer Traditionsvariante, die schon 6,12-16 erkennbar wurde. Von 6,20 an folgt Lukas allein der Logienquelle. Die »Umstellung« gegenüber Mk 3,7-12.13-19 in Lk 6,12-16.17-19 hängt also mit dem Übergang von Mk zu einer anderen führenden Quelle zusammen (vgl. F. Neirynck: EThL 49 [1973], 784-815).

17 Jesus steigt mit den erwählten Zwölf vom Berg herab in die »Ebene«. Von daher wird die lukanische Jüngerrede aus Q herkömmlicherweise »Feldrede« genannt (6,20-49). Jesus steht mit den »Aposteln« in der Ebene; um ihn herum ist eine große Schar von »Jüngern« und »eine große Menge Volkes«. Die Zwölf als Begleiter Jesu stehen den Jüngern und dem Volk gegenüber. Zugleich aber scharen sich alle gewissermaßen in konzentrischen Kreisen um Jesus herum – ein Bild der Kirche und ihrer »Struktur« (vgl. Grundmann: Lk 138). Im Volk aus ganz Judäa und Jerusalem, ja aus dem Randgebiet von Tyrus und Sidon ist die zu missionierende Welt aus Juden und Heiden angedeutet.

18–19 Nicht weil sie von Jesus gehört hatten (so Mk 3,9), kamen die Volksscharen, sondern weil sie Jesus hören und geheilt werden wollten. Die mk Situationsangabe vom Andrang am See und dem Ausweichen Jesu auf ein Boot (Mk 3,7–9) kann Lukas übergehen. Die Erwartung des Volkes wird darin »verleiblicht«, daß man Jesus anzurühren sucht (V 19a par Mk). Lukas erklärt: »denn eine Kraft ging von ihm aus und heilte alle« (V 19b). Mk 3,11f. kann er übergehen, da V 18 die Besessenen einbezog und das Schweigegebot an die Dämonen schon 4,34f. berichtet war. »Und heilte alle« steht betont am Ende. Von der Heilungstätigkeit des »Arztes« Jesus (*iatros*: 4,23; 5,31) berichtet Lukas besonders nachdrücklich (*iaomai*: 5,17; 6,17; 7,7; 8,47; 9,11.42; 14,4; 17,15; 22,51; Apg 9,34; 10,38). Die Schlußbemerkung ist für das Verständnis der folgenden Rede wichtig. Die Weisungen von 6,27–45 sind als Forderung an solche zu lesen, die Jesu Wort hören wollen (6,18) und denen das Heil bereits zugesprochen (6,20b–23) ist (vgl. Schürmann: Lk 322).

2. Die fundamentale Unterweisung der Jünger (»Feldrede«): 6,20–49

Literatur: H. *Windisch:* Der Sinn der Bergpredigt, Leipzig (1929) ²1937. – Th. *Soiron:* Die Bergpredigt Jesu, Freiburg (1941) ²1944. – W. *Grundmann:* Die Bergpredigt nach der Lukasfassung, in: Studia Evangelica I, Berlin 1959, 180–189. – H. W. *Bartsch:* Feldrede und Bergpredigt. Redaktionsarbeit in Luk. 6: ThZ 16 (1960), 5–18. – H. *Kahlefeld:* Der Jünger. Eine Auslegung der Rede Lk 6,20–49, Frankfurt 1962. – W. D. *Davies:* The Setting of the Sermon on the Mount, Cambridge 1964; ders.: Die Bergpredigt (engl. Original 1966), München 1970. – G. *Eichholz:* Auslegung der Bergpredigt, Neukirchen 1965. – H. *Schürmann:* Die Warnung des Lukas vor der Falschlehre in der »Predigt am Berge« Lk 6,20–49 (erstmals 1966), in: TrU 290–309. – *H.-Th. Wrege:* Die Überlieferungsgeschichte der Bergpredigt, Tübingen 1968. – *Dupont:* Les Béatitudes I–III. – G. *Schneider:* Botschaft der Bergpredigt (Aschaffenburg 1969), Leipzig ²1973.

Die Redekomposition 6,20-49 hat dem Evangelisten im wesentlichen bereits vorgelegen, und zwar im Anfangsteil der Logienquelle. Mt 5-7 (die Bergpredigt) hat nicht nur zu jedem Einzelstück der lukanischen Rede (abgesehen von den Weherufen Lk 6,24-26) eine Parallele. Die mt Parallelstücke haben auch die Reihenfolge der lukanischen Entsprechungen (Mt 5,3-12.39-48; 7,1-5.12.15-27), wenngleich der Evangelist Matthäus den Grundriß der aus Q übernommenen Rede mit anderem Stoff der gleichen Quelle auffüllte. Da Matthäus auch sonst den vorgefundenen Stoff systematisch-thematisch neuordnete, insbesondere in größeren »Reden«, ist für unseren Text anzunehmen, daß er das auch hier tat. Lukas hingegen hat die Rede in ihrem Grundbestand so belassen, wie er sie in Q vorfand. (Zur Traditionsgeschichte vgl. die Einzelabschnitte, zur Theologie den Exkurs 11.)

Seligpreisungen und Weherufe: 6,20-26

20 Er richtete seine Augen auf seine Jünger und sagte:

Wohl euch, ihr Armen; denn euch gehört das Reich Gottes.
21 Wohl euch, die ihr jetzt hungert; denn ihr werdet satt werden.
Wohl euch, die ihr jetzt weint; denn ihr werdet lachen.
22 Wohl euch, wenn euch die Menschen hassen und aus ihrer Gemeinschaft ausschließen, wenn sie euch beschimpfen und euren Namen verächtlich machen um des Menschensohnes willen. – 23 Freut euch und tanzt, wenn das geschieht; denn seht, euer Lohn im Himmel wird groß sein. Ebenso haben ihre Väter die Propheten behandelt.

24 Aber weh euch, die ihr reich seid; denn ihr seid bereits getröstet.
25 Weh euch, die ihr jetzt satt seid; denn ihr werdet hungern.
Weh euch, die ihr jetzt lacht; denn ihr werdet jammern und weinen.
26 Wehe, wenn euch alle Menschen loben; denn ebenso haben ihre Väter die falschen Propheten behandelt.

Literatur: G. Braumann: Zum traditionsgeschichtlichen Problem der Seligpreisungen Mt V, 3-12: NT 4 (1960), 253-260. – *E. Neuhäusler*: Anspruch und Antwort Gottes, Düsseldorf 1962, 141-169. – *S. Agouridès*: La tradition des Béatitudes chez Matthieu et Luc, in: Mélanges Bibliques (FS f. B. Rigaux), Gembloux 1970, 9–27. – *H. Frankemölle*: Die Makarismen: BZ 15 (1971), 52–75. – *G. Strecker*: Die Makarismen der Bergpredigt: NTS 17 (1970/71), 225–275. – *Dupont*: Les Béatitudes I–III. – *Schulz*: Spruchquelle, 76–84, 452–457. – *E. Schweizer*: Formgeschichtliches zu den Seligpreisungen Jesu: NTS 19 (1972/73), 121–126. – *G. Schwarz*: Lukas 6,22a.23c.26: ZNW 66 (1975), 269–274.

Die Seligpreisungen (Makarismen) 6,20b–23 und die Weherufe 6,24–26 stehen sich wie zwei Strophen gegenüber. Das *makarioi* der Makarismen, das an die Jünger (20a) gerichtet ist, wird nicht mit »selig«, sondern mit »wohl euch« wiedergegeben (entsprechend dem »weh euch«). (Zur Vorgeschichte der Seligpreisungen als »Form« im AT vgl. H. Cazelles in: ThWAT I, 481–485.) Die Vierzahl der Seligpreisungen hat Lukas schon in Q vorgefunden; erst Matthäus hat die Zahl erhöht (mit Schürmann: Lk 336; Frankemölle; gegen Soiron 128–130). Trotzdem bilden die drei ersten Makarismen formal wie inhaltlich eine Einheit, während VV 22f. wie ein Nachtrag erscheinen. Den Jüngern als Armen, Hungernden und Weinenden (20b.21) wird um des künftigen Reich-Gottes-Besitzes willen jetzt schon die Seligpreisung zugesprochen. Als solche, denen Haß und Ausschluß aus der Gemeinschaft widerfahren (22f.), werden sie wegen des himmlischen Lohnes jetzt schon seliggepriesen. Die Weherufe sind nicht an Reiche, Satte und Lachende an sich gerichtet (24f.), sondern an die außerhalb der Jüngergemeinde Stehenden, weil ihnen das künftige Unheil droht. Im Unterschied zu den verachteten Jüngern Jesu erfahren sie das Lob der Allgemeinheit (26). Da die vier Weherufe (an dieser Stelle) bei Matthäus fehlen (vgl. aber Mt 23,13–36), ist anzunehmen, daß dieser Evangelist sie überging (mit Schürmann: Lk 336,339; Frankemölle; gegen Dupont I, 299–342; Lührmann: Logienquelle, 54). Lukas hätte sie in diesem Fall schon in der Logienquelle (an der heutigen Stelle) vorgefunden. Bei Lukas korrespondiert die Anredeform der Makarismen derjenigen der Weherufe (»wohl euch« – »weh euch«), während Mt 5,3–10 Aussagen in der dritten Person bietet (»selig sind ...«). Dadurch schuf Matthäus einen »Tugendkatalog«, der die Anrede- und Zuspruch-Form der Logienquelle aufgibt (mit den Lk-Kommentaren von Rengstorf, Grundmann, Schürmann; gegen Dupont I, 272–298, der die mt Form für ursprünglich hält). Im Zusammenhang mit der Umwandlung der Anredeform in die lehrhafte Fassung einer Tugendtafel konnten die Weherufe als unpassend empfunden und weggelassen werden. Da sich auch im übrigen die Differenzen zwischen Mt und Lk aus dem schriftstellerischen Bemühen beider Evangelisten erklären, ist die Hypothese der Benutzung einer jeweils verschiedenen Q-Version (Wrege, Agouridès, Strecker) methodisch nicht notwendig und außerdem nicht überzeugend anwendbar (Dupont: Béatitudes I, 344; III, 12f.).

20a Schon in Q war die folgende Rede an die »Jünger« Jesu gerichtet (Mt 5,1 f.). Sie sind (neben den »Aposteln« und der »Volksmenge«, Lk 6,17) die eigentlichen Adressaten auch für den Evangelisten. Es handelt sich näherhin um eine »hörbereite« Gemeinde (6,17f), in der sich die christliche Gemeinde des Evangelisten wiederfinden soll. Die Apostel können dabei auf die »Amtsträger«, das »Volk« kann auf die noch nicht für Christus gewonnene Menschheit gedeutet werden.

20b.21 Die drei ersten Makarismen sind als Einheit zu verstehen. Der Anklang an Jes 61,1–3 läßt Jesus als Botschafter des Heils auftreten; zugleich wird die Jüngerexistenz als notvoll charakterisiert. Doch in dieser Situation (vgl. »jetzt«) preist Jesus die Jünger selig. Damit ist die Künftigkeit des Heils nicht aufgegeben. Doch die identische Gruppe der Armen, Hungernden und Weinenden wird jetzt schon glücklich gepriesen, nicht wegen der Not, sondern weil sie Jesusjünger sind. Deswegen trifft es zwar nicht zu, daß Lukas sozial Deklassierte gepriesen sein läßt (vgl. VV 22 f.). Doch handelt es sich um wirklich Arme (hingegen Mt: Arme »im Geist«). Ihre Situation wird durch das korrespondierende »Wehe« über die Reichen verdeutlicht. Der Reiche hat seinen Trost schon; der Arme erwartet ihn vom kommenden Leben der Gottesherrschaft. Entsprechend erhofft der Jünger als Hungernder und Weinender (Mt: Hungernde »nach Gerechtigkeit«; Trauernde) das Heil als himmlische Gabe (V 23). Von den drei ersten Makarismen kann wohl am ehesten der Weg zu Jesus selbst und seinem Verständnis derselben gefunden werden. Jesus hat die Preisungen als eschatologischer Bote den Bedrängten als solchen zugesprochen, die das Heil ausschließlich von Gott erwarten (Bornkamm: Jesus, 69).

22–23 Der sekundär (aber schon vorlukanisch) angefügte Makarismus der von den Außenstehenden Gehaßten erhält seine besondere Aktualität in der (für Lukas schon zurückliegenden) Verfolgungszeit der Jüngergemeinde. Er kann auf Jesus zurückgehen, weil man nicht ausschließen darf, Jesus habe den Seinen Verfolgungen vorhergesagt. Die konkrete Formulierung läßt schon in Q eine akute

Verfolgungssituation erkennen. »Wenn sie euch hassen« meint ebenso wie »wenn sie euch ausschließen« den bevorstehenden Fall, nicht die bloße Möglichkeit (vgl. zu *hotan* im Unterschied zu *ean* Zahn: Lk 287, Anm. 48). Der Haß der Menschen wird sich steigern bis zum Ausschluß aus der Synagogengemeinschaft, der unter Beschimpfung und Schmähung erfolgt. Nur Mt 5,11 spricht formell von »Verfolgung« (im Anschluß an V 10). Was die Jünger an gesteigertem Haß erfahren, wird ihnen »um des Menschensohnes willen« (Mt: »meinetwegen«) zugefügt. Die Nennung des Menschensohnes geht hier auf Q zurück. Hinter der Formulierung dürften »verschiedene Umformungen der traditionellen Aussage« stehen (Hoffmann: Logienquelle, 182). An den »kommenden Menschensohn« (so Hoffmann, ebd.) ist kaum gedacht, da »um des Menschensohnes willen« nicht die Leidensgesinnung der Jünger, sondern das Verfolgungsmotiv der Gegner angibt. – Am Tag des Ausgestoßenwerdens sollen sich die Jünger freuen; gegenwärtige Freude (Freudenfest mit Tanz) ist wegen des künftigen Lohnes geboten. Der abschließende V 23c stellt das Leiden der Verfolgten in den heilsgeschichtlichen Zusammenhang. So muß es den Propheten (einschließlich Jesus) ergehen. Die Verfolgung der Propheten wird von Lukas nicht einfach früheren Generationen zugeschrieben, sondern den Vätern der gegenwärtigen Verfolger (*hoi pateres autōn*); »ihre Väter« (vgl. auch V 26) kennzeichnet die Geschiedenheit von den Juden.

24–26 Die Weherufe stellen zugleich Unheilsverheißungen dar. Im vorliegenden Kontext sind sie (gegen Stöger: Lk I, 175) mehr als ein »Warnruf, der aufschrecken, zu Umkehr und Besinnung rufen will«. Das »Wehe« gilt den außerhalb der Jüngerschaft Bleibenden, den Außenstehenden, schon jetzt, und zwar um des künftigen Unheils willen. Die Struktur der Rufe entspricht der der Makarismen. Die Jesusjünger als Zuhörer sollen wissen: Wir sind dem kommenden Unheil entronnen. Die Deutung kann sich auf die entsprechenden Seligpreisungen beziehen. Die drei ersten »Wehe« gehören sachlich eng zusammen; sie gelten den Reichen, Satten und Lachenden. Bei der eschatologischen Wende gehen diese leer aus, sie werden hungern und klagen. V 26 entspricht dem sekundär angefügten Makarismus der Gehaßten (VV 22 f.), verheißt allerdings formell keine Vergeltung. Das hat wohl seinen Grund darin, daß man es ja nicht verhindern kann, wenn man gelobt wird (wörtlich: »wenn euch alle Menschen schönreden«). Schon den Lügenpropheten der Vorzeit haben die Väter Beifall gespendet. Damit ist den Reichen und Machtbewußten hinreichend klargemacht, in welcher Rolle sie sich befinden. Die Lügenpropheten waren nicht nur beim Volk beliebt (Jer 5,31; Mich 2,11; Apg 8,9–11), sondern redeten auch den Leuten nach dem Mund (Jes 30,10f.; Jer 6,14; 8,11; 14,13; 23,16f.). Beides bedingt einander. Gerade der Vergleich mit den Falschpropheten läßt erkennen, welche »Front« die Weherufe beziehen. Lukas denkt offensichtlich an Falschlehrer (6,39f.), denen man gerne Habsucht und Schmeichelrede vorwarf (vgl. 1 Thess 2,5f.; 2 Tim 3,1–9).

Von der Liebe zu den Feinden: 6,27–36

27 Euch aber, die ihr mir zuhört, sage ich: Liebt eure Feinde, tut denen Gutes, die euch hassen. 28 Segnet die, die euch verfluchen. Betet für die, die euch bedrohen. 29 Dem, der dich auf die eine Backe schlägt, halt auch die andere hin, und dem, der dir den Mantel wegnimmt, laß auch das Hemd. 30 Gib dem, der dich bittet, und wenn dir jemand etwas wegnimmt, verlang es nicht zurück. 31 Was ihr von anderen erwartet, das tut ebenso für sie! 32 Wenn ihr nur die liebt, die euch lieben, welchen Dank wollt ihr dafür erwarten? Auch die Sünder lieben die, von denen sie geliebt werden. 33 Und wenn ihr nur denen Gutes tut, die euch Gutes tun, welchen Dank wollt ihr dafür erwarten? Das tun auch die Sünder. 34 Und wenn ihr nur denen etwas leiht, von denen ihr es zurückzubekommen hofft, welchen Dank wollt ihr dafür? Auch die Sünder leihen Sündern in der Hoffnung, alles zurückzubekommen. 35 Ihr aber sollt eure Feinde lieben und Gutes tun und leihen, auch wo ihr nichts dafür erhoffen könnt. Dann wird euer Lohn groß sein, und ihr werdet Söhne des Höchsten sein; denn er ist gütig auch gegen die Undankbaren und Bösen. 36 Werdet barmherzig, wie euer Vater barmherzig ist!

Literatur: W. C. van Unnik: Die Motivierung der Feindesliebe in Lukas VI, 32–35: NT 8 (1966), 284–300. – *D. Lührmann*: Liebet eure Feinde (Lk 6,27-36/Mt 5,39-48): ZThK 69 (1972), 412–438. – *Schulz*: Spruchquelle, 120–141. – *G. Schneider*: Die Neuheit der christlichen Nächstenliebe: TThZ 82 (1973), 257–275. – *L. Schottroff*: Gewaltverzicht und Feindesliebe in der urchristlichen Jesustradition, in: Jesus Christus in Historie und Theologie (FS f. H. Conzelmann), Tübingen 1975, 197–221.

Der zwischen den einleitenden Makarismen und Weherufen (6,20–26) und dem Schlußgleichnis (6,46–49) stehende Haupt- und Mittelteil der Rede (6,27–45) beginnt nachdrücklich mit dem Liebesgebot Jesu (6,27–36), das als Forderung der Barmherzigkeit nach dem Vorbild Gottes (VV 35.36) ausgelegt wird. Matthäus hat den letzteren Abschnitt im Zusammenhang mit der Antithesenbildung in zwei thematische Antithesen geteilt und dabei Stoff umgestaltet (Mt 5,38–42: Verbot der Wiedervergeltung; 5,43–47: Gebot der Feindesliebe); doch steht auch bei ihm das Gebot der Nachahmung des (himmlischen) Vaters am Ende (5,48 par Lk 6,36). Erst nach der positiven Darstellung des Liebesgebotes erörtert die Rede (in Q und) bei Lukas reflektiert und kritisch das Gebot des Herrn im Verhältnis zu möglichen anderen Verhaltensweisen (6,37–45).

Abgesehen von der Einleitungsformel in V 27a ist der Abschnitt so gegliedert, daß am Anfang das Gebot der Feindesliebe steht (27b), das sogleich mehrfach konkretisiert wird (27c–30). Dem schließt sich die »Goldene Regel« an (31). Dann setzt eine zweite »Strophe« ein, die den Gegenseitigkeitsgrundsatz der »Sünder« hinsichtlich der Liebe durchbricht (32–34). Am Anfang steht die auf die Liebe bezogene (allgemeine) Frage. Dann folgen konkrete Fälle der Verwirklichung (Gutes tun; leihen). Den Abschluß des Teilstückes bildet, zu V 27 zurückkehrend, das erneut genannte Gebot der Feindesliebe, nun motiviert mit der Verheißung großen Lohnes und der Gotteskindschaft (35). Die Forderung, barmherzig zu sein nach dem Vorbild des »Vaters« (36), ist eng auf »Söhne des Höchsten« in V 35 bezogen. Mit ihr ist das Gebot der Liebe nicht nur im Willen Jesu begründet (27a.b) und »sozial« motiviert (31), sondern letztlich im gütigen und barmherzigen Wesen Gottes grundgelegt.

27–31 Jesus wendet sich – nach den Weherufen über die Reichen und Geachteten – wieder denen zu, die ihm bereitwillig zuhören, also den Jüngern (vgl. V 18). Das Gebot der Feindesliebe wird nur ihnen gesagt. Es ist offenbar nur den Jüngern verstehbar und spricht in eine Situation hinein, in der die Jünger »Feinde« haben, die sie »hassen«. Nicht primär der Feind des einzelnen ist gemeint, sondern der der Jüngergruppe (V 27). Ihre Feinde sollen die Jünger *lieben*, denen, die sie hassen, *Gutes tun*. Denen, die ihnen fluchen, müssen sie mit *Segen* antworten, denen, die sie bedrohen, mit dem fürbittenden *Gebet* helfen. Damit ist, wie Mt 5,38 interpretiert, das »Aug um Auge, Zahn um Zahn« überwunden. Matthäus hat insbesondere die bei Lukas nun folgenden Konkretisierungen des Liebesgebots aufgegriffen, in denen die äußere Tat als Modell angeführt wird.

In den Beispielen der VV 29f. ist der einzelne angesprochen. Er soll die andere Backe hinhalten, sogar das Hemd überlassen (V 29), ohne

Anspruch auf Erstattung schenken und auf die Rückgabe ihm weggenommener Dinge verzichten (V 30). Die Durchbrechung des antiken Vergeltungsprinzips wird dann – zugleich für Außenstehende begreiflich – mit der positiv formulierten Goldenen Regel auch »rational« verständlich gemacht (zur positiven Fassung der Regel siehe Schneider: Neuheit, 267–271). Sie ist pluralisch formuliert (V 31). So lenkt sie wieder zum Liebesgebot (V 27b) zurück und ist dessen allgemeinverständliche »Fassung«, die außerdem von gesetzlicher Kasuistik unabhängig macht.

32–35 Nun wird in einem neuen Ansatz das Gebot der Feindesliebe von der Moral der »Sünder« abgehoben (Mt 5,47: der »Heiden«). Wer Liebe nur als Gegenleistung kennt, kann für seine Liebe keinen »Dank« (Mt: Lohn) von Gott erwarten. Solche gemessene und beschränkte Liebe kennen auch die Sünder. Ebenso ist es mit dem gegenseitigen Gutestun. VV 32 f. zeigen wie V 27b, daß Liebe sich als Gutestun erweist und nicht bloße »Gesinnung« ist. Die dritte negative Anfrage (V 34) entspricht V 30; die Antwort auf diese Frage unterstreicht noch einmal, daß die Sünder Gleiches erwarten, wie sie mit Gleichem zu vergelten pflegen. War inzwischen der Gedankengang von der Feindesliebe (VV 27–30) zur allgemeinen schenkenden Menschenliebe übergegangen (VV 31–34), so lenkt er mit V 35 wieder zum Thema Feindesliebe zurück und ordnet die Beispiele der VV 32–34 (Liebe, Gutestun, Leihen) jetzt unter die Forderung der allgemeiner verstandenen Feindesliebe ein: Der Jünger soll vom Mitmenschen nichts zurückerhoffen, wenn er Liebestaten vollbringt. Sein »Lohn wird groß sein«. Der künftige Lohn wird nicht beschrieben. Doch läßt der folgende Versteil erkennen, daß die Verheißung, Söhne Gottes zu sein, mit dem Lohn zusammengehört und diesen vielleicht ausmacht. Denn die Zusage Jesu bedeutet nicht nur: Wer Feindesliebe übt, gleicht dem gütigen Gott, der auch gegenüber Undankbaren und Bösen seine Güte walten läßt. Die Zusage bezieht sich auf die eschatologische Einsetzung in die »Sohnschaft« (vgl. Röm 8,14 f.; Gal 4,5 f.). In diesem Sinn hat Mt 5,9 die Verheißung gedeutet und sie als Seligpreisung den »Friedensstiftern« zugesprochen.

36 Der abschließende – und zugleich zu 6,37 f. überleitende – Satz enthält in der mt Parallele die Aufforderung zur »Vollkommenheit« (Mt 5,48: *esesthe teleioi*). Lukas bezeugt eine Fassung, die eindeutiger als Forderung verstanden werden muß (*ginesthe*), und zwar verlangt sie »Barmherzigkeit« entsprechend der Barmherzigkeit des (himmlischen) Vaters. Bei Lukas schließt sich der Satz, der übrigens an die atl Heiligkeitsforderung (Lev 19,2) anknüpft, logisch an die Zusage der Sohnschaft in V 35 b an. Er motiviert die Forderung mit der eschatologischen Zusage und interpretiert zugleich die Feindesliebe (V 35 a) als Barmherzigkeit nach dem Vorbild Gottes. In Gottes Barmherzigkeit ist gleichfalls das Prinzip adäquater Vergeltung überwunden. Darin liegt nach dem Kontext der Vergleichspunkt. Und es wäre falsch, die Feindesliebe als gnädig herablassende Tat eines sittlich Überlegenen zu begreifen.

Vom Richten: 6,37–42

37 Richtet nicht, dann werdet auch ihr nicht gerichtet werden. Verurteilt nicht, dann werdet auch ihr nicht verurteilt werden. Erlaßt einander (die Schuld), dann wird auch euch (die Schuld) erlassen werden.   38 Gebt, dann wird auch euch gegeben werden. In reichem, vollem, gehäuftem, überfließendem Maß wird man euch beschenken; denn nach dem Maß, mit dem ihr meßt und zuteilt, wird auch euch zugeteilt werden.
39 Er gebrauchte auch einen Vergleich: Kann ein Blinder einen Blinden führen? Werden nicht beide in die nächste Grube fallen?   40 Der Jünger ist nicht mehr als sein Meister; wenn er aber alles gelernt hat, wird er wie sein Meister sein.
41 Warum siehst du den Splitter im Auge deines Bruders, aber den Balken in deinem Auge beachtest du nicht?   42 Wie kannst du zu deinem Bruder sagen: Bruder, laß mich den Splitter aus deinem Auge herausziehen – während du den Balken in deinem eigenen Auge nicht siehst? Du Heuchler! Zieh zuerst den Balken aus deinem Auge; dann kannst du versuchen, den Splitter aus dem Auge deines Bruders herauszuziehen.

Literatur: Schulz: Spruchquelle, 146–149, 449–451, 472–474.

VV 37 f. bilden insofern eine Einheit, als sie in doppelter Weise darlegen, wie der Jünger im Blick auf das gütige und barmherzige Wesen Gottes (vgl. VV 35 f.) Nächstenliebe verwirklichen soll: im Erlassen der Schuld und im reichlichen Schenken. Das einleitende Gebot, nicht über den Mitmenschen zu richten, führte – schon vorlukanisch – zur Anfügung des Vergleichs mit dem Blinden (V 39) und des Wortes vom Splitter und Balken im Auge (V 41). Damit wird wieder auf das Verbot des »Richtens« hingelenkt. Nicht nur das Wort vom »Bruder« (VV 41 f.) zeigt, daß der Abschnitt nicht mehr die Feindesliebe im Auge hat, sondern die innerhalb der Gemeinde gebotene »Bruderliebe« meint.

VV 37 f. haben in Mt 7,1 f. ihre (kürzere) Parallele, V 39 steht par Mt 15,14 und V 40 par Mt 10,24 f. Es ist zu vermuten, daß Lukas die Zusammenstellung der Logienquelle bewahrte. Die VV 41 f. entsprechen fast wörtlich Mt 7,3–5. Der gesamte Abschnitt stellt das Nicht-Richten über den Mitmenschen unter den Gesichtspunkt der Barmherzigkeit, jetzt aber nicht, indem zur Nachahmung Gottes aufgefordert würde (vgl. V 36), sondern so, daß der Barmherzige das barmherzige Gericht Gottes erwarten darf.

37–38 Das Verbot des Richtens meint keine richterlichen Akte, sondern bezieht sich auf das den Bruder kritisierende Urteil. Wer, statt zu verurteilen, Vergebung übt, erfährt im Gericht Gottes Vergebung (V 37). Wer anderen gibt, wird von Gott – wieder ist an die Vergeltung im Gericht gedacht – überreich beschenkt (V 38). Die passivischen Formulierungen haben unausgesprochen Gott zum handelnden Subjekt. Das entspricht der jüdischen Redeweise über Gott (vgl. auch »man wird euch beschenken«).

39–40 Die Einleitungsformel (wohl von Lukas formuliert; vgl. 5,36), bedeutet einen gewissen Einschnitt. Der Vergleich mit dem Blinden, der keinen Blinden führen kann, leitet (mit den Stichworten »Führen« bzw. »Blinder«) zu den folgenden Worten vom »Meister/Lehrer« (V 40) bzw. vom »Auge« (VV 41 f.) über. Neben der Stichwortverbindung läßt sich ein Gedankengang ausmachen, wenngleich die Umstellung des Matthäus vermuten läßt, daß er diesen nicht zu erkennen meinte (gegen Schmid: Lk 138). Das Bild vom Blinden will nicht die Blindheit der Gemeindeglieder behaupten. Es betont die Notwendigkeit eines »sehenden« Führers (*hodēgeō* meint den, der einem den »Weg« weist, indem er ihn vorausgeht; vgl. Apg 8,31 in der Frage des Äthiopiers an Philippus). Der Jünger/Schüler ist nicht über dem Meister/Lehrer, wird (auslegend?) angefügt (V 40a). Dabei ist nach dem lukanischen Kontext (wie nach dem in Q) der Jesusjünger im Verhältnis zu seinem »Meister« Jesus gemeint. Aber man darf nicht übersehen, daß V 40 wie V 39 zunächst eine allgemeine Erfahrung wiedergibt. Im (rabbinischen) Schulbetrieb kann selbst der beste Schüler nur Rabbi werden, wie es der Lehrer ist (vgl. Mt

10,24f.). Da die beiden Verse im Kontext von Gemeindeweisungen stehen, ist wohl an den Jünger gedacht, der sich zum Wegführer der Gemeinde aufschwingen und dabei in seinen ethischen Forderungen über die des Meisters Jesus hinausgehen will (vgl. Schürmann: Lk 368f.). Diesem würde dann gesagt, daß er »blind« ist. Auch vom Gemeindelehrer gilt, daß er »wie der Meister« Jesus zu sein hat. Die Forderung der Liebe ist die »höchste« Forderung Jesu. An ihr hat sich nicht nur die brüderliche Zurechtweisung, sondern auch die Lehre in der Gemeinde zu orientieren. Möglicherweise hat Lukas in V 40 »geradezu das Prinzip für seine Paulusdarstellung in der Apg« gefunden (Radl: Paulus und Jesus, 366).

41–42 Der Jesusjünger darf bei der brüderlichen Zurechtweisung nie vergessen, daß er selber unvollkommen ist (vgl. Gal 6,1). Erst wer seine eigenen Fehler überwindet, kann den »Versuch« einer Zurechtweisung des Bruders unternehmen. Wer den Bruder kritisiert, über ihn zu Gericht sitzt (V 37), ist ein Heuchler. Da abschließend die Selbstkritik als die eigentliche Forderung betont wird (V 42b), ist unterstellt, daß es dem selbstkritischen Jünger gar nicht mehr möglich sein wird, den »Bruder« zu kritisieren. Die Mahnung gilt offensichtlich für das Verhalten von Gemeindegliedern untereinander. Wahrscheinlich hat Lukas auch hier Christen seiner Zeit im Auge, die nicht nur mit ihrem Lehranspruch (VV 39f.), sondern auch mit dem Anspruch moralischer Überlegenheit die Gemeinde kritisieren und ihr Lehrer sein wollen.

Warnung vor falschen Lehrern: 6,43–45

43 Es gibt keinen guten Baum, der schlechte Früchte hervorbringt, noch einen schlechten Baum, der gute Früchte hervorbringt. 44 Jeden Baum erkennt man also an seinen Früchten. Von den Disteln pflückt man keine Feigen, und vom Dornstrauch erntet man keine Trauben. 45 Ein guter Mensch bringt aus dem guten Schatz seines Herzens Gutes hervor; und ein böser bringt aus dem bösen Böses hervor. Wovon das Herz voll ist, davon spricht der Mund.

Literatur: E. Lohmeyer: Von Baum und Frucht: ZSTh 9 (1931/32), 377–397. – *H. Sahlin*: Zwei Lukas-Stellen. Lk 6,43–45; 18,7, Uppsala 1945. – *Schulz*: Spruchquelle, 316–320.

Nachdem schon 6,39–42 implizit auf die Falschlehrer bezogen war, wird die Kritik an diesen nun »pragmatisch« vorgetragen. Die falschen Lehrer werden vom »Erfolg« her beurteilt. Sie waren 6,39–42 doppelt charakterisiert. Nun wird die Gemeinde vor ihnen gewarnt (vgl. Schürmann: Die Warnung, 298–303). Die Auswirkung entlarvt den Lehrer wie die Frucht den Baum. Der Abschnitt stellt eine Kette von Sprüchen dar: 43–44a.44b.45. Zwei Bildworte, das vom Baum und seinen Früchten sowie das von den Disteln, finden in V 45 ihre Anwendung. Wiederum hat Matthäus die beiden Bildworte anders plaziert. Das Wort vom Baum und seinen Früchten findet sich auch Mt 12,33–35 (vgl. 7,17–20), das von den Disteln nur in der Bergpredigt (Mt 7,16), wo es vor dem vom Baum (7,17–20) steht. Matthäus spricht 7,15 ausdrücklich aus, daß er die Bildworte auf »die Falschpropheten« bezieht, um vor ihnen zu warnen. Die Logienquelle hingegen hatte eher die pharisäischen Lehrer im Auge.

43–44 Der erste Spruch (V 43) ist ursprünglich auf gute und schlechte Bäume der gleichen Art bezogen, von denen die einen gute, die anderen ungenießbare Früchte hervorbringen. Erst mit V 44a wird zu einem anderen Verständnis übergeleitet, wenn es heißt: Man erkennt einen jeden Baum an seiner eigenen Frucht. Dieser Satz paßt begründend und resümierend zu V 43, aber auch zu V 44b. Dort ist an verschiedene »Arten« gedacht: Disteln, Feigen, Dornsträucher und Weinreben. Der Nachdruck liegt auf der inferioren Art (Disteln, Dornen), von der man keinen besseren Ertrag (überhaupt keine eigentlichen Früchte wie Feigen oder Trauben) erwarten darf. Die beiden Bildworte V 43 und V 44b sollten wohl ursprünglich (und noch in Q?) *Kriterien* für Falschlehrer angeben und sahen diese in den Taten und Worten dieser Leute. Lukas will eher diese Lehrer polemisch abwehren und vor ihnen warnen.

45 Die »Anwendung« der Bildworte auf den Menschen erfolgt nach zwei Seiten hin. Der gute Mensch bringt Gutes hervor, und zwar aus dem Schatz »seines Herzens«. Dabei ist, wie V 45b zeigt, an den Ursprung der guten wie der bösen Äußerungen des Menschen gedacht (vgl. 8,15; 11,39), und die »Äußerung« besteht, wie wiederum V 45b sagt, in seiner Rede. Der böse Mensch »bringt das Böse hervor«. Der abschließende Versteil 45b enthält ein Sprichwort, das V 45a begründet. Die Rede des Mundes offenbart den Inhalt (die Gedanken) des Herzens. Auf die Falschlehrer bezogen, heißt das: Sie sind in ihrem Herzen böse, ihre Rede ist entsprechend; man darf bei ihnen keine guten Früchte (VV 43f.) sammeln wollen.

Schlußgleichnis vom Haus auf dem Felsen: 6,46–49

46 Was ruft ihr mich: Herr, Herr!, und tut nicht, was ich sage? 47 Ich will euch zeigen, wem ein Mensch gleicht, der zu mir kommt und meine Worte hört und danach handelt. 48 Er ist wie ein Mann, der ein Haus baute und dabei die Erde tief aushob und das Fundament auf einen Felsen stellte. Als nun ein Hochwasser kam und die Flutwelle gegen das Haus prallte, konnte sie es nicht erschüttern, weil es gut gebaut war. 49 Wer aber hört und nicht danach handelt, ist wie ein Mann, der sein Haus ohne Fundament auf das Erdreich baute. Die Flutwelle prallte dagegen und es stürzte sofort in sich zusammen, und der Einsturz jenes Hauses war gewaltig.

Literatur: Jülicher: Gleichnisreden II, 259–268. – *Jeremias*: Gleichnisse, 169f,193. – *Hahn*: Hoheitstitel, 97f. [zu V 46]. – *Schulz*: Spruchquelle, 312–316, 427–430.

Dem Schlußgleichnis ist mit dem Spruch vom »Herr«-Sagen eine Art Überschrift gegeben. In dieser geht es wie im Gleichnis vom Hausbau um das »Tun« der Worte Jesu (VV 46.47). Der Einzelspruch ging schon in der Logienquelle dem Gleichnis vom Hausbau voraus. Im Unterschied zu Mt 7,21 steht er in der Frageform. Er bildet mit dem Gleichnis den Schluß der Jüngerrede, der auf das Tatbekenntnis als Konsequenz des Christusbekenntnisses (V 46) und das Handeln als Konsequenz der gehörten Weisung Jesu (VV 47–49) abhebt.

46 Der Spruch vom »Herr«-Sagen hat Mt 7,21 nicht die Form einer Frage, und er spricht auch nicht vom Tun dessen, was *Jesus* sagt (»wer den Willen meines *Vaters* tut«). Ferner hat Mt 7,21 (im Unterschied zu Lk) den eschatologischen Ausblick auf das »Eingehen ins Himmelreich«. Deswegen hält Hahn die lukanische Fassung für sekundär. Demgegenüber ist einzuwenden, daß Matthäus zwischen 7,21 und das Gleichnis (7,24–27) ein anderes Q-Stück (7,22f. par Lk 13,26f.) einschaltete und 7,21 daran anpaßte (vgl. »Eingehen ins Himmelreich«). Das Objekt des Tuns, der Wille des himmlischen Vaters, ist von Matthäus an das bei ihm vorausgehende Vaterunser (Mt 6,9f.) angeglichen, so daß das lukanische Objekt (»was ich [Jesus] sage«) primär sein wird (vgl. Schulz 427f.). Wenn aber sowohl die Wendung vom »Willen des Vaters« als auch die vom »Eingehen ins Himmelreich« erst von Matthäus stammt, ist zugleich die Frageform, wie sie Lk bietet, als ursprünglich erkannt. Das bedeutet nicht, dieser Fragesatz habe als Herrenwort jemals für sich bestanden. Doch war er schon in Q eine warnende Frage an die den Herrn Jesus bekennende und zur Parusie erwartende Gemeinde.

47–48 Die positive erste Hälfte des Gleichnisses spricht von denen, die hörwillig zu Jesus kommen (vgl. 6,17f.) und seine Worte tun, d. h. ausführen. Jeder, der tätig gehorsam ist, gleicht dem Mann, der sein Haus auf Felsen baute. Dabei hat wohl Lukas von sich aus die Beschreibung von Fundamentierungsarbeiten eingeschaltet (V 48a im Unterschied zu Mt 7,24). Die Unwetterkatastrophe (V 48b) ist weniger sintflutartig (und damit weniger »eschatologisch«) beschrieben als Mt 7,25. In beiden Fällen hat Mt eher palästinische Verhältnisse im Auge als Lk (Jeremias 193). Diese Beobachtung läßt an eine sekundäre Bearbeitung des Vergleichs durch Lukas denken, wobei das gebotene *Tun* des Bauherrn illustriert und der Bezug auf das eschatologische Gericht aufgegeben worden wäre (Schneider: Bergpredigt, 153–155).

49 Die negative Seite des Doppelbildes zeigt, wie es dem bloß »Hörenden und nicht Handelnden« geht. Er baut ohne Fundament (Mt: auf Sand), und die Flutwelle spült das Haus sofort weg. So schließt die Jüngerrede mit einer warnenden Alternative, die dem Doppelbild der Makarismen und Weherufe auffallend entspricht. Sie zeigt, daß Wohl und Wehe des Menschen entscheidend von seinem Tun abhängen. Konnten die Seligpreisungen und Weherufe den Eindruck erwecken, als würde Heil oder Unheil den armen Jüngern bzw. den reichen Außenstehenden als solchen zuteil, so macht das Schlußgleichnis Heil und Unheil davon abhängig, ob der Mensch Jesu »Worte tut«.

Exkurs (11): Die »Feldrede«

Literatur: Siehe oben S. 149.

Die sog. »Feldrede« Lk 6,20–49 stellt eine Komposition aus Einzelstücken überlieferter Jesus-Worte dar. Sie lag dem dritten Evangelisten nahezu im gleichen Umfang bereits vor, und zwar als Teil der Redenquelle Q. Die Traditionsgeschichte hinter Q zurückzuverfolgen, ist in einzelnen Fällen (vgl. etwa Lührmann zu Lk 6,27–36 [Feindesliebe]) bis zu Jesu eigener Botschaft möglich. Im Zusammenhang der Logienquelle hatte der hinter Lk 6,20–49 liegende Text gewiß schon den Charakter einer programmatischen Rede an die Jüngerschaft Jesu. An ihrem Anfang standen die Makarismen mit den Weherufen (20b–26), den Schluß bildete ein Gleichnis im Sinne der Aufforderung, das Bekenntnis zum »Herrn« Jesus durch Gehorsam zu dessen (überliefertem) Wort zu verwirklichen (46–49). Der Mittelteil steht somit in der Dimension der eschatologischen Verheißung Jesu einerseits und der Aufforderung zu entschiedenem Handeln (angesichts der Endereignisse) andererseits. Der Hauptteil der Predigt enthält das Gebot der Feindesliebe (6,27.35), verstanden als Durchbrechung des Prinzips adäquater zwischenmenschlicher Vergeltung (27–36), ausgelegt auf das Leben innerhalb der Gemeinde (37f.) und gegenüber Kritikern verteidigt als entscheidende Forderung Jesu (39–45).

Die lukanische »Feldrede« erhält ihre besondere theologische Akzentuierung nicht nur durch den weiteren Kontext des dritten Evangeliums, durch den sie als Verwirklichung der Sendung Jesu an die Armen (vgl. 4,18) und als Zusage sowie Forderung an hörbereite Jünger (6,17f.; vgl. 6,27.47), jedoch auch als Angebot an alle Menschen, die den Kontakt zu Jesus suchen (6,19), präsentiert wird. Die wenigen Änderungen, die der Evangelist an der ihm überkommenen Rede durchführte, lassen Weiteres erkennen: Die eschatologische Naherwartung tritt zurück und die arroganten Kritiker der Gemeinde werden mit Falschlehrern identifiziert. Indem Lukas in den Makarismen von den »jetzt« Hungernden und Weinenden, in den Weherufen von den »jetzt« Satten und Lachenden spricht (6,21.25), setzt er das irdische Leben des Einzelmenschen dessen künftigem Schicksal nach dem Tod entgegen (Dupont: Béatitudes III, 100–109); ebenso wird das Schlußgleichnis »enteschatologisiert« (siehe zu 6,47f.). Die Falschlehrer, vor denen Lukas warnen will (vgl. Apg 20,27–35), wurden in Q kaum schon als solche vorgestellt. Die Logienquelle hatte wohl pharisäische Forderungen im Auge (Hoffmann: Logienquelle, 332: zelotische), die zugleich Kritik an der überlieferten Jesuslehre bedeuteten. Aber die Frontstellung der Texte läßt sich schwer näher bestimmen; denn Lukas machte (mit Q) die Kritiker nicht namhaft (im Unterschied zu Mt 7,15: Pseudopropheten) und versuchte auch nicht, ihre theologische Position durch »Antithesen« Jesu zu profilieren (im Unterschied zu Mt 5,21–47).

Der »Sitz im Leben«, dem die vorlukanische Sammlung der »Bergpredigt« – für sich genommen – verdankt wird, war die innergemeindliche (postbaptismale) Unterweisung. Für den Evangelisten, der seine »Feldrede« in das literarische Gesamtwerk einfügte, kann zwar nicht im gleichen Sinn von einem »Sitz im Leben« gesprochen werden. Doch hat die Rede innerhalb des gesamten Werks die Absicht, Gemeindegliedern und Bekehrungswilligen die grundlegende kirchliche Unterweisung an Getaufte – mahnend oder einladend – vorzulegen.

3. Die beginnende Scheidung in Israel: 7,1–50

Der Unterabschnitt 7,1–50 zeigt im ganzen, wie Gott durch Jesus sein Volk »heimgesucht hat« (7,16). Die Führer Israels jedoch versagten sich dem Willen Gottes (7,39.44–46). Lukas stellt dar, wie Jesus fast systematisch um Israel wirbt. Dabei begleiten ihn die Zwölf (8,1–56). Schließlich zeigt das nächste Kapitel, wie Jesus sich dem engeren Jüngerkreis der Zwölf offenbart (9,10–50), nachdem er sie zum Predigen und Heilen (9,1–6) ausgesandt hat (vgl. Schürmann: Lk 386f.). Wenn am Anfang dieses größeren Komplexes der Hauptmann von Kafarnaum steht, dessen Glaube den Israels übertrifft (7,9), so zeichnet sich auch dadurch (vgl. schon den Übergang von 6,11 zu 6,12–19) der Weg des Evangeliums zu den Heiden im vorhinein ab. Gott sucht sein Volk in Jesus heim und beginnt sich damit aus den Heiden (7,1–10), dem gehorsamen Teil des Volkes und den Zöllnern (7,29), ja aus den Sündern (7,36–50), ein neues Volk zu schaffen.

Der Hauptmann von Kafarnaum: 7,1–10

1 Als Jesus alle seine Worte vor dem Volk zu Ende gebracht hatte, ging er nach Kafarnaum hinein.   2 Ein Hauptmann hatte einen Diener, den er sehr schätzte und der todkrank darniederlag.   3 Als der Hauptmann von Jesus hörte, schickte er einige von den jüdischen Ältesten zu ihm mit der Bitte, zu kommen und seinen Diener gesund zu machen.   4 Sie gingen zu Jesus und baten ihn inständig. Sie sagten: Er verdient es, daß du seine Bitte erfüllst;   5 denn er liebt unser Volk und hat uns die Synagoge gebaut.   6 Da ging Jesus mit ihnen.

Als er nicht mehr weit von dem Haus entfernt war, schickte der Hauptmann Freunde und ließ ihm sagen: Herr, bemüh dich nicht! Denn ich bin es nicht wert, daß du mein Haus betrittst. 7 Deshalb habe ich mich auch nicht für würdig gehalten, selbst zu dir zu kommen. Doch sprich nur ein Wort, dann muß mein Diener gesund werden.   8 Auch ich muß Befehlen gehorchen und habe selber Soldaten unter mir; sage ich nun zu einem: Geh!, so geht er, und zu einem anderen: Komm!, so kommt er, und zu meinem Diener: Tu das!, so tut er es. 9 Jesus war erstaunt über ihn, als er das hörte. Und er wandte sich um und sagte zu der Menge, die ihn begleitete: Ich sage euch: In Israel habe ich einen solchen Glauben nicht gefunden. 10 Und als die Freunde, die der Hauptmann geschickt hatte, in das Haus zurückkehrten, fanden sie den Diener gesund.

Literatur: Schniewind: Parallelperikopen, 16–21. – *E. Haenchen*: Johanneische Probleme: ZThK 56 (1959), 19–54, bes. 23–31; *ders.:* Weg Jesu, 97f. – *R. Schnackenburg*: Zur Traditionsgeschichte von Joh 4,46–54: BZ 8 (1964), 58–88. – *Schramm*: Markus-Stoff, 40–43. – *Schulz*: Spruchquelle, 236–246.

Die Perikope 7,1–10 entstammt der Logienquelle (vgl. Mt 8,5–13). Das geht nicht nur aus der engen Parallelität von Lk 7,6b–9 und Mt 8,8–10 hervor; es wird auch dadurch gesichert, daß beide Evangelisten (wie Q) die Perikope nach der Jüngerrede (Lk 6,20–49; Mt 5–7) bringen. Lukas hat insofern die Q-Vorlage besser bewahrt als Matthäus, als dieser sie um 8,11f. (par Lk 13,28f.) erweiterte. Bei Lk hingegen erscheint die Vermittlertätigkeit der »Ältesten« (VV 3–5) und der »Freunde« des Hauptmanns (V 6) als mögliche Erweiterung gegenüber Q. (Vgl. Dibelius: Formgeschichte, 44, Anmerkung 3, der auf 9,51f. verweist. Eher ist Apg 10,7f. eine »Parallele«.) Die Traditionsvariante Joh 4,46–54 bietet (wie Mt) die zweimalige Sendung von Mittelspersonen nicht. Der »Sitz im Leben« für die Erzählung vom heidnischen Hauptmann ist in einer Gemeinde zu suchen, die die Aufnahme von (einzelnen?) Proselyten oder »Gottesfürchtigen« rechtfertigen will. Die lukanische Fassung unterstreicht die »Würdigkeit« des Heiden (VV 4.6.7a) u. a. auch dadurch, daß »jüdische Älteste« diese hervorkehren (VV 4f.).

1–6a Im Anschluß an Q wird nach der »Feldrede« die Erzählung vom heidnischen Hauptmann geboten. Jesus hatte seine Rede beendet und kam (wieder) nach Kafarnaum (V 1). Statt (wie bei Mt) sogleich den Hauptmann vor Jesus treten zu lassen, erzählt Lk zuerst von der Krankheit seines Dieners (*doulos* zur Verdeutlichung der Vorlage, die *pais* [Kind, Knecht] las: V 7 par Mt). Er war auf den Tod krank, und er wurde vom Hauptmann geschätzt (V 2). Beide Bemerkungen führen zum Folgenden. Als der Hauptmann von Jesu Anwesenheit erfährt, schickt er »Älteste der Juden« (Vorsteher der Ortsgemeinde) zu Jesus. Sie sollen ihn bitten, daß er kommt und den Diener »rettet« (V 3). Schon hier wird auf die »Würdigkeit« des Heiden – er ist eher ein Soldat des Herodes Antipas (vgl. Joh 4,46: »ein Königlicher«) als ein Römer – abgehoben, wenn auch zunächst so, daß gezeigt wird, wie »unwürdig« er sich selbst einschätzt. Er läßt durch Juden den Kontakt zu Jesus herstellen. Diese betonen zuerst allgemein (V 4), dann am Beispiel (V 5), wie »würdig« (*axios* V 4; für *hikanos* V 6 par Mt) der Heide ist. Er hat seine Liebe zum jüdischen Volk (wahrscheinlich durch finanzielle Hilfe) beim Bau der Ortssynagoge bewiesen. Die Erwähnung der Entsendung jüdischer Vorsteher, die für den Heiden eintreten, hat apologetischen Sinn. Die Aufnahme von Heiden wird vor Juden verteidigt. Jesus geht mit den Abgesandten und hat die Absicht, der Bitte zu entsprechen (V 6 a).

6 b–10 Ehe das Haus des Hauptmanns erreicht ist, treten Freunde des Offiziers auf Jesus zu. Der Hauptmann hat sie mit einer Botschaft zu Jesus geschickt. Im Unterschied zu Mt, wo der Hauptmann selbst spricht, reden in VV 6–8 die Boten (jedoch in der Ich-Form). Der Hauptmann läßt Jesus mit »Herr« anreden. Damit ist seine Demut unterstrichen, die vor allem in der ersten Aussage bekundet wird: Er hält sich nicht für würdig, daß Jesus unter sein »Dach« eintritt. Dann sagt er, daß er aus dem gleichen Grund (der »Unwürdigkeit«) nicht selbst zu Jesus gekommen sei (V 7 a). Es ist also nicht mehr nur das Bedenken zu überwinden, ob Jesus als Jude ein heidnisches Haus betreten werde. Vielmehr weiß der Heide um die Hoheit Jesu, des »Herrn«, der durch das bloße Machtwort den Diener heilen kann (V 7 b). V 8 bahnt dann einen unausgesprochenen Schluß vom Kleineren zum Größeren an. Wenn schon der Befehl des Hauptmanns, der doch ein der Macht unterstellter Mensch ist, ausgeführt wird, so wird erst recht das Befehlswort des »Herrn« mächtig sein. Jesu Macht über die Krankheit wird von dem Heiden gläubig vorausgesetzt. Jesus »staunt« über diesen Mann (V 9 a). Er wendet sich der Menge zu und spricht ein Wort der Anerkennung über den Glauben des Heiden, das zugleich eine Kritik am Glauben Israels enthält (V 9 b). Dieses Wort Jesu bildet den Höhepunkt der Perikope. Es ist zugleich Appell an den Leser, wie der Hauptmann zu glauben. Das Befehlswort des Herrn Jesus ist mächtig, auch wenn dieser nicht unmittelbar zugegen ist. Die vollzogene Heilung des Dieners braucht nur noch kurz vermerkt zu werden (V 10): Die »Freunde« (vgl. V 6) finden bei der Rückkehr den Diener gesund vor.

Die Auferweckung eines jungen Mannes in Nain: 7,11–17

11 Einige Zeit später ging er in eine Stadt namens Nain, seine Jünger und eine große Menschenmenge folgten ihm. 12 Als er in die Nähe des Stadttors kam, siehe, da trug man gerade einen Toten heraus. Er war der einzige Sohn seiner Mutter, einer Witwe. Und viele Leute aus der Stadt begleiteten sie. 13 Als der Herr die Frau sah, hatte er Mitleid mit ihr und sagte zu ihr: Weine nicht! 14 Dann trat er an die Totenbahre und berührte sie. Die Träger blieben stehen. Und er sprach: Junger Mann, ich sage dir: Steh auf! 15 Da richtete sich der Tote auf und begann zu sprechen, und Jesus gab ihn seiner Mutter. 16 Alle wurden von Furcht ergriffen; sie priesen Gott und sagten: Ein großer Prophet ist unter uns aufgetreten; Gott hat seinem Volk Gnade erwiesen. 17 Und diese Erzählung über ihn verbreitete sich überall in Judäa und in allen Nachbargebieten.

Literatur: Dibelius: Formgeschichte, 68–72. – *Bultmann*: Geschichte der syn. Tradition, 230. – *Bornhäuser*: Studien, 52–64. – *R. H. Fuller*: Die Wunder Jesu in Exegese und Verkündigung, Düsseldorf 1967, 43 f., 71 f.

Die Erzählung ist Sondergut und entstammt nicht der Logienquelle. Ihre Einfügung an dieser Stelle der Perikopenfolge hängt gewiß mit dem folgenden Wort Jesu »Tote stehen auf« (7,22) zusammen, für das 7,11–17 einen »Beleg« bildet. Da der Chorschluß am Ende der Erzählung (V 16) eine doppelte Aussage macht, ist es möglich, daß der zweite Grund des Lobpreises (»Gott hat sein Volk heimgesucht«) erst sekundär angefügt wurde. Wie dem auch sei – dieser Satz hat bei Lukas besonderes theologisches Gewicht (vgl. 1,68.78; 19,44; Apg 15,14). Die Perikope erzählt die Totenerweckung nach dem Vorbild prophetischer Wundertaten (vgl. 1 Kön 17,17–24; 2 Kön 4,18–37). So wird der erste Chorschluß verständlich: Jesus ist Prophet (wie Elija). Die Erzählung ist dennoch nicht »Nachbildung« der alttestamentlichen Erzählungen (gegen Fuller). Freilich sind die »Formalien« einer solchen Wundergeschichte gattungsbedingt; sie können auch bei Philostratus (Vita Apollonii IV 45) beobachtet werden. Die Erzählung ist nicht Paradigma (Predigtbeispiel), sondern wirbt für den Christusglauben, indem sie ihn bekennt (vgl. Dibelius 71 f.; Schürmann: Lk 404 f.).

11-12 Jesus befindet sich wieder auf der Wanderung und geht auf die »Stadt Nain« zu (Vulgata und einige altlateinische Übersetzungen lesen »Naim«). Die Jünger und eine große Menschenmenge ziehen mit ihm (V 1). Diese Einleitung verknüpft mit dem Vorausgehenden. Abgesehen von den Angaben über Jesu Begleitung gehörte dieser Vers wohl schon zu der ursprünglich isoliert überlieferten Geschichte (vgl. 1 Kön 17,10). Als Jesus sich dem Stadttor nähert, begegnet ihm ein Trauerzug. Man trägt den einzigen Sohn einer Witwe zu Grabe. Als »einziger Sohn« war er der Witwe besonders teuer. Die »Menge«, die mitzieht, unterstreicht nicht nur die Anteilnahme, sondern ist als Sprecher des Chorschlusses in V 16 erzählerisch notwendig. Diesmal wird Jesus nicht nur einen Todkranken heilen (vgl. 7,2), sondern einen Toten erwecken.

13-15 Jesus »sieht« die Witwe (vgl. 5,27), hat Mitleid mit ihr und sagt: »Weine nicht!« Die Erzählung nennt Jesus *kyrios* (»Herr«). Die Hoheit des Handelnden kommt im Wort an die Witwe, im Berühren der Bahre (um den Trauerzug anzuhalten) und im Befehl an den Jüngling zum Ausdruck. Der Befehl »Ich sage dir: Steh auf!« überbietet das Gebet des Elija (1 Kön 17,20) und des Elischa (2 Kön 4,33). Jesus erweckt den Toten in eigener Vollmacht. »Der Tote« richtet sich auf und beginnt zu sprechen (V 15 a). Er war nicht scheintot, und er ist sichtbar und hörbar wieder lebendig. Jesus gibt ihn der Mutter; das wird wörtlich wie 1 Kön 17,23 erzählt. Die Erzählung ist gemäß ihrer Rahmung durch V 13 a und V 15 b vom Gedanken des aus Erbarmen handelnden »Herrn« geprägt.

16-17 Alle Anwesenden (in der ursprünglichen Erzählung nur auf die Trauergemeinde bezogen) werden von Furcht ergriffen und loben Gott, indem sie ein doppeltes Bekenntnis sprechen. Gott hat in Jesus einen »großen Propheten« erstehen lassen; Gott hat sein Volk »heimgesucht« (V 16). Jesus ist Prophet Gottes für das Volk. In ihm sucht Gott sein Volk gnädig und barmherzig heim. Die Schlußbemerkung (V 17), die auf Lukas zurückgeht (vgl. 4,37; 5,15), zeigt, daß sich die Kunde von diesem Wunder (*ho logos houtos*) kann sich auf die Wundererzählung der Perikope beziehen, vielleicht jedoch näherhin auf den in V 16 formulierten Lobpreis) im Judenland und darüber hinaus verbreitete.

Die Frage des Täufers: 7,18–23

18 Johannes erfuhr dies alles von seinen Jüngern. Da rief er zwei von ihnen zu sich, 19 schickte sie zum Herrn und ließ ihn fragen: Bist du es, der kommen soll, oder müssen wir auf einen anderen warten? 20 Als die Männer zu Jesus kamen, sagten sie: Johannes der Täufer hat uns zu dir geschickt und läßt dich fragen: Bist du es, der kommen soll, oder müssen wir auf einen anderen warten? 21 In jener Stunde heilte Jesus viele Menschen von ihren Krankheiten, Leiden und bösen Geistern und gab vielen Blinden das Augenlicht wieder. 22 Er antwortete ihnen: Geht und berichtet Johannes, was ihr gesehen und gehört habt: *Blinde sehen wieder*, und *Lahme gehen*; Aussätzige werden rein, *und Taube hören*, Tote werden auferweckt, und *den Armen wird das Evangelium verkündet* (vgl. Jes 29,18f.; 35,5f.; 61,1). 23 Wohl dem, der an mir keinen Anstoß nimmt!

Literatur: W. G. *Kümmel*: Verheißung und Erfüllung, Zürich ³1956, 102–104. – J. *Dupont*: L'ambassade de Jean-Baptiste: NRTh 83 (1961), 805–821, 943–959. – A. *Strobel*: Untersuchungen zum eschatologischen Verzögerungsproblem, Leiden 1961, 265–298. – H.-W. *Kuhn*: Enderwartung und gegenwärtiges Heil, Göttingen 1966, 195–197. – P. *Stuhlmacher*: Das paulinische Evangelium I, Göttingen 1968, 218–225. – A. *Vögtle*: Wunder und Wort in urchristlicher Glaubenswerbung, in: EE 219–242. – J. *Becker*: Johannes der Täufer und Jesus von Nazareth, Neukirchen 1972, 83–85. – *Hoffmann*: Logienquelle, 191–193. – *Schulz*: Spruchquelle, 190–203. – M. *Völkel*: Anmerkungen zur lukanischen Fassung der Täuferanfrage Luk 7,18–23, in: Theokratia II (FS f. K. H. Rengstorf), Leiden 1973, 166–173. – K. *Kertelge*: Die Überlieferung der Wunder Jesu und die Frage nach dem historischen Jesus, in: *Ders. (Hg.)*: Rückfrage nach Jesus, Freiburg 1974, 174–193, näherhin 183–189. – W. G. *Kümmel*: Jesu Antwort an Johannes den Täufer, Wiesbaden 1974.

Entsprechend der Perikopenfolge in Q stehen Lk 7,18–23.24–35 die auch Mt 11,2–6.7–19 aufeinander folgenden Abschnitte der Täuferanfrage an Jesus und des Zeugnisses Jesu über den Täufer. Die Selbstoffenbarung Jesu in der Antwort an Johannes (7,22f.) stellt die vorausgehenden Taten Jesu ins Licht der Erfüllungszeit. Der abschließende Makarismus hat werbenden Charakter. Die Täuferanfrage scheint für die frühen Überlieferer des Stückes aktuell gewesen zu sein. Die Antwort fordert auf, an Jesus keinen Anstoß zu nehmen (V 23). Der »Heilsruf« (VV 22 b.23) entspricht dem Makarismus von

6,20f. Die konkrete Situation der Täuferanfrage läßt sich natürlich nicht historisch überprüfen. Jedoch ist verständlich, daß – wenngleich es wegen der Verhaftung des Täufers keine Konfrontation zwischen seinem Wirken und der Wirksamkeit Jesu gab – die Frage des Täufers an Jesus der Sache nach früh gestellt werden mußte. Die Zurückhaltung, mit der das geschieht (kein christologischer Titel; in »der kommen soll« klingt Hab 2,3 LXX an), und die fragende Haltung des Täufers lassen eine alte Überlieferung vermuten. Gegen eine Zuweisung von 7,22f. an die urchristliche Prophetie (Stuhlmacher) oder an die nachösterliche Gemeinde (Vögtle) sprechen beachtliche Argumente (vgl. Dupont; Becker 83f.; Kümmel: Jesu Antwort, 28–35).

18–21 Die Johannesjünger melden dem gefangenen Täufer (vgl. 3,20) die Machttaten Jesu, von denen sie gehört haben (V 17). Daraufhin schickt Johannes zwei von ihnen »zum Herrn« mit der Anfrage, ob er, Jesus, der Kommende sei (VV 18f.). Die folgenden VV 20f. wiederholen etwas »weitläufig« (Hoffmann: Logienquelle, 193) die Ausführung des Auftrags und betonen die Heilungstätigkeit Jesu während der Anwesenheit der Boten. Sie stammen wohl vom Evangelisten (vgl. Stuhlmacher; Schulz; Kümmel: Jesu Antwort, 25). »In jener Stunde« schreibt Lukas auch 10,21 (im Unterschied zu Mt); 12,12 (par Mk); 13,31 (Sondergut); 20,19 (im Unterschied zu Mk); Apg 16,33. Da Lukas bisher noch keine Blindenheilung berichtet hatte, tut er das hier (noch vor V 22). Jesus »schenkte« den Blinden das Augenlicht (*charizomai* schreibt unter den Evangelisten nur Lukas: Lk/Apg 7 Belege). Freilich bleiben die in V 22 erwähnten Heilungen von Stummen ohne entsprechenden Beleg aus der Erzählung. Doch lassen sich diese Heilungswunder unter die in V 21 summarisch genannten Taten Jesu einbeziehen.

22–23 Hatte Lukas die in Gegenwart der Johannesjünger erfolgten Heilungen aus Q (Mt 11,4) erschlossen, so formuliert er nun das »Sehen und Hören« im Aorist: Die beiden (vgl. Dtn 19,15: zwei »Zeugen«) Jünger sollen melden, was sie gesehen und gehört *haben.* Die Augenzeugenschaft ist wichtiger als die bloße Kunde von den Taten Jesu (in Q stand das *Hören* voraus). In dem Mischtext aus verschiedenen Jesajastellen steht die Verkündigung an die Armen betont am Schluß (vgl. 6,20b). Die Antwort Jesu besteht also nicht in einem offenen Ja. Indem sie auf die prophetische Ankündigung der Heilszeit zurückgreift, läßt sie dem, der »keinen Anstoß nimmt« (V 23), die Seligpreisung zukommen. Jesu Heilungstaten und seine

Verkündigung lassen den Beginn der Heilszeit erkennen. Zwischen dem messianischen Bild der Täufersprüche 3,16 f. und der geschichtlichen Gestalt Jesu und ihrem Wirken »klafft der Widerspruch von Eschatologie, die wesensmäßig alle Geschichte aufhebt, und Geschichte« (Schürmann: Lk 409). Diesen »Anstoß« gilt es zu überwinden. Es gilt zu erkennen, daß Gott in Jesu Heilen und Verkündigen die Heilszeit heraufführt.

Das Zeugnis Jesu über den Täufer: 7,24–35

24 Als die Boten des Johannes weggegangen waren, begann Jesus zu der Menschenmenge über Johannes zu reden: Was habt ihr sehen wollen, als ihr in die Wüste hinausgegangen seid? Ein Schilfrohr, das im Wind schwankt? 25 Oder was habt ihr sehen wollen, als ihr hinausgegangen seid? Einen Mann in feiner Kleidung? Seht, Leute, die vornehm gekleidet sind und üppig leben, findet man in den Palästen der Könige. 26 Oder was habt ihr sehen wollen, als ihr hinausgegangen seid? Einen Propheten? Ja, ich sage euch: (Ihr habt sogar) mehr (gesehen) als einen Propheten. 27 Er ist der, von dem geschrieben steht: *Ich sende meinen Boten vor dir her, damit er dir den Weg bereitet* (Mal 3,1). 28 Ich sage euch: Unter den von Frauen Geborenen gibt es keinen größeren als Johannes; doch der Kleinste im Reich Gottes ist größer als er.

29 Alle Leute, die Johannes hörten, auch die Zöllner, haben sich Gott unterworfen und sich von Johannes taufen lassen. 30 Nur die Pharisäer und die Gesetzeslehrer haben den Ratschluß Gottes verachtet und sich nicht von ihm taufen lassen.

31 Mit wem soll ich also die Menschen dieser Generation vergleichen? Wem sind sie ähnlich? 32 Sie sind wie Kinder, die auf dem Marktplatz sitzen und einander zurufen: Wir haben für euch auf der Flöte (Hochzeitslieder) gespielt, und ihr habt nicht getanzt; wir haben Klagelieder gesungen, und ihr habt nicht geweint. 33 Johannes der Täufer ist gekommen, er ißt kein Brot und trinkt keinen Wein, und ihr sagt: Er ist besessen. 34 Der Menschensohn ist gekommen, er ißt und trinkt; darauf sagt ihr: Seht diesen Fresser und Säufer, einen Freund der Zöllner und Sünder! 35 Und doch hat die Weisheit durch alle ihre Kinder recht bekommen.

Literatur: H. Windisch: Die Notiz über Tracht und Speise des Täufers Johannes: ZNW 32(1933), 65–87. – *A. Fridrichsen*: Zu Matth. 11,11–15: ThZ 2 (1946), 470f. – *N. Krieger*: Ein Mensch in weichen Kleidern: NT 1 (1956), 228–230. – *F. Mußner*: Der nicht erkannte Kairos (Mt 11,16–19 = Lk 7,31–35): Bib 40 (1959), 599–612. – *F. Christ*: Jesus Sophia, Zürich 1970, 63–80. – *M. J. Suggs*: Wisdom, Christology, and Law in Matthew's Gospel, Cambridge, Mass., 1970, 30–61. – *O. Böcher*: Aß Johannes der Täufer kein Brot (Luk. VII. 33)?: NTS 18 (1971/72), 90–92. – *Hoffmann*: Logienquelle, 193–198, 215–233. – *Schulz*: Spruchquelle, 229–236, 379–386.

Schon in Q schloß sich das Zeugnis Jesu über den Täufer unmittelbar an die »Täuferanfrage« an (Lk 7,18–23.24–35 par Mt). Der Übergang von der ersten zur zweiten Einheit muß erzählt haben, daß Jesus nach dem Weggang der Johannesjünger »begann, zu den Volksscharen über Johannes zu reden« (Lk 7,24 par Mt 11,7). Die Rede Jesu über den Täufer stimmt bei Lk und Mt fast wörtlich überein. Lediglich die VV 29 f. haben bei Mt keine Entsprechung; an ihrer Stelle steht Mt 11,12–15, ein auf Johannes bezogenes Jesuswort, dem Lk 16,16 sachlich entspricht. Lk 7,29 f. stand schon in Q, und Matthäus hat das Wort über die Zöllner, die sich der Johannestaufe unterzogen, an die Stelle Mt 21,32 verlegt, zugleich aber das Logion Lk 16,16 an die Stelle von Lk 7,29 bzw. Mt 11,12–15 gesetzt (Schürmann: Lk 422 f.). Das Zeugnis über Johannes bezeichnet diesen als den Mal 3,1 verheißenen »Vorläufer«, der mehr ist als ein Prophet (VV 24 b–27), und in einem zweiten Ansatz als den »Größten unter den von Frauen Geborenen« (V 28). Zu dem Klageruf über die Menschen »dieses Geschlechts« (VV 31–35) leiten VV 29 f. (schon in Q) über. Obgleich dieses Stück wie ein »Bericht« aussieht, ist es doch Bestandteil der »Rede« Jesu. Es betont die Annahme der Täuferbotschaft durch das ganze Volk und die Zöllner, kritisiert aber die Pharisäer und Gesetzeslehrer, die die Taufe verweigerten und damit den Ratschluß Gottes verachteten. V 31 führt das Gleichnis von den spielenden Kindern (V 32) ein, das in bezug auf Johannes und den »Menschensohn« Anwendung findet (VV 33 f.). V 35 ist gleichfalls als Anwendung zu verstehen, geht aber über den Skopus des Gleichnisses sachlich hinaus. Die ablehnende Haltung der Kinder »dieses Geschlechts« (VV 31–34) wird durch einen positiven Aspekt abgelöst, indem von »allen Kindern der Weisheit« gesprochen wird, die sich wie »alle Leute und die Zöllner« (V 29) verhielten: Sie haben Gottes Heilshandeln anerkannt. – Während 7,24–28 den Täufer als Vorläufer und als größten Menschen der Verheißungszeit charakterisiert, betont der zweite Teil der Rede (VV 29–35) seine für Israel entscheidende und

Scheidung herbeiführende Rolle, die ihn mit Jesus (vgl. 2,34f.) verbindet (VV 33 f.).

24–27 Drei Fragen werden an das Volk gerichtet, das in Scharen zu Johannes »hinausgezogen« war. Die Fragen Jesu blicken auf die Tauftätigkeit des Johannes zurück (V 29). Sie werden stereotyp eingeleitet: »Was wolltet ihr sehen, als ihr hinausgegangen seid?« Die Antwort wird vom Fragenden selbst gegeben. Sie ist jedoch mit dem Ja auf die dritte Frage noch unzulänglich, weil Johannes mehr ist als ein Prophet (V 26b). Die beiden ersten Fragen sind negativ zu beantworten. Johannes war *kein* schwankendes Schilfrohr; er lebte *nicht* in der Üppigkeit eines Hofmilieus. Vielmehr war er ein Prophet und mehr als das. Dieses Mehr wird im Anschluß an Mal 3,1 angegeben (V 27) und sogleich relativiert (V 28). Mal 3,1 kündigte einen »Boten« an, den Jahwe seinem eigenen Kommen voraussendet (vgl. Ex 23,20). Die frühe Christenheit hat diese Zusage als Wort Gottes an Jesus interpretiert und den »Boten« auf Johannes bezogen (vgl. auch Mk 1,2); dabei wurde die Wegbereiteraufgabe des Vorläufers (im Unterschied zu LXX; in Anlehnung an den hebräischen Maleachi-Text) hervorgehoben. Johannes ist der letzte Prophet vor dem Kommen Gottes, das sich in der Person Jesu vollzieht.

28 V 28 sichert die vorausgehende Aussage ergänzend und weiterführend ab. Die Größe des Johannes ist nur außerhalb des Gottesreiches unübertroffen. Der Kleinste im Reich Gottes ist größer als der Größte der Verheißungszeit. Die Zeit bis Johannes wird der Zeit der Gottesherrschaft (bzw. ihrer Verkündigung: 16,16) gegenübergestellt.

29–30 Gottes Heilsratschluß wurde in Israel vom Volk insgesamt und den Zöllnern angenommen, insofern sie sich von Johannes taufen ließen. Die Verweigerung der Taufe von seiten der Pharisäer und Gesetzeslehrer war Verwerfung des göttlichen Ratschlusses. Wahrscheinlich sind die beiden Verse schon innerhalb von Q redaktionell. Sie leiten von einem Stück, in dem eine positive Einstellung des Volkes zu Johannes vorausgesetzt ist (VV 24–28), zu einem anderen über, das ein ablehnendes Verhalten skizziert (VV 31–34).

31–34 Die zweifache Einleitungsfrage (V 31) stellt die Weichen für das Verständnis des folgenden Vergleichs (V 32). Er ist auf »die Menschen dieses Geschlechts« zu deuten (»die Menschen« ist von Lukas eingefügt im Sinne einer Differenzierung). Die Situation des

Bildes kennzeichnet Kinder, denen keine Aufforderung zum Spiel recht ist, die unlustig ablehnen. Ob Einladung durch Flötenspiel zum Tanz oder durch Klagelieder zum Weinen – nichts ist den launischen Kindern genehm. Der Vergleich hebt auf den Vorwurf ab, man habe den entscheidenden Zeitpunkt nicht erkannt bzw. verpaßt (Mußner, Hoffmann).

Zunächst wird das doppelte Verhalten der Kinder »angewendet«: Die Menschen dieser Generation haben sowohl das Angebot des Täufers als auch das Jesu abgelehnt. Dabei kommt der Doppelaspekt des Bildes zur Geltung: Johannes hat zum »Weinen« gerufen, Jesus zum frohen »Tanz« (VV 33 f.). Die Anredeform »ihr sagt« (im Unterschied zu Mt) geht vielleicht auf Lukas zurück (Schulz), kann aber auch ursprünglich sein (Schürmann, Hoffmann). Die Anrede an Nichtanwesende (vgl. 6,24-26) bedeutet weniger eine Mahnung an die Hörer als eine Verurteilung der Kritisierten. Das Bußleben des Johannes wird von Lukas im Anschluß an 1,15 (und Mk 1,6) deutlicher und rigoroser als bei Mt beschrieben (gegen Böcher, der »Brot« als Fehlübersetzung von Q [für »Fleisch«] ansieht). »Der Menschensohn« übt solche Askese nicht. Er »ißt und trinkt«; er bringt ja die Freudenzeit (5,30.33f.), spielt gewissermaßen zur Hochzeit auf. Johannes wird wegen seiner Enthaltsamkeit für verrückt erklärt, während man Jesus als Schlemmer und Trinker disqualifizieren möchte. Der Vorwurf »Freund von Zöllnern und Sündern« geht auf die Pharisäer zurück (5,30) und verdeutlicht, wen Jesus verurteilt (vgl. V 30).

Der irdische Jesus wird hier als Menschensohn bezeichnet. Wer den irdischen Jesus kritisierte, hat den Menschensohn abgelehnt; vgl. 12,8f. »Menschensohn« begegnet als Selbstbezeichnung des irdischen Jesus im Anschluß an Q auch 9,58 (im Anschluß an Mk: 5,24; 6,5; im Sondergut: 19,10).

35 Der abschließende Vers lenkt nach der Kritik an den »Menschen dieses Geschlechtes« (V 31), die mit launischen »Kindern« verglichen wurden (V 32), wieder zu denen zurück, die den Ratschluß Gottes annahmen (vgl. V 29). Sie sind »Kinder der Weisheit«, die der Weisheit Gottes »recht gaben«, indem sie Johannes und Jesus als Boten Gottes hörten. Johannes wird zusammen mit Jesus als Bote der göttlichen Weisheit (vgl. 11,49) gesehen. »Kinder« der Weisheit (vgl. Spr 8,32 f.; Sir 4,11) verstehen Gottes Heilshandeln und unterwerfen sich ihm. Das sekundäre Verbindungsstück der VV 29 f. hat (schon in Q) die »Weisheit« von V 35 zu dem »Ratschluß Gottes« (V 30) in Beziehung gesetzt. Beiden galt es »recht zu geben«, sich zu unterwerfen (vgl. *dikaioō* VV 29.35). Daß bei Lukas Jesus »nicht nur als Träger der Weisheit, sondern als *Weisheit* selbst« erscheint (Christ 79), trifft nicht zu. Wohl wird Jesus (wie Johannes) als Vollstrecker des Heilsratschlusses Gottes vorgestellt (vgl. Schulz 386). Als »Kinder der Weisheit« sind nach dem Kontext das Volk, die Zöllner und Sünder (VV 29.34), nicht zuletzt die im folgenden begegnende Sünderin (VV 36–50) zu verstehen.

Die Begegnung Jesu mit der Sünderin: 7,36–50

36 Es bat ihn ein Pharisäer, mit ihm zu speisen. Er betrat das Haus des Pharisäers und setzte sich zu Tisch. 37 Und siehe, da gab es eine Sünderin in der Stadt. Als sie erfuhr, daß er im Haus des Pharisäers bei Tisch saß, kam sie mit einem Alabastergefäß voll Salböl. 38 Sie trat von hinten an ihn heran und weinte so sehr, daß ihre Tränen ihm auf die Füße fielen. Dann trocknete sie seine Füße mit ihrem Haar, küßte sie und salbte sie mit dem Öl. 39 Als der Pharisäer, der ihn eingeladen hatte, das sah, dachte er: Wenn dieser wirklich ein Prophet wäre, müßte er wissen, was für eine Frau das ist, von der er sich berühren läßt; (er wüßte,) daß sie eine Sünderin ist.
40 Da wandte sich Jesus an ihn und sagte: Simon, ich möchte dir etwas sagen. Er erwiderte: Sprich, Meister! 41 (Jesus sagte:) Ein Geldverleiher hatte zwei Schuldner; der eine war ihm fünfhundert Denare schuldig, der andere fünfzig. 42 Als sie ihre Schulden nicht bezahlen konnten, erließ er sie beiden. Wer von ihnen wird ihn nun mehr lieben? 43 Simon antwortete: Ich nehme an, der, dem er mehr geschenkt hat. Jesus sagte zu ihm: Du hast recht.
44 Dann wandte er sich der Frau zu und sagte zu Simon: Siehst du diese Frau? Als ich in dein Haus kam, hast du mir kein Wasser für die Füße gegeben; sie aber hat ihre Tränen vergossen über meinen Füßen und sie mit ihrem Haar abgetrocknet. 45 Du hast mich zur Begrüßung nicht geküßt; sie aber hat mir unaufhörlich die Füße geküßt, seit ich hier bin. 46 Du hast mir kein Öl aufs Haar getan; sie aber hat mir mit Öl die Füße gesalbt. 47 Deshalb sage ich dir: Ihr müssen viele Sünden vergeben worden sein, da sie (mir jetzt) so viel Liebe zeigte. Wem aber nur wenig zu vergeben ist, der zeigt auch nur wenig Liebe.
48 Dann sagte er zu ihr: Deine Sünden sind vergeben. 49 Da

dachten die anderen Gäste: Wer ist dieser, daß er sogar Sünden vergibt? 50 Er aber sagte zu der Frau: Dein Glaube hat dich gerettet. Geh in Frieden!

Literatur: Schniewind: Parallelperikopen, 21–26. – *G. Eichholz*: Einführung in die Gleichnisse, Neukirchen 1963, 44–53. – *G. Braumann*: Die Schuldner und die Sünderin. Luk. VII, 36–50: NTS 10 (1963/64), 487–493. – *J. Delobel*: L'onction par la pécheresse: EThL 42 (1966), 415–475; *ders.*: Encore la pécheresse: EThL 45 (1969), 180–183. – *Haenchen*: Weg Jesu, 462–472. – *H. Drexler*: Die große Sünderin: ZNW 59 (1968), 159–173. – *Roloff*: Kerygma, 161–163. – *K. Löning*: Ein Platz für die Verlorenen: BiLe 12 (1971), 198–208. – *Schramm*: Markus-Stoff, 43–45. – *H. Leroy*: Vergebung und Gemeinde nach Lukas 7,36–50, in: Wort Gottes in der Zeit (FS f. K. H. Schelkle), Düsseldorf 1973, 85–94. – *U. Wilckens*: Vergebung für die Sünderin, in: Orientierung an Jesus (FS f. J. Schmid), Freiburg 1973, 394–424.

Die Perikope ist Sondergut. Lukas hat sie als Äquivalent für die Salbungsgeschichte Mk 14,3–9 angesehen, die er zu Beginn der Passionsdarstellung übergeht. Doch wird man weder annehmen dürfen, Lukas habe in 7,36–50 eine der Mk-Perikope entsprechende Erzählung im Sinne eines Symposion umgestaltet (Delobel), noch auch, daß ein vorgegebenes Apophthegma (7,36–43.47[50]) vom Evangelisten erweitert worden sei, indem er das Salbungsmotiv (und den Namen des Pharisäers) aus Mk 14,3–9 übernommen und ferner das Redestück (VV 44–46) sowie den Zuspruch der Sündenvergebung (VV 48f.) eingefügt habe (Wilckens). Anlaß zur Quellenscheidung bzw. Vermutung sekundärer Bearbeitung ist meist die offensichtliche Diskrepanz zwischen dem Gleichnis von den beiden Schuldnern (VV 41–43) und V 48. Im Gleichnis wird die größere Liebe dem zugetraut, dem am meisten erlassen wurde, während der Zuspruch der Sündenvergebung in V 48 den Erlaß als Lohn für die Liebestat an Jesus erscheinen läßt. Es geht aber nicht an, deswegen (mit Braumann) das Gleichnis als sekundär auszuscheiden. Vielmehr sind VV 48f. bzw. VV 48–50 als sekundärer »Nachtrag« anzusprechen (Schmid: Lk 149; Grundmann: Lk 170; Schürmann: Lk 440). Die ursprüngliche Pointe der Erzählung von der dankbaren Sünderin war V 47a in dem Sinn, den unsere Übersetzung festhält: »Ihr sind ihre vielen Sünden vergeben worden; denn sie bekundet (wie du siehst) viel Liebe (aus der man erschließen kann, daß sie weiß, daß ihr viele Sünden vergeben sind)« (Schmid; vgl. Wilckens). Die Motivparallelen und verbalen Anklänge an Mk 14,3–9 müssen nicht erst dadurch entstanden sein, daß *Lukas* zwei Erzählungen zusammenschmolz. Sie können auf einer früheren Traditionsstufe entstanden sein.

Offenkundig ist, daß Lukas die Erzählung wegen der Mahlsituation, dem Umgang Jesu mit Sündern und der Kritik an den Pharisäern auf 7,30–35 folgen ließ (vgl. VV 30.34). Die Erzählung 7,36–47 will die Mahlgemeinschaft mit den »Sündern« in der Gemeinde verteidigen. Im Kontext des dritten Evangeliums zeigt sie, daß gerade Jesu Hinwendung zu den Sündern die pharisäische Kritik und den Widerspruch (2,34) hervorrief. In einer nicht auflösbaren Dialektik wird Glaube als Grund für die »Rettung« (durch Sündenvergebung) und Liebe als Dank für die »Vergebung« verstanden.

36–38 Jesus ist von einem Pharisäer zum Mahl geladen und folgt der Einladung in das Haus des später namentlich genannten Simon (V 36; vgl. VV 40.43f.). Eine stadtbekannte Sünderin weiß um den Besuch Jesu; sie bringt ein Gefäß mit Salböl herbei, um Jesus zu salben (V 37). Sie stellt sich von hinten kommend zu Füßen des zu Tisch »liegenden« (V 36b) Jesus und weint. Dabei fallen ihre Tränen auf Jesu Füße; sie trocknet sie mit ihrem Haar, küßt sie und salbt sie mit dem Öl (V 38). An der Begebenheit ist nicht ungewöhnlich, daß Zuschauer zum Mahl Zutritt haben, wohl aber ungeheuerlich, daß eine bekannte Sünderin (wohl eine Dirne) herantritt und Jesus berührt. Vorausgesetzt ist, daß Jesus ihr bei einer früheren Begegnung ihre vielen Sünden vergeben hat (V 47). (Die Tränen der freudigen Dankbarkeit werden nach Zufügung von V 48 zu Reuetränen uminterpretiert.)

39–40 Der Gastgeber entschuldigt Jesus, der solches an sich geschehen läßt, im stillen. Wäre Jesus ein in die Tiefe blickender Prophet, wüßte er, »wer und was für eine Frau« ihn berührt. Damit ist die Einschätzung Jesu durch den Pharisäer zugleich charakterisiert. *Er* weiß nicht, daß Jesus dennoch solches Wissen besitzt und ihm sogleich antwortet. Simon sieht in Jesus (nur) den Lehrer (*didaskalos* »Rabbi«). Jesus kennt die Frau und die Gedanken des Pharisäers. Er antwortet im Gleichnis, das in eine Frage ausmündet.

41–43 Ein Geldgeber hatte zwei Schuldner und tat den unerhörten Schritt, beiden die Schuld zu erlassen, dem einen 500, dem anderen 50 Denare (Silbermünzen). Als einziger Grund des Schuldnachlasses wird angeführt, daß beide Schuldner zahlungsunfähig waren. Jesus fragt den Pharisäer nun, welcher von beiden Schuldnern den Geldgeber »mehr« lieben werde. Die Antwort kann nur lauten: der, dem am meisten geschenkt wurde. Jesus bestätigt, daß die Antwort richtig war.

44-47 Dann wendet er das Gleichnis auf Simon und die Sünderin an, jedoch nicht, um das verschiedene Maß empfangener Vergebung zu erwägen, sondern einzig, um die Liebestat der Sünderin zu rechtfertigen. Deshalb werden die (an sich nicht ungewöhnlichen oder gar unhöflichen) Unterlassungen des Simon den Liebeserweisen der Frau gegenübergestellt. Simon hat Jesus kein Wasser zur Fußwaschung gereicht; die Frau hingegen tat mehr als das (V 44b). Simon hat den Begrüßungskuß unterlassen; die Sünderin hat »unaufhörlich« Jesu »Füße« geküßt (V 45). Der Pharisäer hat Jesus nicht das Haupt gesalbt; die Frau salbte Jesus die Füße (V 46). Daraus wird der Schluß gezogen (»deshalb«), daß der Frau »ihre vielen Sünden vergeben sind«. Der Schluß muß gezogen werden, »weil sie viel geliebt hat« (V 47a). Erst mit V 47b kommt der Gedanke einer vergebenen »geringen« Schuld und einer »geringen« Liebe auf. Er generalisiert im Blick auf die christliche Gemeinde, in der alle mit den bekehrten »Sündern« Gemeinschaft haben sollen. Die Liebe der Sünder übertrifft die der übrigen. Nur wenn man diesen am Schluß verallgemeinernden Gedankengang übersieht, kann man den vorangehenden Vergleich so verstehen, daß der Pharisäer als »kleiner Schuldner« angeredet werde, und (mit Schürmann: Lk 436) die Ansicht vertreten, deshalb gehörten die VV 44b–46 nicht zur ursprünglichen Erzählung.

48-49 Wenn es einen »Knick« in der Perikope gibt, so liegt dieser nicht schon in V 47 (so Schürmann: Lk 438) vor, sondern in V 48. V 49 läßt den V 48 im Sinne einer jetzt erfolgenden Absolution durch Jesus verstehen, nicht aber als konstatierende Deklaration über die zuvor erfolgte Vergebung. (*apheōntai* [Perfekt des Passivs] steht in V 48 zwar wie V 47, kann aber, wie 5,20.23 [im Unterschied zu Mk] zeigen, auch die *jetzt erfolgende* Lossprechung bezeichnen.) Der Redaktor, der VV 48f. anfügte, hat damit erreicht, daß Jesus ausdrücklicher als in 7,41–43.47 als der Vergebende bzw. Vergebung Zusprechende gekennzeichnet wird. Im Zusammenhang mit V 50 – falls VV 48–50 vom gleichen Redaktor stammen – wird deutlich, daß der »Glaube« der Sünderin die »Rettung« aus der Schuld erst möglich machte. Damit erhält V 48 ebenfalls die Bedeutung einer jetzt erfolgenden Vergebung, die (auch) durch den Liebeserweis der Frau vorbereitet erscheint. Die Liebestat ist in diesem Fall als Ausdruck des gläubigen Vertrauens zu Jesus interpretiert. Der Zusatz der VV 48–50 würde – nahezu »semipelagianisch« – das Tun des Menschen, seine Reuetränen und Liebestaten, als für die Vergebung der Schuld unerläßlich bezeichnen.

50 Für die abschließende Feststellung, daß der Glaube die Sünderin »gerettet« habe, gibt es bei Lk Parallelen (8,48 und 18,42 par Mk; 17,19 Sondergut; jeweils nach einer Krankenheilung). Daß die Formel nach einer Sündenvergebung gebraucht wird, kann der Auffassung des Evangelisten über die umfassende Retterfunktion Jesu (19,10) zu verdanken sein. Damit aber verwiese V 50 auf Lukas als den zufügenden Redaktor. (Zur Aufforderung »Geh [*poreuou*] in Frieden!« vgl. 8,48 im Unterschied zu Mk; ferner 5,24 im Unterschied zu Mk; 17,19 Sondergut.) Hat aber Lukas selbst den V 50 angehängt, so ist von daher wiederum wahrscheinlich, daß er auch die VV 48f. (nach dem Vorbild von Mk 2,5.7) gebildet hat (vgl. Schmid: Lk 149).

4. Jesus wirbt um das Volk im Wort und in Machttaten: 8,1–56

Frauen im Gefolge Jesu: 8,1–3

1 In der folgenden Zeit wanderte er von Stadt zu Stadt und von Dorf zu Dorf, predigte und verkündete das Evangelium vom Reich Gottes. Die Zwölf begleiteten ihn, **2** außerdem einige Frauen, die er von bösen Geistern und von Krankheiten geheilt hatte: Maria, genannt die aus Magdala, aus der sieben Dämonen ausgefahren waren, **3** Johanna, die Frau des Chuza, eines Beamten des Herodes (Antipas), Susanna und viele andere. Sie alle unterstützten Jesus und die Jünger mit dem, was sie besaßen.

Literatur: Conzelmann: Mitte der Zeit, 40f. – *A. Hastings*: Prophet and Witness in Jerusalem, London 1958, 38–49.

Die VV 1–3 stellen eine überblickartige Situationsangabe dar, die nicht nur für Kap. 8 gilt, sondern auch für 9,1–50. Jesus bringt die Botschaft vom Reich Gottes in jede Ortschaft des Landes. Die Begleitung durch die Zwölf ist dem Evangelisten besonders wichtig. Zwei der drei Frauen, die aus dem Kreis der Jüngerinnen namentlich vorgestellt werden, spielen in der Ostergeschichte des Evangelisten eine Rolle (23,49.55f.; 24,10).
Obgleich 8,1–3 im Mk keine Entsprechung hat und deshalb zu der

»kleinen Einschaltung« in den Mk-Rahmen gerechnet wird (6,20–8,3), sind die drei Verse nicht Abschluß der »Einschaltung«, die mit 6,20–49; 7,1–10.18–35 wohl eine vorgegebene Perikopenfolge aus Q, mit 7,11–17.36–47 vielleicht zusammengehörige Stücke einer Sondervorlage wiedergibt. 8,1–3 ist vielmehr »redaktionelle« Einleitung zum Folgenden. Dabei stützt sich der Evangelist kaum auf einen tradierten Text, sondern greift überlieferte Namen auf. Daß 7,11–17.36–50 mit 8,(1)2 f. einem vorlukanischen Erzählzusammenhang zum Thema »Jesus und die Frauen« folge (vgl. Schlatter: Lk 267f.; Schürmann: Lk 448), läßt sich nicht nachweisen.

1 Die Notiz zeichnet das Bild des Wanderpredigers, der nun systematisch jede Ortschaft des Judenlandes (vgl. 4,43 f.) aufsucht, um die Botschaft »des Reiches Gottes« zu predigen. Die Wortverkündigung (8,4–21 par Mk 4,1–25; 3,31–35) steht im Vordergrund. Doch sie wird durch die Tatverkündigung (8,22–56 par Mk 4,35– 5,43) ergänzt. Der Schwerpunkt der Wortverkündigung wird in der Formulierung von V 1 sichtbar. Die Zwölf begleiten Jesus als erwählte Jünger und künftige Zeugen. Sie sollen an Jesu Verkündigung (schon vor Pfingsten) teilhaben (9,1–10). Die Frauen hingegen (VV 2 f.) begleiten Jesus aus Dankbarkeit für die durch Jesus erfahrene Heilung. Obwohl Lukas in V 1 von der Q-Vorlage beeinflußt sein kann (vgl. Mt 9,35: Verkündigung »des Evangeliums vom Reich«), formuliert Lukas selbständig. Er vermeidet das Substantiv »Evangelium« (es steht nur Apg 15,7; 20,24 im Munde des Petrus bzw. des Paulus) und spricht von der Verkündigung (*euaggelizomenos*), deren Gegenstand »das Reich Gottes« ist (vgl. 4,43; 16,16; Apg 8,12).

2–3 Maria aus Magdala wird von der späteren Überlieferung (zu Unrecht) mit der großen Sünderin von 7,36–50 identifiziert. Daß sie von sieben Dämonen befreit wurde, sagt auch Mk 16,9 (in Abhängigkeit von Lk!). Johanna, Frau des Chuza, eines Beamten von Herodes Antipas, wird mit Maria aus Magdala auch 24,10 (als Besucherin des Grabes Jesu) genannt. Susanna begegnet sonst nicht im lukanischen Werk; sie ist im Sinne des Evangelisten kaum identisch mit der dritten Grabesbesucherin »Maria des Jakobus«. Letztere ist nämlich aus Mk 16,1 übernommen, wo als dritte Frau Salome genannt ist, die nicht mit Johanna identisch sein kann. Ob Lukas aus der antiochenischen Gemeinde, der ein mit Herodes aufgezogener Manahen angehörte (Apg 13,1), über die Rolle der Johanna unterrichtet war (vgl. Hastings), kann man höchstens vermuten. Lukas erwähnt den Dienst der drei vermögenden Frauen, um in seiner Zeit das Vorbild dieser Frauen herauszustellen. Sie haben den der Frau entsprechenden Dienst gegenüber Jesus und den Aposteln geübt. Mit ihrer Erwähnung ist weiterhin Jesu Zuwendung zu den Frauen festgehalten, die den jüdischen Bewertungen der Frau (»als geistig und moralisch durchaus minderwertig«; Schmid: Lk 156) widersprach.

Das Gleichnis von der Saat und seine Deutung: 8,4—15

4 Als viele Leute zusammenströmten und aus allen Städten zu ihm hinzogen, erzählte er ihnen ein Gleichnis: 5 Ein Sämann ging aufs Feld, um seine Saat auszusäen. Und als er säte, fiel ein Teil der Körner auf den Weg; sie wurden zertreten, und die Vögel des Himmels fraßen sie. 6 Ein anderer Teil fiel auf Felsen, und als die Saat aufging, verdorrte sie, weil es ihr an Feuchtigkeit fehlte. 7 Ein anderer Teil fiel mitten in die Dornen; die Dornen wuchsen zusammen mit der Saat hoch und erstickten sie. 8 Ein anderer Teil schließlich fiel auf guten Boden, ging auf und brachte hundertfach Frucht. Als Jesus das gesagt hatte, rief er: Wer Ohren hat zum Hören, der höre!

9 Seine Jünger fragten ihn, was das Gleichnis bedeute. 10 Da sagte er: Euch ist es gegeben, die Geheimnisse des Reiches Gottes zu erkennen. Zu den anderen Menschen aber wird nur in Gleichnissen geredet; denn sie sollen *sehen und doch nicht sehen, hören und doch nicht verstehen* (vgl. Jes 6,9).

11 Das ist der Sinn des Gleichnisses: Der Same ist das Wort Gottes. 12 Auf den Weg ist der Same bei denen gefallen, die das Wort hören, denen es aber der Teufel dann aus dem Herzen reißt, damit sie nicht glauben und nicht gerettet werden. 13 Auf den Felsen ist der Same bei denen gefallen, die das Wort freudig aufnehmen, wenn sie es hören; aber ihr Glaube faßt nicht Wurzel: eine Zeitlang glauben sie, doch in der Zeit der Prüfung werden sie abtrünnig. 14 Unter die Dornen ist der Same bei denen gefallen, die das Wort hören, dann aber weggehen und in den Sorgen, dem Reichtum und den Genüssen des Lebens ersticken, deren Frucht also nicht reift. 15 Auf guten Boden ist der Same bei denen gefallen, die das

Wort mit gutem und aufrichtigem Herzen hören, daran festhalten und durch ihre Ausdauer Frucht bringen.

Literatur: Jülicher: Gleichnisreden II, 514–538. – *D. Haugg*: Das Ackergleichnis: ThQ 127 (1947), 60–81, 166–204. – *J. Gnilka*: Die Verstockung Israels, München 1961, 119–129. – *J. Dupont*: La parabole du semeur dans la version de Luc, in: Apophoreta (FS f. E. Haenchen), Berlin 1964, 97–108. – *W. C. Robinson jr.*: On Preaching the Word of God (Luke 8,4–21), in: Keck/Martyn: Studies, 131–138. – *J. Jeremias*: Palästinakundliches zum Gleichnis vom Säemann: NTS 13 (1966/67), 48–53. – *B. Gerhardsson*: The Parable of the Sower and its Interpretation: NTS 14 (1967/68), 165–193. – *H. Schürmann*: Lukanische Reflexionen über die Wortverkündigung in Lk 8,4–21 (erstmals 1967), in: UG 29–41. – *Ch. Dietzfelbinger*: Das Gleichnis vom ausgestreuten Samen, in: Der Ruf Jesu und die Antwort der Gemeinde (FS f. J. Jeremias), Göttingen 1970, 80–93. – *Schramm*: Markus-Stoff, 114–123. – *H. Räisänen*: Die Parabeltheorie im Markusevangelium, Helsinki 1973. – *März*: Wort Gottes, 57–59. – *P. Zingg*: Das Wachsen der Kirche, Göttingen 1974, 76–100.

Nicht nur das Gleichnis und seine Deutung (8,4–15) behandeln das Thema des »Wortes Gottes« (V 11), sondern auch die folgenden beiden Abschnitte 8,16–18.19–21 (Staab: Lk 56). Lk 8,4–15 hat Mk 4,1–20 zur Vorlage, 8,16–18 gibt Mk 4,21–25 wieder, während 8,19–21 das bislang übergangene Stück Mk 3,31–35 aufgreifen dürfte. In diesem letzten Stück hat Lukas den Ausdruck »Wort Gottes« (V 21) von sich aus verwendet (Mk 3,35: »Wille Gottes«) und auch damit angedeutet, daß er den ganzen Abschnitt 8,4–21 einer einheitlichen Thematik unterordnet.

Das Gleichnis ist durch eine Einleitungsbemerkung (V 4) und eine abschließende Aufforderung zum Hören (V 8b) gerahmt. Ihm folgt eine Befragung Jesu durch die Jünger mit der Antwort, die die »Parabeltheorie« des Mk aufgreift (VV 9f.); in diesen Versen sind die Übereinstimmungen zwischen Mt und Lk (gegen Mk) wohl aus dem Einfluß mündlicher Tradition zu erklären (Schürmann: Lk 461). Den vorläufigen Abschluß bildet eine allegorische Deutung des Gleichnisses durch Jesus (VV 11–15), die nicht auf die Bedeutung des Sämanns abhebt (so Mk), sondern auf den Samen, das »Wort Gottes« (V 11). Während das Gleichnis den Volksscharen erzählt wird (8,4–8), ist von V 9 an (bis V 18) der Jüngerkreis Adressat der Unterweisung.

4 Der Einleitungsvers stellt das nähere Auditorium vor. Hörer des folgenden Gleichnisses (*parabolē*), durch das Jesus spricht, ist die

Volksmenge, die zu Jesus gezogen war. Als Mit-Hörende hat man sich die Zwölf und die Jüngerinnen (VV 1-3) vorzustellen. Im Vergleich zur »Feldrede« (siehe 6,17-20) kann man erkennen, daß dort die Jünger angesprochen wurden und das Volk mit zugegen war, während hier nun das Volk als die zu missionierende Menge angesprochen ist und die Jünger ebenfalls zuhören. Den Jüngern wird in 8,9-18 eine eigene, weitergehende Unterweisung zuteil. Das Volk wird, nachdem das Gleichnis als Mittel der Anrede Jesu (V 1: *dia parabolēs*) erzählt wurde, zum Hören aufgefordert (V 8 b).

5-8a Der Sämann streut »seinen« Samen aus, sagt Lukas im Unterschied zu Mk. Der dritte Evangelist ist am Schicksal des Samens interessiert, d. h. am Schicksal des Wortes Gottes (V 11) bei den Hörern der Predigt Jesu. Das Gleichnis muß in Einheit mit der angegebenen Verkündigungssituation gesehen werden, so daß diese Situation den Sinn des Gleichnisbildes erhellt, auch ohne eigens gebotene Interpretation oder Anwendung. Die »Bildhälfte« spricht vom vierfach verschiedenen Schicksal des Samens. Das Tun des Sämanns ist von der Bildwirklichkeit her nicht außergewöhnlich, weil in Palästina vor dem Umpflügen gesät wird. Der Same, der auf den Weg fällt, wird zertreten und von den Vögeln aufgepickt (V 5). Der Same, der auf felsigen Boden fällt, keimt zwar auf, verdorrt aber schnell (V 6). Was unter die Dornen fällt, wird von den gleichfalls wachsenden Dornen erstickt (V 7). Den drei negativen Möglichkeiten steht eine positive gegenüber: Der Same, der auf gutes Erdreich trifft, wächst auf und bringt reiche Frucht (V 8 a). Das Gleichnis will von Hause aus kaum allegorisch auf verschiedene Hörergruppen gedeutet werden. Vielmehr bringt es – von Jesus gesprochen – die Zuversicht zum Ausdruck, daß die Botschaft trotz vielfältigen Mißerfolgs endlich doch reiche Frucht bringt, d. h. wider Erwarten endlich zu ungeahntem Segen führt. Es handelt sich um ein Kontrastgleichnis. Lukas hat das Zertretenwerden, das Fehlen der Feuchtigkeit, das Mit-Aufwachsen der Dornen gegenüber der Mk-Vorlage eingefügt. Bei der positiven letzten Angabe läßt Lukas (gegenüber Mk) die Erwähnung des 30fachen und 60fachen Ertrages weg. Er nennt nur den 100fachen Ertrag (vgl. Gen 26,12: »Isaak säte in dem Land, und er erntete in jenem Jahr hundertfältig, denn der Herr segnete ihn«). Lukas deutet das in V 15 auf die (ethische) Frucht bei den ausdauernd gläubigen Jüngern, hat aber sicherlich auch den reichen Ertrag der apostolischen Verkündigung (bei der Weltmission) im Sinn (vgl. Apg 6,7; 12,24; 19,20).

8b Jesus »ruft« (im Unterschied zu Mk) den Hörern des Gleichnisses zu, wer Ohren hat, solle hören. Die Menge ist insgesamt angesprochen; doch den Schritt zum bereitwilligen Hören muß der einzelne tun. Der Anruf Jesu ist letztlich ein Umkehrruf. Das Gleichnis ist nicht nur Ermunterung, an den Erfolg der Botschaft Jesu zu glauben, auch nicht nur Versuch, den Ertrag der christlichen Verkündigung wider allen Augenschein zuversichtlich von Gott zu erhoffen. Es will – schon auf der Traditionsstufe des ältesten Evangeliums – den Hörer auffordern, »gutes Erdreich« zu sein (V 15). Das Wort Gottes ist zu »befolgen« (V 21).

9–10 Die Jünger befragen nun Jesus, was das Sämanngleichnis bedeute (V 9). Die Vorlage ließ allgemein nach »den Gleichnissen« fragen und enthielt als Antwort Jesu die markinische Gleichnistheorie (Mk 4,10–12); vgl. dazu: W. Marxsen: ZThK 52 (1955), 255–271; G. Haufe: EvTh 32 (1972), 413–421; P. Lampe: ZNW 65 (1974), 140–150; K. H. Schelkle, in: Neues Testament und Kirche (FS f. R. Schnackenburg), Freiburg 1974, 71–75. Bevor Jesus die Jüngerfrage beantwortet (V 11a), spricht er ein Wort über die Wirkung der gleichnishaften Rede bei Jüngern und Nichtjüngern (V 10). Dabei ist die »Szenerie« von 8,1–4 (Jünger einerseits, Volksmenge andererseits) beibehalten. Mit »euch« sind die Jünger angesprochen, »die übrigen (die anderen Menschen)« von V 10 sind nicht »Außenstehende« (so Mk), sondern die zuhörende Menge, die »Zutritt« zur Jüngergemeinde (vgl. VV 16f.) haben soll. Den Jüngern ist »gegeben, die Geheimnisse des Reiches Gottes zu kennen«. Das ist keine »Gnosis« als Geheimwissen einer abgeschlossenen Gruppe, sondern ein Wissen, das Verbreitung finden soll. Es bezieht sich auf »die Mysterien« (Mk: das Mysterium) des Reiches Gottes, über die auch der Auferstandene die Apostel belehrte (Apg 1,3). Ohne daß diese Geheimnisse näher genannt würden, spricht V 10b mit einem gekürzten Schrifttext (Jes 6,9) die Folge (oder Zweckbestimmung) dessen aus, daß zu »den übrigen« (von den Geheimnissen) in Gleichnissen gesprochen wird. Lukas läßt den letzten Teil des Jesaja-Textes aus Mk 4,12 weg, der eine Umkehr- und Vergebungs-Chance für die Außenstehenden verneint. Der dritte Evangelist will demnach in der vorausgesetzten Situation des Lebens Jesu die Bekehrungsmöglichkeit der Menge nicht bestreiten. Die Rede in Gleichnissen führt allerdings eine Scheidung im Volk herbei. Die Jünger haben den Ruf Jesu nicht nur akustisch gehört (vgl. V 8). Sie sind Sehende (vgl. 10,23 f.) und Verstehende (V 10). Sie hören nicht nur, sondern befolgen und bewahren das Wort Gottes (8,21; 11,28).

11–15 Die den Jüngern gegebene Erkenntnis (V 10) ist durch Jesus vermittelt. Das zeigt die folgende Gleichnisdeutung. War diese ursprünglich wohl Anruf zum bereitwilligen Annehmen und bewahrenden Festhalten der Botschaft, so geht im lukanischen Kontext der Sinn in eine neue Richtung. Dem Jüngerkreis wird erklärt, wie sich das vielfache Scheitern der Wortverkündigung erklärt. Es ist kaum vorausgesetzt, daß die Botschaft mehr Mißerfolg als Erfolg hätte. Vielmehr soll die Situationsanalyse Ansporn zu werbender Verkündigung sein (vgl. VV 16 f.). Im Vordergrund steht nicht (wie bei Mk) der Sämann, sondern der Same und sein Schicksal. Er ist auf das »Wort Gottes« zu beziehen (V 11 b). In einer den Gesamtvorgang beachtenden Redeweise wird vom *Samen* gesprochen, obgleich die Hörer mit dem verschiedenartigen *Boden* verglichen werden. Im ersten Fall nimmt der Teufel das Wort aus den Herzen der Hörer; sie kommen gar nicht zum Glauben und erfahren deswegen keine Rettung (V 12). Eine zweite Gruppe nimmt das Wort freudig an und kommt zum Glauben; sie besteht aber die Versuchung (*peirasmos*) nicht und fällt ab (V 13). Mit »Versuchung« gibt Lukas wieder, was bei Mk »Bedrängnis und Verfolgung wegen des Wortes« hieß; er generalisiert die kritische Situation bei den Überschwenglichen. Die dritte Hörergruppe wird erstickt von Sorgen, Reichtum und »Freuden des Lebens« (V 14). Ihre Frucht kann nicht heranreifen. Lukas weiß, daß die gläubige Existenz von Sorge, Reichtum und Genießen bedroht ist. Diese ersticken den Menschen (nicht nur – wie bei Mk – das Wort der Botschaft).

Die vierte und positiv beurteilte Gruppe hört nicht nur das Wort Gottes. Sie »hält es fest« (*katechō*) und bringt Frucht (V 15). Gerade auf dem Festhalten (Mk: Aufnehmen) liegt bei Lukas der Nachdruck. Erst die »geduldige Ausdauer« (*hypomonē*) ermöglicht das Fruchtbringen (vgl. 21,19). Das hellenistische Ideal des »Schönen und Guten« ist in V 15 auf die gläubige Existenz übertragen. Es kommt auf das »schöne und gute Herz« an, das Gottes Wort hört und bewahrt (vgl. auch 2,19.51 b). Wenn Lukas die dreifach gestuften Erträge (Mk 4,8.20) auch hier (wie V 8) wegläßt, so möchte er wohl die Vorstellung einer nach »Vollkommenheitsstufen« gegliederten Gemeinde zurückweisen.

Vom rechten Hören: 8,16–18

16 Niemand zündet eine Lampe an und deckt sie mit einem Gefäß zu oder stellt sie unter das Bett, sondern man stellt sie auf den Leuchter, damit alle, die eintreten, das Licht sehen. 17 Denn es gibt nichts Verborgenes, das nicht offenbar wird, und nichts Geheimes, das nicht bekannt wird und ans Licht kommt. 18 Gebt also acht, daß ihr richtig zuhört! Denn wer hat, dem wird gegeben; wer aber nichts hat, dem wird auch noch das, was er zu haben glaubt, weggenommen.

Literatur: J. Jeremias: Die Lampe unter dem Scheffel: ZNW 39 (1940), 237–240. – *J. Gnilka*: Die Verstockung Israels, München 1961, 125 f. – *J. Dupont*: La Lampe sur le lampadaire dans l'évangile de saint Luc, in: Au service de la Parole de Dieu (FS f. A.-M. Charue), Gembloux 1969, 43–59. – *G. Schneider*: Das Bildwort von der Lampe: ZNW 61 (1970), 183–209. – *F. Hahn*: Die Worte vom Licht Lk 11,33–36, in: Orientierung an Jesus (FS f. J. Schmid), Freiburg 1973, 107–138, bes. 121–124.

Die Verse enthalten drei Sprüche, die Lukas im Anschluß an Mk 4,21–25 bietet. Dabei hat der erste Spruch (Von der Lampe) bei Lukas in starkem Maß das Gepräge der Q-Fassung (vgl. Mt 5,15) erhalten. Ähnliches kann beim zweiten Spruch (Nichts bleibt verborgen) gelten (vgl. Mt 10,26). Mk 4,24c (Vom Maß, mit dem einer mißt) wird übergegangen (vgl. Lk 6,38). In V 18b.c folgt Lukas wieder der Mk-Vorlage (Mk 4,25). Das Bildwort von der Lampe begegnet noch einmal 11,33 innerhalb des Q-Kontextes.

VV 16–18 stellen den Öffentlichkeitscharakter der Wortverkündigung heraus. Die Verhüllung der Geheimnisse des Reiches, die mit der gleichnishaften Redeweise gegeben war, ist nicht Gottes letzte Absicht. Vielmehr soll die Reichsbotschaft wie ein Licht einladen (V 16). Und sie wird öffentlich bekannt werden (V 17). Die beiden VV 16 f. sind durch »denn« miteinander verbunden. V 17 begründet die Aussage von V 16 mit einem allgemeinen Grundsatz volkstümlicher Weisheit: Eines Tages kommt alles ans Licht, auch wenn man es verbergen wollte (vgl. Lk 12,2 par Mt). Da Lukas Mk 4,23.24a.c wegläßt und V 18a mit einem folgernden »also« anschließt, gibt er einen weiteren Begründungszusammenhang an. Wenn man nämlich V 18 als Auslegung des vorangegangenen Gleichnisses von der Saat liest, erhält der Gesamttext seine Logik. Der Same, der auf guten Boden gefallen war, entspricht den Habenden. Sie erhalten mit der hundertfachen Frucht eine weitere Segensgabe. »Wer aber nichts hat« bezieht sich auf den dreifach schlechten Boden. Die Aufforderung, richtig zuzuhören (V 18 a), entspricht dem vierfach geschilderten »Hören« in 8,11–15, wobei nur die letzte Gruppe »richtig« hört, nämlich das Wort festhält. VV 16 f. rufen die Jünger auf, nicht nur das rechte Hören und Festhalten des Wortes Gottes zu praktizieren, sondern das Wort durch die von Gott intendierte Ausstrahlung nach außen zu seinem eigentlichen Ziel zu bringen.

16 Das Bildwort von der Lampe hat wohl bei Mt 5,15 seine ältere Fassung bewahrt, nicht aber bei Mk 4,21. Es spricht die Weisheit aus, daß man in dem (einen) Raum des palästinischen Hauses das Öllämpchen nicht unter den Scheffel stellt, sondern auf den Leuchter. Nur so kann es allen im Hause leuchten. Lukas ändert diese Fassung im Hinblick auf einen außerpalästinischen Haustyp mit Vestibül, bei dem die Lampe den Eingang beleuchtet (vgl. auch 11,33: in den Keller). Statt »Scheffel« sagt Lukas allgemeiner »Behälter, Gefäß«; aus Mk fügt er die negative Alternative »Bett« ein. Der Sinn der richtigen Plazierung der Lampe (auf dem Leuchtständer) wird darin gesehen, daß sie so den Eintretenden Licht spenden kann. Allerdings ist der Satz »damit alle ...« textkritisch nicht gesichert, weil er im Papyrus 75 und im Vaticanus fehlt. Er kann aus 11,33 eingedrungen sein. Auf der anderen Seite kann wegen Mt 5,15 angenommen werden, daß Lukas auch in 8,16 den Zweck der richtigen Lampenaufstellung erwähnt haben wird. Die Eintretenden wird Lukas auf jene Menschen bezogen haben, die noch »außen« stehen, aber vom Licht der Wortverkündigung angezogen werden, wenn nur die Gemeinde »sachgemäß« (und nicht esoterisch) mit dem Wort umgeht.

17–18 Was Jesus seinerzeit nur vor dem Jüngerkreis sagen konnte und was wegen der Gleichnisrede dem Volk noch verborgen blieb, wird und muß endlich »in die Öffentlichkeit« gelangen. Das wird mit einem Erfahrungssatz ausgesagt, der zugleich das Endziel des göttlichen Offenbarungsgeschehens angibt (V 17). Das Wissen der Jüngergemeinde (V 10) kann und soll nicht Geheimwissen einer exklusiven Sekte sein. Gerade auf dem Endziel, »bekannt zu werden« und »an die Öffentlichkeit zu gelangen«, liegt bei Lukas der Nachdruck, weil er ersteres aus Q, letzteres aus Mk übernimmt. – Die Aufforderung zum *rechten* Hören (*pōs akouete*) ist in V 18 a auf das entscheidende Wie des Hörens im Saat-Gleichnis zurückbezogen (VV 11–15). Das rechte Hören bedeutet zugleich Festhalten des Wortes Gottes und Ausharren unter ihm (V 15). Nur so bringt das Wort dem Menschen den verheißenen reichen Segen. V 18 b ist hier nicht Sprichwort über den Reichen, der immer noch reicher wird, sondern soll im Rückblick auf die vierte Gruppe der richtig Hörenden gelesen werden, während V 18c die dreifach falsch Hörenden berücksichtigt, die meinten, das Wort zu haben.

Von den wahren Verwandten Jesu: 8,19–21

19 Seine Mutter und seine Brüder kamen zu ihm; sie konnten aber wegen der vielen Leute nicht zu ihm gelangen. 20 Da sagte man ihm: Deine Mutter und deine Brüder stehen draußen und möchten dich sehen. 21 Er antwortete ihnen: Meine Mutter und meine Brüder sind die, die das Wort Gottes hören und befolgen.

Literatur: Dibelius: Formgeschichte, 43f., 46f. – *Conzelmann*: Mitte der Zeit, 28f., 41f. – *J. Blinzler*: Die Brüder und Schwestern Jesu, Stuttgart 1967. – *Schramm*: Markus-Stoff, 123f. – *März*: Wort Gottes, 67f.

8,19–21 greift das im Zusammenhang mit der Weglassung von Mk 3,20–35 (nach Lk 6,19) übergangene Stück Mk 3,31–35 auf. Der dritte Evangelist verwendet neben diesem Mk-Text keine weitere Überlieferung (Schramm). Entsprechend 8,8.11 begegnet nun auch am Ende der thematischen Einheit der Aufruf zum Hören (und Befolgen) des Wortes Gottes (V 21). Diesmal erfolgt der Appell indirekt im Spruch über die wahren Verwandten Jesu. Statt des markinischen »der den *Willen* Gottes tut« hat Lukas von sich aus geschrieben: »die das *Wort* Gottes *hören* und tun«. Die Situation hat man sich immer noch wie 8,1–4 vorzustellen. Deswegen läßt Lukas die Bemerkung über die »draußen stehenden« Verwandten Jesu (Mk 3,31) weg; denn alle befinden sich im Freien. Die entsprechende Notiz in V 20 (par Mk 3,32) ist geblieben, meint aber, daß die Verwandten »außerhalb« der Menge warten, die Jesus umdrängt. Das »biographische Apophthegma« mündet aus in ein Wort an die Menge. So hat Lukas den Gesamtabschnitt über das »Wort Gottes« mit einem Jesuswort an die ursprünglichen Adressaten (8,1.4) abgeschlossen.

19 Das Mk 3,31–35 sachlich vorausgehende Stück 3,20f. läßt Lukas weg, desgleichen andere Züge, die die leiblichen Verwandten in ungünstigem Licht erscheinen lassen können. Die Verwandten lassen Jesus nicht »rufen«; Jesus stellt nicht die schroffe Frage von Mk

3,33. Jesu Mutter und seine »Brüder« treten auf. Daß auch »Schwestern« Jesu in ihrer Begleitung sind (so Mk 3,32.35), sagt Lukas nicht. Die Verwandten wollen mit Jesus zusammentreffen, ihn aber nicht nach Nazaret holen oder Wunder sehen (gegen Conzelmann 42). Doch die Menge steht zu dicht um Jesus herum (vgl. Mk 3,32a).

20 So meldet man Jesus, daß seine Mutter und seine Brüder »draußen« stehen und ihn sehen wollen. Ob das »draußen« unbedacht (entsprechend Mk) stehenblieb oder bewußt belassen wurde (so Schürmann: Lk 470f.), wird man nicht sicher beurteilen können. Letzteres wird indessen kaum zutreffend sein, weil die Verwandten nicht als außerhalb des »Jüngerkreises« stehend vorgestellt sind, sondern sich außerhalb der »Menge« befinden.

21 Die Antwort Jesu will die Jünger als die wahren (und neuen) Verwandten Jesu bezeichnen. Während bei Mk das Logion im *Singular* steht und zum Tun des *Willens* Gottes aufruft, setzt Lukas es in den *Plural*; Jesus ruft also nur indirekt einzelne zur Befolgung des *Wortes* auf. Er kennzeichnet die Jünger als die wahren Verwandten, weil sie die Forderung Jesu, das durch Jesus gepredigte Wort Gottes, hören und befolgen (vgl. 8,8.15.18a.b). Das Wort Gottes stiftet, gläubig angenommen, nicht nur Gemeinschaft unter den Hörern, sondern verbindet diese zugleich mit Jesus zu dessen »Familie«.

Der Sturm auf dem See: 8,22–25

22 Eines Tages stieg er mit seinen Jüngern in ein Boot und sagte zu ihnen: Wir wollen an das andere Ufer des Sees fahren. Und sie fuhren ab. 23 Während der Fahrt aber schlief er ein. Plötzlich brach über dem See ein Sturm los, das Wasser schlug in das Boot, und sie gerieten in Gefahr. 24 Da traten sie zu ihm und weckten ihn, indem sie riefen: Meister, Meister, wir gehen unter! Er erwachte, drohte dem Wind und den Wellen, und sie legten sich, und es trat Stille ein. 25 Dann sagte er zu den Jüngern: Wo ist euer Glaube? Sie aber fragten einander mit Furcht und Staunen: Wer ist doch dieser, daß ihm sogar Wind und Wasser gehorchen, wenn er es befiehlt?

Literatur: J. Kreyenbühl: Der älteste Auferstehungsbericht und seine Varianten: ZNW 9 (1908), 257–296. – *G. Schille*: Die Seesturmstillung Markus 4,35–41 als Beispiel neutestamentlicher Aktualisierung: ZNW 56 (1965),

30-40. – S. *Wibbing*: Die Stillung des Seesturms (Markus 4,35–41), in: Becker/Wibbing: Wundergeschichten, Gütersloh 1965, 33–35. – *Kertelge*: Wunder Jesu, 91–100. – *Roloff*: Kerygma, 164–166. – *W. Schmithals*: Wunder und Glaube. Eine Auslegung von Markus 4,35–6,6a, Neukirchen 1970. – *Schramm*: Markus-Stoff, 124f. – *L. Schenke*: Die Wundererzählungen des Markusevangeliums, Stuttgart 1974, 1–93.

Im Anschluß an den Komplex zum Thema »Wort Gottes« (8,4–21) folgen drei besonders eindrucksvolle Wundertaten Jesu, die Stillung des Seesturmes (8,22–25), die Besessenenheilung bei Gerasa (26–39) und die Erweckung der Tochter des Jairus (40–56). Sie zeigen die Hoheit Jesu, dessen Wort nicht einfach Botschaft und Lehre ist, sondern göttliches Machtwort (8,24f.29.31.54). Das »Wort Gottes«, das Jesus verkündet, kann mit Recht an den Menschen als Befehl ergehen (8,21). Ähnlich wie im biblischen Schöpfungsbericht das Machtwort Gottes dessen Anspruch an den Menschen begründet (Gen 1), zeigen die Machttaten Jesu, daß Jesus als Herr auch Gehorsam gegenüber seinem Wort verlangen darf. Das Befehlswort Jesu ist indessen nicht bloßes Machtwort. Man muß die grundlegende Tendenz sehen, die mit ihm verbunden ist. Es überwindet die Gefahr des Untergangs, die Macht der Dämonen und des Todes.

Quellenmäßig gehen die drei Wundererzählungen auf das älteste Evangelium zurück (Mk 4,35–41; 5,1–20.21–43). Damit ist deutlich, daß schon dort die »Wundertrilogie« mit dem Abschnitt über die Wortverkündigung (Mk 4,1–34) verbunden war. Lukas hat alle drei Wunderberichte gestrafft, was schon rein äußerlich an der Zahl der Verse abgelesen werden kann (4 gegenüber 7; 14 gegenüber 20; 17 gegenüber 23). Die Straffung bedeutet zugleich eine Konzentration christologischer Art. Im Fall der Seesturmgeschichte steht die »Frage nach Jesus« gewichtig am Ende (V 25). Der Bericht ist »Epiphaniegeschichte« (Dibelius: Formgeschichte, 91f.) und stellt in österlicher Sehweise Jesu gebietende Macht dar; er ist darum aber doch nicht »Auferstehungsbericht« (gegen Kreyenbühl).

22 Die Einleitungswendung verknüpft mit 8,4–21. Die folgende Geschichte spielt »an einem der (betreffenden) Tage«. Am gleichen Tag ereignen sich auch die beiden folgenden Wunder. Die »Jünger«, die mit Jesus das Boot besteigen, umfassen den engeren Kreis, wie er 8,1–3 vorgestellt war. Jesus erteilt ihnen den Auftrag, an das jenseitige Ufer zu fahren. Mit der Ausführung des Auftrags wird sogleich begonnen. Jesus erscheint bereits hier als der hoheitlich Befehlende (vgl. die Anrede mit *epistata* in V 24 und die Korrespondenz von Befehl und Gehorsam in V 25c).

23-24 Auf der Fahrt schläft Jesus. Dies sagt Lukas (im Unterschied zu Mk), ehe er vom Sturm berichtet. Einer der (am See Gennesaret) gefürchteten Stürme erhebt sich plötzlich, ohne daß Jesus davon geweckt würde. Als das Boot sich mit Wasser füllt, erkennen die Jünger die Gefahr und wecken Jesus. Sie rufen ihn zweimal mit »Meister« (*epistata*) an (Mk: »Lehrer«). Lukas hat die novellistischen Züge von Mk 4,37f. teilweise übergangen, dafür aber den entscheidenden Augenblick dramatischer dargestellt. Die Jünger wecken Jesus *durch* den Ruf. Sie sagen nicht: »Meister, kümmert es dich nicht, daß wir untergehen?« Das klingt dem Evangelisten wohl außerdem zu vorwurfsvoll. (In ähnlicher Weise hat Mt 8,25 gestrafft, unabhängig von Lk oder einer gemeinsamen Tradition; mit Schmid: Mt und Lk, 108-110, gegen Schramm.) Jesus »droht« dem Wind (*epetimēsen* par Mk) und dem »Wassergewoge« (Mk: »Meer«). Das Befehlswort wird aber nicht (wie bei Mk) angeführt. »Und sie hörten auf« betont knapp den augenblicklichen Gehorsam der Naturgewalten (siehe das »Schelten« Jahwes gegenüber den Fluten Ps 104,6f.; 106,9; Nah 1,4; vgl. den göttlichen Anspruch des Antiochos Epiphanes: 2 Makk 9,8). Die »Stille«, die eintritt, ist nicht nur die Stille der Fluten (wie bei Mk). Sie ist der Zustand der Schöpfung, den Jesus durch sein Wort herbeiführt (vgl. die übertragene Bedeutung von *galēnē* bei Fl. Josephus, Bell. III § 195). Die Gefahr des Untergangs ist gebannt.

25 Statt eines von der Situation oder von der Erzählungsgattung her denkbaren Lobpreises (vgl. Ps 107,23-32) bietet die Erzählung (schon bei Mk) am Schluß eine Frage Jesu und eine solche der Jünger. Erst die Jüngerfrage bildet den gattungsgemäßen Chorschluß nach dem geschehenen Wunder. Jesu Frage ist auch bei Lukas vorwurfsvoll. Sie wirft aber nicht vor, keinen Glauben zu haben, sondern fragt, wo der (grundlegend vorhandene) Glaube geblieben sei (Grundmann: Lk 180). Er hätte sich gerade eben bewähren und zeigen sollen (vgl. Mt 8,26: »Ihr Kleingläubigen«). Das, was die Jünger mit Jesus erlebt hatten, läßt sie nach dem Wesen Jesu fragen. So gibt Lukas zu erkennen, daß er einen »wachsenden« Glauben kennt, der an der Erfahrung mit Jesu Rettungswerk stärker wird. Die Jünger bekennen freilich nicht den mächtigen Herrn der Naturgewalten, sondern verhalten sich gläubig fragend. Sie bedenken den Zusammenhang zwischen Jesu Befehlswort (*epitassei*) und dem Gehorsam des Windes und des Wassers. Jesus »gebietet« (präsentisch ausgedrückt) den bedrohlichen Elementen und rettet so vor dem Untergehen.

Die Heilung des Besessenen von Gerasa: 8,26–39

26 Sie fuhren in das Gebiet von Gerasa, das dem galiläischen Ufer gegenüberliegt. 27 Als er an Land ging, lief ihm ein Mann aus der Stadt entgegen, der von Dämonen besessen war. Schon seit langem trug er keine Kleider mehr und lebte nicht mehr in Häusern, sondern in den Grabhöhlen. 28 Als er Jesus sah, schrie er auf, fiel vor ihm nieder und rief laut: Was habe ich mit dir zu tun, Jesus, du Sohn des höchsten Gottes? Ich bitte dich, quäle mich nicht. 29 Jesus hatte nämlich dem unreinen Geist befohlen, den Mann zu verlassen. Denn schon seit langem hatte ihn der Geist in seiner Gewalt, und man hatte ihn wie einen Gefangenen an Händen und Füßen gefesselt, doch immer wieder zerriß er die Fesseln und wurde von dem Dämon in menschenleere Gegenden getrieben. 30 Jesus fragte ihn: Wie heißt du? Er antwortete: Legion. Denn er war von vielen Dämonen besessen. 31 Und die Dämonen baten Jesus, sie nicht zur Unterwelt fahren zu lassen.
32 Ganz in der Nähe befand sich gerade an einem Berghang eine große Schweineherde. Die Dämonen baten Jesus, ihnen zu erlauben, in die Schweine zu fahren. Er erlaubte es ihnen. 33 Da verließen die Dämonen den Menschen und fuhren in die Schweine. Die Herde stürzte sich den Abhang hinab in den See und ertrank.
34 Als die Hirten das sahen, flohen sie und erzählten alles in der Stadt und in den Dörfern. 35 Darauf eilten die Leute herbei, um zu sehen, was geschehen war. Sie kamen zu Jesus und sahen, daß der Mann, den die Dämonen verlassen hatten, wieder bei Verstand war und in ordentlichen Kleidern bei Jesus saß. Da fürchteten sie sich. 36 Die anderen, die alles gesehen hatten, berichteten ihnen, wie der Besessene gerettet wurde. 37 Darauf baten Jesus alle Leute aus dem Gebiet von Gerasa, er solle sie verlassen; denn sie hatten große Angst. Jesus stieg ins Boot und fuhr zurück. 38 Der Mann aber, den die Dämonen verlassen hatten, bat Jesus, bei ihm bleiben zu dürfen. Doch er schickte ihn weg und sagte: 39 Kehr in dein Haus zurück und erzähl alles, was Gott für dich getan hat! Da ging er weg und verkündete in der ganzen Stadt, was Jesus an ihm getan hatte.

Literatur: J. M. Robinson: Das Geschichtsverständnis des Markus-Evangeliums, Zürich 1956, 42–54. – *H. Sahlin*: Die Perikope vom gerasenischen Besessenen und der Plan des Markusevangeliums: StTh 18 (1964), 159–172. – *Kertelge*: Wunder Jesu, 101–110. – *Schramm*: Markus-Stoff, 126. – *R. Pesch*: Der Besessene von Gerasa, Stuttgart 1972. – *F. Annen*: Heil für die Heiden, Frankfurt 1976.

Vorlage des Evangelisten ist Mk 5,1–20. Allerdings ließ Lukas wiederum novellistische Züge der Erzählung weg. Schon die markinische Perikope hat wahrscheinlich eine längere Traditionsgeschichte durchlaufen, die nicht mehr eindeutig rekonstruiert werden kann. Mk 5,18–20 ist gewiß ein sekundärer Schluß der Geschichte (Kertelge, Pesch). Vor der Zufügung von 5,18–20 lag eine exorzistische Epiphanieerzählung vor, die mit dem neuen Schluß zur »Missionserzählung« wurde. Der geheilte Besessene wurde zum ersten Zeugen Jesu in der Dekapolis.

Lukas hat die Vorlage im Hinblick auf die Hoheit Jesu gestrafft. Der Exorzismus erfolgt angesichts der Gegenwart Jesu fast von selbst (Lk 8,28–30). Im Gesamtkontext des lukanischen Werkes will die Geschichte, die in heidnischem Gebiet spielt (das einzige Mal bei Lk), eine Art Verheißung für die spätere Heidenmission sein. Sie zeigt Jesu Macht über die Dämonen im Gebiet der Heiden (vgl. Apg 13,6–12; 16,16–18; 19,13–20). Die Mission befreit die Heiden »von der Gewalt Satans« (Apg 26,18).

26 Nach der Sturmstillung geht Jesus (mit den Jüngern) im Land der Gerasener an Land. Daß dieses Gebiet »Galiläa gegenüber« liegt, hat Lukas aus dem Mk-Text erschlossen (Mk 3,7; 5,1). Im folgenden wird von Jesus allein gesprochen (V 27). Die Jünger sind aber als (bloße) Zuschauer zugegen zu denken.

27–33 Als Jesus das Land betritt, begegnet ihm ein Mann aus der Stadt, der »Dämonen hatte«. (Der Plural »Dämonen« weist schon auf VV 30f. voraus.) Er war schon geraume Zeit besessen. Unbekleidet hält er sich »in den Gräbern« auf (V 27), lebt in der Einöde (V 29). Damit bereitet Lukas die späteren Angaben über die Heilung vor: Der Mann wird wieder bekleidet sein und in die Stadt gehen (VV 35.39). Lukas schildert zunächst den erbärmlichen Zustand des Mannes, läßt dann Mk 5,3b–5 vorerst weg (vgl. aber V 29), um sogleich die Begegnung mit Jesus zu berichten. Als der Besessene Jesus sieht, fällt er aufschreiend vor ihm nieder (Mk: er vollzieht eine huldigende Proskynese). Die Proskynese gebührt nach Lukas Gott

(4,7f.) und dem auferstandenen Jesus (24,52). Das Ansuchen des Mannes (V 28) wird im wesentlichen der Vorlage entsprechend zitiert, jedoch mit zwei Ausnahmen: Es ist nicht mehr artikulierter Aufschrei, sondern laut gesprochenes Wort. Es ist Bitte an Jesus und nicht beschwörendes Ersuchen. Die Dämonen treten vor Jesus wie ein einziges Subjekt auf, erkennen in Jesus den »Sohn des höchsten Gottes« (vgl. 4,41) und wissen auch, daß er gegen sie angetreten ist. Sie wollen nicht gequält werden. Das Wissen resultiert hier aus dem Befehl Jesu an den »unreinen Geist«, der zuvor erteilt worden war (V 29). Den Befehl (*parēggellen*) bietet Lukas (im Unterschied zu Mk) nur in indirekter Rede. Auch hier werden die »vielen« Dämonen (VV 27.30) als ein »unreiner Geist« (mit Mk) bezeichnet. Daß es sich um viele Dämonen handelt, wird ja erst mit V 30 bekannt (vgl. danach den Plural VV 31.32.33.35.38). Der Besessenheitszustand des Geheilten wird von Lukas »nachgetragen« (V 29b). Damit wird begründet, warum Jesus den Mann rettete (*esōthē*: V 36): aus Erbarmen.

Jesus fragt den (im Ausfahren begriffenen) Geist nach seinem Namen (V 30a). Wenn es auch merkwürdig erscheint, daß Jesus den Geist nicht namentlich kennt und auch von der Vielzahl der Dämonen erst jetzt erfährt, darf man doch in V 30 kein christologisches Problem sehen. Der »Legion« *muß* Jesus seinen Namen nennen (Rengstorf: Lk 112). V 30 bereitet vor allem das folgende Stück der Erzählung vor. Der Name »Legion« (Lehnwort vom lateinischen *legio*: etwa 6000 Mann; vgl. Mk 5,13: 2000 Schweine) wird von Lukas erklärt: Der Mann war von »vielen Dämonen« besessen. Diese wollen auf keinen Fall an den ihnen gebührenden Ort, die »Unterwelt« (*abyssos*), geschickt werden, sondern in der Menschenwelt bleiben (V 31). Sie wissen, daß Jesus ihnen gebietet (*epitassō*). Er soll sie – so bitten sie – in die in der Nähe befindliche Schweineherde fahren lassen (V 32). Das gewährt ihnen Jesus. Die Dämonen fahren in die Schweine, die Herde rast den Hang hinab in den See und ertrinkt. Wenn gemäß der Erzählung die Dämonen in die Schweineherde fahren, so hat Lukas kaum mehr Interesse an der juden-christlichen Aussage, daß die »unreinen Geister« in »unreine Tiere« fahren müssen. Er weiß um die weiterhin bestehende – konzedierte – Macht der Dämonen bei den Heiden. Er weiß, daß sie noch nicht im Abyssos gefesselt sind (vgl. Apk 20,3).

34–39 Die Schweinehirten fliehen und vermelden das Geschehen in der Stadt und auf dem Land (V 34). Auf diese Kunde hin gehen die Leute hinaus, um das Geschehene »zu sehen«. Als sie zu Jesus kommen, finden sie den Besessenen geheilt vor. Er ist ordentlich gekleidet und bei Sinnen; er sitzt wie ein Schüler zu Füßen Jesu (V 35): Der Geheilte hört Jesus zu. Die Leute geraten darüber in Furcht und erhalten von den Augenzeugen des Geschehens, den Hirten, entsprechende Auskunft, wie der Besessene »geheilt (gerettet)« wurde (V 36). Von dem Schicksal der Schweineherde (so Mk) erzählen sie hingegen nichts. Während der Geheilte als Jünger »mit Jesus« ziehen will (V 38), bittet die Bevölkerung der Gegend von Gerasa, Jesus soll »von ihnen weggehen« (V 37). Ihre Bitte ist von »großer (numinoser) Furcht« getragen, nicht von der Befürchtung wirtschaftlicher Verluste (gegen Rengstorf: Lk 112). Der Bitte der Menge entspricht Jesus und fährt zurück. Die Bitte des Geheilten wird nicht erfüllt. (Die »Stunde der Heiden« für die Jüngerschaft ist noch nicht gekommen.) Er wird von Jesus entlassen und erhält den Auftrag, nach Hause (in die Stadt) zu gehen und von der Gottestat seiner Heilung zu erzählen. Er verkündet in der ganzen Stadt (Mk: in der Dekapolis), »was Jesus ihm getan hatte« (V 39). Der Geheilte ist also nicht ein früher »Gebietsmissionar« (wie Mk 5,20). Der Auftrag Jesu wird von dem Gerasener getreu ausgeführt. V 39a muß im Zusammenhang mit V 39b gedeutet werden. Befehl und Ausführung decken sich sachlich: Was Gott tun will, tut er durch Jesus. Und: Jesus handelt als Gebieter der Dämonen und Retter der Menschen, weil Gott »mit ihm war« (Apg 10,38).

Die Auferweckung der Tochter des Jairus und die Heilung einer kranken Frau: 8,40–56

40 Als Jesus ans andere Ufer zurückkam, empfingen ihn die Menschen, die alle auf ihn gewartet hatten. 41 Da kam ein Mann namens Jairus, der das Amt eines Synagogenvorstehers innehatte. Er fiel Jesus zu Füßen und bat ihn, in sein Haus zu kommen. 42 Denn seine einzige Tochter, im Alter von etwa zwölf Jahren, lag im Sterben.
Während Jesus auf dem Weg zu ihr war, drängte sich das Volk um ihn. 43 Darunter war eine Frau, die schon seit zwölf Jahren an Blutungen litt und bisher von niemand geheilt werden konnte. 44 Sie trat von hinten an ihn heran und berührte den Saum seines Gewandes. Im gleichen Augenblick kam die Blutung zum Stillstand. 45 Da fragte Jesus: Wer hat mich berührt? Niemand wollte es zugeben; Petrus sagte: Meister, die Leute drängen sich doch in Scharen um dich. 46 Jesus

erwiderte: Es hat mich jemand berührt; denn ich fühlte, wie Kraft von mir ausströmte. 47 Als die Frau merkte, daß sie entdeckt war, kam sie zitternd zu ihm, fiel vor ihm nieder und schilderte vor allen Leuten, warum sie ihn berührt hatte und wie sie durch die Berührung sofort geheilt wurde. 48 Da sagte er zu ihr: Meine Tochter, dein Glaube hat dich gerettet. Geh in Frieden!

49 Während er noch redete, kam einer, der zum Haus des Synagogenvorstehers gehörte, und sagte: Deine Tochter ist gestorben. Bemühe den Meister nicht länger! 50 Jesus hörte es und sagte zu Jairus: Sei ohne Furcht, glaube nur, dann wird sie gerettet. 51 Als er in das Haus ging, ließ er niemand mit hinein außer Petrus, Johannes und Jakobus, ferner den Vater des Kindes und die Mutter. 52 Alle weinten und klagten über die Tote. Jesus aber sagte: Weint nicht! Sie ist nicht gestorben, sie schläft nur. 53 Da lachten sie ihn aus, weil sie wußten, daß sie tot war. 54 Er aber faßte sie bei der Hand und rief: Mädchen, steh auf! 55 Da kehrte ihr Geist in sie zurück, und sie stand sofort auf. Und er sagte, man solle ihr etwas zu essen geben. 56 Ihre Eltern waren außer sich. Doch Jesus verbot ihnen, irgend jemand zu erzählen, was geschehen war.

Literatur: J. Kreyenbühl: Ursprung und Stammbaum eines biblischen Wunders: ZNW 10 (1909), 265–276. – *W. Marxsen*: Bibelarbeit über Mk 5,21–43/ Mt 9,18–26, in: Der Exeget als Theologe, Gütersloh 1968, 171–182. – *Kertelge*: Wunder Jesu, 110–120. – *R. Pesch*: Jairus (Mk 5,22/Lk 8,41): BZ 14(1970), 252–256. – *Roloff*: Kerygma, 153–155. – *Schramm*: Markus-Stoff, 126f.

Alleinige Quelle für die Wundererzählung ist Mk 5,21–43, eine Erzählung, die zwei Wundergeschichten ineinander verschachtelt. Die Heilung der »blutflüssigen Frau« (Mk 5,25–34) wird im heutigen Zusammenhang, der schon vormarkinisch sein wird (Kertelge 110f.), durch die Geschichte von der Erweckung eines Mädchens (5,21–24.35–43) gerahmt. Traditionsgeschichtlich wird man urteilen müssen, daß die Heilung der Frau ursprünglich selbständig erzählt wurde, die Erweckungsgeschichte hingegen diese Heilungsgeschichte von Anfang an mit einbezog (vgl. die »Steigerung« aufgrund des verspäteten Eintreffens Jesu: 5,35). Eindeutig »markinisch« ist wohl nur das »Schweigegebot« (5,43). Mit ihm hat Markus verdeutlicht (vgl. Mk 9,9f.), daß erst die Auferstehung Jesu den Schlüssel

zum Verständnis des irdischen Wirkens bildet und somit die (vorweggenommene) Erweckung des Kindes »eschatologisch« gesehen werden muß.
Im Kontext von Lk 8,22–56 stellt 8,40–56 den Höhepunkt dar (wie entsprechend schon bei Mk): Jesus ist Gebieter auch über Krankheit und Tod. In den »Rahmen« der Erweckungserzählung (8,40–42 a.49–56) ist wie bei Mk die Heilung der Frau eingeschaltet (8,42 b–48). Die Konzentration, die Lukas gegenüber seiner Vorlage vornahm, verbessert die Darstellungsweise in verschiedenen Punkten und profiliert das Bild von Jesus als dem Gebieter über Krankheit und Tod.

40–42 a Die Menge, die zuletzt 8,4 als Hörer des Gleichnisses erwähnt war (vgl. auch 8,19), erwartet Jesus bei seiner Rückkehr aus dem Gebiet von Gerasa. Zu Jesus tritt ein Synagogenvorsteher namens Jairus, fällt ihm zu Füßen und bittet ihn, »in sein Haus zu kommen«. Lukas denkt dabei an den heidnischen Hauptmann, der eine solche Bitte nicht wagte (7,6). Die Bitte appelliert an das Mitleid Jesu, wenngleich der Mann nicht selber von der »einzigen« Tochter sagt, sie liege im Sterben. Die Angabe »von zwölf Jahren« (vgl. Mk 5,42) soll wohl das heiratsfähige Alter bezeichnen (vgl. Billerbeck II, 374). Die Begründung der Bitte des Vorstehers bietet (im Unterschied zu Mk) der Erzähler. Offensichtlich ist vorausgesetzt, daß Jesus ohnehin um den Zustand des Mädchens wußte.

42 b–48 Jesus folgt der Bitte des Vorstehers und macht sich auf den Weg. Dabei umdrängt ihn das Volk. Wahrscheinlich wollen die Leute ein Wunder erleben. Im Gedränge tritt eine Frau von hinten an Jesus heran und berührt die Quaste seines Obergewandes (V 44 a). Sie litt seit zwölf Jahren an Blutfluß und konnte von niemand geheilt werden (V 43). Lukas läßt die markinische Bemerkung über die »Quälereien« von seiten der Ärzte weg, kaum, weil er (ärztliche) »Standesgenossen« schonen möchte (so Schmid: Lk 163, im Anschluß an Harnack), sondern eher, um das jetzige Tun der Frau nicht als letzten verzweifelten Versuch erscheinen zu lassen. Die Frau handelte »gläubig« (V 48). Ihre Heilung erfolgt »sogleich« (V 44 b). Statt eines Wortes oder einer Geste Jesu genügt die vertrauensvolle »Kontaktaufnahme« mit ihm. Diese Vorstellung wird von Lukas nicht einmal nur der Frau unterstellt (so Mk 5,28), sondern von ihm geteilt (vgl. 5,17; 6,19). Freilich übernimmt Lukas damit nicht einfach hellenistisch-magische Vorstellungen von Wundertätern, sondern arbeitet gelegentlich »das christologische Mehr« heraus (Schürmann: Lk 491, unter Hinweis auf 4,14; 5,17; Apg 1,8; 10,38), das in der Geisterfülltheit Jesu zum Ausdruck kommt. Lukas übergeht zunächst, daß Jesus eine Kraft von sich ausgehen spürte (so Mk 5,30), und läßt Jesus spontan fragen, wer ihn berührt habe. Da niemand eine Berührung zugeben will, spricht Petrus (bei Mk sprechen die Jünger) das entschuldigende Wort: »Meister (*epistata*), die Leute drängen sich doch in Scharen um dich.« Erst darauf insistiert Jesus: Es kann sich nicht um ein ungewolltes Berühren im Gedränge gehandelt haben, sondern nur um einen gewollten Kontakt; es ging nämlich (*gar*) eine Kraft von Jesus aus (V 46). Die Frau weiß sich entdeckt und kommt zitternd zu Jesus. Sie sagt Jesus nach Mk »die ganze Wahrheit«, was Lukas zu einer Kundgabe vor »dem ganzen Volk« wendet und inhaltlich füllt. Die Frau braucht Jesus nicht den Sachverhalt zu sagen, den er kennt. Sie fällt vor Jesus nieder; das ist die eine Seite ihrer Reaktion. Zugleich sagt sie – auf der anderen Seite – dem Volk, »wie sie sogleich (durch die Berührung) geheilt wurde«. Das abschließende Wort Jesu sieht im »Glauben« der Frau den Grund zu ihrer »Rettung«. Auch damit ist jedes »magische« Verständnis der Heilung abgewehrt. Der Glaube der Frau ist nach dem Kontext Vertrauen in die Kraft, die von Jesus ausgeht und Heilung bewirkt (vgl. 5,17; 6,19).

49–56 Während Jesus noch redet, kommt ein Bote (Mk: Boten) vom Haus des Synagogenvorstehers und meldet diesem, daß der Tod der Tochter eingetreten sei. Er solle den Meister (also) nicht weiter bemühen (V 49). Jesus hört diese Nachricht und wendet sich an Jairus: Er soll keine Furcht haben, vielmehr »nur glauben« (par Mk), dann werde das Mädchen »gerettet« (im Unterschied zu Mk). Das Wort kann in der vorausgesetzten Situation nur wie Torheit klingen, da ein Toter nicht mehr zu retten ist. Von der österlichen Voraussetzung der Auferweckung Jesu aus erhält das Wort hingegen seinen Sinn. Die Macht des Glaubens kann selbst hier – im Falle der *Toten* und also an einem *anderen* Menschen – noch Rettung schaffen. Jesus nimmt nur Petrus, Johannes und Jakobus neben den Eltern des Kindes mit ins Haus (V 51). Die mit Jesus gekommenen Leute weinen und beklagen die Tote ebenso wie die schon vorher anwesenden. Ihnen sagt Jesus, sie sollten nicht weinen, da das Mädchen nicht tot ist, sondern nur schläft. Beim Wort vom »Schlaf« ist vielleicht an eins der Gleichnisse zu denken, in denen dem Volk (das draußen bleibt) die Geheimnisse des Reiches Gottes zugänglich werden und doch verborgen bleiben (vgl. 8,4.10). Das Wort vom Schlaf der Toten ist nicht »euphemistisch«, sondern »eschatologisch« zu verstehen. Ihr Tod ist zeitlich begrenzt wie der Schlaf. Keineswegs ist gemeint, sie sei nur scheintot. Die Außenstehenden haben dafür nur ein Lachen übrig, weil sie um den wirklichen Tod des Kindes wissen (V 53). Sie wissen noch nichts von der Macht Jesu, werden aber Zeugen einer wirklichen Totenerweckung sein. Durch Jesu Befehl aufzustehen kehrt der Lebensgeist wieder in die Tote zurück (VV 54.55 a; vgl. 23,46; Apg 7,59). Lukas übergeht die aramäisch überlieferte Form des Befehlswortes (Mk 5,41 b). Das Mädchen erhebt sich sogleich, und Jesus läßt ihm zu essen geben (VV 55 b). Lukas hatte das Alter der Tochter schon in V 42 vermerkt und kann die Angabe aus Mk 5,42 hier übergehen. Die Eltern des Kindes sind außer sich; doch Jesus verbietet ihnen, jemand das Geschehene mitzuteilen (V 56). Letzteres ist angesichts der um den Tod wissenden Menge (V 53) kein plausibler Auftrag. Doch wird man zu bedenken haben, daß im eingeschränkten Sinn auch Lukas ein »Geheimnis« der wahren Messianität Jesu kennt, das es (seit 7,1–5; 8,4–21) vor dem unzugänglichen jüdischen Volk nunmehr zu verschweigen gilt (vgl. 8,10; 9,21.36), bis sich mit Ostern eine neue Chance für Israel eröffnet (Schürmann: Lk 496).

5. Jesu Offenbarung vor dem Jüngerkreis: 9,1–50

Nachdem Jesus sich in Wort und Tat an das Volk gewandt hat und energisch um dessen »Hören« warb (8,4–56), ruft er mit 9,1 die zwölf Jünger zusammen, um sie zur Reich-Gottes-Verkündigung auszusenden (9,2). Den Jüngern ist es gegeben, die Geheimnisse dieses Reiches zu kennen, während das Volk insgesamt die Verkündigung Jesu zwar hörte, aber nicht verstand (8,10). Wenn nun an den Jüngerkreis (vgl. 9,18.28.43 b) besondere Offenbarung ergeht, versteht Lukas diese wohl als Übergabe solcher Reichs-Geheimnisse. Doch denkt er daran, daß auch die Jünger diese zunächst nicht verstanden (24,25 f.) und daß sie ihnen erst durch Ostern vollends verständlich wurden (Apg 1,3). Für Lukas gehört zu diesen Geheimnissen vor allem das Leidenmüssen Jesu (Lk 9,22.44 f.).
Der Unterabschnitt 9,1–50 folgt im wesentlichen dem ältesten Evangelium: Mk 6,7–9,40. Lukas hat aus diesem Mk-Komplex Mk 6,45–8,26 weggelassen (die »große Auslassung«; dazu Schürmann: Lk 525–527; W. Wilkens in: ThZ 32 [1976], 193–200). Außerdem überging er Mk 6,17–29 (Enthauptung des Täufers), 8,32 f. (Vor-

wurf des Petrus und Schelte Jesu) und 9,(9–10)11–13 (Wort über Elija).

Der Abschnitt Lk 9,1–50 ist wohl auch im Hinblick auf den folgenden umfangreichen »Reisebericht« keine vollständige Wiedergabe der Vorlage. Die lukanische Straffung des Komplexes bewirkt, daß die »Rahmentexte« 9,1–17 und 9,46–50 thematisch auf die Jüngerschaft und ihren »Gemeinde«-Dienst abheben, während die beiden mittleren Erzählungen die (noch unverstanden bleibende) Kundgabe des Leidensgeheimnisses beinhalten (9,18–27.28–45).

Die Aussendung der zwölf Jünger: 9,1–6

1 Er rief die Zwölf zu sich und gab ihnen die Kraft und die Macht, alle Dämonen auszutreiben und Krankheiten zu heilen. 2 Und er sandte sie aus mit dem Auftrag, das Reich Gottes zu verkünden und zu heilen. 3 Er sagte zu ihnen: Nehmt nichts mit auf den Weg, keinen Wanderstab und keine Vorratstasche, kein Brot, kein Geld und kein zweites Hemd. 4 Bleibt in dem Haus, in das ihr einkehrt, bis ihr weiterzieht. 5 Wenn euch aber die Leute nicht aufnehmen wollen, dann verlaßt ihre Stadt und schüttelt den Staub von euren Füßen zum Zeugnis gegen sie. 6 Sie (die Zwölf) machten sich auf den Weg und wanderten von Dorf zu Dorf. Sie verkündeten die gute Botschaft und heilten überall die Kranken.

Literatur: E. Schott: Die Aussendungsrede Mt 10. Mc 6. Lc 9.10: ZNW 7(1906), 140–150. – *H. Schürmann*: Mt 10,5b–6 und die Vorgeschichte des synoptischen Aussendungsberichtes (erstmals 1963), in: TrU 137–149. – *F. Hahn*: Das Verständnis der Mission im Neuen Testament, Neukirchen ²1965, 33–36, 44–46. – *Degenhardt*: Lukas, 60–68. – *M. Hengel*: Nachfolge und Charisma, Berlin 1968, 82–89. – *H. Kasting*: Die Anfänge der urchristlichen Mission, München 1969, 110–114. – *K. Kertelge*: Die Funktion der »Zwölf« im Markusevangelium: TThZ 78 (1969), 193–206. – *W. Schmithals*: Der Markusschluß, die Verklärungsgeschichte und die Aussendung der Zwölf: ZThK 69(1972), 379–411. – *G. Schmahl*: Die Zwölf im Markusevangelium, Trier 1974, 67–81. – Siehe ferner die Literatur zu Lk 10,1–12.

Der Abschnitt entspricht der Vorlage Mk 6,7–13, ist aber durch die Traditionsvariante aus Q (Lk 10,1–12 par Mt) beeinflußt (Schramm: Markus-Stoff, 186), die von der Aussendung einer größeren Jüngerschar durch Jesus berichtete. Die Erzählung der beiden Traditionen wurde nicht bloß als Bericht über eine Aussendung von Jüngern, sondern auch als Weisung für christliche Missionare verstanden. Die Aussendung der Zwölf (par Mk) ist durch Lk 5,1–11; 6,12–16; 8,1 vorbereitet, wird aber doch in 9,1 als Beginn eines Neuen dargestellt. Jesus gibt den Zwölf nun »Kraft« und »Vollmacht« nicht nur über die Dämonen, sondern über alle Krankheiten. Ihre Sendung erfolgt zur Verkündigung des Gottesreiches und zur Heilung von Kranken (V 2). Mit dem Verkündigungsauftrag an Israel wird der Zweck der Apostelwahl (6,13) erstmals erfüllt. Die Rückkehr der Missionare wird später (9,10a) mit deren Dienst bei der Speisung der Fünftausend (9,10b–17) verknüpft, vielleicht um anzuzeigen, daß die Mission erst im eucharistischen Mahl zu ihrem Ziel kommt (vgl. Schürmann: Lk 498). Die konkreten Weisungen von 9,3–5 gelten dem Evangelisten als solche, die in der Zeit der Kirche durch andere abgelöst sind (vgl. 22,35–38).

1–2 Jesus ruft die in seiner Nähe befindlichen Zwölf zusammen, um sie »auszusenden« (V 2). Mit der Sendung nehmen sie erstmalig die mit der »Apostel«-Bezeichnung intendierte Funktion wahr (6,13). Die Sendung wird (im Unterschied zu Mk) erst erwähnt, nachdem die Ausstattung mit Kraft und Vollmacht vollzogen ist (V 1). Die von Jesus verliehene Befähigung dient einer zweifach skizzierten Aufgabe. Die Apostel sollen »verkündigen« und »heilen«. Lukas sieht in den von den Aposteln zu vollbringenden Heilungen keine zur Annahme der Botschaft führenden Argumente, sondern die Manifestation der Nähe des Gottesreiches. Wo in der Kraft Jesu Dämonen vertrieben werden (11,20) und Kranke Heilung finden (10,9), kommt das Reich Gottes an. Da Lukas (im Unterschied zu Mk) von der Bevollmächtigung der Zwölf im Aorist berichtet (*edōken*), denkt er an eine punktuelle Ausrüstung für die berichtete Missionsaktion (vgl. Blaß/Debrunner § 332). Indem die Zwölf das Reich verkündigen und Kranke heilen, nehmen sie an Jesu Wirken teil (4,43; 5,17; 6,17.19; 8,1).

3 Die (äußere) Ausrüstung der Missionare wird in Abwandlung von Mk 6,8 aufgezählt. Sie ist von Jesus vorgeschrieben. Grundsätzlich wird geboten, »nichts mit auf den Weg zu nehmen«. Der *Wanderstab*, bei Mk als Ausnahme erlaubt, wird als erstes ausdrücklich untersagt. *Reisetasche* (Beutel) und *Brot* werden dann (in anderer Reihenfolge als bei Mk) genannt. Das Verbot von Stab und Beutel setzt die Boten Jesu charakteristisch von den wandernden Kynikern ab, die mit Ranzen, Stock und Mantel ausgerüstet waren (F. Leo: Diogenes bei Plautus: Hermes 41 [1906], 441–446). *Geld* mitzunehmen (par Mk), wird ebenfalls untersagt. Bei Mk ist das Tragen von Sandalen ausdrücklich geboten, während Lukas die Frage der Beschuhung unerwähnt läßt (10,4 verbietet die Sandalen). Ein zweites *Hemd* (Leibrock), wie bei längeren Reisen üblich, ist wohl wegen der zeitlich und räumlich begrenzten Aktion (vgl. auch das Verbot des Stabes) nicht nötig. Eine vorsorgende äußere Ausstattung soll jedoch nicht nur aus dem genannten Grund unterbleiben. Der Kontrast zu VV 1 f. zeigt, auf welche Ausrüstung es entscheidend ankommt, nämlich auf die von Jesus verliehene Vollmacht. Indessen sind die Anweisungen von V 3 auch Ausdruck der Armut und des Vertrauens auf Gottes Vorsorge (vgl. V 4).

4–5 Das Verhalten bei freundlicher Aufnahme oder bei Zurückweisung wird ebenfalls angesprochen. Man soll bei guter Aufnahme in ein und demselben Haus bleiben (10,7: und nicht von Haus zu Haus ziehen). Der Missionar soll nicht auf der ständigen Suche nach dem besseren Quartier sein, sondern sich mit der gebotenen Nahrung begnügen (10,7 f.). Wo man die Boten nicht aufnimmt, sollen sie die Stadt verlassen und den Staub von den Füßen schütteln (wie ein Jude es tut nach Verlassen heidnischen Bodens; vgl. Billerbeck I, 571). Diese Symbolhandlung (vgl. 10,11; Apg 13,51; 18,6) ist ein Zeugnis gegen die Bewohner für das Gericht Gottes.

6 Nach der Aussendung und nach Erhalt der Weisung brechen die Zwölf auf. Sie ziehen von Dorf zu Dorf, was keineswegs als Gegensatz zum Auftrag von V 5 verstanden ist, indessen auch (wegen V 5) kaum besagen will, die Apostel hätten zuerst einmal »klein angefangen« (gegen Schürmann: Lk 504). Die Boten verkündigen das Reich Gottes (V 2); sie sind nicht – wie bei Mk – Umkehr-Prediger. Mit der Predigt sind Heilungen verbunden. Wenn Lukas am Ende betont, daß das »überall« geschah, will er wohl nicht den Eifer der Boten intensiv und extensiv unterstreichen, sondern ihren Erfolg.

Das Urteil des Herodes über Jesus: 9,7–9

7 Der Tetrarch Herodes hörte von allem, was geschah, und wußte nicht, was er davon halten sollte. Denn manche sagten: Johannes ist von den Toten auferweckt worden. 8 Andere meinten: Elija ist erschienen. Wieder andere: Einer von den alten Propheten ist auferstanden. 9 Herodes aber sagte: Johannes habe ich selbst enthaupten lassen. Wer ist dann dieser

Mann, von dem man mir solche Dinge erzählt? Und er hatte den Wunsch, ihn einmal zu sehen.

Literatur: H. Ljungvik: Zum Markusevangelium 6,14: ZNW 33 (1934), 90–92. – *J. Blinzler*: Herodes Antipas und Jesus Christus, Stuttgart 1947, 6–12. – *O. Cullmann*: Die Christologie des Neuen Testaments, Tübingen 1957, 30–34. – *R. Schnackenburg*: Die Erwartung des »Propheten« nach dem Neuen Testament und den Qumrantexten, in: Studia Evangelica I, Berlin 1959, 622–639. – *R. Pesch*: Das Messiasbekenntnis des Petrus: BZ 17 (1973), 178–195; 18 (1974), 20–31; bes. 190f,20–23.

Mit Mk 6,14–16(17–29) schaltet Lukas einen Text über Herodes Antipas und sein Urteil über Jesus ein, ehe er von der Rückkehr der Zwölf berichtet (Lk 9,10a par Mk 6,30). Mk 6,17–29 erzählte die Hinrichtung des Täufers. Lukas hat diesen Abschnitt übergangen. Er hatte 3,19f. schon die Gefangensetzung des Johannes berichtet. Seinen Tod erfährt man bei Lukas erst mit 9,7–9.
Mit diesem Stück bereitet der Evangelist nicht nur 13,31–33 und 23,6–12 vor, sondern stellt dem Leser erneut die Frage nach Jesus (vgl. schon 7,16.19f.49; 8,25). Insofern wird zugleich zum Messiasbekenntnis 9,18–20 übergeleitet.

7–8 Der Tetrarch Herodes Antipas (vgl. 3,1) erhielt Nachricht »von allem, was geschah«, also von Jesus und seinem Wirken (durch die Mission der Zwölf?). Dadurch gerät er in eine Aporie (*diēporei* ist vielleicht Nachhall des in Mk 6,20 gelesenen *ēporei*), weil die Leute verschieden über Jesus urteilen. Die einen halten ihn für den »von den Toten erweckten Johannes« (V 7b). Andere sagen, Elija sei erschienen, eine dritte Gruppe, einer der früheren Propheten sei wiedererstanden (V 8). Offenbar ist das Volk aber insoweit einer Meinung, als es Jesus für einen Propheten hält (vgl. 7,16). Diese Auffassung wird zwar 7,18–23 von Jesus selbst als unzulänglich bezeichnet. Die Volksmeinung kommt über die Vorstellung von einem wiedererstandenen *bedeutenden* Propheten nicht hinaus. Ob die Vorstellung von der Auferweckung des getöteten Propheten im Judentum vorhanden war, ist bis heute nicht sicher; vgl. indessen CD 6,10f. (dazu Schnackenburg 632–636), sowie Apk 11,3–12; ApkEl 35,7–21 (dazu Pesch 22, mit Anmerkung 63).

9 Herodes, der Johannes hatte enthaupten lassen, muß sich also fragen: »Wer ist dieser, über den ich solches höre?« Damit kann 13,31 und 23,6–12 schriftstellerisch angebahnt werden. Lukas läßt den Widersacher des Täufers nicht die Meinung der erstgenannten Gruppe (Johannes ist auferweckt) teilen, sondern sagt, daß Antipas Jesus »zu sehen suchte« (V 9c). Die verlegene Unsicherheit (vgl. V 7 im Unterschied zu Mk) wird sichtbar, wenn der Landesherr Jesu diesen einerseits töten will (13,31), auf der anderen Seite jedoch neugierig ist, ihn kennenzulernen (23,8).

Die Speisung der Fünftausend: 9,10–17

10 Die Apostel kamen zurück und erzählten Jesus alles, was sie getan hatten. Dann ging er mit ihnen weg und zog sich in die (Nähe der) Stadt Betsaida zurück, um allein zu sein. 11 Aber die Leute hörten davon und folgten ihm. Er empfing sie freundlich, redete zu ihnen vom Reich Gottes und heilte alle, die seine Hilfe brauchten.
12 Als der Tag zur Neige ging, kamen die Zwölf zu ihm und sagten: Schick die Menschen weg, damit sie in die umliegenden Dörfer und Gehöfte gehen, dort Unterkunft finden und etwas zu essen bekommen; denn wir sind hier an einem abgelegenen Ort. 13 Er antwortete: Gebt ihr ihnen zu essen! Sie sagten: Wir haben nicht mehr als fünf Brote und zwei Fische; wir müßten erst weggehen und für alle diese Leute Essen kaufen. 14 Es waren nämlich ungefähr fünftausend Männer. Da antwortete er seinen Jüngern: Sagt ihnen, sie sollen sich in Gruppen zu ungefähr fünfzig zusammensetzen. 15 Die Jünger taten, was er ihnen sagte, und veranlaßten, daß sie sich alle lagerten. 16 Jesus nahm die fünf Brote und die zwei Fische, blickte zum Himmel auf, segnete sie und brach sie; dann gab er sie den Jüngern, um sie an die Leute auszuteilen. 17 Alle aßen und wurden satt. Und als man die Brotstücke einsammelte, die sie übriggelassen hatten, waren es zwölf Körbe voll.

Literatur: L. *Cerfaux*: La section des pains, in: Synoptische Studien (FS f. A. Wikenhauser), München 1953, 64–77. – E. *Stauffer*: Zum apokalyptischen Festmahl in Mc 6,34ff.: ZNW 46 (1955), 264–266. – G. *Ziener*: Die Brotwunder im Markusevangelium: BZ 4 (1960), 282–285. – J. *Knackstedt*: Die beiden Brotvermehrungen im Evangelium: NTS 10 (1963/64), 309–335. – G. *Friedrich*: Die beiden Erzählungen von der Speisung in Mark. 6,31–44; 8,1–9: ThZ 20 (1964), 10–22. – B. *van Iersel*: Die wunderbare Speisung und das Abendmahl in der synoptischen Tradition: NT 7 (1964/65), 167–194. – U. *Becker*: Die wunderbare Speisung, in: Becker/Wibbing: Wundergeschichten, Gütersloh 1965, 55–64. – *A. Heising*: Die Botschaft der Brotvermehrung, Stuttgart 1966. – *F. Kamphaus*: Von der Exegese zur Predigt, Mainz ³1971, 133–149. – *Kertelge*: Wunder Jesu, 129–145. – *Roloff*: Kerygma, 237–269. – *J. M. van Cangh*: Le thème des poissons dans les récits évangeliques de la multiplication des pains: RB 78 (1971), 71–83. – *Wanke*: Eucharistieverständnis, 45–59.

Mit 9,10a.10b–17 nimmt Lukas Mk 6,30f.32–44 auf und gibt dieser (alleinigen) Vorlage ein besonderes Profil. In der Einleitung (V 10) wird Mk 6,30–32 stark gekürzt, zumal dort der Rückzug »um allein zu sein« (*kat' idian*) doppelt erwähnt ist (6,31 a.32). Auch die Motivation, daß sich die Zwölf zum Ausruhen vor der andrängenden Menge zurückziehen (Mk 6,31 b), läßt Lukas weg.

Für den dritten Evangelisten hat die Speisungsgeschichte betont christologische Bedeutung: Sie steht zwischen der entsprechenden Frage des Antipas (9,9 b) und dem Christusbekenntnis des Petrus (9,20). Waren schon bei der ersten Missionsunternehmung die Zwölf offensichtlich kollektiv tätig (9,1 im Unterschied zu Mk), so spricht auch die Speisungsperikope vom Auftrag der Zwölf (VV 12f.). Das »Hirtenmotiv«, das bereits in der vormarkinischen Tradition enthalten war (Mk 6,31: ausruhen; 6,34: wie Schafe, die keinen Hirten haben; 6,39: auf grüner Au; Anklänge an Ps 23), hat Lukas konsequent getilgt (Wanke 47). Jesus wird nicht als messianischer »Hirte« der Endzeit vorgestellt, sondern als der Heiland, der lehrt (9,2.11) und die Kranken heilt (9,11); vgl. Schürmann: Lk 513.

10–11 Die Apostel (vgl. 9,1–6: die Zwölf, die Jesus aussandte) berichten nach ihrer Rückkehr vor Jesus, was sie getan haben. Jesus nimmt sie beiseite und geht mit ihnen »in die Stadt« Betsaida. Lukas kennt die Stadt aus Mk (6,45; 8,22), hat aber kaum eine genaue Vorstellung von ihrer Lage. Hier will er wohl sagen, daß Jesus in Betsaida, wo er bisher noch nicht war, mit den Jüngern dem Andrang der Menge hätte entgehen können. Freilich folgen ihm die nachziehenden Scharen (V 11). Da gemäß V 12 die folgende Speisung nicht in der Stadt, sondern in einsamer Gegend spielt, ist vorausgesetzt, daß Jesus sich zur Zeit der Speisung jedenfalls nicht in Betsaida befindet. Nach 10,13 ist er aber offenbar dort gewesen und hat Wunder gewirkt (9,11 b). Die Erwähnung der Stadt führt sichtlich zu wenig homogenen Ortsangaben. Jesus nimmt die Leute freundlich auf (Mk: er hatte Erbarmen mit ihnen) und spricht zu ihnen »über das Reich Gottes« (Mk: er lehrte sie vieles). Lukas fügt hinzu, daß Jesus die Kranken heilte (V 11 b).

12–15 Die Speisung der Fünftausend wird erzählerisch vorbereitet, aber in VV 16f. recht knapp und schlicht berichtet. »Der Tag neigte sich schon« (vgl. 24,29). Damit ist die Zeit des abendlichen Mahles genannt. Die Zwölf (Mk: die Jünger) legen Jesus nahe, die Menge zu entlassen; sie soll in die nächsten Dörfer und Gehöfte gehen, um Essen zu finden (V 12), was bei rund 5000 Menschen kaum möglich ist. Noch »unrealistischer« scheint der Auftrag Jesu (V 13 a) zu sein, daß die Zwölf (*hymeis* betont am Satzende) den Leuten zu essen geben sollen. Sie wenden denn auch ein, nur fünf Brote und zwei Fische zu haben. (Im Unterschied zu Mk 6,38 braucht Jesus nicht nach der Zahl vorhandener Brote zu fragen.) Der Vorschlag, man könnte für das ganze Volk Nahrung *kaufen* (V 13 c), ist natürlich ebenfalls nicht zu realisieren. Alle diese Züge sind aus der »historischen« Situation heraus nicht plausibel, wohl aber als erzählerischer Kontrapunkt zum folgenden Wunder Jesu. V 14 a betont in diesem Sinn, daß rund 5000 Männer anwesend waren. Jesus läßt die Jünger nun tätig werden; sie sollen die Leute sich lagern lassen, und zwar in Gruppen zu je 50 Personen (Mk: zu je 100 und je 50; vgl. Ex 18,25). Die zwölf Jünger führen den Auftrag aus (Lukas vermeidet das mk *epitassō* [»befehlen«]). Lukas verwendet, obgleich die Szene im Freien spielt, das Verbum *kataklinō*, das im NT nur bei ihm vorkommt und die Platzanweisung zum Mahl bezeichnet (VV 14.15; vgl. 7,36; 14,8; 24,30). Dennoch bleibt der Blick auf das eucharistische Mahl der Gemeinde auffällig verhalten.

16–17 Jesus nimmt die vorhandene Speise, die Brote und die Fische, und blickt zum Himmel (par Mk). Er spricht den Segen (par Mk, wo der Lobpreis gemeint ist) über die Speise. Dann bricht er das Brot und gibt es den Jüngern zum Austeilen. Die Terminologie erinnert stark an die eucharistischen Einsetzungsberichte (22,19; Mk 14,22 par Mt; vgl. van Iersel, Heising). Offensichtlich hat die Segnung durch Jesus bewirkt, daß Brote und Fische bei der Verteilung »vermehrt« werden. Daß Lukas in VV 14–16 von den »Jüngern« (und nicht mehr von den Zwölf allein) spricht, hängt vermutlich damit zusammen, daß er schon auf die Mahlfeier der Kirche schaut und die Vorsteher bei den *vielen* Mahlgemeinschaften als von Jesus Beauftragte versteht. »Alle« aßen und wurden satt (V 17a). Die Fülle der Segensgaben wird durch den überreichen Rest des Mahles unterstrichen (V 17b). Doch eine Reaktion des Volkes, etwa ein Lobpreis, unterbleibt. Die Speisung wird im besonderen Blick auf die Jünger erzählt, denen Jesus sich offenbart. Die zwölf Körbe mit den Brotstücken entsprechen (schon Mk 6,7.30.43) der Zahl der Apostel.

Damit ist wohl angedeutet, daß die »Apostel« von der Gabe Jesu »noch übrig haben«, um sie den Menschen zu reichen.

Das Messiasbekenntnis des Petrus und die erste Ankündigung von Leiden und Auferstehung: 9,18–22

18 Jesus betete einmal in der Einsamkeit, und die Jünger waren bei ihm. Da fragte er sie: Für wen halten mich die Menschen? 19 Sie antworteten: Einige für Johannes den Täufer, andere für Elija; wieder andere glauben, einer der alten Propheten sei erstanden. 20 Da sagte er zu ihnen: Und ihr, für wen haltet ihr mich? Petrus antwortete: Für den Messias Gottes.
21 Er aber verbot ihnen streng, es jemand weiterzusagen, 22 und sprach: Der Menschensohn muß vieles leiden und wird von den Ältesten, Hohenpriestern und Schriftgelehrten verworfen werden; er wird getötet werden, aber am dritten Tag auferweckt.

Literatur: R. Bultmann: Die Frage nach dem messianischen Bewußtsein Jesu und das Petrusbekenntnis (erstmals 1919/20), in: Exegetica, Tübingen 1967, 1–9. – *W. Mundle*: Die Geschichtlichkeit des messianischen Bewußtseins Jesu: ZNW 21 (1922), 299–311. – *O. Cullmann*: Petrus. Jünger – Apostel – Märtyrer, Zürich ²1960, 179–271. – *Conzelmann*: Mitte der Zeit, 48–50. – *A. Vögtle*: Messiasbekenntnis und Petrusverheißung: Zur Komposition Mt 16,13–23 par (erstmals 1957/58), in: EE 137–170. – *E. Haenchen*: Leidensnachfolge. Eine Studie zu Mk 8,27 – 9,1 und den kanonischen Parallelen (erstmals 1963), in: Die Bibel und wir, Tübingen 1968, 102–134. – *E. Dinkler*: Petrusbekenntnis und Satanswort, in: Zeit und Geschichte (FS f. R. Bultmann), Tübingen 1964, 127–153. – *Hahn*: Hoheitstitel, 226–230. – *M. Horstmann*: Studien zur markinischen Christologie, Münster 1969, 8-31. – *Schramm*: Markus-Stoff, 130–136. – *Dietrich*: Petrusbild, 94–104. – *R. Pesch*: Das Messiasbekenntnis des Petrus: BZ 17(1973), 178–195; 18 (1974), 20–31.

Zu 9,22(44): Tödt: Menschensohn, 131–203. – *Hahn*: Hoheitstitel, 46–53. – *M. D. Hooker*: The Son of Man in Mark, London 1967, 103–116. – *W. Popkes*: Christus traditus, Zürich 1967, 154–169, 258–266. – *G. Strecker*: Die Leidens- und Auferstehungsvoraussagen im Markus-Evangelium: ZThK 64 (1967), 16–39. – *Schütz*: Christus, 65–67. – *O. Michel*: Der Umbruch: Messianität = Menschensohn. Fragen zu Markus 8,31, in: Tradition und Glaube (FS f. K. G. Kuhn), Göttingen 1971, 310–316. – *P. Hoffmann*: Mk 8,31. Zur Herkunft und markinischen Rezeption einer alten Überlieferung, in: Orientierung an Jesus (FS f. J. Schmid), Freiburg 1973, 170–204.

Vorlage der Perikope ist Mk 8,27–30. Allerdings muß gesehen werden, daß im ältesten Evangelium zwei relativ selbständige Einheiten, die Apophthegmata 8,27–30 (Christusbekenntnis) und 8,31–33 (Leidensvoraussage und Zurechtweisung des Petrus) vorlagen. Lukas hat 8,32 f. weggelassen und die Leidensansage mit dem Christusbekenntnis so eng verbunden, daß Lk 9,21 f. ein einziger Satz ist. Da die Jünger mit Petrus die nachösterliche Kirche repräsentieren, möchte Lukas sie – obgleich er deren Unverständnis darstellt (9,45) – offensichtlich nicht in schroffem Gegensatz zu Jesus (Mk 8,32 f.) zeigen; er schont die Jünger (gegen Dietrich 101, der meint: »Ein solcher Akt der Zurechtweisung Jesu durch Petrus würde das lukanische Petrusbekenntnis von der Rückseite her wiederum aufheben.«). Die beiden markinischen Apophthegmata sind kaum aus einer einzigen Erzählung entstanden, die ursprünglich das Messiasbekenntnis und *dessen* Zurückweisung durch Jesus berichtet hätte (gegen Dinkler). Aussage des »Satanswortes« an Petrus ist im markinischen Text, daß Petrus bezüglich des *Leidenmüssens* des Menschensohnes »widergöttlich« geurteilt hat. Im lukanischen Zusammenhang ist 9,18–22 ein erster Höhepunkt der Christusoffenbarung, die in der »Verklärung« (9,28–36) den zweiten Gipfel erreicht. Deutlich ist, daß das Wissen der Jünger zunächst nicht weitergegeben werden soll (V 21). Der Kontext begründet das damit, daß der Menschensohn zuerst leiden müsse (V 22).

18–19 Lukas führt den Dialog zwischen Jesus und den Jüngern durch die Bemerkung ein, daß Jesus sich (in der Einsamkeit; vgl. V 10b) dem Gebet widmete und die Jünger dabei waren. Wie andere »epochale« Ereignisse wird die Offenbarung des Leidenmüssens durch das Gebet Jesu vorbereitet (vgl. 3,21; 6,12; 9,28). Im Zusammenhang mit dieser lukanischen Einleitung fällt die mk Ortsbestimmung (Caesarea Philippi) weg. Die Frage, die Jesus nach dem Gebet an die Jünger stellt (V 18b), dient natürlich nicht der Information Jesu, sondern der Profilierung des folgenden Jüngerbekenntnisses, dieses wiederum der Vorbereitung der (ergänzenden und weiterführenden) Offenbarung über den leidenden Menschensohn. Die Frage, »für wen« die Volksmenge Jesus halte, wurde entsprechend schon 7,49; 8,25; 9,9 gestellt. Nun findet sie im Bekenntnis des Petrus ihre Antwort. Zuvor jedoch wird die Volksmeinung über Jesus formuliert (vgl. 9,7f.). Die Leute halten Jesus für den (wiedererstandenen) Täufer Johannes, andere für den (erschienenen) Elija, wieder andere für einen der alten Propheten, der »erstanden« sei (V 19).

20–21 Jesus urteilt hier nicht direkt über die Volksmeinung, sondern erfragt die Auffassung der Jünger. Darin liegt indirekt eine Kritik der Volksansicht, er sei ein wiedergekommener Prophet. Die Antwort, die Petrus im Namen der Jünger gibt, bekennt Jesus als den Christus (par Mk), näherhin als den Gesalbten »Gottes«. Indem Lukas gegenüber seiner Vorlage diesen Genitiv (*tou theou*) anfügt, unterstreicht er die besondere Nähe des Christus zu Gott (vgl. 2,26; 23,35; Apg 3,18; 4,26). Diese Nähe versteht Lukas jedoch gerade nicht in dem Sinn, daß der Christus deswegen vor dem Leidensweg bewahrt würde (Lk 23,35), sondern im Gegenteil (Apg 3,18; 4,26) so, daß der Christus in Verbundenheit mit Gott den Weg durch das Leiden hindurch geht (Schneider: Verleugnung, 184–187). Diese Komponente des lukanischen Christusverständnisses resultiert offensichtlich aus Lk 9,20.22 (par Mk). Wenn Jesus V 21 den Jüngern verbietet, dieses Christusbekenntnis (vor Ostern; vgl. V 36) weiterzusagen, so ist damit gemeint, daß die Volksmenge noch weniger als der Jüngerkreis (V 45) das Wort vom Leidenmüssen des Menschensohnes verstehen konnte.

22 Es ist nicht auszuschließen, daß die Jünger schon vor Ostern zu einem Bekenntnis der Messianität Jesu kamen (vgl. Pesch). Dennoch war es Jesus kaum möglich, »sein hoheitliches Bewußtsein mit Hilfe der Messiasprädikation korrekturlos zum Ausdruck zu bringen bzw. ein solches aus dem Jüngerkreis schlechthin entgegenzunehmen« (Schürmann: Lk 532). V 22 ist eine solche Korrektur, allerdings nicht bereits auf der Stufe der vorausgesetzten geschichtlichen Situation. Daß das Menschensohnwort (par Mk 8,31) alt ist, kann nicht bestritten werden (vgl. Hoffmann). Lukas hat das Wort der Vorlage nur geringfügig abgeändert. Wie Mt 16,21 schreibt er am Ende: »und am dritten Tag auferweckt werden« (Mk: und nach drei Tagen auferstehen). Die Messianität Jesu muß mit dem Leiden, Getötetwerden und Auferwecktwerden des Menschensohnes zusammengesehen werden, sonst wäre sie mißverstanden. Jesus sagt sein Leiden und seine Auferweckung voraus (Mk: er »belehrt« darüber). Die Voraussage gründet in dem von Gott verfügten »Müssen«, der Notwendigkeit der genannten Schicksalsereignisse. Ehe sie eingetreten sind, kann die Messianität Jesu nicht sinnvoll verkündet werden (V 21). Das dreifach ausgesprochene Leiden hat sein »Ziel« in der Auferweckung, erhält aber bereits durch das »Muß« (*dei*) seinen »Sinn«. Das »Leiden« wird nach dem lukanischen Kontext (par Mk) als »Verwerfung« Jesu (durch das Synedrium) und (mit der Auslieferung an Pilatus eingeleitete) »Tötung« skizziert. Dem Handeln der Synedristengruppen wird das Handeln Gottes an Jesus gegenübergestellt: Gott wird ihn auferwecken. Lukas hat den Mk-Text in diesem Punkt geändert. Dort war das hoheitliche »Auferstehen« des Menschensohnes dem vorausgehenden »Leiden« entgegengestellt. Lukas betont demgegenüber lieber das (heilsgeschichtlich notwendige und gewiß eintretende) Handeln Gottes an »seinem Christus« (zur lukanischen Terminologie der Auferweckung siehe Schürmann: Lk 535 f.). Er präzisiert (oder korrigiert?) das mk »nach drei Tagen«, indem er »am dritten Tag« schreibt (so auch 13,32; 18,33; 24,21.46; Apg 10,40). Der »Christus Gottes« wird also vor allem vom Leidensweg her verstanden, der in die Herrlichkeit der Auferweckung führt (24,26). Doch dem Bekenntnis zur Messianität Jesu muß beim Jünger die Leidensnachfolge entsprechen (9,23–27). Ohne deren Vollzug würde das Bekenntnis nach der Auffassung des Lukas auch bei den Jüngern unverstanden bleiben.

Von Nachfolge und Selbstverleugnung: 9,23–27

23 Zu allen sagte er: Wer hinter mir hergehen will, der verleugne sich selbst, nehme täglich sein Kreuz auf sich und folge mir nach. – 24 Denn wer sein Leben retten will, wird es verlieren; wer aber sein Leben um meinetwillen verliert, der wird es retten. 25 Was nützt es einem Menschen, wenn er die ganze Welt gewinnt, dabei aber sich selbst verliert und Schaden erleidet? – 26 Denn wer sich meiner und meiner Worte schämt, dessen wird sich der Menschensohn schämen, wenn er in seiner Herrlichkeit und in der (Herrlichkeit) des Vaters und der heiligen Engel kommt. – 27 Ich sage euch aber, und das ist wahr: Von denen, die dort stehen, werden einige nicht sterben, bis sie das Reich Gottes gesehen haben.

Literatur zu V 23: A. Fridrichsen: »Sich selbst verleugnen«: Coni. Neot. 2 (1936), 1–8. – *E. Dinkler*: Jesu Wort vom Kreuztragen, in: Neutestamentliche Studien für R. Bultmann, Berlin 1954, 110–129. – *A. Schulz*: Nachfolgen und Nachahmen, München 1962, 82–90, 162–165. – *J. Schneider*: stauros, in: ThWNT VII (1964), 572–580; bes. 577–579.

Zu VV 24f: F. Kattenbusch: Das Wort vom unersetzlichen Wert der Seele: ZNW 10 (1909), 329–331. – *J. B. Bauer*: »Wer sein Leben retten will« Mk 8,35 Parr., in: Neutestamentliche Aufsätze (FS f. J. Schmid), Regensburg 1963, 7–10. – *G. Dautzenberg*: Sein Leben bewahren, München 1966, 51–82.

Zu V 26: G. Bornkamm: Das Wort Jesu vom Bekennen (erstmals 1938), in: Geschichte und Glaube I, München 1968, 25–36. – *Tödt*: Menschensohn, 37–42, 50–56, 308-316. – *Hahn*: Hoheitstitel, 32–36, 40–42. – *G. Lindeskog*: Das Rätsel des Menschensohnes: StTh 22 (1968), 149–175.

Zu V 27: W. G. Kümmel: Verheißung und Erfüllung, Zürich ³1956, 19–22. – *F. J. Schierse*: Historische Kritik und theologische Exegese der synoptischen Evangelien. Erläutert an Mk 9,1 par.: Scholastik 29 (1954), 520–536. – *Gräßer*: Parusieverzögerung, 131–137. – *A. Vögtle*: Exegetische Erwägungen über das Wissen und Selbstbewußtsein Jesu (erstmals 1964), in: EE 296–344. – *N. Perrin*: The Composition of Mark IX. 1: NT 11(1969), 67–70. – *Schneider*: Parusiegleichnisse, 66f.

Im engen Anschluß an Mk 8,34 – 9,1 bietet Lukas nun eine Folge von fünf Einzelsprüchen, die zu »allen«, also auch zur Volksmenge (par Mk) gesprochen sind. Nur Mk 8,37 wird von Lukas übergangen. Der erste Spruch über die Kreuzesnachfolge hat grundlegenden Charakter, während die drei mittleren Logien (Lk 9,24–26) jeweils mit »denn« (*gar*), also begründend und weiterführend, angeschlossen sind. Der Schlußvers ist bei Lukas enger an die vorausgehenden Sprüche angefügt als bei Mk (9,1: »Und er sagte ihnen«) und hat abschließenden Charakter, während er in Mk zur folgenden Verklärungsgeschichte überleitet. Bei Lk erfolgt diese Überleitung erst mit 9,28.

Für Lukas (par Mk) demonstriert die Spruchreihe, daß der Weg des Jüngers dem des Christus entsprechen muß: Am Anfang steht das Kreuztragen, doch das »Sehen des Gottesreiches« ist verheißen (VV 23.27). Damit wird (besser als bei Mk, wo 8,32f. auf die Ansage 8,31 folgt) deutlich, daß das Jüngerschicksal dem des Menschensohnes (durch Leiden und Tod zur Auferweckung) entspricht (Lk 9,22.23–27) und daß mit dem »Hinterhergehen hinter Jesus« (V 23), der Nachfolge des vorausgegangenen Jesus, die Jüngerexistenz beschrieben ist, zu der »alle« gerufen sind.

23 Jesus nennt allen die Bedingungen der Nachfolge. War mit dem Hinter-Jesus-Hergehen ursprünglich die physische Nachfolgegemeinschaft gemeint, so kennzeichnen die Evangelisten damit die Jüngerexistenz. Dennoch hat das »Gehen« für Lukas wiederum seine besondere Bedeutung, insofern Jesu »Weg« dem des Jüngers vorgeordnet ist. Die Selbstverleugnung, die Jesus fordert, wird bei Mk als Bereitschaft zum Martyrium (»Kreuztragen«; vgl. Lk 14,27 par Mt) verstanden. Lukas sieht die Verleugnung seiner selbst im »täglichen« Kreuztragen nach dem Vorbild Jesu. Als Bild dafür kann

Simon von Kyrene gelten, der das Kreuz »hinter Jesus her« trug (23,26). Der dritte Evangelist spricht offenbar nicht in eine akute Verfolgungssituation hinein, sondern versteht die täglich zu bewältigende Bedrängnis als »Kreuz« des Christen. Der Kontext läßt näherhin den Verzicht auf Besitzstreben (V 25) und das tapfere Bekenntnis zu Jesus und seinem Wort (V 26) als tägliche Aufgabe des Jüngers verstehen.

24–25 Bei Mk sind die beiden Verse 8,35 f. durch das Stichwort vom eigenen »Leben« (*psychē*) miteinander verbunden, was Lukas in V 25 durch das Pronomen (»sich selbst«) ersetzt. Der Sache nach ändert das nicht viel. Der Kreuzesnachfolge entspricht in der letzten Konsequenz das Martyrium, die Preisgabe des eigenen Lebens um Jesu willen (V 24 b). Umgekehrt führt das Bemühen um »Rettung« der eigenen Existenz zu deren Verlust (V 24 a). Der Spruch ist »gesetzlich« formuliert, bedeutet aber eine Voraussage Jesu. Das Martyrium bringt »Rettung« des Lebens durch das Gericht hindurch. Sie wird denen zuteil, die »um Jesu willen« (Mk: wegen meiner und des Evangeliums) das Leben verlieren. Das zweite Logion (V 25) hat Lukas charakteristisch neugestaltet. Bei Mk ist der Mensch genannt, der die ganze Welt gewinnt, aber an seinem Leben »Schaden nimmt«, d. h. stirbt. Dieser Mensch hat etwas Sinnloses getan. (Anschließend erläutert der Mk-Text: Für das eigene Leben ist der höchste Preis zu hoch; 8,37.) Lukas spricht auf der einen Seite ebenfalls von dem, der die ganze Welt gewinnt, sagt dann auf der anderen Seite, daß er »sich selbst verdirbt oder Schaden nimmt«, und denkt dabei an die *Folge* der menschlichen Gewinnsucht. Die Frage von V 25 will dem Hörer die Nutzlosigkeit irdischen Gewinnstrebens klarmachen (vgl. 12,16–21: Der Christ soll »vor Gott« Schätze sammeln).

26 Auch dieser Vers gibt konkret an, worin das Kreuztragen bestehen soll. Es handelt sich um ein Wort, das formal ähnlich strukturiert ist wie V 24 und ebenfalls eine Voraussage darstellt. Es hat zur Zeit des Lukas besondere Aktualität: Wer jetzt keinen Bekennermut aufbringt, sich Jesu und seiner Worte »schämt«, dessen wird sich auch der Menschensohn schämen, wenn er zur Parusie kommt. Das Logion scheint ein älteres Doppelwort (vgl. Lk 12,8 f. par Mt) gekürzt wiederzugeben. Hier ist (im Anschluß an Mk) nur die negative und warnende Seite des Doppelspruches verwendet. Der Menschensohn Jesus ist hier nicht als Richter, sondern als Rettergestalt vorgestellt. Er verleugnet vor Gott freilich die Menschen, die sich auf

Erden seiner schämten. Lukas spricht (im Unterschied zu Mk) von der dem Menschensohn (dann) eigenen Herrlichkeit (*doxa*), die ihm wie Gott und den Engeln eignet. Die Engel werden nicht als seine Begleiter bei der Parusie vorgestellt (vgl. 21,27 im Unterschied zu Mk), sondern als Gottes Thronassistenten (vgl. 12,8f.), als die himmlische »Öffentlichkeit«, vor der die Bekenner Jesu als die Seinen vorgestellt werden (12,8).

27 Mk 9,1 hält trotz der Erfahrung der sogenannten »Parusieverzögerung« an der Naherwartung des Endes fest: Das Kommen des Gottesreiches »mit Macht« werden wenigstens einige der Zeitgenossen Jesu (der »hier Stehenden«) noch erleben. Dies ist gewiß nicht mehr die Auffassung des Lukas. Er ändert das Logion vor allem in zwei Punkten ab. Statt von »hier« (*hōde*) Stehenden, spricht er von »dort« (*autou*) Stehenden, was sich nach V 26 auf einen Teil der bei der Parusie lebenden Menschen (*tines*) bezieht. Sie werden nicht nur den Menschensohn kommen sehen (21,27), sondern auch das darauf nahende Gottesreich (21,31). Markus legte durch die anschließende Verklärungserzählung seinen Lesern nahe, schon diese Verklärung als (Teil-)Erfüllung der Zusage Jesu zu verstehen. Bei Lukas ist das kaum genauso. (Er läßt die mit der Verklärungsgeschichte verbindenden einleitenden Worte »und er sagte ihnen« aus Mk 9,1 weg.) Ob Lukas mit seinem V 27 nur die Parusiegeneration und das endzeitliche »Sehen« des Reiches meint, ist kaum sicher zu entscheiden. Schürmann (Lk 550) denkt an ein Sehen des Reiches Gottes »vor dem Kommen des Menschensohnes am Ende«, meint aber nicht »Gegenwartsaussagen« wie 11,20; 17,21, sondern ein Sehen der Gottesreichgeheimnisse »nach Ostern«. Doch gibt es für diese Vermutung keinen Anhaltspunkt im lukanischen Werk. Lk 19,11f. negiert ein mögliches »In-Erscheinung-Treten« des Reiches zu Lebzeiten Jesu ausdrücklich. Der Begriff des Reiches wird von Lukas nicht »zeitlos« gebraucht (gegen Conzelmann: Mitte der Zeit, 95). Der Evangelist unterscheidet zwischen dem in Jesus anwesenden Reich und dem künftigen In-Erscheinung-Treten bei der Parusie des Menschensohnes. Wenn Lukas in V 27 die mk Qualifikation des Reiches (»kommend mit Macht«) wegläßt, so ist das kein Beweis dafür, daß er nicht das endzeitliche Kommen im Sinn habe. Vielmehr ist jegliches Kommen des Gottesreiches »machtvoll« (vgl. 4,36 mit 11,20).

Die Verklärung Jesu: 9,28–36

28 Etwa acht Tage nach diesen Reden nahm Jesus den Petrus, den Johannes und den Jakobus beiseite und stieg mit ihnen auf einen Berg, um zu beten. 29 Und während er betete, veränderte sich das Aussehen seines Gesichtes, und sein Gewand wurde leuchtend weiß. 30 Und siehe, zwei Männer redeten mit ihm. Es waren Mose und Elija. 31 Sie erschienen in Herrlichkeit und sprachen von seinem Ende, das sich in Jerusalem erfüllen sollte. 32 Petrus und seine Begleiter aber waren eingeschlafen. Doch als sie wach wurden, sahen sie Jesu Herrlichkeit und die zwei Männer, die bei ihm standen. 33 Als die beiden sich von ihm trennen wollten, sagte Petrus zu Jesus: Meister, es ist gut, daß wir hier sind. Wir wollen drei Hütten bauen, eine für dich, eine für Mose und eine für Elija. Er wußte aber nicht, was er sagte. 34 Während er noch redete, erschien eine Wolke und überschattete sie. Sie gerieten in die Wolke hinein und bekamen Angst. 35 Da kam eine Stimme aus der Wolke: *Dieser ist mein auserwählter Sohn, auf ihn sollt ihr hören* (Ps 2,7; Jes 42,1; Dtn 18,15). 36 Und während die Stimme redete, sah man Jesus wieder allein. Die Jünger aber schwiegen über das, was sie gesehen hatten, und erzählten in jenen Tagen niemand davon.

Literatur: E. Lohmeyer: Die Verklärung Jesu nach dem Markus-Evangelium: ZNW 21 (1922), 185–215. – *J. Blinzler*: Die neutestamentlichen Berichte über die Verklärung Jesu, Münster 1937. – *H. Riesenfeld*: Jésus transfiguré, Lund 1947. – *Conzelmann*: Mitte der Zeit, 50–52. – *H. Baltensweiler*: Die Verklärung Jesu, Zürich 1959. – *H.-P. Müller*: Die Verklärung Jesu: ZNW 51 (1960), 56–64. – *Hahn*: Hoheitstitel, 310–312, 334–340. – *Voss*: Christologie, 160–167. – *Schramm*: Markus-Stoff, 136–139. – *Dietrich*: Petrusbild, 104–116. – *F. Neirynck*: Minor Agreements Matthew-Luke in the Transfiguration Story, in: Orientierung an Jesus (FS f. J. Schmid), Freiburg 1973, 253–266. – *J. M. Nützel*: Die Verklärungserzählung im Markusevangelium, Würzburg 1973.

Nach 9,18–22 erfolgt nun eine neue Christusoffenbarung, die in der Aussage der Himmelsstimme über Jesus gipfelt. Gott selbst präsentiert Jesus als seinen Sohn; und diese Offenbarung wird mit dem Befehl zum Gehorsam gegenüber dem Sohn Gottes beendet (V 35). Christus kann – wie das 9,23–27 auf andere Weise zeigte – nur »im Vollzug« der Jüngerschaft, des Gehorsams gegenüber dem Sohn Gottes, erkannt werden. Eine weitere Beobachtung kann die besondere Absicht des Lukas bei der Verklärungserzählung erkennen lassen. Der Evangelist betont gegenüber der Vorlage Mk 9,2-10, daß die drei Jünger die »Herrlichkeit« Jesu »sehen« konnten (V 32 b; vgl. VV 29.30.31.36). Wahrscheinlich will Lukas damit sagen, daß den drei Jüngern ein exzeptionelles »Sehen« Jesu gewährt wurde, nicht aber schon ein »Sehen« des Reiches Gottes (vgl. V 27). Wer indessen Jesu Herrlichkeit sah – eine durchaus österliche Wirklichkeit –, hat zugleich den Repräsentanten des Reiches Gottes gesehen (vgl. 19,37f. im Unterschied zu Mk). Bevor Jesus den Weg zum Leiden nach Jerusalem (V 31) antritt (9,51), scheint den drei Angehörigen des engeren Jüngerkreises seine »Herrlichkeit« auf, die das Ziel des »Auszugs« (*exodos*) Jesu (V 31) ist (24,26).

Die Verklärungserzählung stellt eine lukanische Bearbeitung der Mk-Vorlage dar und ist, trotz der besonderen Berührungspunkte mit Mt, nicht von Nebenquellen abhängig (Schürmann: Lk 563; Neirynck; gegen B. Weiß: Quellen, 183-187, Schramm 139, und die Lk-Kommentare von Lagrange, Schlatter, Hauck, Rengstorf und Grundmann). Dieses Urteil gilt auch für VV 31-33a, die bei Mk keine Entsprechung haben. Lukas hat also die Vorlage hier aufgefüllt, umgekehrt aber Mk 9,10-13 (mit dem Gespräch über das Kommen des Elija) weggelassen. Er hält die Vorstellungen des Volkes über wiederauftretende Propheten der Vergangenheit für abwegig (9,7f.19) und mutet seinen Lesern nicht zu, in Johannes dem Täufer den wiedergekommenen Elija zu sehen (gegen Mk 9,13a). Der Bericht des Mk will in Jesu Verklärung und der dabei ergehenden Offenbarung kaum eine »messianische Inthronisation« darstellen. Die Gestalten des Elija und des Mose, von denen das zeitgenössische Judentum annahm, sie seien in den Himmel entrückt worden (wegen des biblischen Zeugnisses 2 Kön 2,1-14 steht Elija bei Mk voran; für Mose vgl. Billerbeck I, 753-756), stellen den Kontrast zu Jesus dar, der von den Toten erweckt wurde. Jesus ist auch insofern mehr als ein Prophet, nämlich Gottes Sohn (vgl. Röm 1,4). Als solcher gibt er den Menschen Weisung, die sich von der des Mose und der Propheten abhebt und diese überholt.

28 Die Zeitangabe meint: »etwa eine Woche«, nachdem Jesus die Worte 9,22-27 (über sein Leiden und die Kreuzesnachfolge) gesprochen hatte. Lukas will auch sachlich mit dem Leidensthema verknüpfen (V 31). Jesus nimmt Petrus, Johannes und Jakobus mit und steigt zum Gebet »auf den Berg«. Zur Reihenfolge der drei Jünger (im Unterschied zu Mk) siehe auch 8,51; 22,8. Jakobus hat für die Kirche des Lukas offenbar keine aktuelle Bedeutung mehr (vgl. Apg

12). Da Lukas auch sonst Jesus am Abend bzw. in der Nacht betend vorstellt, scheint er die Verklärung in die Nachtzeit zu verlegen (vgl. VV 32.37 im Unterschied zu Mk). Der Berg als Offenbarungsort läßt die Szene jenseits der allgemein zugänglichen Erfahrungswelt spielen, in der Sphäre Gottes.

29–32 Das Gebet Jesu geht der Änderung seines Angesichts (vgl. Ex 34,29f.: bei Mose) voraus und löst dieses gewissermaßen aus. Lukas vermeidet den Ausdruck »Verwandlung« (*metemorphōthē*). Auch das Folgende vollzieht sich, ohne daß die schlafenden Jünger (V 32) es wahrnehmen. Das Gewand Jesu wird leuchtend weiß. An Jesus bricht »seine (künftige) Herrlichkeit« sichtbar durch. Auch die beiden Männer, die nun erscheinen, werden von den Jüngern nicht wahrgenommen. Daß sie mit Jesus sprechen, steht im Vordergrund (V 30). Lukas nennt (im Unterschied zu Mk) Mose an erster Stelle (mit Mt). Er denkt an die Repräsentanten von »Gesetz und Propheten« (16,29–31; 24,27), die das Leiden des Messias vorausgesagt hatten (24,26f; Apg 26,22f.). Die beiden Gestalten erscheinen (als Angehörige der himmlischen Welt) »in Herrlichkeit« (V 31a) und sprechen vom »Auszug« Jesu in Jerusalem (V 31b). Gemeint ist der Weggang Jesu als Kreuzestod und Himmelfahrt (vgl. andererseits den »Einzug« [*eisodos*] Apg 13,24). Der Auszug (*exodos*) wird sich gewiß ereignen (*mellō*) und zugleich Erfüllungsgeschehen (*plēroō*) sein. Damit wird der 9,51 beginnende Weg nach Jerusalem im Heilsplan Gottes verankert. Weil Petrus und seine Begleiter schlafen (vgl. Mk 14,40), bleibt der Inhalt des Gesprächs, das Leidensgeheimnis, weiterhin verschlossen. Die Jünger sehen, als sie erwachen, nur die »Herrlichkeit« Jesu (den Lichtglanz, der ihn umgibt) und die beiden Männer bei ihm (und hören die Himmelsstimme).

33 Als die beiden himmlischen Gestalten von Jesus weggehen wollen, macht Petrus den Versuch, sie zum Bleiben zu bewegen. Er schlägt Jesus vor, für ihn und die beiden (als Mose und Elija erkannten) Männer drei Hütten zu bauen. Lukas betont den Unverstand, der aus diesem Ansinnen spricht, während Markus den Vorschlag des Petrus durch dessen Verlegenheit und dessen Furcht entschuldigt.

34–35 Der Vorschlag des Petrus findet dadurch eine Antwort, daß eine Wolke die Jünger »überschattet«. Das biblische »Mittel« zur Manifestation der Gegenwart Gottes und seiner Herrlichkeit (Ex 16,10; 19,9; 24,15–18 u. ö.) wirft nicht nur seinen Schatten auf die

Jünger, sondern umfängt sie. *Dadurch* geraten die drei in Furcht (V 34). Ob die Wolke auch die himmlischen Gestalten überschattet und umfängt (Schürmann: Lk 561), läßt Lukas nicht deutlich erkennen. Indessen sind die himmlischen Gestalten zuvor von der göttlichen Lichtherrlichkeit (vgl. V 31: *en doxē*) umgeben. Die Antwort Gottes lehnt das Ansinnen des Petrus ab, die drei Himmlischen auf Erden festzuhalten, und nimmt die drei Irdischen in die Sphäre Gottes, näherhin der göttlichen Offenbarung. Die Stimme aus der Wolke (V 35) sagt, wie dem Ansinnen des Petrus von Gott her entsprochen wird: Indem man auf Jesus, den Sohn Gottes, hört, wird dieser »festgehalten« und wird der Jünger mit dem auferstandenen und erhöhten Sohn Gottes verbunden (vgl. 6,46). Der Wortlaut der Stimme aus der Wolke, das Offenbarungswort Gottes, kombiniert drei atl Schriftstellen. Der Auftrag »Auf ihn sollt ihr hören!« nimmt Dtn 18,15 auf, wo sich der Befehl auf den verheißenen »Propheten wie Mose« bezog. Jetzt gilt es, *Jesus* zu hören, während »Gesetz und Propheten« nur voraussagten, welchen Weg der auserwählte Sohn Gottes zu gehen hat.

36 Mit dem Offenbarungswort und der Aufforderung Gottes ist das Geschehen auf dem Berg beendet. Noch während die Stimme ergeht, wird »Jesus allein gefunden«. Damit ist nicht nur erreicht, daß sich die Himmelsstimme eindeutig auf Jesus bezieht. Es zeigt sich auch, was der Kirche genügen muß, nämlich daß Jesus da war und sein Wort der Weisung hinterließ. Die drei Jünger schweigen über das Geschehen (soweit sie es »gesehen« hatten), und zwar vorläufig. Mk 9,9 sagt deutlicher, was wohl auch Lukas darunter versteht: bis zur Erfüllung des »Auszugs« Jesu, bis »Ostern«. Seitdem wird das Geheimnis des Gottessohnes Jesus öffentlich verkündigt.

Die Heilung eines besessenen Jungen: 9,37–43a

37 Als sie am folgenden Tag den Berg hinabstiegen, kam Jesus eine große Menschenmenge entgegen. 38 Und siehe, da schrie ein Mann aus der Menge: Meister, bitte, hilf meinem Sohn! Es ist mein einziger. 39 Sieh, er ist von einem Geist besessen; plötzlich schreit er auf, wird hin- und hergezerrt, und Schaum tritt ihm vor den Mund, und der Geist hört kaum auf, ihn zu quälen. 40 Ich habe schon deine Jünger gebeten, ihn auszutreiben, aber sie konnten es nicht.
41 Da sagte Jesus: O du ungläubige und unbelehrbare Gene-

ration! Wie lange muß ich noch bei euch sein und euch ertragen? Bring deinen Sohn hierher! 42 Als der Sohn auf Jesus zuging, riß und schüttelte ihn der Dämon hin und her. Jesus aber drohte dem unreinen Geist, heilte den Jungen und gab ihn seinem Vater zurück. 43a Und alle gerieten außer sich über die Majestät Gottes.

Literatur: X. *Léon-Dufour:* L'épisode de l'enfant épileptique, in: La formation des évangiles (Rech. bibliques 2), Brügge und Löwen 1957, 85–115. – *J. Wilkinson:* The Case of the Epileptic Boy: ET 79 (1967/68), 39–42. – *G. Bornkamm: Pneuma alalon*. Eine Studie zum Markusevangelium (erstmals 1970), in: Geschichte und Glaube II, München 1971, 21–36. – *Kertelge:* Wunder Jesu, 174–179. – *Schramm:* Markus-Stoff, 139f. – *W. Schenk:* Tradition und Redaktion in der Epileptiker-Perikope Mk 9,14–29: ZNW 63 (1972), 76–94.

In 9,37 hat Lukas Angaben von Mk 9,9 und 9,14 miteinander verbunden, während er Mk 9,10–13 überging. Die lukanische Perikope »vom epileptischen Knaben« hat Mk 9,14–29 zur Grundlage. Lukas hat diese stark gekürzt (um Mk 9,15 f. 21–25 a.25 c–29, also um mehr als den halben Umfang). Die Übereinstimmungen zwischen Lk und Mt (gegen Mk) berechtigen nicht dazu, eine nicht-mk Nebenquelle zu postulieren (Schmid: Mt und Lk, 123–125; gegen Schramm). Die Gründe für die starke Reduktion durch Lukas kann man nur vermuten. Er ist am Disput zwischen Jüngern und Schriftgelehrten über Exorzismusfragen (Mk 9,14–16.28f.) und an Einzelheiten über den Epileptiker und die Heilung (9,21 f.26 f.) nicht interessiert. Wie aus einer anderen Welt kommend, findet Jesus die Not der Menschen, vor allem dämonische Besessenheit, und erweist sich als der barmherzige Helfer, durch den die »Majestät Gottes« auf Erden erfahren wird (V 43).

37 Für Lukas ereignet sich das Heilungswunder am Tag nach der Verklärung Jesu (V 37 im Unterschied zu Mk), und zwar nach dem Abstieg vom Berg, ein Indiz für die Vermutung, daß Lukas an eine *nächtliche* Verklärung dachte. Jesus ist (mit den drei Jüngern) wieder in der Ebene, und viele Leute begegnen ihm. (Nach Mk findet er die übrigen Jünger, vom Volk umgeben, in der Diskussion mit Schriftgelehrten.)

38–40 Aus der Volksmenge heraus ruft ein Mann Jesus um Hilfe für seinen Sohn an. Lukas betont von sich aus, es habe sich um den »einzigen« Sohn gehandelt; das Mitleidsmotiv Jesu wird angedeutet

(V 38). Der Mann beschreibt kurz die Weise, wie der dämonische »Geist« (Mk: der stumme Geist) mit dem Sohn verfährt. Er erfaßt ihn, läßt ihn aufschreien (gegen Mk), zerrt ihn hin und her und läßt ihn nur langsam wieder in Ruhe (V 39). Erst dann erfährt man von dem Mann, daß er sich an die Jünger Jesu gewandt hatte, die eine »Austreibung« nicht vollbringen konnten (V 40). Über den Grund des Unvermögens bei den Jüngern spricht der lukanische Text nicht (anders Mk 9,28f.). Das Versagen der Jünger steht einfach im Gegensatz zur Macht Jesu: In Abwesenheit Jesu und ohne ausdrücklichen Auftrag (9,1f.6) gelingt den Jüngern keine Austreibung von Dämonen.

41–43 a Die Reaktion Jesu ist eine Anklage gegen die gegenwärtige Generation, die fast resignierend klingt und den Unglauben sowie die »Verkehrtheit« (so Lk/Mt im Anschluß an Dtn 32,5.20) dieser Generation beklagt. Während sie Mk 9,19–24 noch in einem den »Unglauben« erläuternden Kontext steht, erfolgt die Anklage bei Lk unvermittelt und ohne anschließende Illustration des Unglaubens. Da V 41 unmittelbar auf die Angabe vom Unvermögen der Jünger folgt und als »Antwort« Jesu auf diese Angabe des Hilfesuchenden verstanden ist, denkt Lukas wohl (wie Mk), die Klage Jesu sei gegen den Unglauben des Volkes gerichtet, der das »Unvermögen« der Jünger bedingte. Die Frage Jesu »Wie lange muß ich noch bei euch sein?« ist im Zusammenhang mit der in 9,43b–45 erfolgenden (zweiten) Leidensankündigung zu lesen. Der Menschensohn wird in die »Hände der Menschen« (d. h. jener ungläubigen und verkehrten Generation) ausgeliefert; damit hat sein Aufenthalt unter ihnen bald ein Ende. Doch gerade angesichts dieser Ankündigung ist das nun folgende barmherzige Handeln Jesu, seine Hilfeleistung zugunsten des »verkehrten Geschlechts«, um so beachtlicher. Das »Wie lange noch?« dürfte indessen auch auf die Verklärungsgeschichte zurückblicken, die den Ausblick auf die österliche Herrlichkeit Jesu gewährte. Jesus läßt den Jungen herbeibringen (V 41c). Man bringt ihn zu Jesus; dabei erleidet der Kranke einen »Anfall« (Mk: als der Dämon Jesus sah). Der Dämon zerrt und schüttelt ihn hin und her (V 42a). Jesus braucht dem »unreinen Geist« nur zu drohen (*epetimēsen*), und der Junge ist »geheilt« (wie Lukas die Beschreibung von Mk 9,25–27 zusammenfaßt). Jesus gibt dem Vater den Geheilten zurück, wie er der Witwe ihren Sohn zurückgab (7,15). Damit kehrt der Gedankengang vom barmherzigen Helfer wieder zum Ausgangspunkt, der Bitte des Vaters, zurück (V 38): Jesus sollte – wie Gott es tut (1,48; vgl. 1,68; 7,16; Apg 15,14) – auf den Besessenen

»herabschauen« (*epiblepō*). Nachdem er die Bitte erfüllt hat, erkennt das Volk Gottes »Majestät« (*megaleiotēs*, im NT sonst nur noch Apg 19,27, bezogen auf Artemis, und 2 Petr 1,16, bezogen auf Christus [2 Petr 1,16-19 nimmt vielleicht auf Lk 9,28-43 Bezug]). Es erfährt, daß in Jesus *Gottes* große Macht wirksam ist und gerät *außer sich*.

Ankündigung der Auslieferung Jesu an die Menschen: 9,43b–45

43b Alle Leute staunten über alles, was Jesus tat. Er aber sagte zu seinen Jüngern: 44 Achtet auf diese Worte: Der Menschensohn wird (gewiß) in die Hände der Menschen ausgeliefert werden. 45 Doch die Jünger verstanden den Sinn seiner Worte nicht; er blieb ihnen verborgen, daß sie ihn nicht begriffen. Sie wagten aber nicht, Jesus zu fragen, was er damit sagen wollte.

Literatur: Siehe zu 9,(18-)22.

Die weitere Voraussage Jesu über sein Leiden steht nach 9,22 nicht – wie Mk 9,31 – als zweite von *drei* Ansagen, sondern als weitere Voraussage, der mehrere andere folgen werden (12,49f.; 13,31-33; 17,25; 18,31-34). Noch bei der letzten dieser Voraussagen, die der dritten des ältesten Evangeliums (Mk 10,32-34) entspricht, bemerkt Lukas ausdrücklich, daß die Zwölf das Gesagte nicht begriffen (18,34; vgl. 9,45). Schon das Gespräch Jesu mit Mose und Elija bei der Verklärung (V 31) deutete an, daß der bald folgende »Reisebericht« (9,51-19,27) den Weg zum *Leiden* erzählt. Die Ankündigung von 9,44 will auf dem Hintergrund von 9,37-43a verstanden sein: Derjenige, der den Menschen barmherzig hilft, wird den Menschen ausgeliefert werden. Die nähere lukanische Absicht wird aus der Weise ersichtlich, wie der Evangelist die Vorlage Mk 9,30-32 bearbeitete. Eine andere Quelle als Mk wurde nicht benutzt (gegen Schlatter: Lk 106f.; Rengstorf: Lk 126; Schramm 132-136).

43 b-44 Die Adressaten der folgenden Leidensankündigung sind wie bei Mk die »Jünger«. Im Unterschied zu Mk wird ein Anlaß der weiteren Leidensaussage angegeben: »Als alle Leute über alles staunten, was er tat«. Das Volk staunt also über die Taten Jesu, während es gilt, über das *Leidens*geheimnis des hoheitlich Handelnden zu staunen. Dieses Geheimnis wird den Jüngern zuteil; doch sie verstehen es nicht (V 45). Das Wort Jesu wird von Lukas mit einer gewichtigen Einführungsformel des Sprechers vorbereitet (V 44a). Sie unterstreicht die Bedeutung des folgenden Satzes. Die Jünger sollen ihn aufmerksam hören (»in ihre Ohren aufnehmen«). Ostern wird es nötig sein, sich der Ankündigung Jesu zu erinnern (24,7f.). Übrigens weiß 24,6, daß Jesu Leidensankündigung »in Galiläa« erfolgte (vgl. Mk 9,30).

V 44b ist verkürzte Wiedergabe von Mk 9,31 b.c. Die Ansage der Tötung und Auferstehung entfällt hier (vgl. 17,25). Damit erreicht Lukas, daß sich das Unverständnis der Jünger deutlich auf das Leidenmüssen des Menschensohnes bezieht. Des weiteren unterstreicht Lukas, daß die Auslieferung mit Sicherheit (und in Vollstreckung des göttlichen Planes) erfolgen wird (*mellei* par Mt; vgl. 9,31). Durch die Kürzung der Vorlage tritt der paradoxe Sachverhalt der Auslieferung des (hoheitlich helfenden) *Menschensohnes* in die Hände der *Menschen* (die ihn töten) stärker hervor. Einen entsprechenden Sachverhalt sieht Lukas, wenn er andeutet, daß der »Heilige und Gerechte« (Apg 3,14) den »Sündern« übergeben wurde (Lk 24,7). Wer den Menschensohn »ausliefern« werde, ist nicht gesagt. Die passivische Formulierung deutet auf Gott, was im lukanischen Verständnis heißt, die Auslieferung erfolge entsprechend dem Heilsplan Gottes.

45 Das Unverständnis der Jünger bezieht sich, wie Lukas verdeutlichend hinzufügt, auf die eben gehörten Worte, also auf das Leidensgeheimnis. Gott hat es »vor ihnen (vorerst) verborgen, daß sie es nicht begriffen« (im Unterschied zu Mk). Ob »daß« (*hina*) konsekutiv (so Grundmann: Lk 196) oder final (so Schürmann: Lk 573) zu verstehen ist, kann unentschieden bleiben, da der übergeordnete Gedanke *Gottes* Handeln meint, bei dem Absicht und Folge sich im Grunde decken. Die Jünger fürchten, Jesus »über dieses Wort« (im Unterschied zu Mk) zu befragen. Sie ahnen wohl bereits, daß das Leidensgeheimnis auch für sie Folgen hat (vgl. 9,22–26) und fürchten einen erläuternden Hinweis Jesu.

Der Rangstreit der Jünger: 9,46–48

46 Es kamen aber Überlegungen bei den Jüngern auf, wer von ihnen der Größte sei. 47 Jesus wußte, was sie im Herzen dachten, und er nahm ein Kind, stellte es neben sich 48 und sagte zu ihnen: Wer dieses Kind um meines Namens willen

aufnimmt, der nimmt mich auf; wer aber mich aufnimmt, der nimmt den auf, der mich gesandt hat. Denn wer unter euch allen der Kleinste ist, der ist groß.

Literatur: G. *Lindeskog*: Logia-Studien: StTh 4 (1950), 129–189; bes. 171–177. – R. *Schnackenburg*: Mk 9,33–50, in: Synoptische Studien (FS f. A. Wikenhauser), München 1953, 184–206. – S. *Légasse*: Jésus et l'enfant, Paris 1969, 27–32, 72–75. – *Schramm*: Markus-Stoff, 140f.

Zugrunde liegt Mk 9,33–37, der Zusammenschluß von zwei Traditionsstücken (9,33–35.36–37). Indem Lukas die erste Antwort Jesu (auf den Rangstreit: Mk 9,35) zunächst überging (vgl. hingegen Lk 9,48d), schuf er eine engere Einheit. So wird die Frage nach dem »Größten« (V 46) durch die Vorführung des Kindes (VV 47b–48c) beantwortet: Der Kleinste von euch allen ist »groß« (V 48d). Offensichtlich deutet der Kontext an, daß Unverständnis des Leidenmüssens Geltungsstreben (VV 46–48) und Intoleranz (VV 49–50) erzeugt. Die Weisung Jesu bezieht sich entsprechend zunächst auf das innergemeindliche Leben (46–48) und dann auf das Verhältnis der Jünger zu den Nichtjüngern (49f.).

46 Lukas kürzt die Einleitung der Vorlage um die Ortsangabe (Kafarnaum), die Frage Jesu und das betretene Schweigen der Jünger. Er berichtet einfach von der Frage, die die Jünger bewegte. Sie »drang ein« in die Jünger, obwohl diese das Wort Jesu über sein Leiden »in ihre Ohren« hätten aufnehmen und bedenken sollen (V 44). Wo das Leidenmüssen des Menschensohnes nicht bedacht werden will, stellen sich andere Gedanken ein, Geltungsstreben und Unduldsamkeit (VV 46–48.49f.). Jesus fragt nicht nach dem Gedankengang seiner Jünger (im Unterschied zu Mk), er kennt ihn (V 47a). Es handelt sich um eine Versuchung, die nicht orts- und zeitgebunden ist. Es geht um die Frage nach dem Größten *in der Gemeinde* (*autōn* im Unterschied zu Mk).

47–48 Da Jesus weiß, was die Jünger bewegt (vgl. schon 5,22; 6,8), gibt er die Antwort zunächst in einem Zeichen, so daß die Antwort ebenso wie die Frage unausgesprochen bleibt. Jesus nimmt ein Kind und stellt es neben sich. Das Kind wird nicht (wie bei Mk) »mitten unter sie« gestellt (und von Jesus umarmt), sondern es erhält gewissermaßen den Ehrenplatz neben Jesus und empfängt so »Größe«. Zunächst wird gesagt: Wer dieses kleine Kind aufnimmt »auf den Namen Jesu hin«, nimmt Jesus auf und den, der ihn sandte (V

48b.c). Erst mit V 48d entspricht das Wort der Symbolhandlung: Der Kleinste »von euch allen« ist groß. Die vorausgehende Aussage über die »Aufnahme« des Kindes ist nicht (wie bei Mk: eins von diesen Kindern) allgemein gehalten, sondern bezieht sich auf das neben Jesus stehende Kind. Jesus identifiziert sich mit ihm (im Hinblick auf die »Sendung«). Wer das Kind aufnimmt, nimmt Jesus auf, und wer Jesus aufnimmt, nimmt Gott auf, der Jesus *gesandt* hat. Der juridische Satz des Judentums »Der Abgesandte ist wie der Sendende« (vgl. Billerbeck I, 590; II, 167) wird hier christologisch und ekklesiologisch angewendet. In Jesus gilt es, Gott anzunehmen, und in der »Kleinheit« des Kindes (bzw. der Abgesandten Jesu), Jesus zu akzeptieren. Ging es in der Vorlage Mk 9,36 f. um das Verhalten der Gemeinde zu den Kindern, so ist bei Lk eine andere Aussagerichtung vorhanden. Das »Gesetz« der göttlichen Sendung verlangt den Abgesandten, der dem Kleinsten dient. Für die von Jesus ausgesandten Boten Gottes gilt, daß sie »klein« sein müssen. Nur wenn sie das Kleinsein in der Gemeinde verwirklichen, wird Gott von den Menschen akzeptiert werden (vgl. »denn« am Anfang von V 48d). Vom Dienst am Kind oder an den »Kleinen« in der Gemeinde (Légasse 31: den Armen) spricht das Herrenwort allenfalls indirekt oder unbetont, anders als bei Mk und in der Überlieferungsvariante Lk 22,24–26.

Der fremde Wundertäter: 9,49–50

49 Da sagte Johannes: Meister, wir haben gesehen, wie jemand in deinem Namen Dämonen austrieb, und wir wollten ihn daran hindern, weil er (dir) nicht zusammen mit uns nachfolgt. 50 Jesus sprach zu ihm: Hindert ihn nicht! Denn wer nicht gegen euch ist, der ist für euch.

Literatur: W. Nestle: »Wer nicht mit mir ist, der ist wider mich.«: ZNW 13 (1912), 84–87. – *A. Fridrichsen:* »Wer nicht mit mir ist, ist wider mich.«: ZNW 13 (1912), 273–280. – *E. Wilhelms:* Der fremde Exorzist: StTh 3 (1949), 162–171. – *Roloff:* Kerygma, 185 f.

Vorlage der beiden Verse ist Mk 9,38–41, wobei Lukas den letzten Vers (sowie V 39b) wegließ, wie er überhaupt Mk 9,41 – 10,12 übergeht. Erst mit Lk 18,15–17 wird die Mk-Folge der Perikopen (Mk 10,13–16) wieder aufgenommen. Der Grund für die Weglassung der Mk-Perikopen wird sein, daß mit Mk 9,42–48.49 f. die

Jüngerthematik »verundeutlicht« würde und andererseits Lk 9,52–56 sich passend an 9,49f. anschließt (Schürmann: Lk 580). Der Spruch 9,50 mahnt die Jünger zur Toleranz gegenüber dem Wirken von Nichtjüngern. Er steht im Gegensatz zu dem formal ähnlichen Wort 11,23 par Mt 12,30. Man wird fragen, wie Lukas die beiden Sprüche in Einklang brachte.

49 Einer der hervorragenden Apostel – ihm kommt bei Lukas der zweite Rang nach Petrus zu – stellt Jesus (der Sache nach, wenn auch nicht formal) eine Frage: Die Jünger erlebten, daß einer, der nicht zur Nachfolgegemeinschaft Jesu gehört, dennoch in Jesu Namen (unter Anrufung seines Namens; vgl. auch Apg 3,6; 9,34; 16,18) Dämonen austrieb. Er tat das erfolgreich, doch die Jünger hinderten ihn daran. Das Motiv dieser wohlgemeinten Hinderung ist stärker christologisch profiliert als bei Mk (vgl. schon die Anrede *epistata*). Der fremde Exorzist »folgt nicht *mit* uns nach« (Mk: »folgt nicht *uns* nach«), er steht nicht in der *Jesus*nachfolge. Jesus soll – das ist der Sinn des Referates von seiten des Johannes – das Verhalten der Jünger bestätigen oder wenigstens erklären, wie der Erfolg eines Außenstehenden möglich ist.

50 Das Wort Jesu widerspricht in jedem Fall der Ansicht des Johannes, hinter der – zur Zeit der Evangelisten – Tendenzen der Gemeinden erkennbar werden. Die lukanische Fassung des Jesuswortes macht besonders deutlich, daß an die Gemeinde gedacht wird, da die 2. Person des Plural verwendet ist (»gegen euch« – »für euch«; Mk: »gegen uns« – »für uns«). Jesus spricht sich dafür aus, den fremden Exorzisten gewähren zu lassen, da er wenigstens nicht *gegen* die Jüngergemeinde arbeitet. Lukas hat die Begründung, die Mk 9,39b bot, fallengelassen (»Denn niemand wird auf meinen Namen hin eine Machttat tun und bald darauf schlecht über mich reden«). Deswegen bleibt V 50b die einzige Begründung für Jesu Anweisung zur Toleranz (gegen Schmid: Lk 173: »Der Grund für die Entscheidung bleibt ... unausgesprochen«). Wer nicht gegen Jesus arbeitet, kann durchaus loyal neben der Jüngergemeinde wirken, und der Name Jesu hat seine Heilskraft auch außerhalb der Gemeinde. Obgleich Jesus den Zwölf Macht über die Dämonen gegeben hat (9,1), müssen die Jünger doch hinnehmen, daß Jesu Name auch außerhalb der verordneten Dienste zum Heil wirken kann. 11,23 steht in einem anderen Zusammenhang: Die *Gegner* Jesu können als Zeugen seines Kampfes gegen Satan nicht neutral bleiben (vgl. Schmid: Lk 203). Daß dieses letztere Wort die Parteilosung des Pompejus im Bürgerkrieg war (siehe Nestle; Fridrichsen), bedeutet nicht, daß Q den Spruch von dort übernahm. Vielmehr ist vorauszusetzen, daß er (seitdem?) »zum verbreiteten Schlagwort« geworden war (Hauck: Lk 155). Das tolerante Wort aus Mk 9,40 entspricht hingegen der Losung Caesars (Cicero: Pro Ligario 33; zitiert bei Grundmann: Lk 197). Es wendet sich im Evangelium gegen die Engherzigkeit der *Jünger.*

B. Jesu Weg nach Jerusalem (»Reisebericht«): 9,51 – 19,27

Jesu Wirken im Judenland ist in seinem zweiten Abschnitt durch den Weg nach Jerusalem gekennzeichnet. Verschiedene in den Bericht eingestreute (redaktionelle) Bemerkungen lassen immer wieder das Bild des mit den Jüngern nach Jerusalem wandernden Jesus in den Blick kommen (9,51; 13,22; 17,11; 19,28). Deswegen spricht man herkömmlich vom lukanischen »Reisebericht«. Er unterscheidet das dritte Evangelium charakteristisch von den übrigen Evangelienschriften und ihrem Aufriß. In diesem Reisebericht hat Lukas den größten Teil des überkommenen Stoffes untergebracht, der nicht aus dem ältesten Evangelium stammt (9,51 – 18,14). Jedoch wäre es nicht sachgerecht, wenn man den Umfang des Reiseberichts nach dem verwendeten Quellenmaterial bestimmen wollte. Man muß ihn »nach der disponierenden Tätigkeit des Verfassers« beurteilen (Conzelmann: Mitte der Zeit, 65). Die »Reise« Jesu geht über 18,14 hinaus und gelangt erst mit 19,27 unmittelbar an das Ziel; der Bericht enthält gegen Ende (18,15–43) auch Mk-Stoff (Mk 10,13–52). Lk 9,51 – 18,14 wird »die große Einschaltung« in den Mk-Rahmen genannt. Daß die große Einschaltung als *Zusammenstellung* von Q-Stoff und Sondergut bereits vorlukanisch sei (Streeter: Four Gospels, 214, 222; Rehkopf: Sonderquelle, 90), kann wegen des von *Lukas* eingebrachten Reisemotivs nicht einleuchten.

Die »Reisenotizen« sind insofern künstlich, als sie keine fortschreitende räumliche Annäherung Jesu an Jerusalem erkennen lassen. Ihre theologische Tragweite ließ sich schon 4,30.42; 7,11 andeutungsweise ausmachen, geht aber auch aus 22,22 einwandfrei hervor. Sie ist im folgenden näher zu bestimmen (Exkurs 12). Vorerst ist festzuhalten, daß diese Notizen im Reisebericht speziell von der Wanderung Jesu (und der Jünger) *nach Jerusalem* sprechen (9,51; 13,22; 17,11; vgl. 19,28) und dem Bericht eine gewisse Gliederung geben. Wenn der Reisebericht im folgenden nach einer dreifachen Einteilung (9,51 – 13,21; 13,22 – 17,10; 17,11 – 19,27) gegliedert wird (mit Grundmann: Lk 200), so darf dennoch nicht übersehen werden, daß Lukas keinen genetischen »Fortschritt« im Leben und Wirken Jesu schildern will. Auch thematisch lassen sich die drei Unterabschnitte kaum unterscheiden. Sie enthalten Unterweisungen für den Jüngerkreis, Auseinandersetzungen mit den Gegnern, Volksszenen und Einzelbegegnungen. Jeder der drei Abschnitte enthält Jüngerunterweisung (9,57 – 10,12; 10,25 – 11,13; 13,22–30; 14,7–35; 18,15–30), Heilungswunder (11,14; 13,11–17; 14,1–6; 17,11–19; 18,35–43), Kritik an den Pharisäern (11,37 – 12,1; 16,14–18; 18,9–14) und eschatologische Ausblicke (12,13 – 13,9; 16,19–31; 17,20 – 18,8; 19,11–27). Wegen der (leichten) sachlichen Schwerpunkte können die Unterabschnitte überschrieben werden: 1. Jüngerschaft und Mission (9,51 – 13,21); 2. Die Rettung des Verlorenen (13,22 – 17,10); 3. Jüngerschaft und Enderwartung (17,11 – 19,27).

Exkurs (12): Reise-Motiv und »Reise-Bericht«

Literatur: K. L. Schmidt: Der Rahmen der Geschichte Jesu (1919), Neudruck Darmstadt 1964, 246–273. – *Ch. C. McCown*: The Geography of Luke's Central Section: JBL 57 (1938), 51–66. – *L. Girard*: L'évangile des voyages de Jésus, Paris 1951. – *J. Blinzler*: Die literarische Eigenart des sogenannten Reiseberichts im Lukasevangelium, in: Synoptische Studien (FS für A. Wikenhauser), München 1953, 20–52. – *J. Schneider*: Zur Analyse des lukanischen Reiseberichtes, in: Synoptische Studien (FS für A. Wikenhauser), München 1953, 207–229. – *Lohse*: Missionarisches Handeln. – *Conzelmann*: Mitte der Zeit, 53–66. – *C. F. Evans*: The Central Section of St. Luke's Gospel, in: Studies in the Gospels (Essays in Memory of R. H. Lightfoot), Oxford 1955, 37–53. – *W. Grundmann*: Fragen der Komposition des lukanischen »Reiseberichts«: ZNW 50 (1959), 252–270. – *B. Reicke*: Instruction and Discussion in the Travel Narrative, in: Studia Evangelica I, Berlin 1959, 206–216. – *W. C. Robinson jr.*: Der theologische Interpretationszusammenhang des lukanischen Reiseberichts (engl. Original 1960), in: Braumann: Lukas-Evangelium, 115–134. – *D. Gill*: Observations on the Lukan Travel Narrative and Some Related Passages: HThR 63 (1970), 199–221. – *G. Ogg*: The Central Section of the Gospel according to St. Luke: NTS 18 (1971/72), 39–53. – *P. von der Osten-Sacken*: Zur Christologie des lukanischen Reiseberichts: EvTh 33 (1973), 476–496. – *P.-G. Müller*: Christos archēgos, Bern 1973, 328–333. – *Miyoshi*: Der Anfang.

Das »Reisemotiv«, das Jesus auf Wanderung zeigt und auch auf die Jünger Jesu Anwendung findet, wird nicht nur auf die Wanderung nach Jerusalem bezogen. Es begegnet vornehmlich in Verbindung mit dem Verbum *poreuomai* (gehen, reisen, wandern). Dieses ist Vorzugswort des Evangelisten (Mt 29, Mk 3, Lk 51, Joh 13, Apg 37 Vorkommen). Im Lk sind nur 5 Vorkommen mit Sicherheit auf eine Vorlage zurückzuführen (7,8 zweimal; 7,22; 11,26; 15,4), weil sie par Mt stehen; jedoch ist hier nicht Jesus das Subjekt. An den übrigen 46 Stellen (14 im Unterschied zu Mk; 4 im Unterschied zu Mt; 28 im Sondergut) ist das Verbum 25mal auf Jesus bzw. Jesus und seine Jünger bezogen, nur 21mal auf andere Subjekte. Von der Wanderung Jesu und seinem »Weg« ist in anderer Terminologie auch 6,1; 7,11; 9,57; 13,22; 18,35 und 24,15 die Rede. Der Weg Jesu ist schon beim Zwölfjährigen auf das Ziel Jerusalem gerichtet (2,41f.) und endet mit der Himmelfahrt in dieser Stadt (Apg 1,10.11). Jesus wird also nicht einfach als Wanderer vorgestellt, der bei den Menschen einkehrt, auch nicht nur als Wanderprediger, sondern als der, der gemäß göttlicher Bestimmung (Lk 22,22) konsequent dem Ziel *Jerusalem* (d. h. seiner »Hinaufnahme«) entgegengeht (9,51; 13,22.31–33; 17,11; 19,28).

Letzteres wird im »Reisebericht« besonders betont. Dabei ist von den Jüngern als Menschen, die hinter Jesus her den gleichen Weg gehen, mit ähnlichem Nachdruck die Rede (9,52.56f.; 10,4.38). Auffallend ist jedoch, daß das nur am Anfang des Reiseberichts geschieht, als wollte der Evangelist mehr von einem Programm für die Jüngerschaft als von einer zurückliegenden Realität bei den damaligen Begleitern Jesu sprechen. Die Reisenotizen, die über den Bericht verteilt sind, stehen mit der Jüngerunterweisung in Beziehung, die den Bericht weithin inhaltlich bestimmt. Jüngerschaft ist damit als Weg mit Jesus und Nachfolge Jesu beschrieben.

Näherhin geht es um das Nachvollziehen eben des Weges, den Jesus bewußt und gehorsam gegangen ist, des Weges durch das Leiden hindurch in die »Herrlichkeit« (24,26). Der Weg Jesu ist dem des Jüngers vorgeordnet. Als Weg zum Leiden und durch das Leiden hindurch (13,33; 22,22) verpflichtet er den Jünger zur täglichen Kreuzesnachfolge (9,23; 14,27). Der lukanische Jesus befiehlt »hinzugehen« (5,24; 7,50; 8,48; 10,37; 17,19; vgl. 21,8). Wahrscheinlich ist dieser Befehl Jesu an Menschen, die von ihm geheilt wurden oder denen er anders helfend begegnete, als Aufforderung zum Vollzug der Jüngerexistenz zu verstehen. Denn vom »Gehen« (Wandel) des Menschen spricht Lukas sowohl im positiven (1,6; 22,33) wie im negativen (8,14; 14,19) Sinn. Der Reisebericht unterweist primär über die notwendige Leidensnachfolge. Da aber Nachfolge und Jüngerschaft ihrem Wesen nach auf missionarische Verkündigung ausgerichtet sind (9,60), enthält der Reisebericht ebenfalls Weisungen Jesu für seine Missionare (10,1–17; 14,15–24). Wie Jesu Weg aufgrund heilsgeschichtlicher Notwendigkeit *nach* Jerusalem führte, so führt der Weg der Zeugen Jesu *von* Jerusalem weg »bis ans Ende der Erde« (Apg 1,8). Weltmission ist nur möglich von der Tatsache der »Hinaufnahme« Jesu aus (Apg 1,8–11). Die Wanderung der ersten christlichen Missionare setzt den »Weg« Jesu insofern fort. Hat also der Reisebericht neben der Blickrichtung auf die Jesusnachfolge in der Jüngerexistenz (Leidensnachfolge) auch die Ausrichtung auf das missionarische Handeln (Lohse, Gill), so ist die Kennzeichnung unzulänglich, »Jesu Leidensbewußtsein« werde »als Reise ausgedrückt« (Conzelmann: Mitte der Zeit, 57).

1. Jüngerschaft und Mission: 9,51 – 13,21

Die ungastlichen Samariter: 9,51–56

51 Als sich die Tage seiner Hinaufnahme erfüllten, entschloß sich Jesus, nach Jerusalem zu gehen. 52 Und er schickte Boten vor sich her. Diese kamen in ein samaritanisches Dorf und wollten eine Unterkunft für ihn besorgen. 53 Aber man nahm ihn nicht auf, weil er auf dem Weg nach Jerusalem war. 54 Als das die Jünger Jakobus und Johannes sahen, sagten sie: Herr, sollen wir befehlen, daß vom Himmel Feuer fällt und sie vernichtet? 55 Da wandte er sich um und wies sie zurecht. 56 Und sie wanderten nach einem anderen Dorf.

Literatur: Dibelius: Formgeschichte, 40, 44f. – *J. Starcky*: »Obfirmavit faciem suam ut iret Jerusalem«: RSR 39 (1951/52) 197-202. – *Conzelmann*: Mitte der Zeit, 58f. – *M. Lehmann*: Synoptische Quellenanalyse und die Frage nach dem historischen Jesus, Berlin 1970, 143-145. – *Lohfink*: Himmelfahrt Jesu, 212-217 (zu VV 51.52a). – *J. M. Ross*: The Rejected Words in Luke 9,54-56: ET 84 (1972/73), 85-88. – *G. Friedrich*: Lk 9,51 und die Entrückungschristologie des Lukas, in: Orientierung an Jesus (FS für J. Schmid), Freiburg 1973, 48-77. – *Miyoshi*: Der Anfang, 6-32. – *Radl*: Paulus und Jesus, 103-126.

Die erste Perikope des »Reiseberichts« stellt das entscheidende Verbum *poreuomai* (gehen, wandern) deutlich heraus (4mal). V 51 redet in geradezu feierlich-bedeutsamer Diktion vom Beginn der »Reise«, deren Ziel Jerusalem ist. Der Schlußvers 56 zeigt Jesus wiederum auf dem Weg (vgl. V 57). Dazwischen steht die Episode von den »ungastlichen Samaritern« (VV 52-55), die jedoch weniger an deren Verhalten als an dem der Jesusjünger interessiert ist. Die lukanische »Rahmung« (VV 51.56) zeigt, daß die Ablehnung Jesu bei den Samaritern so wie die von seiten der Bewohner Nazarets (4,16-30)

die »Reise« Jesu voranbringt. Die Jüngerthematik wird 9,57–62 fortgeführt. Sowohl 9,52–55 als auch 9,57–62 zeigt den rechten Jünger auf dem Hintergrund einer falschen Nachfolgeidee. Der Jünger vollzieht Nachfolge Jesu nicht im eifernden Strafen, aber auch nicht in zögernder Unentschlossenheit.
Die Erzählung besitzt keine synoptische Parallele. Lukas hat sie der Überlieferung entnommen und an den Anfang des Reiseberichts gestellt, weil sie den Weg Jesu als *Heils*werk kennzeichnen kann. Jesus will nicht »vernichten«, sondern »retten«. Letzteren Gedanken hat die verbreitete Lesart verdeutlicht, die an V 55 anfügt: »Und er sprach: Ihr wißt nicht, welchen Geistes ihr seid. Denn der Menschensohn ist nicht gekommen, Menschenleben zu vernichten, sondern sie zu retten« (Koine, lateinische Übersetzungen, Markion; vgl. 19,10; Joh 3,17). Dieser Lesart ist der kürzere Text (Papyri 45.75) vorzuziehen. Eine Erläuterung bietet am Ende von V 54 die Lesart (von C Koine Markion): »wie auch Elija es tat« (vgl. 2 Kön 1,10.12). Wo beide Lesarten zusammentreffen (wie in der Koine-Gruppe und bei Markion), wird Jesu Verhalten dem des atl Propheten gegenübergestellt. Das tat der ursprüngliche Text höchstens indirekt, wenn er die biblische Wendung »daß vom Himmel Feuer fällt und sie vernichtet« (vgl. 2 Kön 1,10.12; Apk 11,5) benutzte.

51 Die Tage der »Hinaufnahme« (*analēmpsis*) Jesu sind nach Gottes Plan gekommen, sie »erfüllen sich« (vgl. Apg 2,1). Da – so sagt der griechische Text wörtlich – »richtete er sein Angesicht fest darauf, nach Jerusalem zu wandern«. Diese Formulierung erinnert an Jes 50,6–8 LXX: Der »Gottesknecht« wendet sein Angesicht nicht von den Mißhandlungen weg; er sieht dem Leiden entschlossen entgegen, weil er weiß, daß seine »Rechtfertigung« durch Gott kommt (vgl. Starcky). Die entschlossene Hinwendung Jesu nach Jerusalem wird mit einem Ausdruck gekennzeichnet, der sich Ez 6,2; 13,17; 14,8; 15,7 LXX findet, und »dem jeweils eine Entscheidung gegen die anhaftet, denen das Angesicht entschlossen zugewendet wird« (Grundmann: Lk 201). Die »Hinaufnahme« Jesu ist nach lukanischem Verständnis nicht bloß die »Wegnahme« von der Erde durch das Todesleiden. Sie umfaßt zugleich die Auferweckung und Himmelfahrt (mit B. Weiß: Lk 437; Weiß/Bousset: Lk 443; gegen Schmid: Lk 176; Friedrich).

52–54 Jesus sendet Boten vor sich her (vgl. 10,1). Sie kommen in »ein Dorf der Samariter«, um für Jesus Quartier zu machen. Der Grund, warum die Dorfbewohner Jesus nicht »aufnehmen wollen« (vgl.

9,48), liegt darin, daß Jesus auf dem Weg nach Jerusalem ist (vgl. Fl. Josephus: Ant.XX § 118). Die Samariter leben im Konflikt mit den Juden (vgl. J. Jeremias in: ThWNT VII, 88–94). Als Reaktion auf das Verhalten der Dorfbewohner wollen die beiden Zebedäussöhne Feuer über diese herabrufen. Dabei ist an ein augenblicklich erfolgendes Strafgericht gedacht, das die Samariter vernichten würde. Die Jünger wollen es mit Jesu Zustimmung (und damit in seiner Kraft) anordnen.

55–56 Jesus, den man sich an der Spitze der Reisegesellschaft vorzustellen hat, »wendet sich um« (vgl. 10,23; 14,25) und weist die Jünger zurecht. Er will kein Vernichtungsgericht. Die Ablehnung durch das eine Dorf führt dazu, daß Jesus sich einem anderen zuwendet. Ob die Szene mit dem bei Lukas nicht vorkommenden Beinamen der Zebedaiden »Donnersöhne« (Mk 3,17) zu tun hat (so Hirsch: Frühgeschichte II, 207f.: »eine den Namen Donnersöhne erklärende Legende«), muß offenbleiben (Grundmann: Lk 203).

Von der Nachfolge: 9,57–62

**57 Und als sie wanderten, sagte unterwegs jemand zu ihm: Ich will dir folgen, wohin du auch gehst. 58 Da antwortete ihm Jesus: Die Füchse haben ihren Bau und die Vögel des Himmels ihr Nest; der Menschensohn aber hat nichts, wo er sein Haupt hinlegen kann.
59 Zu einem anderen sagte er: Folge mir nach! Der erwiderte: [Herr,] laß mich zuerst heimgehen und meinen Vater begraben. 60 Jesus sagte zu ihm: Laß die Toten ihre Toten begraben; du aber geh fort und verkünde das Reich Gottes!
61 Wieder ein anderer sagte: Ich will dir nachfolgen, Herr. Zuerst aber laß mich von meiner Familie Abschied nehmen. 62 Jesus sprach: Keiner, der die Hand an den Pflug legt und nochmals zurückblickt, taugt für das Reich Gottes.**

Literatur: Schmid: Mt und Lk, 256f. – *A. Schulz*: Nachfolgen und Nachahmen, München 1962, 105–108. – *E. Schweizer*: Erniedrigung und Erhöhung bei Jesus und seinen Nachfolgern, Zürich ²1962, 13–15. – *F. Hahn*: Die Nachfolge Jesu in vorösterlicher Zeit, in: Hahn/Strobel/Schweizer: Die Anfänge der Kirche im Neuen Testament, Göttingen 1967, 7–36. – *H. Zimmermann*: Neutestamentliche Methodenlehre, Stuttgart 1967, 116–122. – *M. Hengel*: Nachfolge und Charisma, Berlin 1968, bes. 3–17. – *H. G.*

Klemm: Das Wort von der Selbstbestattung der Toten: NTS 16(1969/70), 60–75. – O. *Glombitza*: Die christologische Aussage des Lukas in seiner Gestaltung der drei Nachfolgeworte Lukas IX. 57–62: NT 13 (1971), 14–23. – G. *Schneider*: »Nachfolge Jesu« heute?, in: Anfragen an das Neue Testament, Essen 1971, 132–146. – *Hoffmann*: Logienquelle, bes. 181–187. – *Schulz*: Spruchquelle, 434–442. – *Miyoshi*: Der Anfang, 33–58.

Bereits in der Logienquelle ging der Aussendung der Jünger (10,1–12 par Mt) voraus, daß Jesus Anforderungen an Nachfolgewillige nannte (9,57–60 par Mt 8,19–22). Lukas hat diese Q-Texte in ihrer Abfolge belassen und an den Anfang des Reiseberichts gestellt. Jesusnachfolge ist in der Sicht des Evangelisten auf die Verkündigung des Reiches Gottes hingeordnet, wie 9,60b, ein wahrscheinlich von Lukas im Hinblick auf 10,9.11 gebildeter Zusatz, sagt. Innerhalb von Q standen mit Sicherheit die beiden ersten Nachfolgeworte 9,57f.59f. Das dritte Logion 9,61f. findet sich nur bei Lukas. Es ist zwar formal ebenso strukturiert wie die beiden Q-Logien (Jesus antwortet einem Nachfolgewilligen). Dennoch muß offenbleiben, ob es vom Evangelisten geschaffen wurde oder schon in Q stand (vgl. Schmid). Freilich bleibt auch die Möglichkeit, daß V 62 als isoliert überlieferter Nachfolgespruch von Lukas aufgegriffen wurde. Mit Sicherheit stammt die Einleitung von V 57 (»Und als sie wanderten«) vom Evangelisten. Damit kommt die missionarische Kirche als Jesus nachfolgende Gemeinschaft im voraus in den Blick. Jesus gibt Antwort auf die Frage, unter welcher Voraussetzung weitere Menschen in diese Nachfolgegemeinschaft eintreten können. Unter diesem Aspekt bleiben die Männer, von denen unser Text berichtet, mit Recht anonym.

57–58 Auf der Reise wird Jesus von einem nicht näher gekennzeichneten Mann (*tis*; Mt: von einem Schriftgelehrten) angesprochen. Dieser wird nicht in die Nachfolge gerufen, sondern stellt sich mit einem kühnen und hochherzigen Versprechen zur Verfügung. Er sagt, er wolle Jesus folgen, wohin er auch geht. Es ist eine Zusicherung der Bereitschaft, Heimat und Familie zu verlassen. Jesu Antwort weist den Mann nicht zurück, nennt ihm aber die Konsequenz der Nachfolge, indem er auf das Schicksal des Menschensohnes verweist. Wer Jünger werden will, muß bedenken, daß er das »unbehauste« Leben dessen teilen wird, dem er folgt. Die Heimatlosigkeit des wandernden Jesus wurde schon in der Logienquelle (sekundär) als die des »Menschensohnes« bezeichnet, um der Gemeinde zu verdeutlichen: »Die Nachfolge des heimatlosen Jesus bedeutet die

Nachfolge dessen, dem die Vollmacht über alles gegeben ist« (Hoffmann 182).

59–60 Ein zweiter, der nachfolgebereit ist, will »zuerst« noch seinen Vater begraben. Dieses »zuerst« setzt voraus, daß an seine Nachfolge schon irgendwie gedacht ist. Lukas hat deswegen einleitend die Nachfolgeaufforderung Jesu eingeschaltet, die in Q fehlte. (Nach Mt ist der zweite Mann, der sich an Jesus wendet, ein »Jünger«. Er redet Jesus mit »Herr« an; diese Anrede ist bei Lk textkritisch nicht gesichert.) So wird der Einwand, »zuerst« den Vater begraben zu wollen, durch einen von Jesus Angesprochenen erhoben, der nicht »sogleich« folgen will. Das Jesus-Wort, das die Beerdigung des Vaters versagt, kann nicht als judenchristliche Gemeindebildung angesehen werden und wäre auch als einzeln überliefertes Wort (ohne die Bitte des Fragenden) wenig sinnvoll (Hengel 8). Die Beerdigung des Vaters ist eine dringende Pflicht. Doch Jesus will offensichtlich den entschiedenen Bruch mit Gesetz und Sitte, wenn es um die Nachfolge geht. Jüdische Frömmigkeit forderte ausdrücklich nicht nur Gesetzeserfüllung (hier: des vierten Gebots), sondern rechnete auch Gottesdienst und Liebestaten zu den Grundpfeilern, »auf denen die Welt beruht« (Abot 1,2). Der Dienst an den Verstorbenen war bei den Pharisäern an die Spitze der guten Werke gerückt; er befreite von Pflichtgebet und Torastudium.

Jesu Antwort bezeugt eine souveräne Freiheit gegenüber Gesetz und Brauch, wie sie andeutungsweise nur bei den Propheten (Jer 16,1–9; Ez 24,15–24) sichtbar wurde. Doch diese handelten auf ausdrückliche Weisung Gottes. Jesusnachfolge ist somit nicht als Lehrer-Schüler-Verhältnis (nach Art der Gesetzeslehrer) zu verstehen (gegen A. Schulz). Vielmehr steht im Hintergrund »das prophetisch-apokalyptische Motiv des Zerbrechens der Familie in der Zeit des letzten endzeitlichen ›Peirasmos‹« (Hengel 14). Lukas nennt – mit sicherem Gespür – jene Wirklichkeit, um derentwillen die Liebespflicht der Beerdigung aufgehoben ist: das Reich Gottes. Allerdings denkt er nicht an das Zerbrechen der Familie in der endzeitlichen Bedrängnis, sondern an den Dienst der Basileia-*Verkündigung* durch den Jünger. Dieser Dienst zwingt zum Verlassen von Heimat und Familie (»du aber geh fort«). Wenn Jesus sagt, man solle die Toten ihre Toten begraben lassen, dann denkt er an ein Leben, das nicht mehr unter der Macht des Todes steht (vgl. 20,38); er will aber kaum die Menschen, die ihm nicht nachfolgen, als »geistig Tote« bezeichnen (gegen Klemm).

61–62 Der dritte Mann tritt wie der erste von sich aus an Jesus heran und bekundet die Bereitschaft zur Nachfolge (er redet Jesus schon mit »Herr« an). Doch er will – wie der zweite – »zuerst« eine Pflicht erfüllen und von seinen Hausgenossen Abschied nehmen (vgl. 1 Kön 19,20f. bei der Berufung des Elischa durch Elija). Die Antwort Jesu knüpft an die Berufungsgeschichte des Elischa an, der beim Pflügen angetroffen wurde und dann von der Familie Abschied nahm, ehe er dem Elija folgte. Jesus läßt solche Rücksicht nicht zu: »Der Pflüger verfehlt seine Arbeit, wenn er nicht entschlossen nach vorn sieht« (Hauck: Lk 137). Das gilt entsprechend für das Wirken im Dienst des Gottesreiches. Der fest entschlossene Blick nach vorn (vgl. 9,51 von Jesus) ist notwendig, will der Jünger für das Reich »tauglich« (*euthetos*, auch 14,35) sein. Dabei denkt Lukas an die Tauglichkeit zur Reichspredigt (vgl. V 60b) und nicht an die Qualifikation zum Eintritt ins Gottesreich (gegen G. Dalman: Die Worte Jesu, Neudruck Darmstadt 1965, 97f.).

Exkurs (13): Jesus-Nachfolge und Jüngerschaft

Literatur siehe zu 9,57–62; ferner: *Schmid*: Lk 178–182. – *W. Bieder*: Die Berufung im Neuen Testament, Zürich 1961. – *E. Neuhäusler*: Anspruch und Antwort Gottes, Düsseldorf 1962, 186–214. – *H. Schürmann*: Der Jüngerkreis Jesu als Zeichen für Israel (erstmals 1963), in: UG 45–60. – *H. Zimmermann*: Christus nachfolgen: ThGl 53 (1963), 241–255. – *A. Schulz*: Jünger des Herrn, München 1964. – *Degenhardt*: Lukas, 27–41 (Der *mathētēs*-Begriff in den lukanischen Schriften). – *H. D. Betz*: Nachfolge und Nachahmung Jesu Christi im Neuen Testament, Tübingen 1967. – *Hahn/Strobel/Schweizer*: Die Anfänge der Kirche im Neuen Testament, Göttingen 1967. – *R. Schnackenburg*: Nachfolge Christi, in: Christliche Existenz nach dem Neuen Testament I, München 1967, 87–108. – *K.-G. Reploh*: Markus, Lehrer der Gemeinde. Eine redaktionsgeschichtliche Studie zu den Jüngerperikopen des Markus-Evangeliums, Stuttgart 1969. – *Lohfink*: Sammlung Israels, 63–84.

Im dritten Evangelium ist der Begriff des »Jüngers« (*mathētēs*) den gläubigen Begleitern Jesu vorbehalten (33mal). Ausnahmen von dieser Regel sind 5,33a; 7,18; 11,1 (Johannesjünger) und 5,33b (Pharisäerjünger). In der Apg ist »Jünger« Bezeichnung für den Christusgläubigen bzw. die Gesamtheit der Christen (28 Vorkommen). In der Jüngerschar des irdischen Jesus sieht Lukas die nachösterliche Jüngergemeinde »präformiert, so daß der Sprachgebrauch von EvLk und Apg letztlich doch kontinuierlich ist« (Schürmann: Lk 321; gegen Degenhardt). Die Einleitungswendungen innerhalb des Reiseberichts, die die »Jünger« als Begleiter und Empfänger der Unterweisung Jesu

zeigen (11,1a; 12,1.22; 16,1; 17,1.22; 18,15), machen deutlich, daß Lukas der Kirche seiner Zeit die Wegweisung Jesu übermitteln will (vgl. auch die Adressaten der »Feldrede« 6,17.20).
So sind die Jesus-Worte am Anfang des Reiseberichts (9,57–62) an Nachfolgewillige in der Zeit der Kirche gerichtet. Die zwölf Apostel waren aus der größeren Jüngerschar herausgerufen worden (6,13), um später die qualifizierten Zeugen der Auferstehung Jesu zu sein (Apg 1,22). Doch auch der »bloße« Jünger (nachösterlich: der Christusgläubige) hat den Verkündigungsauftrag. Das zeigt nicht nur die Aussendung der Siebzig (10,1–12), unmittelbar nachdem Jesus die Bedingungen der Nachfolge herausgestellt hatte (9,57–62). Es wird auch durch die Versteile 9,60b.62b ersichtlich. Die »Jünger« Jesu kommen aus dem größeren Kreis der »Volksscharen«, denen Jesus die Bedingungen der Nachfolge nennt (14,25; vgl. 9,23a im Unterschied zu Mk). Man kann nicht Jesu Jünger sein, wenn man nicht die eigene Familie, ja das eigene Leben »haßt« (14,26). Der Jünger muß »sein Kreuz tragen« und hinter Jesus »hergehen« (14,27). Existentielle Nachfolge ist Voraussetzung der Jüngerschaft. Der wahre Jünger verläßt nicht nur die Familie (9,61), sondern entsagt »allem, was er besitzt« (14,33). In diesem Sinn ist 5,11 und wohl auch das Verhalten des Zöllners Levi zu verstehen, der nach seiner Berufung in die Nachfolge einen Empfang gab (5,27–29; vgl. hingegen 9,61). Jüngerexistenz wird als »tägliche« Kreuzesnachfolge (9,23) verstanden und somit über die einmalige Situation der Jesusbegleiter (22,39) hinaus auch nachösterlich ermöglicht. Das Thema »Nachfolge und Jüngerschaft« steht also in den gleichen Perspektiven wie der »Reisebericht« als ganzer. Es ist hingeordnet auf die missionarische Verkündigung des Reiches und den Vollzug der Leidensnachfolge (vgl. Exkurs 12).

Die Aussendung der siebzig Jünger: 10,1–12

1 Danach bestimmte der Herr siebzig andere und schickte sie zu zweien voraus in alle Städte und Ortschaften, in die er selbst gehen wollte. 2 Er sagte zu ihnen: Die Ernte ist groß, aber es gibt nur wenig Arbeiter. Bittet daher den Herrn der Ernte, Arbeiter für seine Ernte zu schicken.
3 Geht! Siehe, ich sende euch wie Schafe mitten unter die Wölfe. 4 Nehmt keinen Geldbeutel mit, keine Vorratstasche und keine Schuhe! Grüßt niemand unterwegs! 5 Wenn ihr in ein Haus kommt, so sagt als erstes: Friede diesem Haus! 6 Und wenn dort ein Mann des Friedens wohnt, wird der Friede, den ihr ihm wünscht, auf ihm ruhen; andernfalls wird er zu euch zurückkehren. 7 Bleibt in diesem Haus, eßt und trinkt, was man euch anbietet; denn wer arbeitet, hat Anspruch auf seinen Lohn. Wechselt nicht von einem Haus

in ein anderes! 8 Wenn ihr in eine Stadt kommt und man euch aufnimmt, so eßt, was euch vorgesetzt wird. 9 Heilt die Kranken, die dort sind, und sagt den Leuten: Das Reich Gottes ist euch nahe. 10 Wenn ihr aber in eine Stadt kommt, in der man euch nicht aufnimmt, dann stellt euch auf deren Straßen und ruft: 11 Selbst den Staub eurer Stadt, der an unseren Füßen klebt, lassen wir euch zurück. Doch das sollt ihr wissen: Das Reich Gottes ist nahe. 12 Ich sage euch: Sodom wird es an jenem Tag nicht so schlimm ergehen wie dieser Stadt.

Literatur siehe zu 9,1-6; ferner: *Schmid*: Mt und Lk, 260-268. – *J. Jeremias*: Paarweise Sendung im Neuen Testament (erstmals 1959), in: Abba, Göttingen 1966, 132-139. – *B. M. Metzger*: Seventy or Seventy-Two Disciples?: NTS 5 (1958/59), 299-306. – *G. Schille*: Die urchristliche Kollegialmission, Zürich 1967. – *F. W. Beare*: The Mission of the Disciples and the Mission Charge. Matthew 10 and Parallels: JBL 89 (1970), 1-13. – *P. Hoffmann*: Lk 10,5-11 in der Instruktionsrede der Logienquelle, in: EKK Vorarbeiten 3 (1971), 37-53. – *Ders.*: Logienquelle, 237-287. – *Schulz*: Spruchquelle, 404-419. – *Ders.*: »Die Gottesherrschaft ist nahe herbeigekommen« (Mt 10,7/Lk 10,9), in: Das Wort und die Wörter (FS f. G. Friedrich), Stuttgart 1973, 57-67. – *Miyoshi*: Der Anfang, 59-94. – *Merk*: Reich Gottes, 212-214.

Die nach der Aussendung der Zwölf (9,1-6) nun berichtete Sendung von siebzig »anderen« Boten stützt sich auf eine »Instruktionsrede« der Logienquelle (vgl. Mt 10,7-16). Auch in der lukanischen Bearbeitung ist der Charakter einer Rede an die Missionare dominierend. Die Aussendung wird in dem einleitenden V 1 berichtet; erst V 17 erwähnt die Rückkehr der Siebzig. Das gesamte Stück 10,2-16, das auf Q-Stoff beruht, stellt eine »Rede« Jesu dar, die aus kleineren Logiengruppen (vgl. die andere Stoffanordnung bei Mt) besteht. Die Anregung, eine solche Rede durch eine Jüngeraussendung und -rückkehr zu rahmen, empfing Lukas wohl vom ältesten Evangelium (vgl. Lk 9,1f.10a mit Mk 6,7.30). Die lukanische »Rede« hat insgesamt die Anordnung der Logien aus Q bewahrt, während Matthäus den Stoff schon deshalb stärker umstellte, weil er ihn mit dem von Mk 6,6b-13 kombinieren wollte (Mt 10,1.7-16).

Die Zahl der hier erwähnten Boten Jesu schwankt (auch 10,17) in der handschriftlichen Überlieferung zwischen 70 (Sinaiticus A C Koine-Gruppe W) und 72 (Pap.75 B D lat). Eine sichere Entscheidung über die ursprüngliche Lesart ist kaum möglich (Metzger). Auch ist unsicher, ob Lukas die Zahl der hier erwähnten Jünger schon in Q vorfand oder selbst einsetzte. Jedenfalls unterscheidet der Evangelist diese »anderen« (V 1: *heterous*) Abgesandten von den zwölf Aposteln und den Quartiermachern von 9,52. Wahrscheinlich bleiben die Zwölf während der Mission der Siebzig bei Jesus (Conzelmann: Mitte der Zeit, 59, Anmerkung 3). Wie sich auf der Reise Jesu eine so große Jüngerschar auf einmal einfindet, beantwortet Lukas nur indirekt. 9,57–62 läßt daran denken, daß die Zahl der Jesus begleitenden Jünger anwuchs. Die Formulierung *anedeixen* (er bestimmte, V 1) läßt die nähere Weise offen, wie Jesus die Siebzig beauftragte. Ob der Zahl 70 (oder 72) eine sinnbildliche Bedeutung zugemessen wurde, muß unentschieden bleiben. Daß an die Zahl der Heidenvölker (vgl. Gen 10; äthHen 89,59) gedacht sei (Grundmann: Lk 207), ist nicht wahrscheinlich (Dausch: Lk 485), weil die Siebzig nicht zu Samaritern oder Heiden gehen sollen. Am einfachsten dürfte es sein, die Zahl 70 als runde Zahl zu verstehen (Schmid: Lk 184).

1 »Danach« verknüpft mit dem Vorausgehenden, jedoch nicht als Zeitangabe, sondern sachlich: Nachfolge Jesu ist auf Verkündigung hingeordnet (9,60.62). Nicht nur die Zwölf sind »vom Herrn« zur Verkündigung »bestimmt (beauftragt)« (vgl. Apg 1,24). Die Boten werden »zu je zwei ausgesandt« (vgl. Mk 6,7), da sie ihre Botschaft mit der »amtlichen« Gültigkeit eines Zeugnisses ausrufen sollen (vgl. Jeremias). Sie gehen dem »Herrn« wie Herolde voraus.

2 Den Boten gegenüber begründet Jesus zunächst, warum sie an seiner eigenen Mission teilhaben sollen, nämlich wegen der Größe der einzubringenden Ernte. Im Anschluß an V 1 ist die Feststellung, daß zu wenig Erntearbeiter (Schnitter) vorhanden sind, zunächst also auf Jesus und die Zwölf zu beziehen. Ihnen sollen die Siebzig bei der Arbeit helfen. Dazu kommt, daß sie Gott als den »Herrn der Ernte« bitten sollen, weitere »Arbeiter« zu schicken. Unabhängig vom Sinn des Einzelspruches (par Mt 9,37f.) läßt Lukas an die reiche Ernte der christlichen Mission denken. Deswegen müssen die »Arbeiter« um weitere Helfer beten und besorgt sein.

3–4 Mit der Aufforderung »Geht!« wendet sich Jesus der Mission der Siebzig zu. V 3 macht die Jünger vorsorglich darauf aufmerksam, was sie erwartet. Sie kommen wie Schafe unter die Wölfe, werden also mit Haß und Vernichtungswillen rechnen müssen. V 4 spricht von der Ausrüstung und dem Verhalten unterwegs. Sie sollen auf den Geldbeutel und die Vorratstasche (vgl. 9,3), ja auch auf die Sandalen verzichten (par Mt 10,10; im Unterschied zu Mk 6,9). Sie sollen sich unterwegs nicht (durch Grüßen und damit verbundenes Gespräch) aufhalten lassen, sondern dem Ziel zustreben.

5–7 Zur Missionsarbeit selbst wird nun mehrfach Weisung erteilt. VV 5–7 handeln vom Verhalten in den Häusern, 8–9 vom Auftreten in den Städten, 10–12 vom Fall einer ungläubigen Stadt. Der Friedenswunsch in den Häusern ist ein Auferlegen des »Friedens (= Heils)« für die, die »Söhne des Friedens« sind (d. h. für die er bestimmt ist bzw. – wie Mt 10,13 deutet – die des Heils »würdig« sind). In einem gastfreundlichen Haus sollen die Boten unbedenklich bleiben (V 7 a); denn der »Arbeiter« verdient seinen Lohn (V 7 b; vgl. 1 Kor 9,14; 1 Tim 5,18). Andererseits sollen sie nicht auf der ständigen Suche nach einem günstigeren Gastgeber sein (V 7 c). Der Unterhalt der Missionare ist die Gegengabe für das Geschenk des »Friedens«.

8–9 Nun wendet sich die Anweisung vom Fall des Betretens eines Hauses zu dem des Betretens einer »Stadt« (VV 8.10.11.12). Zunächst wird – entsprechend VV 5–6 a – das Verhalten bei freundlicher Aufnahme angesprochen. Die Jünger sollen die Gastfreundschaft der Bewohner annehmen (V 8 b), die Kranken heilen (V 9 a) und die Ankunft des Gottesreiches ausrufen (V 9 b). Auf letzterem liegt der Nachdruck. Die *Stadt*mission war wohl schon in Q vorausgesetzt (vgl. die auch Mt 10,14.15 erwähnte *polis*) und ist nicht erst (redaktionell) von Lukas eingeführt (gegen Hoffmann). V 8 b zeigt deutlich, daß das Betreten eines Hauses nicht schon Ziel der Mission ist, sondern daß mit ihm erst die Basis zur Heilungs- und Verkündigungstätigkeit gegeben ist (vgl. 9,2–5). Lukas hat – einschränkend gegenüber Mt 10,7 – den Heroldsruf der Jünger durch »(zu) euch« erweitert: Das Reich Gottes hat sich den Bewohnern dieser Stadt, in der Krankenheilungen geschehen, genaht, ist indessen noch nicht in seiner letzten Gestalt da. Wahrscheinlich denkt Lukas an die Nähe der Basileia auch in dem Sinn, daß ihr Bringer Jesus gewissermaßen vor den Toren der Stadt steht (vgl. V 1). Der Friede und die Heilskräfte Gottes sind in der »Realverkündigung« seines Reiches nahe (vgl. 11,20 par Mt).

10–11 Die beiden Verse sind dem negativen Fall zugewandt, daß die Boten Jesu keine Aufnahme finden. Einleitung und Schluß entsprechen der vorigen Einheit (VV 8–9). Die Jünger sollen auch bei Verweigerung der Aufnahme ihr öffentliches Zeugnis ablegen, die Stadt aber dem Gericht überlassen. Sie sollen bekunden, daß sie den Staub der Stadt von ihren Füßen schütteln (vgl. 9,5). Die Leute sollen wissen, daß sich das Reich Gottes trotzdem genaht hat. Wie diese Nähe des Reiches verstanden ist, erschließt V 9 b. Die Wendung »zu euch« lenkt dort »den Blick von der Künftigkeit des Reiches auf das gegenwärtige Wesen, das sich eben in der heilenden und friedbringenden Arbeit der Missionare kundtut« (Gräßer: Parusieverzögerung, 140f.). Diese Nähe des Reiches kann der Widerstand der ungläubigen Stadt nicht hindern. Er führt die Missionare zu anderen Menschen (vgl. 4,28–30; 9,53–56) und dient somit der Einbringung der Ernte. V 11b ist von Lukas in den Zusammenhang der Vorlage eingefügt worden.

12 Der Spruch ist schon in Q durch »Ich sage euch« eingeleitet, begründet die vorausgehende Anweisung Jesu und spricht vom Gericht über diese ungläubige Stadt »an jenem Tag«. Sodom wird es im Gericht besser ergehen als ihr. Das Reich Gottes ist also nahe, aber nicht dieser Stadt. Ihr Widerstand hindert das Kommen des Reiches nicht. Die Entscheidung der Bewohner entscheidet über ihr Schicksal im künftigen Gericht. Gottes Strafe wird sie treffen. Wann das sein wird, bleibt unausgesprochen. Die folgenden Weherufe (10,13–15) führen die Gerichtsthematik fort.

Weheruf über Chorazin und Betsaida: 10,13–16

13 Weh dir, Chorazin, weh dir, Betsaida! Denn wenn in Tyrus und Sidon die Wunder geschehen wären, die bei euch geschehen sind – längst hätte man dort in Sack und Asche Buße getan.   14 Tyrus und Sidon wird es beim Gericht nicht so schlimm ergehen wie euch.   15 Und du, Kafarnaum, *wirst du etwa zum Himmel erhoben? Nein, in die Unterwelt wirst du hinabgeschleudert* (vgl. Jes 14,13.15).

16 Wer euch hört, der hört mich, und wer euch ablehnt, der lehnt mich ab; wer aber mich ablehnt, der lehnt den ab, der mich gesandt hat.

Literatur zu VV 13–15: Bultmann: Geschichte der syn. Tradition, 117f. – *F. Mußner*: Die Wunder Jesu, München 1967, 24–28. – *Lührmann*: Logienquelle, 60–64. – *Schulz*: Spruchquelle, 360–366.

Zu V 16: Bultmann 152f., 158. – *Schulz* 457–459. – *W. Thüsing*: Dienstfunktion und Vollmacht kirchlicher Ämter nach dem Neuen Testament: BiLe 14(1973), 77–88, bes. 78–80. – *Miyoshi*: Der Anfang, 69–73, 91–94.

Durch die Einleitungswendung »Ich sage euch« (V 12) und die
Gerichtsthematik sind VV 13–15 mit V 12 verbunden. Die VV
12–15(16) gehörten wohl schon in Q zu der Instruktionsrede (vgl.
Mt 10,15 [11,24]; 11,21–23 [10,40]). Die Weherufe der VV 13–15
sind insofern vom Vorausgehenden abgehoben, als sie (innerhalb der
Jüngerinstruktion) indirekt die drei galiläischen Städte anreden (zu
diesem Verfahren vgl. innerhalb von Q: Lk 6,24–26 zwischen 6,20b–
23.27–49). Die Weherufe können nicht deshalb als »Gemeindebildung« angesehen werden, weil sie auf eine »abgeschlossene Wirksamkeit Jesu« zurückblicken (gegen Bultmann). Denn die Abgeschlossenheit kann durchaus relativ gemeint sein. Die These, daß
diese Logien eine Aussage urchristlicher Prophetie seien (E. Käsemann: Die Anfänge christlicher Theologie [1960], in: Exegetische
Versuche und Besinnungen II, Göttingen ³1968, 82–104, 93 f.; vgl.
Lührmann), ist ebenfalls schwach begründet. Anderseits ist die
jesuanische Echtheit der Weherufe auch nicht damit erwiesen, daß
Chorazin in der Evangelienüberlieferung über Jesu Wirken sonst
nicht begegnet (vgl. Mußner 26 f.). Die Weherufe *können* auf Jesus
zurückgehen, »da die Überlieferung durch sie nicht entscheidend
bestimmt ist« (Grundmann: Lk 211).

13–14 Der Weheruf Jesu spricht die galiläischen Städte Chorazin
und Betsaida an. Ihnen steht das göttliche Strafgericht bevor, weil
ihre Bewohner trotz der bei ihnen geschehenen Machttaten Jesu
nicht umkehrten. Die Wundertaten Jesu hätten zum Glauben führen
müssen. Selbst heidnische Städte wie Tyrus und Sidon würden,
wenn sie Jesu Wirken erlebt hätten, Buße getan haben. Darum wird
es diesen im Gericht erträglicher gehen (*anektoteron estai*, wie V 12).
In »Sack« (grobes Tuch) kleidet man sich zum Bußfasten; in die
»Asche« setzt man sich nieder (Ijob 2,8) und streut sie sich auf den
Kopf (vgl. Jes 58,5; Billerbeck IV, 103 f.).

15 Das Wort an Kafarnaum ist dem Siegeslied über den König von
Babel nachgebildet (Jes 14,12–15). Obwohl das Drohwort dem Weheruf formal nicht genau entspricht, liegt doch die grundlegende
Struktur der Gerichtsdrohung vor. Gerne würde man V 15 a so
deuten, daß Jesus von der »Erhöhung« Kafarnaums durch sein
dortiges Wirken spräche (vgl. die Wunder in den beiden anderen
Städten). Doch läßt der Wortlaut das nicht zu. Kafarnaum wird
gefragt: »Wirst du etwa bis zum Himmel erhoben?« und dann das
Gegenteil der Erwartung versichert: »Bis zum Hades wirst du hinabgeschleudert.« Wahrscheinlich ist also der Ansicht, Jesu Wirken

in der Stadt würde ihr beim Endgericht zum Ruhm gereichen, radikal widersprochen. Ihr Unglaube läßt sie um so tiefer stürzen.

16 Die Rede an die Siebzig endet nicht mit dem Ausblick auf das Gericht, das die Missionare Gott überlassen müssen (VV 11f.13–15; vgl. 9,55f.), sondern mit einem Wort über die Autorität, die Jesus den Missionaren gibt. Allerdings droht auch dieses Schlußwort indirekt mit dem Gericht. Das Logion, das in mehreren Abwandlungen bezeugt wird (Mk 9,37 par; Mt 10,40 im Unterschied zu Lk 10,16; Joh 13,20), setzt die Vorstellung des jüdischen Schaliach-Instituts voraus (siehe allerdings auch Schulz 458 [vgl. 336–345], der an die »deuteronomistische Prophetenaussage« erinnert): Der »Abgesandte« ist wie der »Sendende«, tritt mit dessen Autorität auf und repräsentiert ihn (Billerbeck I, 590; II, 167). Mt 10,40 zeigt, daß das Logion ein Äquivalent in Q hatte und dort die Instruktionsrede abschloß. Wahrscheinlich hat Matthäus das Wort an Mk 9,37 angeglichen (»aufnehmen« als Stichwort; nur positiver Aspekt). Wenn also Lukas die Alternative »hören – ablehnen« bietet, entspricht das dem Wort der Logienquelle (gegen Bultmann 153) und dem Schluß der früheren Jüngerrede aus der gleichen Quelle (6,47–49 par Mt). Das Jesuswort spricht der Jüngerverkündigung die Autorität und den Entscheidungscharakter der Botschaft Jesu zu und wendet sich mahnend an die Gemeinde. Wer in der kirchlichen Verkündigung Jesus ablehnt, der versagt sich Gott. Denn Jesus ist Gottes letzter und entscheidender Bote. Insofern ist der Satz »zugleich eine Gerichtsdrohung« (Schmid: Lk 186).

Der Sturz Satans: 10,17–20

17 Die Siebzig kehrten zurück und berichteten voll Freude: Herr, sogar die Dämonen gehorchen uns kraft deines Namens. 18 Da sagte er zu ihnen: Ich sah den Satan wie einen Blitz vom Himmel fallen. 19 Seht, ich gab euch die Macht, auf Schlangen und Skorpione zu treten und jeglicher Gewalt des Feindes zu trotzen. Er wird euch keinen Schaden zufügen können. 20 Doch freut euch nicht darüber, daß euch die Geister gehorchen, sondern freut euch, daß eure Namen im Himmel verzeichnet sind!

Literatur: F. Spitta: Der Satan als Blitz: ZNW 9 (1908), 160–163. – *Billerbeck* II, 167f. – *M. Zerwick*: Vidi Satanam sicut fulgur de caelo cadentem (Lc

10,17–20): Verbum Domini 26 (1948), 110–114. – *W. G. Kümmel*: Verheißung und Erfüllung, Zürich ³1956, 106f. – *W. Foerster: satanas*, in: ThWNT VII (1964), 151–164; bes. 157. – *Miyoshi*: Der Anfang, 95–119.

Da der Jubelruf Jesu (10,21–24 par Mt) mit der Anrede an den »Vater« ohne Bruch auf den Schluß von 10,16 folgt und da ferner 10,17–20 Sondergut des Lk ist, muß man annehmen, daß der dritte Evangelist zwischen Instruktionsrede (10,1–16) und Jubelruf (10,21–24) den vorliegenden Abschnitt einschaltete. So erreichte er, daß nicht schon die Weisungen an die Jünger in den Jubelruf münden, sondern dieser erst nach der Jüngerrückkehr (10,17) ergeht. Zugleich wird die Vollmacht des »Sohnes«, die dieser den Missionaren gab (10,17.19), auf die universale Macht zurückgeführt, die er vom Vater erhalten hat (10,22). In der Jüngermission wird durch Gottes Macht die Macht Satans gebrochen (10,18).

17 Die Rückkehr der Siebzig zu ihrem Auftraggeber, dem »Herrn«, wird vom Evangelisten (entsprechend 9,10a) berichtet. Die Missionare melden »voll Freude« (vgl. 8,13; 24,41.52), daß nicht nur der Befehl von V 9 (Heilung von Kranken und Reichsverkündigung) ausgeführt wurde, sondern sogar die Dämonen auf den Namen Jesu hin gehorchten (vgl. 9,1; anders 9,40). Damit ist das Thema der folgenden Antwort angeschlagen.

18–20 Jesu Antwort besteht aus drei Teilen. Sie spricht vom Sturz Satans (18), von der Macht der Jünger, ohne Schaden der feindlichen Gewalt zu widerstehen (19), und vom wahren Grund zur Freude (20). Wenn das Wort über Satan ein tradiertes Jesuswort ist, so ist der ursprüngliche Sinn kaum zu erschließen, weil die Situation nicht bekannt ist. Im jetzigen Kontext erklärt es zunächst die (für die Jünger) überraschende Tatsache, daß die Dämonen »untertan sind«. Das ist erklärlich, weil Jesus den Widersacher schon stürzen sah. Umgekehrt beweist die Tatsache der Dämonenbannungen, daß Satans Machtstellung erschüttert ist (vgl. 11,20). Nichts deutet an, daß Jesus von der prophetischen Schau »eines endgerichtlichen Ereignisses« berichte (mit Foerster). Die Möglichkeit Satans, den Jüngern zu schaden, hat dort ihr Ende, wo Jesu Macht wirkt (V 19: über jegliche Gewalt des Feindes; Beispiel: Apg 28,3–9). Auch das dritte Wort steht noch in Verbindung mit dem Satan-Thema. Nicht die Macht über die Dämonen soll der Grund zur Freude sein (vgl. V 17), sondern, daß die Namen der Jünger im Himmel verzeichnet sind. Dieser Aussage, letztlich einer Verheißung, scheint die Seligpreisung der Augenzeugen (10,23f.) zu widersprechen. Allerdings wird Lukas mit V 20 *sein* Verständnis von 10,23f. vorbereitend andeuten: Die Eintragung des Namens im Himmel garantiert dem Jünger den Eintritt ins »Paradies« (bei seinem Tod; vgl. 23,43). Zum atl Bild vom »Lebensbuch« siehe Billerbeck II, 169–176; G. Schrenk in: ThWNT I(1933), 618f. Ins Lebensbuch sind (auch) nach Phil 4,3 die Missionare eingeschrieben.

Jesu Dank an den Vater und die Seligpreisung der Jünger: 10,21–24

21 In dieser Stunde rief Jesus, vom heiligen Geist erfüllt, voll Freude aus: Ich preise dich, Vater, Herr des Himmels und der Erde, weil du all das den Weisen und Klugen verborgen, aber den Unmündigen offenbart hast. Ja, Vater, so hat es dir gefallen. 22 Alles ist mir von meinem Vater übergeben worden; niemand weiß, wer der Sohn ist, nur der Vater, und niemand weiß, wer der Vater ist, nur der Sohn und der, dem es der Sohn offenbaren will.
23 Und Jesus wandte sich an die Jünger allein und sagte zu ihnen: Selig die Augen, die sehen, was ihr seht! 24 Denn – so sage ich euch – viele Propheten und Könige wollten sehen, was ihr seht, und haben es nicht gesehen, und wollten hören, was ihr hört, und haben es nicht gehört.

Literatur: E. Norden: Agnostos Theos (1913), Neudruck Darmstadt 1956, 277–308. – *Schmid*: Mt und Lk, 288f., 297–299. – *T. Arvedson*: Das Mysterium Christi, Uppsala 1937. – *J. Bieneck*: Sohn Gottes als Christusbezeichnung der Synoptiker, Zürich 1951, 75–87. – *O. Cullmann*: Die Christologie des Neuen Testaments, Tübingen 1957, 292–295. – *Hahn*: Hoheitstitel, 321–326. – *B. M. F. van Iersel*: »Der Sohn« in den synoptischen Jesusworten, Leiden ²1964, 146–161. – *Lührmann*: Logienquelle, 64–68. – *F. Christ*: Jesus Sophia, Zürich 1970, 81–99. – *W. Grimm*: Selige Augenzeugen, Lk 10,23f: ThZ 26 (1970), 172–183. – *P. Hoffmann*: Die Offenbarung des Sohnes: Kairos 12 (1970), 270–288. – *Ders.:* Logienquelle, 98–142, 210–212. – *Jeremias*: Theologie I, 62–67. – *Schulz*: Spruchquelle, 213–228, 419–421. – *W. Grimm*: Der Dank für die empfangene Offenbarung bei Jesus und Josephus: BZ 17 (1973), 249–256. – *Miyoshi*: Der Anfang, 120–152. – *U. Luck*: Weisheit und Christologie in Mt 11,25–30: Wort und Dienst 13 (1975), 35–51.

Im heutigen Kontext ist der »Jubelruf« (10,21f.) mit der Seligpreisung der Augenzeugen (10,23f.) die Reaktion Jesu auf die vollzogene Mission der Siebzig. Denn »in dieser Stunde« (V 21) bezieht sich auf V 17 zurück. So ergibt sich, daß Jesus sich den zurückgekehrten Missionaren zuwendet, ihnen den künftigen himmlischen Lohn zusagt (10,17–20) und sie jetzt schon seligpreist (10,23 f.), daß er aber »zwischendurch« den Jubelruf an den Vater (mit dem Offenbarungswort) spricht (10,21 f.). Für den Erfolg der Mission gebührt Gott Lob und Dank. Durch die Vorschaltung von 10,17–20 hat Lukas erreicht, daß Gott als »Herr des Himmels« (V 21) im Sturz Satans und in der Kenntnis der Jüngernamen »anschaulich« wurde, daß man ihn aber auch als »Herrn der Erde« (V 21) im Wirken Jesu (10,21 f.23 f.) erkennen kann.

Die Dreiteilung des Stückes 10,21–24 (Lobpreis Gottes, Offenbarungswort, Makarismus) liegt in anderer Weise auch Mt 11,25–30 vor, obgleich Mt den Makarismus an anderer Stelle bietet (Mt 13,16 f.). Mt hat die Gliederung: Lobpreis, Offenbarungswort, Einladung an die Bedrängten. Die Untersuchungen zur Formgeschichte dieser dreifachen Einheit, die ein Schema orientalisch-hellenistischer Offenbarungsrede (Dankgebet, Empfang der Offenbarung, Appell an die Hörer) zutagebrachten (Norden), sind von Unsicherheiten belastet. Beide Evangelisten nennen übereinstimmend nur den Lobpreis und das Offenbarungswort. Das entspricht der Form vieler biblischer Psalmen und insbesondere auch der Hodajot, der Loblieder aus Qumran (1 QH). Es ist wahrscheinlich, daß erst Matthäus die Einladung an die Bedrängten (Mt 11,28–30) an die dritte Stelle setzte (Schmid: Mt und Lk, 289; gegen Norden) und daß in Q (wie bei Lk) unmittelbar der Makarismus der Jünger folgte. Lukas hätte den einladenden »Heilandsruf« kaum unterdrückt, wenn er ihm in Q (an dieser Stelle) begegnet wäre. Mt 11,28–30 scheint ein Stück der jüdischen Weisheitsüberlieferung zu sein; die beiden ersten Stücke (Lk 10,21.22), ursprünglich wohl isolierte Worte, sind nur »aus christlicher Tradition zu verstehen« (Hahn 322). V 22 hat indessen ebenfalls theologische Aussagen über die »Weisheit« zur Voraussetzung (Christ, Schulz).

21 »In dieser Stunde« ist vom Evangelisten formuliert und bezieht sich auf den Zeitpunkt der Rückkehr der Siebzig. Das Äquivalent in Q (Mt 11,25: »zu jener Zeit«) bezog den Jubelruf auf den Zeitpunkt der Jünger*sendung*. Auch die Formulierungen vom »Jubel« angesichts der eschatologischen Erfüllung (*agalliaomai*; vgl. 1,14.44.47; Apg 2,26.46; 16,34) und vom Jubel »im heiligen Geist« (vgl. Apg 2,46 f.) stammen von Lukas. Die Freude der Jünger (V 17) und der Jubel Jesu gehören der gleichen Situation an (vgl. Lk 1,14: *chara kai* *agalliasis*). Der folgende eschatologische Lobpreis ist also vom heiligen Geist ausgelöst. Er wird durch *ex-homologeomai* charakterisiert, was allgemein »bekennen«, hier aber (mit Dativ) »lobpreisen« bedeutet. Das entspricht dem hebräischen Hiphil von *jdh* (in Psalmen und Hodajot) und dessen Übersetzung in der griechischen Bibel. In den Dankliedern von Qumran geht die Anrede an den »Herrn«, so daß die Liedeinleitung jeweils lautet: »Ich preise dich, Herr« (1 QH 2,20.31; 3,19 u. ö.). Die Vateranrede ist in Q demgegenüber zusätzlich. Sie bekundet nach dem lukanischen Kontext (V 22: »wer der Vater ist«) die durch Jesus offenbarte neue Gotteserkenntnis (vgl. 11,2). Daß Gott »Herr des Himmels und der Erde« ist, begründet seine prinzipielle Verborgenheit; doch als Vater wendet er sich offenbarend den »Unmündigen«, den Kindern zu. Lukas hat den Lobpreis gegenüber der Vorlage nur an einer Stelle geändert. Er schrieb *apekypsas* (statt: *ekrypsas*), um an *apekalypsas* anzugleichen: Das Wesen Gottes bleibt den »Klugen und Weisen« (den theologisch gebildeten Schriftgelehrten; 1 QH 1,35; syrBar 46,5) *verborgen*, es wird den »Unmündigen« *enthüllt*. Dieses jetzt – in der Verkündigung des Reiches – sich vollziehende Offenbarungsgeschehen wird zum Schluß noch einmal ausdrücklich als der göttliche, dem Vatergott entsprechende Ratschluß deklariert und bejaht.

22 Das Offenbarungswort hat Lukas stärker bearbeitet. Während es in Q (Mt 11,27) um die *Tatsache* der vermittelten Erkenntnis geht (»niemand kennt den Sohn, ... den Vater«), hebt Lukas auf die Erkenntnis des Wesens ab (»niemand weiß, *wer* der Sohn *ist*, ... *und wer* der Vater *ist*«). Das Offenbarungswort wird nicht nur durch den Begriff des »Vaters«, sondern auch durch den der »Offenbarung« mit dem vorausgehenden Lobpreis verbunden. Der Vater hat »dem Sohn alles übergeben«. Als Herr des Alls hat er dazu die Macht, als Vater die Absicht. Jesus ist also vor Gott gerade als »der Sohn« auch Empfangender. Daß er »alles« empfing, bezieht sich – obgleich von Gott als dem Herrn des Alls zuvor die Rede war – nicht eigentlich auf kosmische Weltherrschaft (siehe indessen V 17; vgl. auch Mt 28,18 b), sondern primär auf die Offenbarung, die dem Sohn »übergeben« ist (sonst technischer Ausdruck der Rabbinen für den Traditionsvorgang!) und die der Sohn als Offenbarung enthüllt. Der Sohn ist demnach der alleinige Offenbarungsträger und die Gemeinde der exklusive Offenbarungsempfänger (Schulz 215). Jesus steht als Offenbarer für die Menschen auf der Seite des Vaters, als Sohn aber empfangend vor dem Vater. Wenn »niemand als der Vater weiß, wer der Sohn ist«, so ist damit dessen göttliches Geheimnis angedeutet.

Daß nur der Sohn weiß, »wer der Vater ist«, kennzeichnet ihn als den Offenbarer schlechthin, der mit dem Vaterwesen Gottes »alles« weiß – aber zusammen mit der Vaterschaft Gottes auch alles offenbart. Auffallend ist, daß nicht die Gottessohnschaft Jesu als Gegenstand der Offenbarung genannt wird. Das kann u. U. als Indiz für eine jesuanische Authentizität des Wortes veranschlagt werden, ist indessen vielleicht durch die Auffassung zu erklären, daß Jesu »eigenes Geheimnis in der Geschichte verborgen bleibt« (Grundmann: Lk 218).

23–24 Die Einleitung stammt vom Evangelisten, der damit den Makarismus ganz eindeutig an die Jünger Jesu gerichtet sein läßt. Sie sind zu preisen um der Ereignisse willen, die sie sehen. Mt 13,16 spricht (wegen des Zusammenhangs des Gleichniskapitels) sekundär auch vom Hören. Die Jünger erleben im Wirken Jesu, was Propheten und Könige (Mt: und Gerechte) der Vorzeit sehen und hören wollten. Was die Jesusjünger erleben, ist die messianische Heilszeit. Hier wird indirekt (ohne christologische Titulatur) von Jesu Anspruch und Hoheit gesprochen. Wiederum hebt Lukas auf das *Was* des Erlebens ab, während Mt 13,16 (Q) die *Tatsache* des Sehens und Hörens betont.

Das Beispiel des barmherzigen Samariters: 10,25–37

25 Siehe, da stand ein Gesetzeslehrer auf, und um Jesus eine Falle zu stellen, fragte er: Meister, was muß ich tun, um das ewige Leben zu erlangen?   26 Jesus sagte zu ihm: Was steht im Gesetz? Wie liest du dort?   27 Er antwortete: *Du sollst den Herrn, deinen Gott, lieben von ganzem Herzen und ganzer Seele, mit all deiner Kraft* (Dtn 6,5) *und deinem ganzen Denken*, und: *Deinen Nächsten (sollst du lieben) wie dich selbst* (Lev 19,18).   28 Jesus sagte zu ihm: Du hast richtig geantwortet. *Handle danach, und du wirst leben* (vgl. Lev 18,5).

29 Der (Gesetzeslehrer) aber wollte sich rechtfertigen und sagte zu Jesus: Und wer ist mein Nächster?   30 Jesus antwortete: Ein Mann ging von Jerusalem nach Jericho hinab und wurde von Räubern überfallen. Sie plünderten ihn aus und schlugen ihn nieder; dann gingen sie weg und ließen ihn halbtot liegen.   31 Zufällig kam ein Priester denselben Weg herab; er sah ihn und ging weiter.   32 Auch ein Levit kam zu

der Stelle; er sah ihn und ging weiter. 33 Schließlich kam ein Mann aus Samaria, der auf der Reise war; als er ihn sah, hatte er Mitleid. 34 Er ging zu ihm hin, goß Öl und Wein auf seine Wunden und verband sie. Dann hob er ihn auf sein Reittier, brachte ihn zu einer Herberge und pflegte ihn. 35 Am anderen Tag holte er zwei Denare hervor, gab sie dem Wirt und sagte: Sorge für ihn, und wenn du mehr für ihn verbrauchst, werde ich es dir bezahlen, wenn ich wiederkomme. – 36 Was meinst du: Wer von diesen dreien hat sich dem Mann, der von den Räubern überfallen wurde, als Nächster erwiesen? 37 Der (Gesetzeslehrer) antwortete: Der, der ihn barmherzig behandelte. Da sagte Jesus zu ihm: Dann geh und handle genauso!

Literatur: Billerbeck II, 176–184. – *Schmid*: Mt und Lk, 143–147. – *Bornhäuser*: Studien, 65–80. – *F. Mußner*: Der Begriff des »Nächsten« in der Verkündigung Jesu (erstmals 1955), in: Praesentia Salutis, Düsseldorf 1967, 125–132. – *H. Binder*: Das Gleichnis vom barmherzigen Samariter: ThZ 15 (1959), 176–194. – *G. Eichholz*: Einführung in die Gleichnisse, Neukirchen 1963, 78–110. – *Haenchen*: Weg Jesu, 412–415. – *W. Monselewski*: Der barmherzige Samariter. Eine auslegungsgeschichtliche Untersuchung zu Lukas 10,25–37, Tübingen 1967. – *E. Linnemann*: Gleichnisse Jesu, Göttingen ⁵1969, 57–64, 144–148. – *B. Reicke*: Der barmherzige Samariter, in: Verborum Veritas (FS f. G. Stählin), Wuppertal 1970, 103–109. – *H. Zimmermann*: Das Gleichnis vom barmherzigen Samariter, in: Die Zeit Jesu (FS f. H. Schlier), Freiburg 1970, 58–69. – *Schramm*: Markus-Stoff, 47–49. – *J. D. Crossan*: Parable and Example in the Teaching of Jesus: NTS 18 (1971/72), 285–307. – *G. Friedrich*: Was heißt das: Liebe?, Stuttgart 1972, 7–26. – *H. G. Klemm*: Das Gleichnis vom Barmherzigen Samariter. Grundzüge der Auslegung im 16./17. Jahrhundert, Stuttgart 1973. – *H. Zimmermann*: Jesus Christus, Stuttgart 1973, 245–258. – *G. Sellin*: Lukas als Gleichniserzähler: Die Erzählung vom barmherzigen Samariter: ZNW 65 (1974), 166–189; 66(1975), 19–60.

Auf die Seligpreisung der Jünger (10,23) folgen zwei Stücke, die im wesentlichen Sondergut darstellen und die vom *Tun* der Nächstenliebe einerseits (10,25–37) sowie vom *Hören* auf Jesu Wort andererseits (10,38–42) sprechen. Diese Perikopen sind als grundlegende Jüngerweisung gewiß aufeinander bezogen, so daß die Aufforderung zum Handeln (V 37) durch die zum Hören auf Jesus als dem einen Notwendigen (V 42) ergänzt wird.

Das Gleichnis vom Samariter (10,29–37) ist dem Grundbestand nach selbständig tradiert worden. Das zeigt die sekundäre Rahmung, die diese Beispielerzählung über helfende Liebe mit dem ausdrücklichen

Gebot der Nächstenliebe in Verbindung bringt (vgl. den Begriff des »Nächsten« in VV 29.36 f.) und sogar am Schluß überraschenderweise nicht den Hilfebedürftigen als »Nächsten« bezeichnet, der zu lieben ist, sondern den Hilfeleistenden.

Die Rahmung der Beispielerzählung mit der Frage, wer der (zu liebende) Nächste sei, resultiert aus ihrer Verknüpfung mit dem Hauptgebot (10,25–28). Die Frage des Gesetzeslehrers unterscheidet sich bei Lukas charakteristisch von Mk 12,28–34 (par Mt 22,34–40). Während dort Jesus nach dem wichtigsten Gebot gefragt wird und mit Dtn 6,5 und Lev 19,18 die Gottes- und Nächstenliebe nennt, läßt Lukas den Gesetzeslehrer nach der Bedingung fragen, unter der er »das ewige Leben erben« kann. Darauf muß der Fragesteller selbst das Gesetz zitieren und die Gottes- und Nächstenliebe nennen. Jesus bestätigt, daß die Antwort richtig sei (V 28 a). Damit ist nun diese Erzähleinheit keineswegs abgeschlossen, sondern strebt in einem neuen Ansatz dem eigentlichen Ziel zu. Jesus sagt: »Handle danach, und du wirst leben« (V 28 b). So ist die weitere Frage des Lehrers veranlaßt. Er will wissen, wer sein Nächster sei, um sich zu rechtfertigen (V 29). Die theoretische Frage wird nicht kasuistisch beantwortet, sondern mit der Beispielerzählung vom Samariter, die zum Tun der Nächstenliebe aufruft (V 37 b). Nicht, wer mein Nächster *ist*, gilt es zu fragen, sondern es kommt darauf an, daß ich dem anderen »zum Nächsten *werde*« (V 36). So wird deutlich, daß 10,25–28 im Hinblick auf die Beispielerzählung bearbeitet ist und sich deswegen von Mk 12,28–34 par Mt unterscheidet. Wie das Gebot der Liebe zu *verwirklichen* ist, zeigt also die *Auslegung Jesu*, während nach Mk Jesus das Doppelgebot erst einmal formuliert und ihm den Vorrang vor allen anderen Geboten zuweist.

Es ist nicht sicher auszumachen (aber letztlich unwesentlich), ob Lk 10,25–28 eine redaktionelle Bearbeitung der genannten Mk-Perikope ist (sie fehlt zwischen Lk 20,39 und 20,40), ob das Stück aus Q stammt (vgl. die Berührungen mit dem Mt-Text im Unterschied zu Mk; dazu Schmid) oder gar auf eine Traditionsvariante zurückgeht (vgl. Schramm 49: »Mk-Einfluß auf eine Nicht-Mk-Traditionsvariante«). Da in Q dem Jubelruf das Vaterunser folgte (Offenbarung des Vaters – Gebet zum Vater), ist die zweite Möglichkeit unwahrscheinlich. Für die Annahme, daß Lukas in den VV 25–28 Mk 12,28–34 und keine Sondervorlage benutzt hat (Zimmermann 61 f.), gibt es wohl die besten Argumente.

25–28 Nach der Seligpreisung der Jünger tritt ein Gesetzeslehrer auf (*nomikos* schreibt Lukas für *grammateus* der Vorlage auch

11,45 f.52; vgl. 5,17) und fragt, was er tun müsse, um das ewige Leben zu erben (vgl. die Frage von 18,18 par Mk). Er fragt, um Jesus »auf die Probe zu stellen«, und kommt (im Unterschied zu Mk) in feindlicher Absicht. Jesus stellt die Gegenfrage nach der Auskunft der Tora. (V 28 b zeigt anhand von Lev 18,5, daß das »Gesetz« den Weg zum Leben weist.) Der Schriftkundige zitiert das Gebot der Gottesliebe nach Dtn 6,5 (ohne das monotheistische Bekenntnis, das Mk voranstellt) und fügt (in abgekürzter Form) das Gebot der Nächstenliebe (Lev 19,18) an. Beide Gebote werden als Einheit begriffen. Jesus kann dem nur zustimmen (nach Mk stimmt der Schriftgelehrte der Antwort Jesu zu). Hiermit ist die Erzählung nicht abgeschlossen, sondern geht zu einer zweiten Etappe über. Dem theoretischen Konsens zwischen Jesus und dem Gesetzeslehrer steht die Diskrepanz im Tun gegenüber. Erst wer das Liebesgebot *tut*, wird leben (V 28 b). Der Lehrer tut das Gesetz nicht; er möchte sich rechtfertigen, indem er die theoretische Frage, wer sein Nächster sei, vorschützt (V 29).

29 Die Frage des Schriftkundigen will nicht nur seine anfängliche Frage rechtfertigen (Schmid: Lk 191: »Er will den Eindruck verwischen, daß seine Frage Jesus nur versuchen wollte ...«), sondern auch – so ist im Kontext vorausgesetzt – sein Zurückbleiben hinter der Gesetzesforderung der Liebe, die hier auf den »Nächsten« bezogen wird. Der Text von V 27 nannte an erster Stelle mit Nachdruck die Gottesliebe. Wahrscheinlich setzt die gesamte Erzählung (10,25–37) voraus, daß der fromme Jude zwar meint, Gott zu lieben (siehe das Verhalten des Priesters und des Leviten), in Wirklichkeit aber in der Nächstenliebe versagt und somit auch Gott nicht liebt. Gottesliebe verlangt »Barmherzigkeit« (V 37a), nicht »Opfer« (vgl. Hos 6,6 LXX). Denn auch Gott übt Barmherzigkeit (Lk 1,50.54.58.72.78). Gerade in der barmherzigen Liebe muß der Jünger den himmlischen Vater nachahmen (6,36).

30–35 Ein nicht näher gekennzeichneter Mann nimmt den Weg von Jerusalem nach Jericho (27 km; Jerusalem liegt 750 m über, Jericho 250 m unter dem Meeresspiegel; der Weg führt durch von Felsen zerklüftete Wüste). Er wird von Räubern überfallen, ausgeraubt und zudem halbtot geschlagen. Es trifft sich, daß ein Priester den gleichen Weg »hinabgeht«. (Er kommt also von Jerusalem und geht wohl vom Tempeldienst nach Hause; denn Jericho war eine ausgesprochene Priesterstadt, in der viele Kultdiener mit ihren Familien wohnten.) Obwohl er den Überfallenen sieht, geht er an ihm vorbei, ohne zu helfen. So hält es auch ein Levit, der vorbeikommt. Ein Samariter hingegen »wird von Mitleid ergriffen«, als er ihn sieht. Seine Hilfeleistung wird ausführlich geschildert und in V 33 vorweg als Tat mitleidigen Erbarmens gekennzeichnet. Priester und Levit haben dieses Erbarmen (vgl. V 37) nicht aufgebracht, – darum geht es dem Erzähler. Man sollte also nicht nach Motiven für die Unterlassung der Hilfe suchen (z. B.: Sie hielten ihn für tot; sie hatten Angst vor Räubern). Wichtig ist, daß den Repräsentanten jüdischen Kultes ein Samariter gegenübergestellt wird. Der von Juden fast als Heide verachtete Samariter beschämt durch seine Tat den Priester und den Leviten. Der Gegensatz besteht also nicht zwischen Kultdienern und einem (jüdischen) Laien, so daß die Beispielerzählung eine »antiklerikale« Spitze hätte, sondern zwischen vornehmlichen Vertretern der jüdischen Frömmigkeit und dem Nichtjuden (Friedrich 18,20). Der Samariter hilft (VV 34 f.) auf liebevolle Weise. Er behandelt die Wunden mit Öl und Wein (die er bei seinem Reisegepäck hatte) und verbindet sie. Dann bringt er den Mann auf seinem Esel in eine Herberge, wo er ihn pflegt. Anderentags, als er aufbricht, empfiehlt er ihn dem Herbergswirt, zahlt diesem zwei Denare (nach Mt 20,2 etwa zwei Tageslöhne für Arbeiter) im voraus und will noch darüber hinaus für ihn aufkommen.

36–37 Nach der Frage von V 29 b würde man nun erwarten, daß Jesus fragt: »Wer also ist dein Nächster?« Die Antwort müßte dann lauten: »Der in Not geratene Mitmensch in meiner Nähe (auch über die Grenze des eigenen Volkes hinaus).« Demgegenüber fragt Jesus, wer »von den dreien zum Nächsten geworden ist«, und zwar gegenüber dem Überfallenen. Damit ist der theoretische Einwand des Schriftgelehrten, er wisse nicht, wer sein Nächster sei, als Ausrede entlarvt. Es geht im Liebesgebot darum, sich als »Nächster« zu erweisen durch erbarmende Hilfe (vgl. die positiv gehaltene Goldene Regel im Kontext von 6,27–36; siehe die Formulierungen von 6,31 [»Handelt genauso!«] und 10,37 [»Handle genauso!«]). Es gilt, »Barmherzigkeit« zu üben. Der Gesetzeslehrer, der Gott zu lieben glaubt und die Nächstenliebe unterläßt, ist durch die prophetische Kritik Jesu als Heuchler entlarvt. In Wirklichkeit haben die Gesetzeslehrer den Ratschluß Gottes verworfen (7,30). Sie sind es, die den Menschen schwere Lasten aufbürden; darum gilt ihnen der Weheruf Jesu (11,45 f.). Sie wollen z. B. eine Heilung am Sabbat nicht genehmigen (14,3). Das Verhalten dieser Menschen stellt Lukas warnend dem Jünger vor Augen. Durch die Liebe zum Nächsten erfüllt der Jünger das Liebesgebot Gottes in der von Jesus vorgelebten Weise.

Exkurs (14): Nächstenliebe

Literatur siehe zu 6,27–36 und 10,25–37; ferner: *W. Lütgert*: Die Liebe im Neuen Testament, Leipzig 1905. – *Billerbeck* I, 353–370, 900–908. – *R. Bultmann*: Das christliche Gebot der Nächstenliebe (erstmals 1930), in: Glauben und Verstehen I, Tübingen ⁵1964, 229–244. – *E. Fuchs*: Was heißt: »Du sollst deinen Nächsten lieben wie dich selbst«? (erstmals 1932), in: Zur Frage nach dem historischen Jesus, Tübingen 1960, 1–20. – *Quell/Stauffer*: *agapaō* usw., in: ThWNT I (1933), 20–55. – *V. Warnach*: Agape, Düsseldorf 1951 (vgl. Ders. in: LThK I, 178–180). – *G. Bornkamm*: Das Doppelgebot der Liebe (erstmals 1954), in: Gesammelte Aufsätze III, München 1968, 37–45. – *Schmid*: Lk 193–195. – *C. Spicq*: Die Nächstenliebe in der Bibel, Einsiedeln 1961. – *A. Dihle*: Die Goldene Regel, Göttingen 1962. – *J. Coppens*: La doctrine biblique sur l'amour de Dieu et du prochain: EThL 40 (1964), 252–299. – *O. Kuss*: Die Liebe im Neuen Testament, in: Auslegung und Verkündigung II, Regensburg 1967, 196–234. – *Ch. Burchard*: Das doppelte Liebesgebot in der frühen christlichen Überlieferung, in: Der Ruf Jesu und die Antwort der Gemeinde (FS f. J. Jeremias), Göttingen 1970, 39–62. – *J. Ernst*: Die Einheit von Gottes- und Nächstenliebe in der Verkündigung Jesu: ThGl 60 (1970), 3–14. – *K. Berger*: Die Gesetzesauslegung Jesu I, Neukirchen 1972, 56–257. – *V. P. Furnish*: The Love Command in the New Testament, Nashville/New York 1972. – *A. Nissen*: Gott und der Nächste im antiken Judentum, Tübingen 1974.

Bei keinem der Synoptiker nimmt das Thema Nächstenliebe einen so breiten Raum ein wie bei Lukas. Er bietet nicht nur (aus Q) das Gebot der *Feindesliebe* (6,27–36 par Mt 5,43–48) und die Perikope über das *Doppelgebot*, die er bei Mk 12,28–34 gelesen hat (10,25–28 par Mt 22,34–40). Auch die *Beispielerzählung* vom barmherzigen Samariter behandelt den Gegenstand, wie insbesondere ihr Rahmen (10,29.36f.) verdeutlicht.

Das Gebot der Nächstenliebe, das schon im AT nicht nur auf den Volksgenossen (Lev 19,18) bezogen war, sondern auch auf den Fremdling ausgedehnt wurde (Lev 19,34), ist also innerhalb der Botschaft Jesu an sich nicht neu. Jedoch sieht schon Q die Forderung der *Feindesliebe* als besonderes Gebot an die Jesusjünger an, und Matthäus hat diese Forderung ausdrücklich als Antithese zu Lev 19,18 gekennzeichnet (Mt 5,43f.). Für die Gemeinde, die Q überlieferte, war die Mahnung Jesu zum Vergeltungsverzicht und zur positiven Hinwendung zum Mitmenschen (Goldene Regel) wichtig; sie wollte damit anders handeln als der zeitgenössische jüdische Zelotismus. Wahrscheinlich ging schon bei Jesus selbst die Forderung der Feindesliebe und der Vergebungsbereitschaft auf einen bewußten Widerspruch gegen jenen »zelotischen Eifer« zurück, »der in der geistigen Führungsschicht seines Volkes so lebendig war« (M. Hengel: Gewalt und Gewaltlosigkeit, Stuttgart 1971, 41).

Die *Gottes- und Nächstenliebe* wurde im vorchristlichen Judentum teilweise an die Spitze der Gebote Gottes gerückt, wenn es darauf ankam, die Fülle der

Gesetze in einer Art Kurzformel zusammenzufassen oder (eher) dem Rang nach zu ordnen (TestDan 5,3; TestIss 5,2a; 7,6; TestSeb 5,1; vgl. auch Philo: De spec. leg. II § 63). Dem Heiden, der zum Judentum übertreten will, nennt man die Goldene Regel als Gebot der Nächstenliebe (Babyl. Talmud, Schabbat 31a: Rabbi Hillel). So steht die Zusammenfassung, die Jesus nach Mk 12,28–34 gibt, in einer jüdischen Tradition. Sitz im Leben ist für das Traditionsstück Mk 12,28–34 wahrscheinlich die »Initialfrage der Diasporakatechese« (Berger 256).

Die *Erzählung vom Samariter* setzt zwar offensichtlich voraus, daß dieser einen Juden rettete (vgl. 7,5: der heidnische Hauptmann »liebt« das jüdische Volk), hebt aber doch nicht ausdrücklich auf die Feindesliebe ab. Dem Evangelisten ist wichtig, daß der Samariter die geforderte Nächstenliebe verwirklichte, indem er dem Notleidenden zum »Nächsten« wurde. So legt *Jesus* das Gebot der Liebe aus. Die Beispielerzählung hat ihren »Sitz« in der Katechese. Sie läßt sich kaum mit Sicherheit als jesuanisch erweisen, kann Jesus aber auch nicht begründet abgesprochen werden. Sie sieht in der Nächstenliebe eine Tat der Barmherzigkeit (10,33.37a). Lukas weiß, daß Nächstenliebe der wahre Gottesdienst ist, daß sich in ihr die Gottesliebe realisiert und durch sie der Jünger »barmherzig« wie der himmlische Vater ist (6,36).

Die Liebe Gottes wendet sich durch Jesus den Sündern zu. Die Liebe des Sünders zu Jesus ist Dank für diese Vergebung (7,42f.), schafft indessen auch die Voraussetzung zur Sündenvergebung (7,47). Das Gegenbild zur geforderten Liebe bieten die Pharisäer, die »die ersten Plätze in den Synagogen und die Begrüßungen auf den Marktplätzen lieben« (11,43). Sie lieben sich selbst und ihr Prestige. Sie lassen die Liebe (*agapē*) zu Gott außer acht (11,42). Für Lukas zeigt sich die verkehrte Liebe, die die Gottesliebe ausschließt (16,13), in der Geldgier der Pharisäer (16,14). Wenn Lukas auch sonst nicht ausdrücklich von der »Liebe« zum Nächsten spricht (*agapaō* und *agapē* kommen in Apg nicht vor), so zeigt er doch an vielen Beispielen, wie wahre Liebe handelt, daß sie vor allem dem Mitmenschen durch Besitzverzicht dient (vgl. Exkurs 16). Die Frage des Gesetzeslehrers (10,25), die mit dem Gebot der Liebe beantwortet wird, ist auch die des Vorstehers in 18,18. Doch diesem wird über die sozialen Gebote des Dekalogs hinaus gesagt: »Eins noch fehlt dir: Verkauf alles, was du hast, und verteil es an Arme. So wirst du einen Schatz im Himmel haben« (18,22).

Maria und Marta: 10,38–42

38 Sie zogen weiter, und er kam in ein Dorf. Eine Frau namens Marta nahm ihn gastlich auf.   **39** Sie hatte eine Schwester, die Maria hieß. Diese setzte sich dem Herrn zu Füßen und hörte auf sein Wort.   **40** Marta aber war ganz davon in Anspruch genommen, für ihn zu sorgen. Da kam sie zu ihm und sagte: Herr, kümmert es dich nicht, daß meine Schwester die

ganze Arbeit mir überläßt? Sage ihr, sie soll mir helfen!
41 Der Herr antwortete ihr: Marta, Marta, du machst dir viele
Sorgen und Mühen. 42 Aber nur eines ist notwendig, Maria
hat den guten Anteil erwählt; der soll ihr nicht genommen
werden.

Literatur: Dibelius: Formgeschichte, 115 f. – *Bultmann*: Geschichte der syn.
Tradition, 58 f., 64. – *Billerbeck* II, 184–186. – *Hirsch*: Frühgeschichte II,
212 f. – *R. Bultmann*: *merimnaō*, in: ThWNT IV (1942), 593–598. – *E.
Laland*: Die Martha-Maria-Perikope Lukas 10,38–42: StTh 13 (1959), 70–85.
– *W. Magaß*: Maria und Martha – Kirche und Haus: LingBibl Heft 27/28
(1973), 2–5.

Die Sondergut-Perikope spricht wie 10,25–37 von der entscheidenden Forderung Gottes, nennt aber nicht die Liebe zu Gott und zum Nächsten, sondern das Hören auf das »Wort« Jesu (VV 39.42). Darin sieht der Evangelist sicher keinen Widerspruch. Da die Liebe durch die lukanische Umgestaltung von 10,25–28 noch deutlicher als bei Mk als Forderung Gottes (und nicht als Gebot Jesu) gekennzeichnet ist, ergänzt 10,38–42 die vorausgehende Aussage in dem Sinn, daß Gottes Gebot durch das »Wort Jesu« ergeht und darum der Jünger nichts Wichtigeres zu tun hat, als auf Jesus zu hören. »Nächstenliebe« ist nach Lukas – vgl. den Gesetzeslehrer V 25 und den Samariter VV 36 f. – auch dem Nichtjünger möglich. Das »eine Notwendige« (V 42 a) ist für den Jünger, auf Jesu Wort zu hören – und nicht in den »Sorgen des Lebens« (8,14; 21,34; vgl. 12,22–31) aufzugehen. Wer Gottes Reich »sucht« (in der Reichsverkündigung Jesu), erhält von Gott alles Nötige hinzu (12,31 par Mt; vgl. auch Ps 54 [55], 23 LXX: »Wirf deine Sorgen [*merimnan sou*] auf den Herrn, und er wird dich ernähren.«).

Die Erzählung, deren Personen Marta und Maria auch Joh 11,1 (als Schwestern des Lazarus) Erwähnung finden, ist keine Legende mit dem Skopus der Kritik Jesu am Einwand der Marta (gegen Dibelius). Sie hat ihren Sinn auch nicht darin, daß eine Anweisung zum rechten Verhalten gegenüber Wandermissionaren gegeben würde (gegen Laland). Die kirchliche Unterscheidung zwischen dem »aktiven« und dem »kontemplativen« Leben berief sich in der Geschichte der Frömmigkeit nicht zu Unrecht auf dieses Apophthegma; denn Lukas hat in dieser anderen Maria eine vorbildliche Jüngerin gesehen, die das »Wort« meditativ hörte (vgl. 2,19.51; 8,15; 11,28).

Durch die Entdeckung des Papyrus 75 hat die Lesart entscheidende Unterstützung gefunden, die in V 42 a »Aber nur eines ist notwendig« bietet. Die Texte, die »Aber weniges oder eines ...« lesen, mildern das vorwurfsvolle Jesuswort und heben auf eine »einfache Bewirtung Jesu« ab (Hauck: Lk 148).

38–39 Jesus befindet sich mit den Jüngern auf der Reise und betritt ein Dorf (vgl. 9,56). Die Frau, die ihn in ihrem Haus gastlich aufnimmt, heißt Marta (»Herrin«). Sie steht im Vordergrund der Erzählperspektive, obgleich ihre Schwester Maria als Vorbild hingestellt wird. Maria setzt sich »zu Füßen des Herrn« und hört aufmerksam auf dessen »Wort«. Damit ist die Disposition des Apophthegmas abgeschlossen. Im folgenden wird deutlich, wie die »Aufnahme« Jesu (vgl. 19,6) erfolgen soll, nämlich als Aufnahme seines Wortes (8,13).

40 Marta ist im Unterschied zu ihrer Schwester »ganz und gar in Anspruch genommen« (Bauer, Stichwort *perispaō* 2) von »vielem Dienst«. Sie reiht sich mit ihrem »Dienen« den 8,1–3 genannten Jüngerinnen Jesu ein. Sie glaubt, recht zu handeln, und macht ihrer Schwester den Vorwurf, nicht zu »dienen« (und Jesus, sie vom Dienst fernzuhalten). Jesus soll sie auffordern, sich am Dienst der Marta zu beteiligen. Indirekt wird hier schon gesagt, daß Jesus, der der Aufforderung Martas keineswegs entspricht, nicht gekommen ist, »sich bedienen zu lassen« (Mk 10,45; siehe auch Lk 12,37; 22,27).

41–42 Jesus (wiederum als »Herr« bezeichnet) gibt die Antwort. Die Doppelanrede an Marta entspricht lukanischem Stil, muß aber nicht erst vom Evangelisten eingeführt sein (gegen Morgenthaler: Geschichtsschreibung I, 17f.; mit Schürmann: Abschiedsrede, 101). Das Wort der VV 41 b.42 a lebt vom Gegensatz »vieles – eins«. Marta sorgt und müht sich um viele Dinge, statt sich dem einen Notwendigen zu widmen. Was dieses Notwendige ist, sagt V 42 b. Maria hat den »guten Teil erwählt«; sie entschied sich für das ausschließliche Hören auf das Wort des Herrn. Im Anschluß an 10,25–37 kann das als Korrektur oder Präzisierung verstanden werden. So wie in dem vorausgehenden Stück Jesus sagt, *wie* das Gebot der Liebe (dessen Vorrang unbestritten ist) auszulegen und zu verwirklichen ist, sagt auch hier der »Herr« Jesus das entscheidende Wort. Es ist nicht inhaltlich-materiell entfaltet, sondern als letzte Instanz und Autorität vorgestellt. Darum ist der Dienst der Marta auch nicht verworfen. Doch ist deutlich, daß eine Diakonie, die am Wort Jesu vorbeigeht und nicht auf Jesus hört, nicht »bleibt«, während das Hören auf Jesu Wort das bleibende »Gut« ist, das »nicht weggenommen wird« (vgl. 8,18; 12,19–21.33).

Literatur-Nachträge zur 2. Auflage

1. Textausgaben

Einheitsübersetzung der Heiligen Schrift. Das Alte Testament, Stuttgart 1980; Das Neue Testament, Stuttgart 1979.
Nestle/Aland (Hg.): Novum Testamentum Graece, Stuttgart ²⁶1979.

2. Allgemeinere Literatur

Klauck, H.-J.: Allegorie und Allegorese in den synoptischen Gleichnistexten, Münster 1978.
Merklein, H.: Die Gottesherrschaft als Handlungsprinzip. Untersuchung zur Ethik Jesu, Würzburg 1978.
Polag, A.: Die Christologie der Logienquelle, Neukirchen 1977.
Schürmann, H.: Gottes Reich – Jesu Geschick, Freiburg 1983.
Steinhauser, M. G.: Doppelbildworte in den synoptischen Evangelien, Würzburg 1981.
Wanke, J.: »Bezugs- und Kommentarworte« in den synoptischen Evangelien, Leipzig 1981.
Weder, H.: Die Gleichnisse Jesu als Metaphern, Göttingen ²1980.
Zeller, D.: Die weisheitlichen Mahnsprüche bei den Synoptikern, Würzburg 1977.

3. Kommentare zum Lk-Evangelium

Ernst, J.: Das Evangelium nach Lukas (Regensburger NT), Regensburg 1977, 728 S.
Fitzmyer, J. A.: The Gospel According to Luke (I–IX) (Anchor Bible), Garden City NY 1981, XXVI + 837 S.
Marshall, I. H.: The Gospel of Luke (New Intern. Greek Testament Comm.), Exeter 1978, 928 S.
Schmithals, W.: Das Evangelium nach Lukas (Zürcher Bibelkommentare, NT), Zürich 1980, 240 S.

Schweizer, E.: Das Evangelium nach Lukas (Das NT Deutsch), Göttingen 1982, 264 S.

4. Literatur zum lukanischen Werk

Bachmann, M.: Jerusalem und der Tempel. Die geographisch-theologischen Elemente der lukanischen Sicht des jüdischen Kultzentrums, Stuttgart 1980.

Böcher, O.: Lukas und Johannes der Täufer: Studien zum NT und seiner Umwelt (A) 4(1979), 27–44.

Bösen, W.: Jesusmahl, Eucharistisches Mahl, Endzeitmahl, Stuttgart 1980.

Bovon, F.: Luc le théologien. Vingt-cinq ans de recherches (1950–1975), Neuchâtel/Paris 1978.

–, Israel, die Kirche und die Völker im lukanischen Doppelwerk: ThLZ 108(1983), 403–414.

Busse, U.: Die Wunder des Propheten Jesus, Stuttgart 1977.

Dömer, M.: Das Heil Gottes. Studien zur Theologie des lukanischen Doppelwerkes, Köln/Bonn 1978.

Ernst, J.: Herr der Geschichte. Perspektiven der lukanischen Eschatologie, Stuttgart 1978.

Feldkämper, L.: Der betende Jesus als Heilsmittler nach Lukas, St. Augustin 1978.

Horn, F. W.: Glaube und Handeln in der Theologie des Lukas, Göttingen 1983.

Jeremias, J.: Die Sprache des Lukasevangeliums, Göttingen 1980.

Kirchschläger, W.: Jesu exorzistisches Wirken aus der Sicht des Lukas, Klosterneuburg 1981.

Maddox, R.: The Purpose of Luke-Acts, Göttingen 1982.

Muhlack, G.: Die Parallelen von Lukas-Evangelium und Apostelgeschichte, Frankfurt/Bern 1979.

Nellessen, E.: Zeugnis für Jesus und das Wort. Exegetische Untersuchungen zum lukanischen Zeugnisbegriff, Köln 1976.

Nützel, J. M.: Jesus als Offenbarer Gottes in den lukanischen Schriften, Würzburg 1980.

Rasco, E.: La teologia de Lucas, Rom 1976.

Schenk, W.: Glaube im lukanischen Doppelwerk, in: Glaube im NT (FS f. H. Binder), Neukirchen 1982, 69–92.

Schneider, G.: Der Zweck des lukanischen Doppelwerks: BZ 21 (1977), 45–66.

–, Jesu überraschende Antworten. Beobachtungen zu den Apophthegmen des dritten Evangeliums: NTS 29(1983), 321–336.

Schweizer, E.: Zur Frage der Quellenbenutzung durch Lukas, in: ders., Neues Testament und Christologie im Werden, Göttingen 1982, 33–85.

–, Zur lukanischen Christologie, in: Verifikationen (FS f. G. Ebeling), Tübingen 1982, 43–65.

Taeger, J.-W.: Der Mensch und sein Heil. Studien zum Bild des Menschen und zur Sicht der Bekehrung bei Lukas, Gütersloh 1982.
Wilkens, W.: Die theologische Struktur der Komposition des Lukasevangeliums: ThZ 34 (1978), 1–13.

Literatur-Nachträge zu den einzelnen Perikopen des Lk-Evangeliums finden sich am Ende des zweiten Teilbandes (S. 510ff.)